作者简介

辛丑丑 男，1949年出生，山西怀仁人，中共党员。1966年初中毕业，1968年回乡务农，1973年入北京航空学院学习，毕业后先后任工厂技术员、乡镇干部、县广播局助理工程师、县委党校讲师，2009年退休。

中国
社科 大学经典文库

整体统一论

辛丑丑　辛　勤／著

经济日报出版社

图书在版编目（CIP）数据

整体统一论 / 辛丑丑，辛勤著.—北京：经济日报出版社，2016.12

ISBN 978 - 7 - 5196 - 0037 - 2

Ⅰ.①整… Ⅱ.①辛…②辛… Ⅲ.①同一 Ⅳ.①B024.4

中国版本图书馆 CIP 数据核字（2016）第 272808 号

整体统一论

作　　者	辛丑丑　辛　勤
责任编辑	梁沂滨
出版发行	经济日报出版社
地　　址	北京市西城区白纸坊东街 2 号（邮政编码：100054）
电　　话	010 - 63567683（编辑部）
	010 - 63588446　63567692（发行部）
网　　址	www. edpbook. com. cn
E - mail	edpbook@ 126. com
经　　销	全国新华书店
印　　刷	北京天正元印务有限公司
开　　本	710×1000 毫米　1/16
印　　张	24.5
字　　数	426 千字
版　　次	2017 年 1 月第一版
印　　次	2017 年 1 月第一次印刷
书　　号	ISBN 978 - 7 - 5196 - 0037 - 2
定　　价	88.00 元

目 录
CONTENTS

绪　言

《整体统一论》的写作宗旨,是试图探讨一种揭示客观世界的物质统一性和整体体统性的整体统一性认识方法。作者提出的中心观点,是关于万事万物物质属性的"九性"统一观——一个类似太极八卦的认识结构形式,并认为,这种由九个物质属性构成的结构形式,能够表明世界的实在性、存在性和可知性的物质统一性关系,能够表明世界的体系性、系统性和过程性的体统整体性关系,也能够表明人感知、认知、践知(通过实践而知)世界的认识主体性和客观世界的物质可知统一性的同一性关系。

书中共收录了五篇文章,通过对《易经》、五行和老子哲学思想的一些探究,以寻求整体统一性思想的源头,并依据哲学、自然科学和社会科学持续发展的材料,论证了世界的物质整体统一性的结构性,证明了人类认识客观世界的过程,是一个认识万事万物的物质整体统一性的过程,同时也是一个世界观和方法论持续发展的过程。

但是,在整个认识世界万物的物质整体统一性的过程中,由于人们往往习惯于关注世界观问题的对立性,因而就认为,关于世界观的基本问题,只是物质和精神、存在和意识的关系问题,而根据对这两者关系的不同回答,又把其划分为唯心主义和唯物主义两种对立的基本类型。对于这种划分,如果单从对立统一性的角度看,当然是有道理的,因为它看到了世界观问题的基本关系;但如果从整体统一性的角度看,这种只停留在不是唯心主义就是唯物主义、不是唯物主义就是唯心主义的非此即彼的对立关系中的认识,则是只看到了世界观问题的矛盾性(矛盾运动性),而没有看到世界观问题的发展性。

从整个人类认识运动的发展过程来看,人类对世界的根本看法和认识方法,其实不是一成不变的,而是随着社会实践和科学实验的持续发展而发展变化的,是随着哲学的持续发展而发展变化的。究其原因,在于自然科学和社会科学的发展是渐进的,这种渐进的历史条件制约着人们的思想认识,并导致了人们对客观世界认识的局限性,导致了人类认识长河中的具体哲学观点的科学性的相对性。所以,无论是唯心主义还是唯物主义,认识史中的具体的世界观和方法论,它们都不是凭空产生、非此即彼的,也不是静止不变、互不相干的,而是在相互对立中又相互联系、影响、渗透,并逐渐趋向于科学性的。这一点,我们可以从整个哲学发展过程中的一些具体思想得到说明。比如:古代哲学中,《易经》是用阴阳八卦的观点来认识世界本源的,老子认为这种阴阳观是唯物主义的,说"万物负阴而抱阳",孔子也认为这种阴阳观是唯物主义的,说"乾,阳物也;坤,阴物也"。但是,这种阴阳八卦思想又长期地被视为一种迷信;《道德经》是用"道"来象征世界本源的,老子哲学通常被人们认为是唯物主义的。但是,这种"道"本源观又一直被尊为"道教"的思想核心;亚里士多德是形式逻辑的创始人,他提出了著名的"形式"本体"四因"说。这种"形式"本体论一般被认为是唯心主义的,但"四因"说则被认为具有唯物主义因素。再如:近代哲学中,机械唯物论者是承认物体是不依赖于人的,他们认为物是人们认识的基础。但是,这种机械地看待世界的形而上学观点又显然是唯心主义的;唯理论者主张的是理性第一性的唯心主义观点,但他们也重视观察实验、归纳演算和逻辑推理;经验论者则认为一切认识来源于感觉经验,但他们心目中的这种经验又有唯心主义和唯物主义之分:前者认为经验是主观自生或上帝赋予的,后者认为经验是对物质世界的反映;费尔巴哈是著名的唯物主义者,但他只是在自然观方面主张唯物主义,而在社会观方面却没有摆脱唯心主义;黑格尔则是著名的唯心主义者,他的"绝对精神"是典型的唯心主义观点。但为了解决思维与存在的矛盾,他又提出了"质量互变""对立统一""否定之否定"三大辩证规律。显然,这些有代表性的哲学思想表明了一种整体变化趋势,即从整个人类认识运动的发展过程看,人们对客观世界的认识是逐步向前发展的,每一个认识阶段人们对世界的基本看法,即人们常说的世界观问题,那是不能简单地仅用唯心主义或唯物主义的对立关系来定义的,还应把其看作是一个伴随着哲学的发展、自然科学的发展、人类社会实践的发展而发展的历史过程。

马克思主义哲学之所以具有科学性,实际上正在于它真正看到了客观世界的发展性,特别是看到了人类社会的发展性以及人类认识运动随着社会发展而进步的发展过程性;正在于它依据自然科学和社会科学的持续发展的基础,批判地继承古代和近代哲学思想,批判地继承费尔巴哈和黑格尔哲学思想,才确立了辩证唯物主义和历史唯物主义的世界观;同时还在于它是继往开来的,它是在继承传统的同时,又明确地提出了自身的发展性,并指出这种发展的目标,在于证明"世界的真正的统一性是在于它的物质性"。所以,我们对哲学基本问题的理解,也应当秉持历史唯物主义的观点,要把世界观和方法论的问题,看作是一个逐步趋向科学化的过程。

马克思主义之所以承认世界的物质统一性,并依据既有的科学实证条件证明世界的物质统一性,同样也是因为它认识到了人类认识运动的发展过程性,认识到了人类认识过程中的既往的哲学思想,本质上都在于探讨世界的本源性、证明世界的物质统一性。只是因为历史条件的限制,各个具体认识阶段的思想观点,它们对世界物质统一性的证明,其科学程度会具有历史的相对性,而这种历史的相对性则具体呈现为世界观、方法论的多样性和复杂性。而当历史进步到了马克思、恩格斯所处的时代,哲学和自然科学、社会科学的发展,才为马克思主义认识世界的物质统一性,提供了相对必要的思想前提条件和实证科学基础,使得辩证唯物主义和历史唯物主义的世界观得以形成,并能够用这种新观点来认识客观世界,揭示社会发展的规律性;同时马克思主义又认为,真正证明世界的物质统一性的任务还没有完成,要完成这一任务,还有待哲学和自然科学的持续发展。

作为马克思主义哲学的后继者,我们该怎么办呢? 当然应该沿着人类认识运动的发展趋势继续往前走,去完成证明世界的物质统一性的任务。而从马克思主义诞生至今,已近两个世纪,这期间自然科学和社会科学又有了巨大的发展,这种发展又为进一步证明世界的物质统一性,提供了足够的实证材料。这可以说就是本书立论的认识前提。

书中提出的整体统一性认识方法,表明的是一种新的唯物主义世界观。这种观点把世界看作是一个由九个物质属性构成的物质整体,并认为,这个物质整体中包含着无数个物质具体,而每一个物质具体又是一个相对的物质整体,因而,整体寓于具体是万事万物的一种共同属性,表现为:每一个具体整体,其整体性,表现为事物的体系、系统和过程体统整体性;其统一性,表现为事物的实在、存在和可知(知在)物质统一性;其整体统一性,表现为由质量结构性、能量聚散性、时空环境物质分布性、形态演化性、运动行止性、发展通达性、信息真相性、规律规范性和实际实践实证性,共九个物质属性构成的整体统一结构性。因而,这种表明物质统一性和整体体统性的整体统一性结构形式,即是世界万物的唯一本源,每一个事物都源于它,又离不开它;同时,它又是人类认识世界的根本方法,人们能够用它来认识世界万物。

当然,这种关于客观世界的整体统一性的观点,不是凭空产生的,它的产生,最初实际上源于《易经》。《易经》的认识方法是太极八卦。这种认识方法是把世界看作一个由八个阴阳属性构成的统一整体,而数千年的实证科学发展已经表明,"乾、坤、坎、离、艮、震、巽、兑"所象征的,应当就是世界的时空环境物质分布性、质量结构性、能量聚散性、形态演化性、运动行止性、发展通达性、实际实践实证性、信息真相性,"道"则象征的是规律规范性。所以,客观世界的整体统一性,如果从物质的"阴阳"属性角度看,它表现为太极八卦的整体统一性结构形式;而如果从物质的"实在"属性角度看,则表现为由九个物质属性构成的整体统一性结构形式。

这表明,关于世界万物的整体统一性的观点,是从物质属性的角度来认识世界的。因为唯物主义之"物",实证科学证明其并不是一个铁板一块的东西,而是有其物质结构性内容的:从统一性的角度看,这个"物"结构性表现为实在性、存在性和可知性(知在性)的物质统一性关系;从体统性的角度看,这个"物"结构性表现为体系性、系统性和过程性的整体体统性关系。所以,这种由九个物质属性构成的"物"结构形式,表明了万事万物的本源性,就是说,世界上的事物是没有一个能够离开这个"物"本源的。唯心主义为什么是错误的呢?,它错就错在否认或曲解这个"物"本源:要么是把不属于"物"的整体统一性结构的感知性、认知性、践知性(通过科学实验或社会实践而证知)这些主观的东西看作世界的本源,要么是把"物"的整体统一性结构中的某个或某些物质属性当作世界的本源。所以,整体统一性的观点,是有利于划清唯物主义和唯心主义的界限的。

从人类认识运动的整个发展过程看,我们只能面对客观的物质现实,通过认识物质属性的整体统一性来认识世界。对于这一点,如果只是直观地去感悟,相对容易一些,因为质量、能量、时空、形态、运动、发展、信息、规律和实践,这些看起来很"现实"的东西,它们当然应当是物质世界的真实属性,作为物质的属性,它们当然也不应当只是具有物理的、化学的、生物的、人的、社会的意义,而应当还具有建立在物理、化学、生物、人、社会意义之实证基础之上的哲学意义。可能有人连这一点也不同意,他们觉得这些都很平常,谈不上什么哲学意义。但是不要忘了,正是这些看似"平常"的质量、能量、时空等物质属性及其关系,实际上就连顶尖的哲学家、科学家,如亚里士多德、黑格尔、马克思、爱因斯坦等,都感到十分费解,可以说用尽了他们的心思。我们知道,亚里士多德哲学中有"质料因";黑格尔哲学中有"质量互变"规律;马克思哲学中有"质量互变"规律;爱因斯坦提出了"质能公式";我国著名的科学家钱学森也认为,我们对事物的认识,最终目标是对其整体内含(包括质与量)都充分理解。这些大哲学家和大科学家都如此看重,难道我们作为一般人,就能够离开这些真实的物质属性来认识世界吗? 只不过,真正的难点并不在于对这些物质属性的直观性感悟,因为这种直观性是很难清楚地表明"物"的整体统一性结构形式的科学性的;真正困难的,是在于如何依据持续发展的实证科学基础,从哲学的角度来科学认识它的整体内含,这才是人类认识过程的基本目标。

从哲学的整个发展史看,人类从五千多年前就已经开始了探讨世界整体统一性内含的进程。古中国的《易经》,是用格物的方法来象征世界的整体统一性内含的。古希腊哲学,是用系统化的方法来认识世界的整体统一性内含的。近代西方哲学,是用科学实证的方法来具体分析世界的整体统一性内含的。到了黑格尔时期,已经开始把整个自然的、历史的和精神的世界描写为一个过程,一个不断运动、变化、转变、发展的过程,并明确地提出了质量互变、对立统一和否定之否定三大规律。费尔巴哈则为唯物主义奠定了历史地位,他认识到自然界是物质的有形事物的总和,是唯一的客观实在,其存在变化是自身的原因,其变化发展是有规律的,时间和空间是事物的存在形式。马克思主义正是在这种基础之上继承了黑格尔和费尔巴哈思想的科学成分,并依据自然科学和社会科学发展的新成果,才明确地指出了世界的总体体系性和物质统一性,并第一次从社会的生产力要素结构、推动作用和时代特征,社会的形态、运动和发展,社会的信息特征、规律规范和实际实践等方面,来认识社会的整体性和统一性,从而确立了它的整体统一性的观点,也就是彻底的辩证唯物主义和历史唯物主义的观点。

所以,整体统一性的观点是有其理论渊源的,可以说古今中外的各种哲学思想,本质上都是在于程度不同地从多个角度,来探讨世界的物质整体统一性的;同时,这种整体统一性的观点还有其实证基础,它是伴随着实证科学的发展而不断发展的。

当今,中外许多哲学家和科学家,都认识到了这种发展性。如,我国著名的国学大师季羡林就明确指出:从人类的全部历史看,人类文化的发展将进入一个新时期,西方形而上学的分析已经走到尽头,寻求整体的综合必将取而代之。这种取代将在过去几百年来西方文化所达到的基础上,用东方整体着眼和普遍联系的综合思维方式,以东方文化为主导,吸收西方文化的精华,把人类文化的发展推向一个更高的水平。当然很显然,这种取代不是轻而易举的,因为真正认识并证明世界的物质统一性和整体体统性,是要在哲学、自然科学和社会科学持续发展的基础上,经过持久的努力才能最终实现的。

《整体统一论》的写作,可以说就是这种"努力"的一种尝试。整个写作过程断断续续持续了十几年。尽管作者对世界的物质整体统一性的尝试性探讨,只是粗浅的,但应当是有意义的,特别是一些新看法,如:八卦象征的是客观世界的八个物质属性;五行产生于远古的农业生产过程;老子的"道"象征的是万事万物的整体统一规律性;十进制起源于《易经》的产生和发展过程;中医是对人体的整体统一性认识;五行相生相克也是经济的一种基本规律性;中医和西医统一于人体的整体体统性;中学和西学统一于人类认识运动的整体发展过程;整体统一论是关于对立统一"两点论"、物质统一性和整体体统性"三点论"、五行运行"五点论"、太极八卦"八点论"、物质属性"九点论"的分析与综合相结合的认识论等,这些就算作为季先生提出的"寻求整体综合"的一种思路,可能也是有一些意义的。当然,这些尝试性看法无疑是很初级的,书中的错误和缺陷肯定不少,敬请读者给以批评指教。为了得到批评指导,作者曾把两篇很不成熟的初稿登在互联网上,本书出版以后,应以修改后的书稿为准。

01

试论整体统一性的认识方法

——《易经》太极八卦探析

导　言

　　我们面对的客观世界是一个整体,这个整体世界是统一的,而整体世界的真正的统一性,是在于它的物质性。要证明这一命题是不容易的,那是需要哲学和自然科学的长期持续的发展才能实现的。这是认识论的一项持久而艰巨的任务,需要我们在实证科学的基础上,探讨一种能够证明世界整体体统性和物质统一性的整体统一性认识方法。

　　应该说,这种探讨实际上从远古时代就已经开始了,《易经》就是这样一部探索世界万物的物质整体统一性的经典。《易经》的核心是太极八卦。最初提出这个核心思想的人是伏羲。此后经历了《连山》阶段、《归藏》阶段、《周易》阶段、老子孔子阶段,以及后来多个易学家进行探讨的阶段。这些不同的阶段,实际上都是根据当时的认识水平在探讨《易经》太极八卦的本质内含的。《易经·系词下传》就明确地指出了这一点,它在第九章中说:"易之为书也,原始要终,以为质也"。大意就是说,《易经》这部书从根本上说,是在于探索客观世界的物质统一性本质。

　　人类数千年的认识历史表明,人类认识客观世界的根本目的,就在于认识世界万物的物质统一性本质,把握整体世界运行发展的客观规律性。然而,要达到这一目的,那是很困难的。原因在于:对客观世界的物质统一性本质的证明,是以哲学和自然科学的长期的和持续地发展为前提的,而哲学和自然科学的持续发展,则是一个十分漫长而又艰难的过程。我们能够看到,五千多年前,人类就提出了阴阳物质统一性的观点,并已经学会用太极八卦的象征性认识形式来认识世界。这一传统的整体统一性认识方法尽管可以说是世代相传、影响深远,但由于历史条件的限制,这种只是建立在感觉(格物)基础上的认识形式,实际上还缺乏实证科学的认识基础,因而就使得《易经》的这种认识形式,至今仍像是一个迷宫,没有多少人能弄清它的真实内含。所以,破解太极八卦迷宫,弄清《易经》核心思想,不仅有利于解答多少代人的一大难题,同时也是我们在继承传统思想的基础上,真正弄清世界整体的物质统一性科学内含、找到科学的整体统一性认识方法的一个带根本性的认识前提。

毋庸置疑,《易经》所使用的太极八卦象征形式,实际上就是一种探索客观世界整体性和统一性的认识方法。《易经·系词上传》第四章说:"易与天地准,故能弥纶天地之道。""范围天地之化而不过,曲成万物而不遗,通乎昼夜之道而知,故神无方而易无体。"《易经》的"易",是变易、变化的意思,《易经·系词上传》第五章说:"生生之谓易";而"太极",则是指宇宙整体从无到有之变化的终极源泉,是指万事万物从无到有之变化的终极源泉。《易经·系辞传》讲的"易有太极,是生两仪",就是指事物的阴阳物质属性是来源于太极的。所以,"太极"的这种本源性,应当是指客观世界的物质整体统一性。对于这一点,今天实际上已经可以给以充分的证明,证明我们面对的宇宙是一个整体,这个整体的宇宙是物质的,而宇宙的真正的统一性是物质性,因而宇宙间的万事万物都是由物质属性的整体统一性所构成。

《易经》产生以来,人们用太极八卦方法认识事物的历史已经有五千多年。这种传统的整体统一性认识方法尽管还不是很成熟,但对于人类认识客观世界的整体性和物质统一性,却产生了巨大作用。我们常能听到两句很近似的话,一句是"宇宙是个整体",另一句是"人体是个小宇宙"。这两句话不是今天才有的,它表明了《易经》认识方法的作用力,表明人类早就对"人体"和"宇宙",有了一种复杂的整体感知,早就意识到了这大、小两个"宇宙"之间,是存在着必然联系的,是具有整体统一性的。

这种认识其实是人类认识史上的一次巨大突破,它为人类不断开辟着新的认识领域。然而,这种突破又受到了远古历史条件的无情制约,正是这种制约性,才迫使《易经》太极八卦具有了神秘性,使其在发挥巨大历史作用的同时,又不得不陷入了唯心主义和形而上学迷雾的重重困困之中。这表明,《易经》作为一种古老的整体统一性认识方法,它既具有应用的持续性,又具有先天的朴素性,正是这种持续性和朴素性,决定了人类祖先尽管早就感知并意识到了世界的整体统一性,但它只能是一种直观的整体统一观。其原因,一方面在于这种感觉的直观性对两个"宇宙"真实内涵的理解是很不深刻的,而不深刻的原因又在于缺少实证科学的支持;再一方面在于这种感觉的直观性对自然规律物质属性认识的模糊,还没有完整、准确地认识到客观世界的整体存在性和物质统一性的科学内含。

　　人类对客观世界的认识不会只停留在整体感知的水平上。经过数千年哲学和自然科学的持续发展，今天已经具备了探索客观世界整体存在性和物质统一性的实证科学基础，然而要真正认识和把握世界的整体统一性科学内含，并找到其认识方法的科学的表达形式，仍是不容易的，还需要费很大的气力。但不管任务多么艰巨，这种探索对于当今的人类来说，已经是一种现实又必然的需要了。

　　什么是客观世界的整体统一性呢？按照辩证唯物主义的认识论，整体性应该是指，由自然、社会和人类组成的客观世界是一个整体，而这个整体又表现为无限的体系演化、系统运化和发展进化过程；而统一性应该是指，万事万物都是由物质性构成的，正是由于万事万物具有共通的物质属性，才构成了客观世界的物质实在性、存在性、可知性的统一性。

　　《易经》产生之后，数千年的自然、社会和思维科学的不断发展，证明了物质世界中自然物、社会物和人类的物质本性，是共通的；证明了宇宙中的每一个事物，都是具有整体性和统一性的，每一个事物（包括人）都是物质世界整体中的具体，每一个具体又是相对的整体。所以，客观事物都是整体寓于具体的统一，而这种整体寓于具体的统一，是由物质属性的统一性来体现的。

　　要证明世界的物质整体统一性，就要探讨整体统一性的认识方法，就要从现实的实证科学基础出发，去寻找物质统一性的科学依据，去构建整体统一性认识方法的结构形式，并证明这种结构形式的科学性。当我们真正找到了整体统一性认识方法的新的认识结构形式，并用它把太极八卦的大门最终打开后，这种新的整体统一性认识方法的科学性就明朗了。

　　探讨整体统一性的认识方法，必须坚持整体寓于具体的观点。历史表明，人类认识的长河，始终是一个从具体出发来揭示整体共性、以整体共性来指导对具体规律把握的循环往复的认识过程。如同恩格斯所说："要不研究个别的实物和个别的运动形式，就根本不能认识物质和运动；而由于认识个别的实物和个别的运动形式，我们也才认识物质和运动本身。"[1]因此，正确的认识方法应当是分析与综合相结合的方法：在把握事物的整体共性时，不可能做到面面俱到、一览无遗，必须选择具体性；在把握具体个性时又不能孤立封闭、就物论物，必须依赖整体性。客观世界本来就是一个由各种物体相互有机联系的总体，这个总体中的物体又都是一个一个的具体整体，这每一个具体整体，实际上都体现着物质世界的整体性和统一性，因而，关于客观世界的整体统一性就能够、或者说也只能通过具体整体来表达。当我们从无数的具体整体中得到了整体统一性的科学表达形式之后,就能够用它来更深刻地认识更多的未知具体领域。

　　在这个探索过程中,需要强调的一点是,一定不能把人独立于客观世界之外,而要把人与客观世界放到一起来认识。这是因为,人类漫长的认识历史告诉我们:唯心主义和形而上学对唯物主义整体统一性认识方法的围困,总是通过割裂或歪曲人与客观世界的关系来实现的,所以要特别注意。

第一章

认识方法的时代性

人类认识世界的过程,就是一个把握物质世界的客观性、真实性和联系性的过程。世界的客观性是指,它的物质存在是一个充满着联系的客观整体;世界的真实性是指,这个充满联系的客观整体的统一性是在于它的实实在在的物质性;世界的联系性是指,它的整体存在性和物质统一性是具有规律性的,而这种规律性是可知的。所以,要把握世界的客观性、真实性和联系性,就必须掌握整体统一性的科学认识方法。人类数千年的认识史表明,人类的整个认识历程就是一个探索客观世界物质整体统一性的过程,也是一个探索整体统一性认识方法的过程。当今人类对客观世界认识的现状表明,实证科学的持续大发展,正呼唤一种科学的整体统一性认识方法的诞生,而时代惯常的传统认识方法却总是跟不上自然、社会、思维科学发展的步伐,许多现代人的思维方法实际上与世界一体化的时代要求,存在着很大差距。这种情况说明了什么呢?

第一节　人类现有认识方法的局限性

现代社会的文明是从古至今的人类社会文明的延续和发展,现代人的认识能力是从古至今的人类认识能力的延续和发展。人类的认识能力只能在认识客观世界的历程中积淀,表现为一个漫长的、不以人的意志为转移的历史进程。这是一个曲折的认识历史进程。这个进程的突出特征就是:人类的认识水平总是要受到科学发展的历史条件的限制,表现为认识方法落后于自然科学、社会科学发展要求的时代局限性。这是现代人类认识方法跟不上时代发展需要的根本原因。下面简要地分析一下这种局限性。

(一)古代整体认识方法的局限性。以《易经》为代表的古代"格物"式认识方法至今仍影响着许多人的思想,应当说还是人们的一种现实的认识方法,但这种方法有很大的局限性。《易经》是古代整体认识方法的代表作,被誉为群经之首,它是中华民族传统文化的源头和基础。作为一种哲学理论,《易经》观天文,察地理,通人情,意在阐明宇宙、人生的根本规律,体现了"天人合一"的伟大思想,对人类社会的发展产生过巨大影响和推动作用。然而,《易经》的这种推动和影响作用,又受到它自身局限性的限制,而这种限制主要是由它的整体统一性内含的深邃与其太极八卦的难于理解的"象、数、理"表达方式之间的反差造成的。这一点,我们将在后面进行专门的详细分析。

(二)近、现代具体分析方法的局限性。近、现代自然科学虽然有了巨大的进步,但其研究方式却不适应思维科学的发展,限制着人们的整体认识能力。恩格斯认为,这种局限性是由于人们在认识自然时,把自然界分解为各个部分,把自然界的各种过程和事物分成一定的门类,这种做法给我们留下的一种习惯。其特征是:把自然界的事物和过程孤立起来,撇开广泛的总的联系去进行观察,因此就不是把它们看作运动的东西,而是看作静止的东西;不是看作本质上变化着的东西,而是看作永恒不变的东西;不是看作活的东西,而是看作死的东西。这种观察事物的方法移到哲学中,就造成了局限性,即形而上学的思维方式。[2] 今天,尽管生命科学、纳米科学、宇宙科学、相对论和量子科学等基础学科以及系统论、信息论、控制论等整体科学理论已经有了巨大的发展,但总的说来,恩格斯讲的这种局限性仍大量地存在着。这种局限性实际上反映了人类认识客观世界的整体水平相对于客观世界真实所要求的水平,还存在着差距,还跟不上自然科学本身的发展。我们看到的仍然是:众多的研究者在认识事物时,总是从各自的既成观点出发去寻找答案,而不能很好地综合人类科研成果;同一个事物,社会科学家和自然科学家得出的结论往往有很大差别;同样的问题,古典学派和现代学派的认识常常大相径庭;同一个世界,唯物论者和唯心论者的看法总是存在着严重的分歧;许多学科之间门户自立,甚至同一行的中医和西医之间也壁垒森严……这些现实的研究方式表明,人们总是分别从各自所处的角度出发去认识事物,这当然有一定的合理性;但往往又总认为自己的见解唯一正确,不知道、不愿意或不善于融通其他,这就变成了局限性。这种情况下,就不可避免地要产生出片面性,产生出人与物、社会与自然、精神与物质、政治与经济、事物与环境、过去与未来、行业与行业等方面割裂的问题。这种研究方法的局限性,是造成门户林立、派系众多的根源,它必然会限制人们的认识能力,阻碍科学的发展。

(三)目前人类思维方式的局限性。当今世界,自然科学在飞速发展,社会科学在不断进步,但人类的思维方式还不适应这一发展进步的节奏,其整体认识水平受到了限制,而这种限制最集中的表现,就是从自然科学研究中移植过来的形而上学。恩格斯说过:"形而上学的思维方式,虽然在相当广泛的、各依对象的性质而大小不同的领域中是正当的,甚至必要的,可是它每次都迟早要达到一个界限,一超过这个界限,它就要变成片面的、狭隘的、抽象的,并且陷入不可解决的矛盾,因为它看到一个一个的事物,忘了它们互相间的联系;看到它们的存在,忘了它们的产生和消失;看到它们的静止,忘了它们的运动;因为它只见树木,不见森林。"[3]恩格斯的话没有过时,我们到处可以看到这种限制的存在。这种限制实际上反映了当今人类个体主观认识的能力,特别是整体统一性地认识客观世界的能力还不强,一方面表现为跟不上科学发展的步伐,同时成为唯心主义仍大量生存的避难所,给拜金主义、主观主义、强权主义、迷信思想等提供了生存土壤。这种思维方式的缺陷在于:不是整体统一性地看待人与社会、人与自然的关系,而是只看到事物的某些方面,忽视其他方面;不是客观地把人看作自然界中的一个具体物,而是把人与物对立起来,分为两个世界;不是辩证地认识人的特殊运动形式——精神,而是把精神神化,信神、信鬼、信迷信;不是发展地看待人类的进化、进步过程,而是孤立地看待人生,看待人的社会属性,喜生惧死,怨天尤人,强调个人作用,相信精神独立。这种思维方式的局限性,是造成贫富悬殊、环境污染、新型疾病、经济危机、战争恐怖、迷信盛行等社会问题的根源,它必然会限制人们的认识能力,阻碍科学的发展。

第二节　时代需要整体统一性认识方法

人类社会的发展趋势需要整体统一性的认识方法。今天的世界,科学技术飞速前进,经济一体化迅猛发展,人类追求幸福和谐。今天的世界,整个社会发展的大趋势促使越来越多的人认识到,人类应当整体统一性地认识世界,而目前人类研究方式和思维方式中存在的形而上学,已经不适应社会现实的要求了。原因在于:这种形而上学认识方式,不懂得人与自然的统一关系;不懂得"人的自然化和自然的人化两者结合,才是人与自然相一致的完整统一总和"[4];不懂得抓住客观事物的本质联系,来揭示事物运动发展过程的内在规律性。就是说,它"只见树木不见森林"。因而,用这种形而上学的认识方式来认识人、社会、自然的本质,是肯定不够的,用它来揭示"天人合一"的内涵,也肯定是得不出正确结论的。对于这一点,国学大师季羡林先生曾明确指出:从人类的全部历史看,人类文化的发展将进入一个新时期,西方形而上学的分析已快走到尽头,寻求整体的综合必将取而代之。这种取代不是消灭,而是在过去几百年来西方文化所达到的水平的基础上,用东方整体着眼和普遍联系的综合思维方式,以东方文化为主导,吸收西方文化的精华,把人类文化发展推向一个更高的阶段。[5]季先生是有远见卓识的,他的话告诉我们,现代形而上学思维方法的局限性已很难适应对世界整体统一性内涵充分理解的需要了。

要突破这些局限性,就要探寻一种能对物质整体统一性内涵充分理解的新方法。这不仅是自然科学和社会科学发展的需要,更是思维科学发展的需要。今天的世界,"科学的兴趣正从简单性向着复杂性转变。对于微观世界简单性的信念已经被打破了,这个转变引导我们把重点放到新概念和新方法上。"[6]这是从实证科学领域发出的声音,它告诉我们,今天的人们如果不去把握世界的复杂性、整体性和统一性机制,就很难适应自然科学、社会科学和思维科学发展的时代要求了。

我们知道,古希腊时期的亚里士多德就提出了"形式"本体论"四因说",这种"四因说"是从质料、形式、动力、目的(运动发展的归属或结果)四个因素之间的逻辑关系角度,来认识整个客观世界本源性的。他的"形式"本体论思想推动了近代哲学和自然科学的发展。到了19世纪,自然科学的发展,特别是能量守恒与转化定律、细胞学说、生物进化论等科学发现,已经为人们提供了一个新的自然图景,形成了辩证唯物主义的自然观。它的中心是整个自然界都处于不断流动中,处于无休止的运动和变化中,处于永恒的产生和消灭中。当今人类更应当在自然科学发展的新的基础上,特别是在物理学革命使科学的基本概念发生了重大改变,在对时间、空间、运动、质量、能量、连续与非连续、必然与偶然、物质结构等一般关系提出了许多新的见解的基础上,学会用整体统一性的方法去认识客观世界,并努力探求这种方法的科学表达形式。恩格斯在谈到对整个物质世界的探索时说:黑格尔已把整个自然的、历史的和精神的世界描写为一个过程,即把它描写为处在不断的运动、变化、转变和发展中,并企图揭示这种运动和发展的内在联系。人类的历史是人类本身的发展过程,而思维的任务现在就在于通过一切迂回曲折的道路去探索这一过程的依次发展的阶段,并且透过一切表面的偶然性揭示这一过程的内在规律性。[7]他认为:"甚至随着自然科学中每一个划时代的发现,唯物主义也必然要改变自己的形式。"[8]我们能够看到:古代《易经》太极八卦是人类认识世界的一种形式;近现代实证论分析方法也是人类认识世界的一种形式。这是唯物主义认识世界的不同的两个阶段的表现形式。历史已经表明,对整体性的认识不能代替对具体性的认识,对具体性的认识也不能代替对整体性的认识,但二者相辅相成的互补是必需的。历史已经表明,没有古代朴素的格物式整体统一论,就没有近现代的具体分析实证论,而近、现代自然科学的大分工、大发展对于客观世界各个领域内在规律的深刻揭示,也越来越迫切地需要一种新的整体统一观的诞生。它预示着,唯物主义认识世界的又一个新阶段即将到来。这就需要我们逐步扬弃目前板块式的研究方式和形而上学的思维方法,学会用整体统一性的认识方法认识世界,并提出一种科学的认识新形式;而自然科学各个领域的成就,也已经为这种新形式的诞生奠定了坚实的实证科学基础。这种认识世界的新形式,理所当然地应当是承继过去的、整体寓于具体的、普遍性寓于特殊性的形式,也就是整体统一性的形式。

第二章

认识方法的结构形式

　　有史以来,人类始终未停止对物质世界的认识:古代《易经》是从整体角度,用太极八卦的认识形式来认识物质世界客观性、真实性、联系性的统一性的;近现代认识方法是从实证角度,用具体分析的认识形式来认识物质世界客观性、真实性、联系性的科学性的;今天我们来探讨新的整体统一性认识方法,不能离开这些既有认识形式的基础和前提,去凭空想象,而是要立足于这些基础和前提,从哲学、自然科学、社会科学长期发展的成果中,去认识整体世界的物质统一性内含,并找到它的新的表现形式。

第一节　掌握整体统一性认识形式的长期性

　　五千多年前,《易经》就给人类提供了一个携带宇宙整体统一性规律信息的太极八卦图(形式),这是我们的祖先给人类留下的宝贵精神遗产。《易经》的确是一种传统的整体统一性认识方法,但由于时代的局限性,这种古老朴素的传统认识形式会遇到历史的困惑,发挥的作用是有限的。近、现代人是如何认识客观世界的呢? 恩格斯这样描述过:"我们所面对着的整个自然界形成一个体系,即各种物体相互联系的总体,而我们在这里所说的物体,是指所有的物质存在,从星球到原子……这些物体是互相联系的,这就是说,它们是相互作用着的,并且正是这种相互作用构成了运动……其次,既然我们面前的物质是某种既有的东西,是某种既不能创造也不能消灭的东西,那么运动也就是既不能创造也不能消灭的。只要认识到宇宙是一个体系,是各种物体相互联系的总体,那就不能不得出这个结论来。"[9] 很显然,恩格斯既指出了世界的整体性,又指出了世界的物质性,这应是近、现代人对客观世界最科学的认识。近一百多年来的科学实践进一步证实了恩格斯科学论述的正确性,证实了我们面对的世界,是具有整体性和统一性的,而这个整体世界表现为由物质统一性构成的无穷事物的运动发展过程。

当然,如果我们只是承认客观世界的整体统一性,而对它的物质属性内涵缺乏全面、系统、准确的理解和把握,那是还很不够、很不深刻的。

人类漫长的认识史表明,认识客观世界的整体统一性,是一件很困难的事情。原因在于:如果仅仅停留在感性的、传统的整体认识基础上,只回答"物质是存在的,所以是统一的",或"宇宙是一个整体,所以是统一的"等,那是远远不够的。真正需要回答的是什么呢,是宇宙万物——包括自然的、历史的、社会的、生物的、精神的等层面的共性究竟是什么,并找到无数看似风马牛不相及的事物之间的共同属性及联系,进而说明"天人合一"的道理所在。恩格斯在谈到这一点时说:"虽然世界的存在是它的统一性的前提,因为世界必须先存在,然后才能够是统一的,但是世界的统一性并不在于它的存在。在我们的视野的范围之外,存在甚至完全是一个悬而未决的问题。世界的真正的统一性是在于它的物质性,而这种物质性不是魔术师的三两句话所能证明的,而是由哲学和自然科学的长期的和持续的发展来证明的。"[10]恩格斯在这里,给我们提出了证明世界的物质统一性的任务,并指出了完成这一任务的长期性和艰巨性。人类的认识史表明,对客观世界的物质整体统一性的证明确实是一个十分漫长的过程,可以说,从伏羲、文王、孔子到费尔巴哈、黑格尔、马克思、恩格斯、爱因斯坦,以及其他许多的哲学家和科学家,都是做这种证明工作的人。恩格斯作为彻底的唯物论者,他依据当时自然科学提供的实证材料,一方面指出了世界的整体性是它的体系运动过程性、统一性是它的物质性;另一方面指明了在世界的物质性被证明之前,它的存在性是一个悬而未决的难题;同时还把进一步证明的任务留给了后人。这种证明当然不是三言五语就能办到的,而是需要历史发展的长期的、丰富的具体内容;有了这些具体内容也不是自发地可以证明的,而是需要给整体统一性的物质内容赋予一定的表现形式,否则,内容就是支离破碎的。

第二节　整体统一性认识结构的构成要素

历史表明,《易经》能用太极八卦象征宇宙间万事万物的整体统一性,但不能用这一方法证明其科学内含。老子继承发展了《易经》的基本思想,他在两千年前,就用"道"来象征万事万物的本源规律性,并从多个物质属性角度论证了客观世界的整体统一性。老子提出了"道生一,一生二,二生三,三生万物。万物负阴而抱阳,冲气以为和"的观点,提出了"道生之,德蓄之,物形之,势成之"的观点,提出了"反者道之动,弱者道之用。天下万物生于有,有生于无"的观点,提出了"道之为物,惟恍惟忽。忽兮恍兮,其中有象;恍兮忽兮,其中有物。窈兮冥兮,其中有精。其精甚真,其中有信。"的观点。这些观点表明老子对客观世界的本源性认识,就是《易经》的"大道生两仪,两仪生四象,四象生八卦,八卦生万物"的太极八卦整体统一性认识,而构成这种整体统一性的物质属性,有"道""德""形""势""反""动""象""物""精""信""为"等。可见,老子当时已经用与类似现代人的物质属性观念,来认识客观世界的本源性了。例如,"道"类似规律,"德"类似规范,"形"类似形态,"势"类似质量的结构态势、能量的聚散态势和时空环境的物质分布态势,"反"类似周期发展过程,"动"类似运动,"象"类似真相,"物"类似事物,"精"类似质量,"信"类似信息,"为"类似实践,等。我们知道,老子哲学思想在全世界都是有巨大影响的,所以,他关于客观世界本源性的认识,是有很高的科学性的。

其实,这种从多个角度来认识世界的整体统一性哲学思想,不是只有《易经》和老子。古希腊的亚里士多德就提出了"质料因""形式因""动力因"和"目的因"的"四因说"。在古印度哲学中,更有以神秘的"大梵"为世界本体的"二相论""三界论",以及数论派的"二十五谛"论、胜论派的"十句义论"、正理哲学的"十六谛义论"、顺世派的"四大元素论"、耆那教的"七谛说"以及生活派的"十二元素论",等等。这些哲学派别也都是从多个哲学范畴来认识世界的。这些范畴大体有:天、地、风、火、水、日、空间、时间、运动、生命、非生命、物质、精神等。但是,从哲学和自然科学的整体发展看,还要数中国的《易经》和老子的哲学思想,更具科学性和代表性。

那么,今天的我们该如何继承以《易经》和《老子》为代表的古代哲学思想,在数千年哲学和自然科学持续发展的基础上,更加科学地来认识客观事物的整体统一性呢?钱学森教授的观点是,"我们对事物的认识,最终目标是对其整体内涵(包括质与量)都充分理解。"[11]这种观点表明,钱学森与《易经》《老子》的认识,是具有一致性的,都认为,一定要从客观世界整体本质层次来理解事物的物质属性的真实内含,才能够真正把握客观事物的整体统一性。那么,如何才能科学认识和理解客观事物的整体统一性物质本质属性呢?

首先需要弄清的是,既然世界是个充满联系的整体,"世界的真正的统一性是在于它的物质性",那么,物质的最基本的属性就应该是其整体统一性的基本构成要素。哲学和实证科学的持续发展表明,物质的属性并不是物质世界本身,更不是人的主观意念的产物。物质最基本的属性是什么呢？当然只能是它的客观的实在性、存在性和可知性(知在性)。这是因为,"世界的存在是它的统一性的前提",客观实在是世界的"物质的唯一特性"[12],思维和存在的关系是哲学的基本问题。可见,物质的本质属性是具有客观性的。

其次,既然我们面对的宇宙是一个体系、运动、过程的集合体,"是各种物体相互联系的总体",那么,物质的基本属性在其相互联系为整体性和统一性的过程中,必然表现为一个具有普遍性的形式结构,并体现为万事万物的共同属性。就是说,物质的本质属性是具有普遍性的。

再次,既然相对论、量子论等"自然科学的证明",已经从物质本质的共同属性层次,以实证的方式证实了物质属性的内在联系性,那么,物质世界的整体统一性就从客观实在性的基础上被证明了,因而,也就能够找到它的形式结构了。这说明,物质的本质属性是具有实证性的。

正是因为物质的本质属性是具有客观性、普遍性和实证性的,所以才成为我们认识世界整体统一性的依据。因而,要认识世界的整体统一性,就要找到这些物质属性依据；要证明世界的整体统一性,就要找到由这些物质属性构成的结构形式。而寻找这些基本的物质属性依据、证明整体统一性的物质属性结构形式,则是一个综合与分析相结合的复杂认识过程。这就要求我们按照列宁说的,对于"综合的认识则是力求理解现有的东西,也就是说,去掌握处在统一中的各规定的多样性"[13],去从现实的最具科学性的唯物主义哲学和实证科学成果的材料中,来认识这些物质本质属性的依据。按照《易经》、老子、亚里士多德、黑格尔、马克思、恩格斯、爱因斯坦、钱学森等的共通性认识,这些物质本质属性主要有:质量、能量和时空三个物质实在性,形态、运动和发展过程三个物质存在性,信息、规律和实践三个物质可知性,而对这些物质本质属性的具体论述和证明,也已经能够从唯物主义哲学和实证科学持续发展的材料中找到。

(一)作为知觉的"泉源"的客观实在范畴,是客观世界存在的内容。客观实在范畴包括质量结构性、能量聚散性和时空环境物质分布性三个物质属性。这三个物质属性相结合,成为宇宙间所有客观存在的共同的物质实在基础。

质量转化是宇宙间的普遍形式,所以,它是物质的基本属性。事物的质量属性表现为自然物、生物、人和社会事物等宇宙间的所有客观存在事物的质量、素质、本质等的体系结构性本质特征。这种质量结构本质性已经为实证科学所证实。人们对物质的宏观结构是比较容易理解的。当电子被发现以后,就使原本认为铁板一块的微观基本粒子——原子的内部结构也被发现了。实验表明,电子一类被公认的粒子物质会显示波动性,电子的质量也是会随运动速度的变化而改变的。而当基本粒子被大量发现并对它们进行系统分类之后,又使人们认识到,基本粒子也不是物质结构的最终实体,它们也有内部结构,所有参与强相互作用的粒子,都是由质子、中子、超子三种基础粒子构成的。2012年"希格斯玻色子"又被发现了,这一发现证实了玻色子是物质的质量之源,是电子和夸克形成质量的基础。而从哲学方面看,量转化为质和质转化为量的规律是最一般的规律。恩格斯说:"在自然界中,质的变化——以对于每一个别场合都是严格地确定的方式进行——只有通过物质或运动(所谓能)的量的增加或减少才能发生。自然界中一切质的差别,或是基于不同的化学成分,或是基于运动(能)的不同的量或不同的形式,或是——差不多总是这样——同时基于这两者。"[14]他认为,质量转化规律对于有生命的物体是适用的,它"第一次把自然界、社会和思维发展的一般规律以普遍适用的形式表述出来"[15]。这些材料表明,质量结构性是物质的基本属性,它是一事物区别于他事物的内部固有的规定性,是客观世界的体系物质实在性。

能量转化是宇宙间的普遍形式,所以它是物质的基本属性。事物的能量属性表现为物理能、化学能、生物能、人的生存能力、社会运行动力等系统的聚散性本质特征。实证科学表明:能量与质量是具有统一性的,例如,光是具有能量性的,但是光这种被公认的具有波动性的物质会显示出粒子性;而放射性物质由于能量不断释放,质量会不断减少。所以,质量和能量是联系在一起的,本质上是统一的,质量是能量的一种凝聚状态,能量是质量的一种散发状态。相对论和量子理论告诉我们:"能"与"质"是可以相互转化的,这种转化表现为一种聚散性。而传统的能量守恒定律告诉我们:能量在物质运动的过程中是不会消失的,它从一种表现形式转化为另一种表现形式,这种转化也具有聚散性。这些表明,与质量转化一样,能量转化具有同样的普遍性,它是客观世界的系统物质实在性。

时空环境不能离开物质,也是宇宙间的普遍形式,所以它是物质的基本属性。事物的时空环境属性表现为物质存在的时间环境和空间环境的物质分布性本质特征。恩格斯在谈到"时空"时说:"物质的这两种存在形式离开了物质,当然都是无,都是只在我们头脑中存在的空洞的观念、抽象。"[16]列宁认为:"唯物主义既然承认客观实在即运动着的物质不依赖于我们的意识而存在,也就必然要承认时间和空间的客观实在性。"[17]爱因斯坦的相对论不仅揭示了空间的可变性和时间的可变性,而且说明了单独的空间改变或单独的时间改变都是不可能的,空间和时间的变化是必然要联系在一起的;不仅如此,时空的变化和时空结构又与物质的运动和状态不可分离。闵可夫斯基在《空间与时间》一文中则说过："现在我要向你们提出的时空观是在实验物理学的土壤上产生的,其力量就在这里。这些观点是根本性的。从现在起,孤立的空间和孤立的时间注定要消失成为影子,只有两者的统一才能保持独立的存在。"[18]这表明,时空环境物质分布性也是物质的普遍形式,它是客观世界的周期过程物质实在性。

我们知道,万有引力定律表明了宇宙间所有的物质是互相联系的;现代物理学的量子力学理论证明了物质粒子的微观存在形式为波粒二相性,物质波是几率波,粒子的位置与动量之间,呈测不准关系;相对论原理证明了物质的质量与能量的统一是可以计算的,时空的性质不仅取决于物质的运动,而且更重要的是取决于物质分布本身[19]。因而,现代实证科学理论的两个基础理论已经明确地告诉我们:世界的客观实在性表现为质量结构性、能量聚散性和时空环境物质分布性三个实在内容的统一性。

(二)我们"视野"之内的客观存在范畴,是客观实在的物质存在形式。客观存在范畴包括形态演化性、运动行止性和发展通达性三个物质属性。这三个物质属性相结合,成为客观世界的整体寓于具体的存在形式。

具有现实形态的实物的演化性,表现为客观世界的物质体系,所以它是物质的基本属性。我们面对的客观世界是由各种各样的事物构成的,所有的事物都必然具有一定的形态,没有形态的事物是不存在的。这些有形的事物中,无论是固态、液态、气态、等离子态等,它们无不处在演化之中。正如恩格斯所描述的:"整个自然界,从最小的东西到最大的东西,从沙粒到太阳,从原生动物到人,都处于永恒的产生和消灭之中,处于不停地流动之中,处于无休止的运动和变化中。"[20]而相对论告诉我们:物的存在状态是与质量、能量、时空的变化及时空结构不可分离的。这表明,事物的形态演化性是客观世界的体系物质存在性。

运动是物质的固有属性,具体表现为客观世界物质系统运行的行止性,所以它是物质的基本属性。现在已知的运动基本形式有物理、化学、生命、社会和思维运动五种。这些运动形式都离不开物质,当然,物质也离不开这些运动形式。因而,宇宙间的一切事物都处在统一的运行系统之中,其基本特征是有行有止:"行"表现为动的绝对性;"止"表现为静的相对性。恩格斯说,运动是具有绝对普遍意义的物质的存在方式,"就最一般的意义来说,就它被理解为存在的方式、被理解为物质的固有属性来说,它包括宇宙中发生的一切变化和过程,从单纯的位置移动起直到思维。"[21]相对论告诉我们:物质的运动是与质量、能量、时空的变化及时空结构不可分离的。这表明,事物的运动行止性是客观世界的系统物质存在性。

周期性的发展是事物普遍的运行通达必然形式,所以它是物质的基本属性。这一物质属性表现为事物的物理、化学、生命、社会和思维五种基本运动形式的周期过程形式,每一个运动着的事物都要经过这样的周期过程。其基本特征是有通有达:"通"表现为新陈代谢发展过程的绝对性;"达"表现为新陈代谢发展周期的相对性。毛泽东说过,"新陈代谢是宇宙间普遍的永远不可抵抗的规律。"[22]恩格斯认为,宇宙是作为无限的进步过程,以恶无限性的形式存在的,无限的进步过程"实际上它并不是重复,而是发展,是前进或后退,因而它成为运动的必然形式。"[23]实证科学表明,发展是由物质运动的速度决定的。相对论告诉我们:物质运动速度的快慢与质量是密切相关的,这已经由电子质量随运动速度加大而加大的事实所证明,当然,它与能量也是密切相关的。这些表明,事物的发展通达性是客观世界的周期过程物质存在性。

我们知道,康德—拉普拉斯的星云说第一次把自然界描绘为事物运动、发展、变化的过程,而辩证唯物主义关于物质的形态性、运动性和发展性的认识以及自然科学基本理论的证明,都深刻地揭示了客观事物的物质存在规律性。使我们认识到,物质世界的确是一个相互联系的统一整体,而这个整体的物质存在性,表现为事物的体系形态演化性、系统运动行止性和周期过程发展通达性三个存在形式的整体统一性。

(三)作为"彻底认识世界"途径的客观可知(知在)范畴,是思维对存在的反映的对象。客观世界的物质可知范畴包括信息真相性、规范规律性和实际实践实证性三个物质属性。这三个物质属性相互结合,成为物质世界的整体统一性能与人类思维同一的客观途径。

物质世界是可以感知的,感知的是物质世界信息的真相,所以,"信息真相"是物质的基本属性。信息是我们再熟悉不过的了,我们每天都在信息中生活。但信息的本质是什么呢?让我们看看列宁关于感知与外部信息之间的关系的论述,他说:"自然科学家以及任何一个唯物主义者都认为,感觉的确是意识和外部世界的直接联系,是外部刺激力向意识事实的转化。这种转化每个人都能看到千百万次,而且的确到处都可以看得到。"[24]这里,列宁道出了信息的本质,即,信息是人的感觉与外部物质世界直接联系的媒介,所以它是具有客观性的。人们感知这种客观性信息的目的,是为了得到事物的真情实况,但是信息有真假之分,而人们对信息的识别能力也有高下之别。所以,通过信息媒介得到事物真情实况,才是信息真相性的物质属性本质。这些表明,作为感知的对象,事物的信息真相性是客观世界的物质可感知性。

"自然界中的普遍性的形式就是规律"[25]，人类认识世界主要在于把握自然界、人类社会和思维本身的规律性和规范性，所以，"规律规范"是物质的基本属性。规律是存在于客观事物的规范之中的。所谓自然规律，是指客观事物运行规范中的道理、原理、规则。马克思主义认为，客观世界最一般的规律"实质上它们归结为下面三个规律：量转化为质和质转化为量的规律；对立的相互渗透的规律；否定的否定的规律。"[26]古代《易经》则认为世界最一般的规律，是阴阳互存、阴阳互生、阴阳互变三个规律。这些规律以及一切其他规律，不管是整体的一般规律，还是具体的特殊规律，它们都只能存在于事物的运行系统规范之中，离开了事物运行系统规范的规定性，规律就无法体现。所以，规律规范性作为认知的对象，它是客观世界的物质可认知性。

物质世界是现实的，人们能够从实际出发，通过实践过程，能动地变革现实，并证实物质世界的规律性，所以，"实际实践实证"是物质的基本属性。恩格斯曾深刻地阐述过实践的本质，他说："人的思维的最本质和最切近的基础，正是人所引起的自然界的变化，而不单独是自然界本身；人的智力是按照人如何学会改变自然界而发展的。"[27]"从前的一切唯物主义——包括费尔巴哈的唯物主义——的主缺点是：对事物、现实、感性，只是从客体的或者直观的形式去理解，而不是把它们当作人的感性活动，当作实践去理解，不是从主观方面去理解。所以，结果竟是这样，和唯物主义相反，唯心主义却发展了能动的方面，但只是抽象地发展了，因为唯心主义当然是不知道真正现实的、感性的活动本身的。"[28]恩格斯在这里阐明了实践的主体性，以及通过实践认知世界的客观性，也就是阐明了实践活动的主、客统一性。这表明，实践尽管具有主体性，但却不是主观的产物，它是一个必须从实际出发，再进入能动实践过程，最后得到实证结果的循环往复过程。所以，实际实践实证性作为人的能动性的对象，是客观世界的物质可践知性（通过实践过程认知世界实际、检验客观真理）。

所有这些材料表明，现代实证科学深刻揭示了物质世界的客观规律性，这种规律性不仅反映在无数的具体理论中，也反映在信息论、系统论、控制论、实践论、认识论等整体理论中。它告诉我们：物质世界的整体统一性是形态演化性、运动行止性、发展通达性三个物质存在性的形式的统一，是质量结构性、能量聚散性、时空环境物质分布性三个物质实在性的内容的统一，这种物质存在形式与实在内容相结合而产生的信息真相、规范规律、实际实践实证三个可知属性的统一，由作为认识主体的人通过感觉来感知，通过认识来认知，通过实践来践知。

以上就是我们要认识的物质本质属性,这些物质本质属性分别是:客观实在范畴的质量结构性、能量聚散性和时空环境物质分布性;客观存在范畴的形态演化性、运动行止性和发展通达性;客观可知范畴的信息真相性、规律规范性和实际实践实证性。数千年的哲学和实证科学的持续发展表明,客观物质世界虽然在每一个物质属性内部以及它们之间的相互关系方面,会表现出无限性,但它的物质本质属性却只有这九个,因此,它的整体统一性的表现形式只能由这九个基本的物质属性来构成。对此,可能有人会不以为然,觉得这都是一些很常见的概念。但是,"道可道,非常道;名可名,非常名",老子的这句名言告诉我们,事情真的不是那样简单。其实,就是这些看似简单的质量、能量、时空等的物质属性的本质内含,甚至连爱因斯坦和恩格斯都感到费解,古往今来,无数的科学家、哲学家始终在不停地在探讨着它们的奥秘,探讨着它们的真实内涵。

第三节　整体统一性认识的结构形式

事物的形式表现为它的内在要素相互联系而成的结构或表现形式,科学地认识和把握事物整体统一性的表现形式是十分重要的。马克思说过:"在形式上,叙述方法必须与研究方法不同。研究必须充分地占有材料,分析它的各种发展形式,探寻这些形式的内在联系。只有这项工作完成以后,现实的运动才能适当地叙述出来。这点一旦做到,材料的生命一旦观念地反映出来,呈现在我们面前的就好像是一个先验的结构了。"[29] 由于物质世界本身是一个充满联系的整体,"物质在它的一切变化中永远是同一的,它的任何一个属性都永远不会丧失"[30],因而物质世界的基本属性之间一定是相互联系的,一定会呈现为一个基本的结构形式。对于物质世界的形式,恩格斯还这样论述过:"不论在自然科学或历史科学的领域中,都必须从既有事实出发,因而在自然科学中必须从物质的各种实在形式和运动形式出发;因此,在理论自然科学中也不能虚构一些联系放到事实中去,而是要从事实中发现这些联系,并且在发现了之后,要尽可能地用经验去证明。"[31] 恩格斯在这里强调了科学实证的重要性。我们知道,虽然人类早就知道宇宙是一个整体,是各种物体相互联系的整体,但由于受自然科学发展的制约,特别是在相对论、量子论、生命科学、系统科学、宇宙科学等还没有面世时,能够说明物质基本属性以及它们之间的本质联系的事实和材料不多。在这种情况下,对物质的质量、能量、时空三个实在属性本质联系的认识是很困难的,因此,连恩格斯当时也只能概括地指出物质世界的总联系,同时给后人留下了证明物质统一性形式的艰巨任务。

今天,自然科学的空前发展给我们提供了认识整体统一性物质属性的实证基础:一是相对论,已经把物质世界的质量、能量和时空统一起来;二是量子力学的波粒二相性,已经把客观实在的绝对确定性变成几率确定性;三是生命科学,已经把人类和自然界的鸿沟用基因理论填平了,证明了"生命是整个自然界的结果"[32];四是纳米技术,甚至可以在基因体内搬运原子,它极有可能引起一场认知革命,打通长期困扰人们的物质和信息、生物和非生物、意识和物质三个哲学界限,从而证明物质属性之间原本就没有绝对界限,是统一的(因为信息是物质的真相性,意识是人脑物质的运动性,生物来自非生物);五是宇宙大爆炸理论,证明了宇宙整体是运动的物质,它也有其生存、发展的历史和阶段性;六是弦论的研究,有可能使宇宙中四种基本的力统一起来;七是网络科学的发展,几乎把整个世界变成一个地球村;八是社会科学的进步,证明了"社会经济形态的发展是一种自然历史过程"[33],证明了马克思主义唯物论、辩证法、历史观相统一的科学性……

凡此种种,都从实证科学的基础上证实了物质世界是一个充满着联系的总体,同时为从哲学上证明物质世界的整体统一性并赋予其一定的形式,提供了依据,使我们有可能把物质的九个基本属性联系起来、统一起来。这九个物质属性分别是:实在范畴的质量结构、能量聚散和时空环境物质分布属性,存在范畴的形态演化、运动行止和发展通达属性,可知范畴的信息真相、规范规律和实际实践实证属性。为了叙述的方便,把它们简称为质、能、境、形、运、通、相、律、实。

由于我们所面对的客观世界只有一个,古往今来对世界本源的真理性认识,应该是具有唯一性的,因而,今天关于物质统一性的科学认识,是与古代《易经》的科学思想具有同一性的。就是说,上述九个物质属性与《易经》的八卦及"道",实际上是存在着对应关系的,这种对应关系是:质—坤、能—坎、境—乾、形—离、运—艮、通—震、相—兑、律—道、实—巽。按照太极八卦结构的排列顺序和数理关系(这种对应关系及数理关系在后文中讨论),九个物质属性在其结构图中的排列顺序应为:律(一)、运(二)、能(三)、实(四)、境(五)、质(六)、通(七)、形(八)、相(九)、整体寓于具体(十)。其中,(一)为认识的出发点,即自然规律;(十)为认识的归宿点,即整体寓于具体;从一到十,表明了十进制的整合统一关系。

我们能够证明,由客观世界九个物质属性构成的整体统一性结构形式,揭示了太极八卦的整体统一性本质内含,因而这种新的认识形式是源于《易经》,又对

《易经》有所发展的。所以,把这个类同于太极八卦的结构形式,简称为"九性太极",它与太极八卦(先天八卦)的对照图由图(一)表示,具体如下:

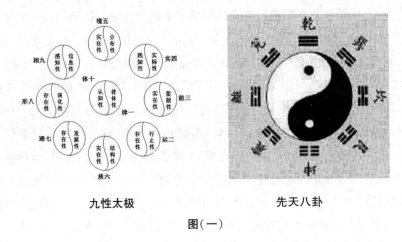

九性太极　　　　　　　　　先天八卦

图(一)

第四节　"九性太极"与太极八卦的联系与不同

　　究竟如何来认识"九性太极"与太极八卦的关系呢? 我们知道,《易经》的太极八卦图是用文字、符号和图形三种方法,来表明其思想内涵的。最先出现的,是三划符号卦;文字产生后,逐渐有了"乾、坤、坎、离、艮、震、巽、兑"的文字表述;最终由太极八卦图把三者统一起来。其八卦象征的,是客观世界万事万物的八个阴阳物质属性,而太极象征的,则是客观世界万事万物的整体统一性根本联系性。"九性太极"明确地指出了太极八卦所象征的这种物质属性本质和根本联系性,因而它的认识结构形式与太极八卦,具有一脉相承的整体统一传承性。这一点我们将在后面的章节中给以证明,证明"九性太极"提出的"质、能、境、形、运、通、相、实"八个物质属性,实际上就是太极八卦象征的"坤、坎、乾、离、艮、震、兑、巽"八个阴阳物质属性;而"律"物质属性,就是太极八卦中的"道"整体统一规律性。所以,"九性太极"与太极八卦,二者的整体统一性认识结构形式本质上是相通的。这种相通的传承关系,我们用图(二)来说明。

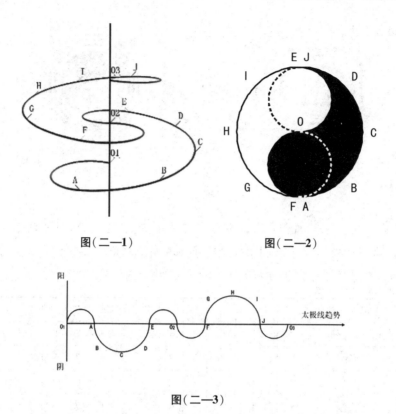

图(二—1)   图(二—2)

图(二—3)

图(二)能说明些什么呢？它表明的应是太极八卦的阴阳变化规律性,也就是太极八卦的本质内含。这种阴阳变化规律性从数理关系上看,就是我们十分熟悉的十进制关系。它由三个图组成,其中,图(二—1)表明的是太极八卦的立体结构关系;图(二—2)表明的是太极八卦的投影结构关系;图(二—3)表明的是太极八卦的坐标结构关系。通过这个图(二),我们不仅可以表明"九性太极"与太极八卦的内在关系,还可以表明"河图""洛书"与太极八卦的内在关系,表明后天八卦与先天八卦的内在关系,从而弄清楚太极八卦所象征的客观世界的整体统一规律性,弄清楚"九性太极"与太极八卦的联系与不同点。"河图""洛书""后天八卦"见图(三)。

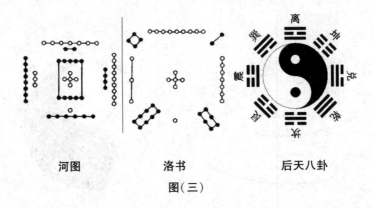

河图　　　　　　洛书　　　　　　后天八卦

图（三）

下面用一个图表，说明一下这些关系，来看看先天八卦、"河图""洛书"、后天八卦和"九性太极"在图（二）上的具体位置和变化，从而表明，它们实际上都是反映事物的阴阳变化关系的，而从数理上看，是反映十进制关系的。

太极线趋势	O_1	A	B	C	D	E	O_2	F	G	H	I	J	O_3
先天八卦		1	2	3	4	5		6	7	8	9	10	
河图		1	2	3	4		5	6	7	8	9		10
洛书		1	2	3	4		5		6	7	8	9	
十进制	1		2	3	4	5		6	7	8	9		10
后天八卦		1	2	3	4				6	7	8	9	
"九性太极"	1		2	3	4	5		6	7	8	9		10

从图表上可以清楚地看到，《易经》的太极线趋势表明的，是 13 个点，由 O_1、A、B、C、D、E、O_2、F、G、H、I、J、O_3 共 13 个点，组成了太极线变化的一个完整周期，而与其相对应的：

先天八卦是由"A"1、"B"2、"C"3、"D"4、"E"5、"F"6、"G"7、"H"8、"I"9、"J"10，共 10 个点构成的。其中："0"为阴阳转换点（隐含）；"A"1 为老阴点，"坤"，它同时又是阳极阴始点；"B"2 为老阴点，"艮"；"C"3 为少阴点，"坎"；"D"4 为少阴点，"巽"；"E"5 为阴极阳生点，同时又是"乾"点；"F"6 为阴极阳始点，同时又是"坤"点；"G"7 为少阳点，"震"；"H"8 为少阳点，"离"；"I"9 为老阳点，"兑"；"J"10 为老阳点，"乾"，它同时又是阳极阴生点。显然，图中先天八卦的"乾"与"坤"，分别代表了两个点，一个点表明了属性本身，另一个点表明了阴阳转化关系，而从古代认识论的角度看，它们还被看作是认识的出发点和整合点。

"河图"是由"A"1、"B"2、"C"3、"D"4、"O_2"5、"F"6、"G"7、"H"8、"I"9 和

"O_3"10,共十个点构成的。它用白点表示奇数,用黑点表示偶数,以 5 和 10 占中,奇、偶数顺时针旋转,一方面表明了奇偶的阴阳对立统一关系,同时还表明了十进制的螺旋五行运行规律性。

"洛书"是由"A"1、"B"2、"C"3、"D"4、"O_2"5、"G"6、"H"7、"I"8 和"J"9,共九个点构成的。它也是用白点表示奇数,用黑点表示偶数,以 5 占中,一方面表明了奇偶对立统一关系,同时还表明了十进制"逢九进一"的规律性。

后天八卦是由"A"1、"B"2、"C"3、"D"4、"G"6、"H"7、"H"8 和"J"9,共八个点构成的。其中,"A"1 为"坎";"B"2 为"坤";"C"3 为"震";"D"4 为"巽";"G"6 为"乾";"H"7 为"兑";"I"8 为"艮";"J"9 为"离"。它是依据"洛书"的数理关系和日月、时间、空间、季节等的周期运转关系,来象征事物生生不息的阴阳变化规律的。

十进制是由"O_1"1、"B"2、"C"3、"D"4、"E"5、"F"6、"G"7、"H"8、"I"9、"O_3"10,共十个点构成的。它表明了事物的最基本的十进制数理关系,因为这一关系表明了源于客观世界的对立统一规律性和整体统一规律性。

"九性太极"和十进制一样,也是由"O_1"1、"B"2、"C"3、"D"4、"E"5、"F"6、"G"7、"H"8、"I"9、"O_3"10,共十个点构成的。其中,"O_1"1 为"律";"B"2 为"运";"C"3 为"能";"D"4 为"实";"E"5 为"境";"F"6 为"质";"G"7 为"通";"H"8 为"形";"I"9 为"相";"03"10 为"整合"。它不仅用实证科学证明了的物质属性代替了太极八卦的阴阳属性,明确了认识的出发点——规律规范性的物质属性内含,还明确了整体统一规律性的十进制关系。

还可以看出:二进制是由 O_1、O_2、O_3 三个点构成的,而更多的如,100 进制、1000 进制、60 进制、365 进制、30 万进制等,只是把这种周期性分成了更多的点。

由此可见,先天八卦、后天八卦、"河图""洛书"和"九性太极",它们是统一于太极线趋势和十进制法则的,这表明了太极线和十进制对于认识客观世界整体统一规律性的核心作用。

下面进一步通过图(二),来具体看一下"九性太极"与太极八卦的对应关系。先看图(二—1)。图(二—1)是太极八卦的立体结构表达式,这个立体结构形式表明了先天太极八卦的螺旋变化关系。其阴阳变化的螺旋走向为:认识的出发点 O(阴阳转化之道,对应规律规范性)—老阴 1(阳极阴始,"坤",对应质量结构性)—老阴 2("艮",对应运动行止性)—少阴 3("坎",对应能量聚散性)—少阴 4("巽",对应实际实践实证性)—老阳 5(阴极阳生,"乾",对应时空环境物质分布性)—老阴 6(阴极阳生,"坤",对应质量结构性)—少阳 7("震",对应发展通达性)——少阳8("离",对应形态演化性)—老阳9("兑",对应信息真相性)—老阳10(阳极阴生"乾"5,对应时空环境物质分布性)—认识的整合点(阴阳整合之道,对应整体寓于具体的整合)。这种阴阳变化的螺旋运行关系,由太极八卦的太极线走向来表达,也可以从三划卦符号象征的阴阳变化规律性和阴阳鱼图形看得很清楚。其中比较特殊的,是乾(5)和坤(6)两个点,这其实也是千百年来《易经》太极八卦不好理解的难点之一。其特殊性主要在于乾、坤两个位置的特殊性,难以理解则是由太极阴阳鱼象征的认识出发点和整合点,以及乾、坤二属性的阴阳转化点的不是很明确造成的。所以实际上,太极八卦的乾、坤两属性,除了代表它们自身的老阳(境—乾5)和老阴(质—坤6)属性外,还常被作为认识的出发点和整合点,以及阳极阴始和阴极阳始的转化点。所以,一定不能把乾、坤两个属性看死了,作为阴阳属性,它们分属老阳、老阴;作为认识的出发点和整合点,它们重合于太极阴阳鱼的中心轴;而作为阴阳转化点,它们则可看作是一个点。这样,就解决了阴阳属性从(2)到(9)的阴阳变化趋势问题(后天太极八卦把其表示为1—8,其阴阳变化的立体螺旋运行关系,不如先天八卦明确),而这种阴阳变化趋势,实际上表明了客观事物物质属性的整体统一螺旋结构性和新陈代谢关系的螺旋进化性,本质上是一种十进制关系。"九性太极"正是在弄清了这一基本关系后,才把"道"还原为客观世界的整体统一规律性,并认为整体统一规律性不仅也是万事万物的一个物质属性,同时又是认识的出发点。这样,八卦变成了"九性",其阴阳变化的十进制螺旋运行关系,也变得简明了了。

图(二—2)是太极八卦的立体图投影形式,这个投影图实际应是我们常见的先天太极八卦图的本来面目。它与先天太极八卦图的不同仅仅在于:图二(2)是真实的太极八卦立体图投影,这个立体投影图清楚地表明了八卦所代表的八个物质属性的阴阳变化趋势,其中大圆内的两个小圆,为阴阳变化的重叠部分,代表了阴中有阳和阳中有阴;而先天太极八卦图则是把真实投影图中的"阴中有阳"和"阳中有阴"两个圆,缩小为两个小圆,变成了"阴阳鱼"的两只眼睛。这种变化在当时可能是不得已而为之,很可能是为了象征的目的,取了"鱼"的形象。这样,阴阳变化的螺旋走向,反而变得不是很清晰了。

图(二—3)是先天太极八卦的整体统一性结构形式的阴阳变化关系图。这个图的纵轴,表示阴阳属性;横轴,表示阴阳属性的变化阶段性和认识的过程性。从这个图上,我们可以清楚地看到太极八卦的阴阳变化关系,认识的起始与整合关系,阴中有阳和阳中有阴关系,等。

所以,图(二)表明"九性太极"与太极八卦二者之间,确实具有本质上相通的传承关系。不同在于,"九性太极"的认识结构形式是建立在现代科学的实证基础之上的,因而,它在继承的同时又从三个方面揭示完善了太极八卦的内涵:第一,"九性"明确地表示出了客观世界的九个物质属性的科学内含,使太极八卦的八个阴阳物质属性和"道",得到科学的解释;第二,"太极"明确地表示出了认识的出发点就是客观世界的自然规律性,认识的归宿点就是整体寓于具体的整合统一性,这就使太极八卦的"太极"内含得到科学的解释;第三,"九性太极"结构形式明确地表示出了万事万物的整体统一性,并证明了这种整体统一性是寓于无数的具体事物中的,每一个事物都体现着客观世界的整体统一性,因而,人们对客观世界的整体统一性认识,只能通过认识一个个具体事物的整体统一性,来逐步实现之。这三点,我们将在后面的章节具体地给以讨论,从而表明,"九性太极"应是一种具有现代科学形态的整体统一性认识方法。

这一方法的科学性主要表现在:它既反映了客观世界的整体寓于具体的实在性、存在性和可知性的物质统一性,又反映了客观世界的整体寓于具体的体系性、系统性和过程性的整体体统性,还反映了认识的主体性和事物的客体性的辩证统一性。因而,这种方法应是一种源于客观世界又反映客观世界本质联系的唯物主义认识新形式。

这种新的认识形式认为,"自然界既是具体的又是抽象的,既是现象又是本质,既是瞬间又是关系"[34];认为,物质"它往往既是自身又是他物";认为,物质的客观实在性就表现在现象与本质、形式与内容、个别性与种属性的对立统一体中,表现在这两个方面对立统一的永恒运动中。所以,这种新的认识形式,不是只从主观出发,把世界看作精神的产物或神的创造,而是从客观出发,认为世界是客观实在的实际统一;不是只从个别或局部出发,把世界看作孤立的物、单纯的运动、不可捉摸的时空等,而是从实际统一出发,认为世界是客观存在的总体联系;不是只从宏观出发,把世界看作仅仅是一个虚无缥缈的整体,而是从总体联系出发,认为世界不同层次的每一个具体都是整体的统一。

因而,这是一种认识思维中的具体(不是客观中的具体而反映客观中的具体),即客观事物多方面本质和关系的综合。如同马克思所说:"具体之所以具体,因为它是许多规定的综合,因而是多样性的统一。因此它在思维中表现为综合的过程,表现为结果,而不是表现为起点……从抽象上升到具体的方法,只是思维用来掌握具体并把它当作一个精神上的具体再现出来的方式。但决不是具体本身的产生过程……具体总体作为思维总体、作为思维具体,事实上是思维的、理解的产物;但是,决不是处于直观和表象之外或驾于其上而思维着的、自我产生着的概念的产物,而是把直观和表象加工成概念这一过程的产物。整体,当它在头脑中作为被思维的整体而出现时,是思维着的头脑的产物,这个头脑用它所专有的方式掌握世界,而这种方式是不同于对世界的艺术的、宗教的、实践—精神的掌握的。实在主体仍然是在头脑之外保持着它的独立性;只要这个头脑还仅仅是思辨地、理论地活动着。"[35]这就清楚地告诉我们:一方面,思维中的具体、整体都不是客观实在本身,但又不能脱离而要正确反映客观实在本身;另一方面,具体之所以具体,因为它是相对的整体,因而是多方面本质和关系的综合。我们能够看到:由"粒子—原子—分子—基因—细胞—组织—器官—个体—群体—整体"构成的有机世界,以及由"粒子—原子—分子—无机体—星球—星系—宇宙"构成的无机世界中,虽然不同层次的无数事物之间,甚至在每一个时空点上都存在着差别,但它们作为具体整体时,又总是表现为事物的九个物质属性的综合,总是表现为九个物质属性构成的事物的存在运动发展过程。

因此,客观世界在本质上是辩证的,在形式和内容上是整体和具体的统一,而在认识上就应当是整体综合与具体分析的辩证统一。也就是说,物质世界的统一既是辩证的,又是整体的,这一辩证的整体物质世界是由一个个具体来承载的。所以,人们只有从具体的普遍性出发,才可能更深刻地认识整体统一性;只有尽可能地在现有实证科学和思维科学的基础上,全面正确地把握"多样性统一",即把握客观事物的整体统一性,才可能更深入更广泛地认识普遍中的具体。这表明,"九性太极"的认识结构形式,是打开客观世界之门的钥匙,也是打开太极八卦之门的钥匙。

第三章

关于方法论

提出了"九性太极"这一新的认识结构形式以后,如何从方法论的角度来探讨它的科学性呢?"九性太极"之所以能成为一种新的认识结构形式,主要是在于它立足于自然科学、社会科学和思维科学的现实基础,并继承了《易经》太极八卦的传统整体结构形式,因而是一种能够适应认识论发展要求的辩证唯物主义整体统一性认识方法。用这种方法认识客观事物,既能体现客观事物的整体性和综合性,又能体现客观事物的具体性和要素性;既能体现客观世界的总体联系性,又能体现客观世界的物质统一性;既能体现古代认识方法的整体统一性,又能体现近、现代认识方法的具体分析实证性,因而,它应是一种能够反映客观世界的物质存在性的客观性、物质实在性的真实性和物质可知性的联系性的认识方法,是一种能够用来证明"世界的真正的统一性是在于它的物质性"的分析与综合相统一的认识方法。

第一节　物质属性要素性

物质属性要素性是分析整体统一性认识结构的基础。人类认识客观世界的对象是客观世界中的事物,而人们对客观事物规律性的认识,只能通过分析事物的物质属性,进而把握由物质属性构成的认识结构的联系性来实现。我们看到,《易经》就是通过分析八个阴阳物质属性、把握八个阴阳物质属性之间的内在联系性,来认识事物的整体统一性规律的;亚里士多德是通过研究质料、形式、动力、目的四个因素的逻辑关系,来认识这种规律的;近现代实证科学则是通过分析物质属性的具体性、把握物质属性之间的具体联系性,来认识事物的具体规律的;"九性太极"认识方法也一样,也是通过分析事物的物质属性、把握物质属性之间的联系性,来认识事物的整体统一性规律的。

那么,什么是事物的物质属性呢? 简单说,物质属性是构成世界万物整体统一性的物质要素的性质。《易经》把这种物质要素性质首先分为阴、阳两种根本属性,然后又分为八个阴阳物质基本属性,才构成了太极八卦认识结构图。"九性太极"的认识方法继承了《易经》的阴阳论和太极八卦认识结构形式,它以实证科学的证明为依据,把《易经》中的"道法自然"还原为自然规律物质属性,提出了整体统一性认识结构形式的"九性"论。这一新的认识结构形式认为,客观世界中的实在范畴的三个物质属性、存在范畴的三个物质属性和可知范畴的三个物质属性,是由实证科学证明了的物质的最基本的性质,因而,这九个物质属性才是认识"世界的真正的统一性"的基础。

(一)客观事物的实在性范畴由"质""能""境"三个物质属性构成,现代科学中的相对论、量子论以及大量的实证成果已经表明了这一点。

"质量"是客观事物的一种基本物质属性,这一属性是事物的质量、素质、品质、体质等的体系结构实在性。事物的质的体系结构实在性,表现为它的物质的质量客观实在性和整体体系结构性的辩证统一,其中,客观实在性是它的绝对性;体系结构性是它的相对性。而宇宙间的事物(整体、具体)是不能离开"质"的这种体系结构实在性而存在的。因此,"质"属性是事物体系形态存在的实在性客观基础。

"能量"是客观事物的一种基本物质属性,这一属性是事物的能量、动力、能力等的系统聚散实在性。事物的"能"的系统聚散实在性,表现为它的物质的能量客观实在性和整体系统聚散性的辩证统一,其中,客观实在性是它的绝对性;系统聚散性是它的相对性。而宇宙间的事物是不能离开"能"的系统聚散实在性而存在的。因此,"能"属性是事物系统运动存在的实在性客观依据。

"时空"是客观事物的一种物质属性,这一属性是事物的时间、空间环境物质分布性。事物的时空环境物质分布性,表现为它的时间、空间客观实在性和时代环境物质分布性、地理空间环境物质分布性(随当时当地物质分布不同而变化的空间弯曲程度和时间伸缩程度)的辩证统一关系,其中,时空客观实在性是它的绝对性;物质的时代和空间环境分布性是它的相对性。而宇宙间的事物是不能离开"时空环境"这种物质分布实在性而存在的。人们常说的"与时俱进""时过境迁""因地制宜"等,主要就是指的事物的时空环境物质分布性。因此,"境"属性是事物的发展过程的实在性客观条件。

"质""能""境"三个物质属性是辩证统一的。从数学的观点看,这种统一只有在无限小的微分世界和无限大的积分世界才是完满的,即三者趋同,而这两个极之间总是呈现出相对性,表现为宇宙中生生不息的大千世界。人们通常认为,质量是容易理解的,能量也可体会到,最不可思议的是时空,其实三者都是组成事物的实在物质属性。在我们的世界中,客观世界的质量结构实在性由具体的自然形态物、生命形态物、社会形态物、思维形态物的质量结构实在性来体现,它是事物体系存在的实在基础;客观世界的能量聚散实在性由具体的自然、生物、社会、思维等系统的能量聚散实在性来体现,它是事物系统存在的实在依据;客观世界的时空环境物质分布实在性由具体的自然物演化过程、生物进化过程、人类生存过程,社会发展过程和思维发展过程等的时空环境物质分布实在性来体现,它是事物发展过程存在的实在条件。对于具体的事物来说,不存在绝对的纯粹的质量、能量和时空环境,三者辩证统一地结合为物质世界的客观实在范畴。

(二)事物的存在性范畴由"形""运""通"三个物质属性构成。现代科学中的体系论、系统论、发展论,以及大量的实证科学成果,已经表明了这一点。

"形态"是客观事物的一种基本物质属性,它表现为事物的物体形态体系的演化存在性。"存在的不是质,而只是具有质量且具有无限多的质的物体。"[36]宇宙间各个层次的事物都表现为大大小小的物质体系形态的演化过程:"演",是指事物形态的演变,具有绝对性;"化",是指事物形态的转化,具有相对性。所以,"形"属性是客观实在的演化具体性和存在整体性的辩证统一。所谓演化具体性,是指事物的特定形态都是以演化的形式具体存在着,具有相对性,是事物运动发展的具体载体;所谓存在整体性,指的是客观实在整体质量结构的绝对存在形式,即"形态"形式,具有无条件性,它是事物运动发展的整体载体。宇宙是个整体,从"形"属性的角度看,客观世界是一个物质形态体系的集合体。因此,"形"属性是事物体系存在性的客观基础。

"运动"是客观事物的一种基本物质属性,它表现为事物的运动系统的行止存在性。宇宙间大大小小的事物都在运动,这种运动都处在不同层次的运动系统中,具有行止性:"行",是指事物运行的绝对性;"止",是指事物运行的相对性。所以,"运"属性是客观实在的行止具体性和存在整体性的辩证统一。所谓行止具体性,是指事物的特定运动存在形式的动态运行是具体的,具有系统载体的运行和静止的相对性;所谓存在整体性,指的是事物在整体能量聚散作用下运动系统存在形式的永恒性,具有无条件性,恩格斯认为,就其最一般的意义来说,它包括宇宙中发生的一切变化和过程,从单纯的位移直到思维。宇宙是个整体,从"运"属性的角度看,客观世界是一个运动系统的集合体。因此,"运"属性是事物运动系统存在性的客观依据。

"发展"是客观事物的一种基本物质属性,它表现为事物的发展周期过程的通达存在性。宇宙间不同层次大大小小的事物都表现为由生到灭的周期发展过程,这种发展具有不可抗拒的通达性质:"通",是指事物发展的绝对性;"达",是指事物发展的相对性。所以,"通"属性是客观实在的通达具体性和存在整体性的辩证统一。所谓通达具体性,是指运动着的个体或群体事物在特定时空中的生灭过程是具体的,具有通达的相对性;所谓存在整体性,指的是事物在整体时空环境物质分布条件下周期发展的无限性,具有通达的永恒性和无条件性。宇宙是个整体,从"通"属性的角度看,客观世界是一个周期发展过程的集合体。因此,"通"属性是事物运动发展过程存在性的客观前提和条件。

"形""运""通"三个存在范畴物质属性是辩证统一的,它们构成了事物的形态、运动、发展三种基本存在性的统一性。我们到处可以看到:自然形态物是按照自然规律变化,走过其自然运动发展演化过程;生命形态物是按照生命规律变化,走过其生命运动发展进化过程;社会形态物是按照社会规律变化,走过其社会运动发展更替过程;思维形态物是按照思维规律变化,走过其大脑运动进化发达过程。这些都表明,"形""运""通"三个物质存在性,辩证统一地结合为客观世界的存在范畴。

(三)可知性范畴由"相""律""实"三个物质属性构成。现代科学中的信息论、认识论和实践论,以及大量的实证科学成果已经表明了这一点。

"信息"是客观事物的一种基本物质属性,它表现为事物存在的真相客观性和信息可感知性。所谓真相客观性,是指事物的真相不以人的感觉不同而改变;所谓信息可感知性,指的是事物体系的具体信息可以被人的感觉感知。什么是信息呢?控制论的创始人维纳说:"信息是人们在适应外部世界且使这种适应反作用于外部世界的过程中同外部世界进行交换的内容的名称。"[37]就是说,人类感官所能感知的一切有意义的东西都可称为信息。"今天,人们已经把信息看作是一种资源,甚至把今天的时代看作是信息时代,因为没有信息和信息的传递就不会有组织的系统,也不会有有秩序的能量转化和物质交换。"[38]认识科学表明,信息中包含着真相,但真相不同于表象,表象有真伪之分,而真相则反映事物的客观真实性。这就要求我们在认识事物的过程中,要尽可能做到去伪存真、洞悉真相。因此,"相"属性是事物体系存在的信息真相感知性的客观基础。

"规律"是客观事物的一种基本物质属性,它表现为事物运动系统的规律客观性和规范可认知性(老子把规律称为"道",把规范称为"德")。所谓规律客观性,是指事物的规律性总是存在于具体的运动系统规范之中,这是自然的,是不以人的认识不同而改变的;所谓规范可认知性,指的是人们能够通过对事物规范的认识,以理论的形式把握事物的客观规律性。认识科学表明,规律和规范存在于事物运动发展的过程之中,而对事物运动发展规律性的整体统一性把握,总是有相对性的,所以,对事物规律和规范的认识过程,又是一个关于绝对真理和相对真理认知的十分漫长的辩证统一过程。因此,"律"属性是事物运动系统的规律规范认知性的客观依据。

"实践"是客观事物的一个基本物质属性,它表现为人们对事物发展过程的践知性(通过实践过程认知规律、检验真理),这种践知性表现为一个从实际出发、经过能动实践、最终得到实证的循环往复的过程,而这个过程具有实践过程客观性和认识主体践知性(知在性)。所谓实践过程客观性,是指人们从实际出发、经过实践、最终得到实证的认识事物的过程,是不以人的意志而改变的;所谓认识主体的践知性,指的是事物的实践过程具有人为的能动转变特性,这种转变在人类产生以后就具有了主体的意义,也就是具有了认识主体通过实践认知客观规律、检验客观真理的意义,但是,作为整体的实践过程又是客观的。这是因为,人们的社会实践、科学实验、生存实践并不以他们的主观意志为转移,人们只有通过实践,才能在改造世界的过程中循环往复地认识规律性,证实真理性。因此,"实"属性是事物发展过程的实际实践实证践知性的前提。

"相""律""实"三个可知范畴物质属性是辩证统一的,它们构成了认识论的客观前提。人们对客观事物的认识,主要是通过认识主体的感知性、认知性、践知性与客体事物的信息真相性、规范规律性、实际实践实证性相结合来实现的,具体说,是通过感知自然、社会、人及人的思维存在体系的各种真实信息,来认识自然、社会、生命和思维的运动系统规律性,然后通过生产实践、科学实验、社会实践三大实践活动去推动事物的发展过程,实现认识论的感知、认知、践知的统一。因此,"相""律""实"是辩证统一的,三者结合为客观世界的可知范畴。

由于"质、能、境、形、运、通、相、律、实"与太极八卦中的八卦和"道"存在着对应关系,而这九个物质属性要素又都得到了实证科学的证明,因此,由它们构成的整体统一性认识结构形式,是具有科学性的。这个科学的认识结构形式与太极八卦,是一种继承和发展关系,二者的方法论结构形式可图示如下:

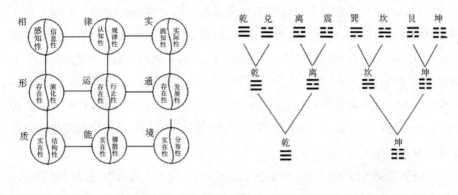

图（四）

第二节 结构性

认识方法的结构形式是综合认识客观事物辩证联系性的桥梁。由图（四）可以看出，太极八卦认识结构形式就是"道生一，一生二，二生三，三生万物"的阴阳八卦整体统一性形式，而"九性太极"认识结构形式则是"实在性决定存在性，实在性与存在性相结合决定可知性"的九个物质属性整体统一性形式。二者有继承，有联系，也有区别，是一种承继、发展关系。

关于思维方法，恩格斯曾这样说过："思维，如果它不做蠢事的话，只能把这样一种意识综合为一个统一体，在这种意识要素或它们现实的原型中，这个统一体以前就存在了"[39]应该说，"九性太极"结构形式代表了一种把九个物质属性要素统一起来的认识方法，一种分析与综合相结合的认识方法。这种认识方法"既把相互联系的要素联合为一个统一体，同样也把意识的对象分解为它们的要素"[40]，因而，它是一种尽可能地接近现实原型的科学认识方法。从认识论的角度看，这种认识方法是既反映了客观事物的整体体统性，又反映了客观事物的物质统一性的，因而，它是一种能够反映客观世界整体统一规律真实性的科学认识方法。

在这个认识结构形式中，"质""能""境"是物质实在属性，三个物质实在属性构成了客观世界的实在范畴；客观实在范畴以客观存在的物体运动发展形式存在着，又形成"形""运""通"三个物质存在属性，三个物质存在属性构成了客观世界的存在范畴；客观存在范畴中含有无数信息真相、规范规律和现实情况，表现为

"相""律""实"三个物质可知属性,三个物质可知属性构成了客观世界的可知范畴。可知范畴是虚范畴,这种"虚"是相对于实范畴而言的,但也是具有客观性的。所以,"九性太极"认识结构形式表明,宇宙中的万事万物,都是由"质""能""境""形""运""通""相""律""实"九个物质属性构成的整体寓于具体的统一。真正弄清这一点,对于把握整体统一性的认识方法,是至关重要的。

(一)"九性太极"认识结构形式是对太极八卦(先天八卦)的一种继承和完善。"九性太极"的基本内含与太极八卦是相通的,因而,对其结构形式的认识应与太极八卦结构形式结合起来进行。"九性太极"认为,客观世界是一个空间上无大无小、时间上无始无终、充满着联系的物质统一体,这个统一体是由九个物质属性构成的。这些物质属性既体现在整体中,又体现在具体中,因而整体寓于具体的方法是认识客观世界的基本途径。"九性太极"认为,客观世界中的核心规律是整体统一性规律,这个规律在太极八卦中表现为阴阳统一性和十进制法则(这一点将在后面的章节专门分析)。"九性太极"认为,建立在实证科学和现代唯物主义哲学基础之上的整体统一性认识方法,能够对太极八卦结构形式,做出科学的解释和完善,使《易经》思想的科学性从千古谜团中呈现出来。

(二)"九性太极"认识结构形式明确了太极八卦的整体统一性内含。"九性太极"把太极八卦象征的阴阳物质属性明确为科学的物质属性概念,由被实证科学证明了的九个物质属性代替了"八卦"象征的八个阴阳属性和"道"象征的整体统一规律性。它对"道"的基本解释有三条:一是认识对象的规范规律性之"道",图二中由(一)来表示,规范是其自然客观性,规律是其联系可知性;二是认识方法的整体寓于具体之"道",图二中由(一)——(九)九个物质属性和(十)的整合性来表示,整体性是其绝对客观性,具体性是其相对可知性;三是变化趋势的十进制整合法则之"道",由整个结构图来表示,"太极线"是其变化趋势客观性,十进制是其变化程度可知性。这三条解释表明了太极八卦最基本的整体内含。

(三)"九性太极"认识结构形式明确了太极八卦的十进制关系。"九性太极"把太极八卦结构的自然数排列顺序明确为科学的物质属性排列顺序,它继承并完善了太极八卦的基本物质属性对应关系和数理关系(这种对应关系后面要专门进行说明)。

太极八卦的阴阳属性排列顺序为:道(出发点)、坤(壹,与陆重合)、艮(贰)、坎(叁)、巽(肆)、乾(伍)、坤(陆)、震(柒)、离(捌)、兑(玖)、乾(拾,与伍重合)、道(整合点)。(这里用大写自然数来表示)

"九性太极"的九个物质属性的排列的顺序为:律(一)、运(二)、能(三)、实

（四）、境（五）、质（六）、通（七）、形（八）、相（九）、整体寓于具体（十）。

由于在八个阴阳物质属性的基础上，"九性太极"进一步明确了"道"所象征的规律规范物质属性内含和整体寓于具体的整合内含，明确了规律规范属性（一）即是太极八卦的认识出发点，整体寓于具体的整合性（十）即是太极八卦的认识归宿点，而（十）的认识归宿点又可看作新的认识出发点（一），因而，所谓"太极线"，它表明的其实就是事物的十进制变化趋势。这样，由（一）到（十）的十进制整合内含就得到了明确，从而证明了，十进制是起源于《易经》的产生过程的。对此，还需要从两个方面做一下解释：

一是，因为"道"具有规律规范性的客观性，所以它应当是整体统一性认识结构的一个物质属性。我们知道，《易经》中的"道"，其基本内含是指客观世界的整体统一规律性，而今天，包括三大规律和十进制在内的无数客观规律，已经被实证科学证明是客观世界的物质属性。因而，作为规律性的"道"，它应当是"九性太极"的物质属性之一，理应成为整体统一性认识结构中的一个构成要素。就是说，"九性太极"的认识结构形式，应当由九个物质属性要素而构成。

二是，因为"道"具有整体统一规律性的认知性，所以它应当是整体统一性认识结构的认识出发点和归宿点。我们知道，太极八卦和"九性太极"，二者的作用都在于认识客观世界，其认识出发点理应都是客观事物的规律性，认识的归宿点理应都是对事物规律性的整体统一性把握。因而，自然规律性在表示一个物质属性的同时，它又自然成为太极八卦和"九性太极"的认识出发点和归宿点，其中，认识出发点由（一）来表示，以表明认识对象的客体性；认识归宿点由（十）来表示，以表明主体对客体对象九个物质属性的认识和把握的整体寓于具体的整合性（这一点在太极八卦中是很不明确的）。

以上两点告诉我们："道"的基本内含就是太极八卦象征的客观世界的整体性、统一性和规律性，这种整体统一规律性不仅是《易经》太极八卦之根，也是"九性太极"整体统一性认识方法之根。

"九性太极"所明确的这种十进制整合关系表明，客观世界整体的九个物质属性是寓于每一个具体事物的，每一个具体事物都是由九个物质属性整合而成的具体整体，且具有无限的层次性。人们对客观事物的认识，正在于把握这种具体整体的整合规律性。千万年来，人类就是通过对无数个具体整体的持久认识，才逐步认识到了客观世界的整体统一规律性，并用这种规律性指导实践，以适应客观世界并改造客观世界。

所以，整体寓于具体，是人类认识客观事物的一种最基本的方式。这是因为，

《易经》的"天人合一"、《老子》的"道法自然"和现代的"理论联系实际"等,实际上都表明了一个最基本的道理,即,客观世界的所谓"天道"——整体统一规律性,是存在于(寓于)人类社会、自然万物、人类本身的每一个具体之中的。因而,人们在适应和改造客观世界的实践过程中,只能按自然规律办事,只能把体现自然规律的基本原理与具体实际结合起来,否则,就会遇到挫折和失败,遭受大自然的惩罚。

由于"九性太极"认识形式把太极八卦的"阴阳鱼"结构形式明确为科学的"律、体性",因而,客观世界的自然规范规律性和整体寓于具体的整合性,表明了这一结构形式的科学内含。这一科学内含具体可以从两个方面来认识:一是,自然性之中包含着规律性,规律性之中包含着自然性,而这种自然性与规律性的辩证统一,是太极八卦认识方法的起始点和出发点。所以,它应为十进制中的(一);二是,整体性之中包含着具体性,具体性之中包含着整体性,而这种整体寓于具体的辩证统一,是太极八卦认识方法的归宿点和整合点。所以,它应为十进制中的(十),而(十)又可看作是新的(一)。这样,就使太极八卦中内含的自然数和十进制法则,变得很清晰。

(四)"九性太极"认识结构明确了《易经》"爻卦"内含。《易经》64个"爻卦",是对八个阴阳物质属性之间关系的变化性的认识(是用格物的方法来象征的)。"九性太极"认为,从认识论的规律论层次看,《易经》的64个"爻卦",实际上应变为"九性太极"的81种物质属性关系。太极八卦结构形式虽然显示了阴阳互存、阴阳互生、阴阳互变三大规律以及太极线趋势、十进制法则等自然规律性及"道法自然"的整体性,但自然规律属性是被排除在八个阴阳物质属性之外的,并不被认为是一个物质属性。"九性太极"认识结构形式中的"律、体"性,则既表示自然规律是"九性太极"的物质属性之一,又表示认识方法的出发点(一)和归宿点(十)。这样,它就既表明以"规律"属性为认识出发点和归宿点的整体统一性方法,是"规律论",同时也表明,这种整体统一性"规律论"的九个物质属性之间的关系有81种。

从认识论的总体论层次看,整体统一性认识方法的全部物质属性关系应为729种。如前所述,以自然规律属性为认识出发点的"九性太极"认识形式,其结构图是以"律"为认识出发点(一)的。那么,当这个结构图换成以"相""实""形""运""通""质""能""境"为认识的出发点(一)时,这种整体统一性认识形式就变成为以上述八个物质属性为认识出发点的结构形式,而这种认识方法也就相应地变成"信息论""实践论""形态体系论""运动论""发展论""结构论""动力论"

"环境论"了。这是因为,九个物质属性相对于它们的结构来说,都是要素之一,每一个要素都是客观世界的一个整体属性范畴,每个属性范畴都有各自的整体统一规律性。所以,整体统一性认识方法的总论应包括九个分论(规律论是基本方法论),每一个分论都应有81种关系,而整体统一性认识方法总论的物质属性之间的关系应当是729种。

(五)"九性太极"结构明确了《易经》五行运行思想的基本内含。《易经》用"爻卦"的形式,揭示了五行的基本内含——客观事物整体体系、系统、过程周期变化的相生相克变化规律性。这种相生相克关系是由物质阴阳属性的层级性,以及太极线趋势和十进制法则决定的。那么,《易经》"爻卦"是如何揭示客观事物相生相克的变化规律性呢? 其基本方法是:用"六划卦"象征事物的变化阶段性;用"太极线"象征事物变化的趋势性;用十进制表明事物变化的法则性;用"初、元、亨、利、贞"说明事物变化周期的上升性,与其相对应的,自然还有"吉、弊、阻、结、终"的变化周期的下降性,而上升性和下降性一起,表明了客观事物的变化周期的太极线趋势和十进制法则。这种周期性的五行变化,揭示了客观事物的物质属性变化规律性和整体统一变化规律性。

什么是事物的物质属性变化呢? 事物的物质属性变化,主要是指九个物质属性之间的两两相交的81种关系的变化。如,"爻卦"中"乾"卦的"天上天下",就是表示事物的整体时空环境物质分布属性与具体时空环境物质分布属性之间的变化关系;"泰"卦的"地上天下",就是表示事物的整体质量结构性与时空环境物质分布性的变化关系;"既济"卦的"水上火下",就是表示事物的整体能量聚散性与形态演化性的变化关系……这81种(《易经》是六十四种)变化关系,实际上都表现为"初、元、亨、利、贞、吉、弊、阻、结、终"的周期过程性。

什么是事物的整体统一性变化呢? 事物的整体统一性变化,包括整体体统性变化和物质统一性变化。整体体统性变化主要表现为事物的整体体系性、系统性、过程性的变化性,物质统一性变化主要表现为事物的物质实在性、存在性、可知性的变化性。事物的整体体统性变化和物质统一性变化,也都表现为"初、元、亨、利、贞"的周期变化特征。

客观事物的整体体统性变化,反映的是它的体系性、系统性、过程性三种整体"体统机制"的五行变化性。

首先是整体体系的五行变化。事物的整体体系五行变化具有"初、元、亨、利、贞"的演化逻辑性,反映的是事物整体物质体系的新陈代谢、兴衰更替变化关系。这种变化具体呈现出事物整体体系结构的、由简单到复杂的"基、元、组、器、体"

"五界"衍生周期性:"基"是体系的基本因素、基本要素,表现为变化之"初";"元"是体系的单元、单位,表现为变化之"元";"组"是体系的组织、组分,表现为变化之"亨";"器"是体系的器官、团体,表现为变化之"利";"体"是体系的整体、体系,表现为变化之"贞"。例如,"无机物"的体系变化表现为"基本粒子、原子、分子、具体物、物体整体"五个衍生界;"生物"的体系变化表现为"基因,细胞、组织、器官体、个体整体"五个衍生界;"社会"的体系变化表现为"社会化物质要素(包括人)、社会家庭、社会组织、社会团体、社会整体体系"五个衍生界;"人类"的体系变化表现为"生理层次、生物层次、生活层次、社会生存层次、地球生态文明层次"五个衍生界……

其次是整体系统的五行变化。事物的整体系统五行变化具有"初、元、亨、利、贞"的运化逻辑性,反映的是事物整体系统的新陈代谢、兴衰更替变化关系。这种变化呈现出事物整体系统功能的、由生产到消化的"源、藏、流、布、化""五行"系统运化周期性:"源"是系统的源泉、源头,表现为变化之"初";"藏"是系统的储藏、承载,表现为变化之"元";"流"是系统的流动、交换,表现为变化之"亨";"布"是系统的分布、配置,表现为变化之"利";"化"是系统的消化、再生,表现为变化之"贞"。例如,"社会经济"的系统变化表现为"生产、储藏(承载)、流通、分配、消费"五行运行性;"人口"的系统变化表现为"出生、增减、流动、分布、消亡"的五行运行性;"人体"的系统变化表现为"肺经、肾经、肝经、心经、脾经"的五行运行性……

再次是整体过程五行变化。事物的整体过程五行变化,具有"初、元、亨、利、贞"的进化逻辑性,反映的是事物整体过程的新陈代谢、兴衰更替变化关系。这种变化呈现出事物整体过程进展的、由产生到强大的"生、幼、少、青、强""五阶"发展周期性:"生"是过程之"初";"幼"是过程之"元";"少"是过程之"亨";"青"是过程之"利";"强"是过程之"贞"。例如,"动物"的进化过程表现为"无脊椎类、鱼类、两栖类、爬虫类、哺乳类"五个阶段的进化周期性;"人体"的生命进程表现为"出生、幼年、少年、青年、强年"五个阶段的成长周期性;"社会"的历史进程的呈现为"原始社会、奴隶社会、封建社会、资本主义社会、社会(共产)主义社会"五个阶段的发展周期性……

很显然,客观事物的三种整体性变化是"五点论",都表现为"初、元、亨、利、贞"的周期过程变化性,三者辩证统一为事物的整体体统变化性。

客观事物的物质统一性变化,反映的是它的物质实在性、存在性、可知性三种"统一机制"的五行变化性。其中:物质属性的实在统一性变化表现为事物的"本体"内容的周期变化性;存在统一性变化表现为事物的"客体"形式周期变化性;可知统一性变化表现为事物的"表体"表现周期变化性。因为《易经》已经证明了,物质属性之间的关系是都遵循着五行运行规律的,所以,事物物质属性的实在统一性、存在统一性、可知统一性的变化,也都表现为"初、元、亨、利、贞"的变化周期性。这种周期性的物质统一性五行变化,是宇宙万变的基础。

(六)"九性太极"结构形式中,(一)与(十)的明确,使认识的出发点(一)、归宿点(十)与(一)——(九)九个物质属性,构成为一种完整的整合统一关系。这种整合统一关系,一方面明确了"九性"(八卦)在先、"整合"在后的认识顺序(这与《易经》的发展史是相符合的);另一方面反映了整体统一性的物质属性层级变化和周期升降程度变化的十进制规律性。所以,(一)与(十)结合,能够取代太极八卦结构形式中的"阴阳鱼"而处于"九性太极"结构形式的中心位置,这样就清楚地表明了太极八卦结构形式的"相、数、理"象征方法的真实内含。这一点,应当说是对太极八卦认识方法的核心内含的完善。

(七)需要特别说明的一点是,"九性太极"认识方法并没有表明其结构图中的(十)是一个物质属性。原因在于,(十)表明的是事物的整体寓于具体的整合。这一点诚如马克思所指出的,认识论中的"整体"和"具体",并不是客观世界的物质属性,它们只是我们头脑中的产物,而认识论的全部任务恰恰在于要证明客观世界的整体统一性,是如何寓于万事万物这些具体的,完成这个任务,则是一个无止境的漫长过程。十进制的核心内含告诉我们,(一)与(十)分别代表了具体整体的规律性的客观性和认识性两个层面:对于(一)来说,从客观性层面看,它是客观事物具体的自然规律物质属性,从认识性的层面看,它是认识的出发点;对于(十)来说,从认识性的层面看,它是整体寓于具体的整体统一性整合,即从(一)至(九)整合为(十)的整合,而从客观性的层面看,它又是高层次客观事物的具体自然规律物质属性,是高层次事物的认识出发点(一)。如此循环不断,一方面表明了客观事物存在运动发展的无限层级性与对客观事物认识的无限层次性的辩证统一关系;另一方面表明了认识出发点(一)的自然规律物质属性与认识归宿点(十)的整体寓于具体的整合性的辩证统一关系。很显然,(一)与(十)表明了客观事物规律物质属性的两个层面:(一)作为自然规律认识出发点,是具有物质性的;而(十)作为整体寓于具体的整合归宿点,则只具有认识性。

第三节　辩证联系性

内在联系性是把握事物客观规律性的途径,弄清了九个物质属性及其结构形式的内含,就应该讨论整体统一性认识方法的内在联系了。"九性太极"与太极八卦一脉相承,是一种既从整体上又从联系中认识事物的方法。它继承了《易经》八个阴阳物质属性的统一性,同时把"道"还原为自然规律物质属性,使其成为九个物质属性构成的整体统一结构形式;它继承了《易经》的阴阳辩证联系性,同时把八卦阴阳整体统一论变为整体寓于具体的九个物质属性的整体统一论;它继承了《易经》整体统一性认识方法的十进制核心内含,同时把"象、数、理"的神秘方法明确为科学的理论阐释。这一认识方法的辩证联系性可以从四个方面来认识。

(一)核心联系性。整体统一性认识方法的核心联系性是客观世界的根本联系性,这种根本联系性反映的是客观事物的新陈代谢和兴衰更替关系。这是因为,这种新陈代谢和兴衰更替关系表明的是客观世界的一种根本规律性,它的具体表现形式就是太极线趋势和十进制法则。

从物质统一性的方面看,客观事物的新陈代谢、兴衰更替关系,是新事物代替旧事物的取代关系,这种取代关系是由事物的九个物质属性的整体统一性决定的。就是说,当旧事物的物质属性整体统一性发生质的变化后,旧事物就要被新事物取代了。太极八卦和"九性太极"的整体统一性规律表明,这种取代关系整体上表现为事物的十进制周期变化性。

从整体体统性的方面看,客观事物的新陈代谢、兴衰更替关系,是事物的体系、系统、过程的新旧替代关系,这种替代关系是由事物的"五行"载体运行的整体统一性决定的。事物体系载体的新陈、兴衰替代关系表现为"五行"演化性;事物系统载体的新陈、兴衰替代关系表现为"五行"运化性;事物过程载体的新陈、兴衰替代关系表现为"五行"进化、进步性。太极八卦和"九性太极"的整体统一性规律表明,这种替代关系整体上表现为事物的十进制周期变化性。

实证科学表明,万事万物都存在着"五行"运行周期性,这种周期性由事物的周期变化的上升性和下降性组成。正是这种五行运行周期性,决定着事物的新陈代谢、兴衰替代变化,它表明,每一个事物的生存发展都会经历一个由诞生到灭亡、由兴盛成长到衰弱败落的周期发展过程。新陈代谢、兴衰替代的周期变化性是由事物的物质属性的阴阳变化性和层级变化性引起的,而物质属性以及物质属性之间的关系的具体变化程度决定着事物新陈代谢、兴衰替代变化的五行变化程度。因此,物质属性变化是事物新陈代谢、兴衰更替的根本原因,而物质属性及物质属性之间的关系的变化本身,同样也表现为"初、元、亨、利、贞、吉、弊、阻、结、终"的周期性,服从太极线趋势和十进制法则。

我们能够看到,整体统一性认识方法的核心变化关系在太极八卦结构中是隐含的,而在"九性太极"结构中是明确的,这些变化关系都服从太极线螺旋变化趋势和十进制法则。由于客观事物的整体体统性和物质统一性都处在不断地变化中,而这种变化具体地表现为事物的整体性、统一性和物质属性的五行变化性,表现为由"初、元、亨、利、贞"的上升期和"吉、弊、阻、结、终"的下降期组成的周期运行过程,因而,这种周期变化性表明了事物的运行发展逻辑关系,而本质上反映了事物的质量流、能量流、时空流相统一的整体运行规律性,其运行趋势表现为太极线变化趋势,变化法则表现为十进制自然法则。

这是因为,事物的实在性、存在性、可知性三个物质统一性内容和体系性、系统性、过程性三个整体体统性形式,以及物质属性之间的关系的具体变化,都表现为周期性,所以,事物的五行运行在内容上表现为事物周期变化过程中物质属性之间的质量作用、对立统一和否定之否定辩证关系;在形式上则表现为太极线螺旋趋势和十进制自然法则之间的辩证关系。而我们知道,三大规律是具有哲学普遍意义的,十进制自然法则是具有实证科学普遍意义的,因而,真正弄清五行运行的科学内含,对于我们认识事物的物质整体变化过程的核心联系性,具有普遍性的意义。

首先要弄清五行运行的具体表现形式。五行运行的表现形式,在物质统一性方面表现为实在统一性、存在统一性、可知统一性的"始、下、中、上、高"内容周期变化性;在整体体统性方面表现为体系衍化形式的"基、元、组、器、体"体系周期变化性、系统运化形式的"源、藏、流、布、化"系统周期变化性、过程进化形式的"生、幼、少、青、强"过程周期变化性。

其次要弄清五行运行的相生相克逻辑关系。这种相生相克关系是具有普遍性的,它既反映了客观事物传宗接代过程中不可抗拒的整体相生发展趋势,又反映了客观事物新旧交替过程中适者生存的具体相克制约趋势。因此,它是事物生存发展的基本方式,是事物实现"初、元、亨、利、贞、吉、弊、阻、结、终"的新陈代谢、兴衰更替周期运行的基本方式。

为了说明这一基本方式,我们用大写自然数表示第一代替代周期,用小写自然数表示第二代替代周期,用阿拉伯自然数表示第三代替代周期,那么,就能够看到如下的事物相生相克替代模式：

第一代　壹—贰—叁—肆—伍—陆—柒—捌—玖—拾
第二代　一—二—三—四—五—六—七—八—九—十
第三代　1 — 2—3— 4 —5 — 6 —7 —8—9—10
……

这个模式告诉我们两点：一是事物的"生生"相生过程，是一个由"初壹"到"元贰"、到"亨叁"、到"利肆"、到"贞伍"、到"初一、吉陆"、到"元二、弊柒"、到"亨三、阻捌"、到"利四、结玖"、到"贞五、终拾"、到"初1、吉六"……的循环周期。其代与代之间有衔接重合期，并且总是在处于"五、六"位的"贞、吉"阶段产生下一代。如此循环，生生不息，相生无穷；二是事物的"生死"相克过程，是一个由"初一、吉陆"、到"亨三、阻捌"、到"贞五、终十"、到"元2、弊七"、到"利4、结九"、到"吉6"……的循环周期。其代与代之间有衔接重合期，并且总是在处于"五、六"位的"贞、吉"阶段克去上一代。如此循环，生死不断，相克无穷。

这种相生相克变化是由事物的十进周期的太极线螺旋曲率决定的，每一个十进周期都是由两个相生周期和一个相克周期构成的，其中，相生是否定关系，相克是否定之否定关系，相生否定关系表明了新生事物的五个成长阶段的发展关系，相克否定之否定关系表明了新事物对旧事物的替代关系和旧事物对新事物的制约关系。

例如，人体的整体体系"五行"表现为"基因（初）、细胞（元）、组织（亨）、器官（利）、整体（贞）"五个层次的体系衍生性。其相生关系为，基因生细胞，细胞生组织，组织生器官，器官生整体，整体生基因；其相克关系为，基因克组织，组织克整体，整体克细胞，细胞克器官，器官克基因。这一相生相克关系表明了人体整体体系衍化的逻辑关系内含。

人体的整体系统"五行"表现为"肺经（初）、肾经（元）、肝经（亨）、心经（利）、脾经（贞）"五个层次的系统运行性。中医理论用"金、水、木、火、土"来象征这一"五行"相生相克关系，以表明人体五脏六腑功能的系统运行。其中，肺经为"源"，肾经为"藏"，肝经为"流"，心经为"布"，脾经为"化"。从运行过程看，其相生关系为，肺"源"生肾"藏"，肾"藏"生肝"流"，肝"流"生心"火"，心"火"生脾"化"，脾"化"生肺"源"；其相克关系为，肺"源"克肝"流"，肝"流"克脾"化"，脾"化"克肾"藏"，肾"藏"克心"布"，心"布"克肺"源"。这一相生相克关系表明了人体整体系统运行的逻辑关系内含。

人体的整体过程"五行"表现为"胎年(初)、幼年(元)、少年(亨)、青年(利)、强年(贞)"五个成长阶段性。从成长过程看,其相生关系为,胎年生幼年,幼年生少年,少年生青年,青年生强年,强年生胎年;其相克关系为,胎年克少年,少年克强年,强年克幼年,幼年克青年,青年克胎年。这一相生相克关系表明了人体整体成长过程的逻辑关系内含。

再如,社会经济的整体体系"五行",表现为"人和社会化物质(初)、社会家庭(元)、社会组织(亨)、社会团体(利)、社会整体(贞)"五个层次的体系衍生性。从衍生过程看,其相生关系为,"人和社会化物质"生"社会家庭","社会家庭"生"社会组织","社会组织"生"社会团体","社会团体"生"社会整体","社会整体"生"人和社会化物质";其相克关系为,"人和社会化物质"克"社会组织","社会组织"克"社会整体","社会整体"克"社会家庭","社会家庭"克"社会团体","社会团体"克"人和社会化物质"。这一相生相克关系表明了社会经济整体体系衍化性的逻辑关系内含。

社会经济的整体系统"五行",表现为经济生产"源"(初)、储藏承载"藏"(元)、交换流通"流"(亨)、分配配置"布"(利)、消费再生"化"(贞)五个层次的系统运化性。从运行过程看,其相生关系为,生产"源"生储藏承载"藏",储藏承载"藏"生流通"流",流通"流"生分配"布",分配"布"生消费"化",消费"化"生生产"源";其相克关系为,生产"源"克流通"流",流通"流"克消费"化",消费"化"克储藏承载"藏",储藏承载"藏"克分配"布",分配"布"克生产"源"。这一相生相克关系表明了社会经济整体系统运行的逻辑关系内含。

社会经济的整体进步过程"五行",表现为原始制经济(初,社会物质资料的生产为主)、奴隶制经济(元,社会物质资料的生产、储藏为主)、封建制经济(亨,社会物质资料的生产、储藏、交换流通为主)、资本主义制经济(利,社会物质资料的生产、储藏、流通、配置为主)、社会主义共产主义制经济(贞,社会物质资料的生产、储藏、流通、配置、消费为主)的五个成长阶段。从社会经济的成长进程看,其相生关系为,"生产型经济"生"储藏型经济","储藏型经济"生"流通型经济","流通型经济"生"配置型经济","配置型经济"生"消费型经济","消费型经济"生"生产型经济";其相克关系为,"生产型经济"克"流通型经济","流通型经济"克"消费型经济","消费型经济"克"储藏型经济","储藏型经济"克"配置型经济","配置型经济"克"生产型经济"。这一相生相克关系表明了社会经济整体过程的发展进步逻辑关系内含。

实际上,宇宙间的星系演化、生物进化、人类进步、社会发展等一切演化、运行、发展的变化过程,都存在着这种由物质属性构成的内在联系性,而这种内在联系主要表现为事物的"五行"相生相克变化。正是这种整体统一性变化的周期性,成为十进制法则存在的自然前提,使其成为全部实证科学的数学基石。(十进制将在后面讨论)

(二)一般联系性。整体统一性认识方法的一般联系性即客观世界的普遍联系性。这种普遍联系性反映的是客观事物的物质属性之间的一般关系,表明的是客观世界的普遍规律性。阴阳互存、阴阳互生、阴阳互变三大规律表明了《易经》认识方法关于阴阳八卦的一般联系性,质量互变、对立统一、否定之否定三大规律表明了近现代认识方法的关于矛盾辩证关系的一般联系性,而"九性太极"认识方法将在继承三大规律的基础上表明九个物质属性之间的一般联系性。

一般联系性是人们长期以来形成的对客观事物普遍规律性的认识。但是,客观世界的辩证联系性是十分复杂的,对于三大规律这种一般联系性的具体把握,需要整体统一性地去认识辩证关系的复杂性。我们知道,老子是围绕"道"的整体统一规律性认识这种复杂性的;列宁曾经用"辩证法十六个要素"[41]说明过这种复杂性;毛泽东是用"矛盾论"中所阐述的事物(主要是社会)矛盾关系的普遍性与特殊性、主要矛盾与非主要矛盾、同一性和斗争性、矛盾的主要方面和非主要方面等关系,以及"实践论"中所阐述的事物(主要是社会)历史过程的"物质生产活动""生产力"、社会环境(无阶级或有阶级)、"社会性""人和人的各种关系"(阶级斗争、政治生活、科学和艺术)、"历史发展性""事物的现象"(感性)、"社会的规律"(理性)、"社会实践过程"等方面,说明过这种复杂性的;《易经》则是用"像、数、理"方法,用包括阴阳层次论、"五行"运行论、八卦统一论、十进制变化趋势以及六十四"爻卦"等,来表示这种复杂性的。对于"九性太极"认识方法来说,它要在马克思主义哲学和实证科学的基础上,在继承《易经》阴阳整体辩证方法和"爻卦"整体分析方法的同时,确立一种由传统的"两点论"、整体体统性的体系系统过程统一论和物质统一性的实在存在可知统一论的"三点论""五行论""九属性统一论"和"十进法则"构成的整体综合与具体分析相结合的认识方法。这是因为,反映阴阳(矛盾)属性的对立统一关系的"两点论",由实证科学证明了的物质属性"三点论",反映事物整体体统性和物质统一性升降关系的"五行论",反映事物整体统一性关系的"八卦""九性"统一论,反映事物周期运行关系的十进制,它们是太极八卦和"九性太极"认识方法的共通的认识基础,这一认识基础涵盖了全部认识科学。

因此,"九性太极"认识方法将使我们对客观事物整体统一本质联系性的理解,要比古人清晰得多,能够做到用科学的概念去表达物质属性内含的真实性,而用不着用"象、数、理"的方法去象征它;将会使我们对客观事物的规律性的认识,要比古人深刻得多,能够做到用实证科学的成果去证明物质属性内在的联系性,而用不着用"道"去隐藏它;将会使我们对客观事物的整体性和统一性的把握,要比古人准确得多,能够做到用科学的理论去分析物质属性的整体统一性内含、分析客观世界的整体统一性是如何寓于具体的,而用不着用"卦"去体会它;将会使我们真正把古代的整体统一认识方法和近、现代的具体分析方法结合起来,变成为一种新的、更加科学的现代整体统一性认识方法。因而可以说,这种新的整体统一性认识方法对三大规律基本联系性的把握,更具有系统性、科学性和深刻性。

"九性太极"认识方法同时也表明了辩证法一般范畴之间的关系,如:事物的外部真相与内部联系关系,表现为现象和本质的关系;事物的存在形式与实在要素关系,表现为形式和内容的关系;事物的生灭、兴衰周期实现过程的具体不统一性和整体统一性关系,表现为可能性与现实性关系;事物的总体发生、发展、灭亡的确定趋势和个体发生、发展、灭亡的不确定趋势关系,表现为必然性和偶然性关系;事物及事物物质属性之间的先后相继、彼此制约关系,表现为原因和结果关系,等等。

(三)整体统一联系性。整体统一性认识方法的整体统一联系性是客观世界的基本联系性。这种基本联系性反映的是客观事物的整体体统性和物质统一性之间的关系,这种关系反映的是一种客观世界的基本规律性。由于"九性太极"认识方法在实证科学的基础上,把规律规范性看作客观世界整体的物质属性之一,因而这种新的整体统一性认识形式,就成为一个包括"规律规范性"在内的"九性"整体统一结构形式,这个结构形式充分体现了客观事物的整体统一联系性。这种整体统一联系性可以从以下两个方面来理解。

首先是,整体性和统一性的关系方面。从"九性太极"认识方法的整体方法论结构图图(三)可以看出如下四点:(1)物质的实在性范畴与存在性范畴相结合,构成了事物的整体统一性的本质性内容,即,形态体系质量结构实在性、运动系统能量聚散实在性和发展过程时空环境物质分布实在性内容。这是整体统一性认识论的物质统一性基础;(2)物质的存在性范畴与可知性范畴相结合,构成了事物的整体统一性的表现性内容,即,形态体系质量结构实在性可通过事物形态体系表现形式的信息真相性来感知,运动系统能量聚散实在性可通过事物运行系统表现形式的规范规律性来把握,发展过程时空环境物质分布实在性可通过事物发展过程的表现形式的实际实践实证性来变革。这是整体统一性认识论的物质统一性前提;(3)物质的体系性范畴和系统性范畴相结合,构成了事物的整体统一性的整体体统(体系和系统)存在性内容。这是整体统一性认识论的物质整体性基础;(4)物质的系统性范畴和过程性范畴相结合,构成了事物的整体统一性的整体过程(体系和系统相结合的运行发展过程)存在性内容。这是整体统一性认识论的物质整体性前提。

很显然,"九性太极"的认识结构形式使客观世界整体体系无限复杂的关系,具有了整体统一性的联系性。表明了这种新的认识结构形式,是一种能够反映客观世界总规律的、以规律性为认识出发点的认识论,它像太极八卦一样,是认识论的总论,也就是整体统一性认识方法的基本方法论。

这种整体统一联系性还表现在,在以规律性为认识出发点的基本方法论之下,还应当有八个分论,它们是:反映事物真相规律性的"信息论";反映"从实际出发、经过实践或实验、最终得到实证"规律性的"实践论";反映事物形态演化规律性的"形态体系论";反映事物运动行止规律性的"系统运行论";反映事物周期发展通达规律性的"发展过程论";反映事物质量结构规律性的"结构论";反映事物能量聚散规律性的"动力论";反映事物时空环境物质分布规律性的"环境论"。这八个分论中,每一个分论也都存在着各自的八十一种具体属性之间的关系,而这些认识方法有的已经初步创立,如"实践论""信息论"等;有的还有待创立,如"环境论""结构论"等。

其次是,整体统一性和同一性的关系方面。把握整体统一性认识方法的关键,在于弄清其统一性和同一性的关系。"九性太极"认识方法的九个物质属性结合为六个方面的统一,这六个方面的统一观是整体统一性认识方法论的核心,它们应是《易经》所谓"六合"说的物质性真实内含。

一是唯物主义的物质实在性统一观。其主要特征是,承认事物的形态演化存在性基础——质量结构性、运动行止存在性依据——能量聚散性、发展通达存在性条件——时空环境物质分布性三个物质属性相互依存的辩证统一,是事物存在的客观实在基础,但认为具体的认知对象,是九个物质属性的整体统一。所以,物质整体的"本体"实在依据,是三个实在性物质属性的辩证统一。

二是唯物主义的物质存在性统一观。其主要特征是,承认事物的形态演化存在形式、运动行止存在形式和发展通达存在形式三个物质属性相互依存的统一,是事物可知性的存在依据,但认为具体的认知对象,是九个物质属性的整体统一。所以,物质整体的"客体"存在依据,是三个存在性物质属性的辩证统一。

三是唯物主义的物质可知性统一观。其主要特征是,承认事物的信息真相可知性、规范规律可知性与实际实践实证可知性三个物质属性相互依存的统一，是人类认识、变革事物的前提。这里所说的认识、变革，是指主体参与的知行统一，其主要特征是，承认事物的可知性是主体对客体表相的感知、规律的认知和实际实践的践知（变革、实证），三者相互依存的统一是具有客观性的，是自从人类产生以后客观事物就具有的三个可知属性的统一，但认为，具体的认知对象，是九个属性的整体统一。所以，物质整体的"表体"可知依据，是三个可知性物质属性的辩证统一。

四是唯物主义的物质体系性统一观。其主要特征是，承认事物的形态演化存在性、质量结构实在性和信息真相可知性三个物质属性相互依存的统一，是整体体系性的基础，但认为具体的认知对象，是九个物质属性的整体统一。所以，物质的"体系"客观依据，是三个体系性物质属性的辩证统一。

五是唯物主义的物质系统性统一观。其主要特征是，承认事物的运动行止存在性、能量聚散实在性和规范规律可知性三个物质属性相互依存的统一，是整体系统性的依据，但认为具体的认知对象，是九个物质属性的整体统一。所以，物质整体的"系统"客观依据，是三个系统性物质属性的辩证统一。

六是唯物主义的物质过程性统一观。其主要特征是，承认事物的发展通达存在性、时空环境物质分布实在性和实际实践实证可知性三个物质属性相互依存的统一，是整体过程性的前提，但认为具体的认知对象，是九个物质属性的整体统一。所以，物质整体的"过程"客观依据，是三个过程性物质属性的辩证统一。

六个统一揭示了世界万物整体体统性和物质统一性的关系，即天地四方、宇宙整体的物质属性六合统一关系。这种关系是显而易见的。这是因为，客观事物的"本体"性、"客体"性和"表体"性，并不是虚无缥缈的东西，而是构成客观事物整体体统性的体系、系统和过程的物质性基础。所以，我们在对如，贾谊《过秦论》"吞二周而亡诸侯，履智尊而制六合"及李白《古风》"秦王扫六合，虎视何雄哉"中的"六合"的理解时，就不能仅限于"六合"所指的方位性和范围性，更在于"六合"所指的整体体统性和物质统一性。就是说，秦"扫六合""制六合"，其真正的意义在于从本质上改变了中国这一事物的历史，推动了社会的发展进步。这是因为，古人的"六合"观实际上并不是单指事物的方位"合一"，而是"天人合一"，也就是客观事物的整体性和统一性的"合一"。这一点对于今天的人来说，应当是容易理解的，比如，生活在太空的宇航员，他们是没有上下、四方的观念的。所以，地面的方位"六合"，其实是一种特定性，并不具有普遍性。

六个统一表明，客观事物的物质统一性由三个层次组成：一是"本体"本质层次。这一层次是客观事物的物质实在性内容,具体表现为质量结构性、能量聚散性和时空环境物质分布性的实在统一性。该层次表明了事物的实在性本质关系;二是"客体"形式层次。这一层次是客观事物的物质存在性形式,具体表现为形态演化性、运动行止性和发展通达性的存在统一性。该层次表明了事物的存在性形式关系;三是"表体"表现层次。这一层次是客观事物的物质可知性表现,具体表现为信息真相性、规范规律性和实际实践实证性的可知统一性。该层次表明了事物的可知性表现关系(相、律、实三者之间的关系)。这三个层次之间的统一性关系,证明了恩格斯关于"世界的真正的统一性是在于它的物质性"论断,是正确的。

六个统一表明,客观事物的整体体统性也由三个层次组成:一是整体体系演化形式层次,它由质量结构性、形态演化性、信息真相性三个体系性物质属性所构成。该层次表明了事物的体系性演化关系的统一性;二是整体系统运化形式层次,它由能量聚散性、运动行止性、规范规律性三个系统性物质属性所构成。该层次表明了事物的系统性运化关系的统一性;三是整体过程进化形式层次,它由时空环境物质分布性、发展通达性、实际实践实证性三个过程性物质属性所构成。该层次表明了事物的过程性进化、进步关系的统一性。这三个层次的统一性,证明了马克思、恩格斯、黑格尔关于世界"是各种物体相互联系的总体""整个自然的、历史的和精神的世界"表现为一个运动过程的整体论的正确性。

六个统一表明了客观事物共有的两种基本内在关系。一是事物的存在统一性一定要适应它的实在统一性的发展需要,而可知统一性是由它的存在统一性对实在统一性的适应程度决定的;二是事物的系统整体统一性一定要适应它的体系整体统一性变化的需要,而过程整体统一性是由它的系统整体统一性对体系整体统一性的适应程度决定的。这就是客观世界整体统一性的基本规律性。

什么是同一性呢?整体统一性认识方法的同一性所表明的,是认识主体的感知能力、认知能力、践知(能动性、变革性)能力三者的统一与客体可知对象的关系,你(认识主体)能做到六个统一,就达到了同一;做不到,则达不到同一。

人们事实上的认知同一,通常总是介于二者之间。这是因为,实现事物六个统一的体系、系统、过程载体和物质属性之间的关系的变化形式,都表现为"初、元、亨、利、贞"的周期变化性,这种周期变化性总是既有具体性又有整体性,表现为一个永无止境的运动发展变化过程;而人们对事物的认识,只能通过"表体"的可知性来认识"客体"的存在性,进而把握"本体"的本质实在性,以推动实践进程向前发展,所以,也表现为一个永无止境的"实践、认识"循环过程。而这两个过程总是会有距离的。

由此可知,"九性太极"既坚持了物质第一性、认识第二性,又承认思维与存在的同一性,它应是一种能够反映客观世界整体统一联系性的科学认识方法。

(四)具体联系性。"九性太极"还体现了客观世界具体联系的普遍性和复杂性。它的九个物质属性不仅相互依存,而且本身都有相对的体系独立性,其内部以及相互之间的联系涵盖着全部应用科学,每一个属性都是一个大世界。比如,"运"包含了机械、物理、化学、生命、社会、思维等所有运行系统的全部运动形式;"形"包含了从基本粒子到宇宙整体中的无机体、有机体、生命体、智慧生命体、社会中的各种形态等宏、微观体系;"通"包含了宇宙演化、生物进化、社会进步、人类文明、思维发达等周期发展过程;"质"包含了宇宙、星系、无机物、分子、粒子组织结构和生物、人体、大脑、细胞、基因组织质量结构以及社会、经济、生产组织质量结构等;"能"包含了热、光、电、位、核能和电磁力、引力、弱力、强力作用以及社会生产力、生命力、体力、脑力等,"实"包含了生产、生存实践、科学实验、社会实践等;其他属性,如"境"的时空环境物质分布性,"相"的信息真相可知性,"律"的规律规范可知性等,都包含着各自特定的无穷内涵。正是因为这种相对独立性和相互联系性,才使得客观世界五彩斑斓、生机蓬勃、变化万千,这也就是事物存在特殊性、个性、差异性的原因。

第四节　整体统一性认识方法的特征和意义

"九性太极"所代表的整体统一性认识方法,继承了古代《易经》认识方法的科学性,突破了形而上学的限制,拓宽了唯物主义的认识领域,应当成为一种新的唯物主义认识形式。这种认识方法不再把自然界的事物和过程孤立起来,片面狭隘地去进行认识,而是紧紧抓住事物的总联系,去认识事物的各个物质属性、物质属性之间的关系及事物之间的联系性。这种认识方法不是把"人"独立于客观世界之外、主观抽象地对待事物,而是依据客观世界的物质整体统一性认识人与社会、人与自然的本质和联系。这种认识方法排斥唯心论和形而上学,就在于唯心论和形而上学违背了客观世界的物质整体统一性——不是丢掉某些物质属性,就是无中生有,要么是颠倒物质属性的关系或割裂事物之间的联系。这种认识方法对"世界的真正的统一性是在于它的物质性"的论断做出了具体、科学的证明,因而,它是现代唯物主义认识方法的一种新形式,应当成为人们认识世界的向导、参与实践的指南。

这种整体统一性的认识方法具有四个基本特征：一是具有整体性。要求人们用整体寓于具体的方法认识客观事物九个物质属性的物质整体性，弄清楚事物的体系整体性、系统整体性和过程整体性的整体辩证关系；二是具有统一性。要求人们用整体寓于具体的方法认识事物的九个物质属性的物质统一性，弄清事物的实在统一性、存在统一性和可知统一性的辩证统一关系；三是具有联系性。要求人们用整体寓于具体的方法认识九个物质属性的核心联系性和基本联系性，弄清楚对立统一、质量互变、否定之否定三大规律与"五行"运行形式，"十进制"自然法则的内在关系，准确把握各物质属性之间的辩证关系。这些关系主要是实在性与存在性、存在性与可知性、体系性与系统性、系统性与过程性、整体性与具体性、本质性与表现性等，以及九个物质属性之间的八十一种关系；四是具有复杂性。要求人们多角度、多层次、多因素地认识事物，把整体统一性的认识方法应用于复杂的自然科学、社会科学之中。

因此可以认为，整体统一性的认识方法为我们提供了一种广阔的、综合的、系统的、动态的、类似于《易经》的寓理于形、寓理于数的认识事物的方法。应当说，这是关于唯物主义认识方法的形式的一种改变的尝试。它的意义也可以从四个方面来分析：

第一，它体现了马克思主义哲学的唯物论、辩证法和历史观相统一的科学思想，有助于加深人们对"世界的真正的统一性是在于它的物质性"这一论断的认识，并确立正确的思维路线，做到既抓住事物的本质，又能全面地看待、认识事物，特别是认识人的整体统一性本质。

第二，它反映了自然科学关于事物的客观实在性、存在性、可知性相统一的科学实证思想，有助于人们正确地把握科学的认识水准、特别是对人类自身的认识的水准。地球生命的历程已经数十亿年，而人类对生命的认识不过几千年，从会使用工具算起不过几十万年，人类的历史也只是数百万年。人类今天仍连一个细胞都没有办法加工制造出来，说明人们对生命的认识、特别是对智慧生命的认识是一个漫长的过程；说明人们对于客观世界整体统一性的认识是很不够的，许多方面还处于未知状态。因而，从最基本的方面弄清人类目前的认识水准，可以从根本上弄清唯心论和形而上学的错误所在，使人们脱离迷信和僵化的羁绊。

第三，它印证了《易经》太极八卦是一种具有划时代意义的古代整体统一性认识方法。很显然，类似"九性太极"的整体统一性认识方法古已有之，只是由于科学技术水平的限制，古人对事物的认识，只能使用的是一种整体直观的方法。而近、现代人类认识事物，主要使用的是一种具体分析的方法，这种具体分析方法同样也具有它的历史必然性。今天,我们只是把古代认识方法的整体直观性与近、现代认识方法的具体分析性结合起来,使其成为一种整体寓于具体的新的整体统一性认识方法。应当说,这既符合认识论的发展规律,也必将有助于加快人类认识的步伐。

第四,它排斥板块式的机械唯物论,承认实范畴存在着不同的层次;它排斥僵化、静止、停顿、死板等形而上学的思维方式,承认整体、综合、体系、系统、运动、发展、变化等活的辩证的思维方式;它排斥唯心论,承认实范畴与虚范畴的客观联系和区别,特别是承认主客观具有同一性,即承认客观世界是由包括主体实践性在内的九个物质属性构成的,主体的感知、认知和践知能力,能够通过实践过程了解、把握、变革、证实客观物质世界,二者能够达到同一。这样,科学唯物论的物质观就是九个物质属性的统一,而不能与其他东西相混淆或用其它东西来代替。

这种科学的物质整体统一观,使我们较容易地辨别哲学中的一些基本关系,如"形上"与"形下"的关系、"心"与"物"的关系、"理"与"气"关系等。由于"九性太极"的结构形式表明了客观世界的"形"本质(太极八卦形式、亚里士多德的"形式",也在表明这种"形"本质),因而,这一结构形式内含的万事万物的整体统一规律性("道"),即为"形上";这一结构形式显示的万事万物的物质统一性和整体体统性,即为"形下"。由于"九性太极"既表明了客观世界的物质属性整体统一性结构形式,同时又是认识客观世界的认识形式,因而,当它作为认识客观世界的认识形式时,表明的是人的思维的"心"特性;而当其作为客观世界的物质属性的整体统一性结构形式时,它表明的是万事万物的"物"特性。由于"九性太极"把"道"还原为"规律规范"物质性,因而使"理"的二重性明朗化了:"理"是有客观性的,这种客观性依据,应是事物的规律性,离开了规律谈何道理呢?"理"又是有主观性的,人们只能通过事物的规范来认识其规律性,这种认识总是具有相对性的,这种相对性应是由人认识的主观性造成的。而传统认识中的"气"表明的,应是"九性太极"的物质实在统一性,因为物质的实在统一性是万事万物的存在基础,而实证科学已经证明,构成这种"气"统一性的"质""能"和"时空"三个物质属性,都具有"无限可分"的特征,这一点是与传统认识相符的。

第四章

关于实证性

通过感知物质属性的信息来弄清事物的真相性,通过认知物质属性真相之间的联系来把握事物的规律性,通过把规律运用于实践过程来检验、证实事物运行发展过程的真理性,这是人类认识过程的三个基本步骤。因此,任何一种科学认识都必须经过实践过程检验并得到实证结果证明,整体统一性的认识方法自然也不能例外。为了说明这种整体统一性认识方法的科学性,需要讨论一下自然科学和社会科学的一些代表性理论的哲学内涵,找到这些实证科学理论的哲学内含与"九性太极"哲学内含的联系性,有利于证明整体统一性认识方法的科学性。

第一节　自然科学证明

自然科学是遵守科学方法的一个学科,它是研究无机自然界和包括人的生物属性在内的有机自然界的各门科学的总称。自然科学的认识对象是整个自然界,即自然界物质的各种类型、状态、属性及运动形式。它的认识任务在于揭示自然界发生的现象以及自然现象发生的实质,进而把握这些现象和过程的规律性以便解读它们,并预见新的现象和过程,为在人类实践中合理而有目的地利用自然界的规律性开辟各种可能的途径。无数的科学结论表明,在自然科学领域,无论是无机界还是有机界,事物的存在、运动和发展,都是服从于物质世界的整体统一性的。而科学的最前沿往往是科学家和哲学家共同作战的地方。

(一)自然科学各个领域的规律性揭示了客观事物的物质存在性和物质实在性的整体统一性。我们知道,牛顿定律是描述物质低速运动的,它以数量关系的形式确定了低速运动物质的质量、能量和速度的统一关系,从而揭示了低速物理运动过程的本质;质量作用定律是描述化学运动过程的,它以数量关系的形式确定了物质在化学变化中分子量(化学运动的量)、分子数量(质量)和化学运动速度的关系,从而揭示了物质的化学运动过程的本质;量子理论论证了连续与间断相统一的自然观,它是反映微观粒子结构及其运动的科学理论。薛定鄂方程提供了系统地、定量地处理原子结构及其运动的理论,这个理论表述了粒子在场中的势能(运动的量)、粒子质量和波(速度)的关系,体现了物质在微观结构下质量、运动和速度的统一。

我们知道,爱因斯坦创立的狭义相对论突破了牛顿的绝对时空观,把空间、时间和物质的运动联系了起来,证实了恩格斯所说的时空与物质密不可分的论断是正确的。与绝对时空观念不同,相对论时空理论还揭示了时间与空间也是相互依存的,是不可分割的。这样,物理学所讨论的空间就由原来的三维空间扩展为加时间一维的四维空间;爱因斯坦创立的广义相对论实质上是一种引力理论,该理论描述的现实物质空间不是平直的,而是弯曲的,它的弯曲程度取决于物质在空间的几何分布,物质密度大的地方,则引力场的强度也大,时空就弯曲得厉害。因此,时空的性质不仅取决于运动,而且取决于物质本身。广义相对论彻底摆脱了凭直观、凭形式认识物质世界的模式,使人们的认识真正进入了事物固有的本质层次,真正揭示了物质统一性的实在性真谛。

相对论具有深刻的哲学意义。其深刻之处正在于把物质属性诸范畴以数学规律的具体形式联系起来,说明了宇宙的整体统一性。有的人对物质的微观波粒二象性存在形式难以理解,总认为,物质的存在形式怎么能既表现为质量形态的"粒",又表现为能量形态的"波"。但波粒二象性的存在是科学实验证明了的,它表明,微观粒子的真实存在恰恰是"粒"(质量结构性)、"波"(能量聚散性)和"测不准"(时空环境物质分布性)的统一,从而证明了,静止的质量、单纯的运动、空洞的时空是不存在的。所以,相对论使我们对客观世界不再有绝对静止的参考系,不仅时间和空间依赖于物质运动,而且质量与运动相关,质量与能量也是可以转化的,时空的性质与质量分布相关,时间与空间只是场的一种结构性质而已。如果我们具体地看一下相对论的有关数学表达形式,就可以从最基本的角度,清楚地认识物质基本属性的哲学内涵。相对论的基本数学表达式是:

洛伦兹变换：

$$\begin{cases} X = \dfrac{x - vt_4}{\sqrt{1 - v^2/c^2}} \\ Y = y \\ Z = z \\ T = \dfrac{t - vx/c^2}{\sqrt{1 - v^2/c^2}} \end{cases}$$

质能关系式：

$$\begin{cases} E = mc^2 \\ m = \dfrac{m_0}{\sqrt{1 - v^2/c^2}} \end{cases}$$

这两个公式清楚地表明,物质的质量 m、能量 E、速度 v、空间(x、y、z)、时间 t 之间是存在着本质联系的,具体表现为:(1)同时性是具有相对性的;(2)时钟(时间)延缓;(3)长度(空间)缩短;(4)物质的质量随速度变化;(5)物质的质量与能量之间存在着相关关系。这种本质联系是一种定量关系,是可以精确地进行计算的,这已为原子能的利用所证明。

由于爱因斯坦在一定的理论和实际依据的基础上自然地得到了时空变换关系——洛伦兹变换,从而使人们认识到牛顿力学符合相对论原理,麦克斯韦电磁理论等也符合相对论原理[42]。

这就说明,相对论原理不仅适用于高速运动,而且适用于低速运动;不仅适用于微观对象,也适用于宏观对象。由于质量和能量的存在形式是运动的物体,因此爱因斯坦相对论以及牛顿定律、质量作用定律、量子理论等实证科学方面的基本理论,都证明了物质系统的质量与物体、能量与运动、时空与速度(发展)六个实属性是统一的整体。就是说,这些理论从物质世界最基础的自然科学层面,证明了物质整体统一性的正确性,而这种证明是通过对大量的物质运动真相的观察、做大量的科学实验、认识大量的具体规律的表达形式后才得到的。这种新的时空观、运动观、物质观的形成,是人类思想发展中的根本变革,对整个自然科学和哲学产生了深远影响。

因此,自然科学的理论和实验都表明,在自然科学领域,无机世界的每一个自然物都是整体寓于具体的统一,都表现为由生到灭、由盛到衰的周期发展过程,都体现着客观世界的物质整体统一性。我们能够看到,从粒子到星球到星系,只要是自然界存在的客观具体物,就无不是由实在性、存在性和可知性,三个物质统一性构成的整体寓于具体的统一,无不是由九个物质属性构成的整体统一运动发展过程。

(二)宇宙大爆炸理论揭示了现存客观世界万事万物的演化规律性,这一理论最基本的内含,是宇宙间所有的天体都有其诞生、发展、变化直至衰亡的历史。按大多数天体物理学家的论断,宇宙空间是在一次灾变中降生的,是在大约 140 亿年前一次绝无仅有的大爆炸中"诞生"的。这已经为天文学上最重大的发现——红移现象和宇宙背景辐射所证实。这一理论认为,大爆炸时刻,宇宙的理论体积为零,所以其温度是无限热的。大爆炸使宇宙膨胀、温度降低,基本粒子和基本相互作用便逐渐形成了。随着宇宙膨胀的继续,温度也继续降低,经过漫长的物理、化学、生物变化,星云、星系、星球等宇宙基本结构逐渐形成,万物也逐渐随之降生。所以,在宇宙中,从大星球到小粒子,无穷事物的生灭、盛衰的运动发展变化过程都始于宇宙大爆炸,每一个事物都是一个具体整体,都表现为九个物质属性构成的整体统一;每一个事物都是一个具体整体的体统存在,都表现为"初、元、亨、利、贞"的运动发展变化周期。我们举两个例子来简单说明这一点。

一是人类唯一的家园"地球",它应是九个物质属性构成的整体统一。地球是太阳系的一个成员。从宇宙的角度看,它是一个极普通的星球;而从人类的角度看,它又是一个很复杂的星球。地球作为一个客观存在的具体事物,它是由九个物质属性构成的整体统一,表现为一个由诞生到消亡,由兴旺到衰落的过程,表现出像"人"一样的"初、元、亨、利、贞"的体系、系统、过程变化周期性。地球具体的物质属性有:(1)质量结构性。表现为由地核、地幔、地表、大气层等构成的同心状圈层结构性特征,由地心至地外依次为地核、地幔、地壳、地表、大气;(2)能量聚散性。表现为引力、内能、其他自然能量以及人类改造自然的能力的聚散性特征;(3)时空环境物质分布性。表现为地球公转、自转、偏转的周期轨道性和太阳系环境特征,以及其由产生到毁灭的上百亿年的年代特征。其内部特定的物质分布性,是地球生物及人类的唯一生存环境;(4)形态演化属性。表现为地质、地貌、大气、水、生物、人类社会诸多体系的演化特征;(5)运动行止属性。表现为绕太阳的公转、自转、偏转、震动以及更具体的大气、海洋、生物、人类社会的种种系统运行特性;(6)发展通达属性。与一般的事物一样,也表现出从产生到早期、中期、晚期及最终灭亡的过程阶段性。现在的地球正处在风华正茂的中年;(7)信息真相性。表现为无穷信息的可感知性。人们通过感知地球各种各样的信息来认识它的规律性;(8)规范规律性。表现为地球上自然的、人的、社会的、生物的等不同层次的具体规律形式的可认知性。人类正是通过认知这些规律形式来参与各种各样的实践活动;(9)实际实践实证性。这一属性主要表现为人类有目的的生产劳动、科学实验和社会活动,这些活动虽然具有主体能动性的色彩,但这恰恰又是地球实践性的一大客观性特征。可见,"地球"这一物是九个物质属性的整体统一,这个整体统一及其内含的无穷的具体体系、系统、过程,都表现在新陈代谢、兴衰更替的变化之中。

　　二是构成事物基本单位的"原子",它也是九个物质属性构成的整体统一。原子是构成宇宙物质的基本单元。作为一个事物,原子也有自身的由生到灭的寿命周期,每一个原子都是九个物质属性构成的整体统一:(1)质量结构性。原子由原子核和电子构成,原子核由质子和中子构成,质子和中子由三个夸克构成。其质量等于它所含的质子、中子和电子的质量和;(2)能量聚散性。现代科学理论中,宇宙演化可归结为四种力,即强力、弱力、电磁力和万有引力。这些力的来源都产生于原子。所以这四种力量都是原子能量,表现为不同层次的能级聚散性;(3)时空环境物质分布性。原子的时空环境分布性决定它的生存、运动和生命周期。同一个原子在地球时空环境中它是十分稳定的,而在太阳时空环境中它就发生裂变。这表明原子时空环境属性的物质分布性是它的实在性;(4)形态演化性。原子也具有形态演化性,在显微镜下可以观察到它的现实形态。它的基本存在形式,是一个由外层电子围绕着原子核的高速旋转体系;(5)运动行止性。原子是不停地运动的。在它的内部,电子围绕原子核不停地运行转动,在外部环境体系中,它一方面随着环境体系作宏观运行、运动,同时还在环境体系中振动或移动;(6)发展通达性。原子有自身的寿命周期。随着时间的推移原子会发生衰变,变为其他原子。原子的衰变期不同,有的长达上亿年,有的只有几秒钟。我们熟知的碳14检测方法就是应用这种衰变规律的;(7)信息真相性。人类对原子的认识经历了漫长的历史过程。今天的人们已能够亲眼观察到它的真相,具体感知它的信息;(8)规范规律性。现代人类对原子运动变化的规律已经有了较深刻的认识,认识到它是宇宙最基本的物质组成单位,是事物运动发展的质量载体基础。其规律性的存在规范形式是十分严格精确的;(9)实际实践实证性。人类能够通过实验的途径,能动地改造并利用原子以为人类社会服务,原子能的利用就是最好的说明。

　　(三)达尔文进化论揭示了有机生物世界物种进化的规律性。目前已知的有机生物世界只有地球,地球生物世界是在地球的无机物质环境中产生的。达尔文的进化论是揭示地球生物世界物种进化的科学理论。这个理论的基本内含是:任何一个生物物种,当它的生命体系性、系统性、过程性与它的生物质量结构性、能量聚散性、年代地理空间环境物质分布性的实在统一性相适应时，它的生命力就旺盛，它的生物物种体系就能一代接一代繁衍下去；一当这种适应性不存在了，这个生物物种形态的繁衍生存发展过程就结束了。这种进化论简单地说，就是"适者生存"或"强者生存，弱者淘汰"，具体表现为如下几个要点：(1)物种连续变化，新物种产生，旧物种灭亡；(2)进化过程是连续的，不存在不连续变异的突变；(3)相似的生物都是相互联系的，由共同的祖先进化而来；(4)自然选择，即对普遍存在的变异通过生存斗争而选择。自然选择的三个始终综合发生作用的因素为变异性、遗传性和由繁殖过剩引起的生存斗争，其中，变异性为形成生物的新的组织结构体系与系统机能提供材料；遗传性巩固、完善并积累它们；而生存斗争则是排除一切对生存条件不适应的生物，即通过生存斗争不断淘汰不利变异，保留有利变异，通过有利变异的积累，到一定程度就能形成新类型，实现生物进化的过程性。所以，生存斗争也是促进生物进化的动力。

达尔文进化论从本质上揭示了生物物种进化的整体统一规律性。这种规律性表现为，生物物种的物质存在性是与它的物质实在性相适应的，而它的物质可知性是由存在性对实在性的适应程度决定的；生物物种的整体系统性是与它的整体体系性相适应的，而它的整体过程性是由系统性对体系性的适应程度决定的，因而生物物种的进化性，表现为一个个由生到死、由盛到衰的过程，表现为"初、元、亨、利、贞"的体系、系统、过程变化周期性。这一规律是由达尔文长期观察多种生物的生存真相，经过缜密的实验和研究才最终得出的。长期以来，这个规律指导着人们认识复杂的有机生物世界。

有机生物世界比无机世界要复杂。原因在于生物世界物种多变，且物种进化过程比无机世界的演化进程要短。生物世界与无机世界最大的不同是呈现出了生命的特征。但是，正是生物世界这种复杂的生命特性，更容易体现客观世界的物质整体统一性的规律性。我们来具体地看一下生物的进化过程。

第一，生物的整体进化过程。目前生物分类学被广泛使用的，是生物"五界"分类系统，其分类依据是细胞的结构和营养类型。所谓"五界"分类，是把整个生物世界划分为原核生物界、原生生物界、植物界、菌物界、动物界"五界"，这是根据生物细胞和营养类型的进化水平来划分的。由于细胞和营养类型的进化性反映的是生物的质量结构性、能量聚散性和时空环境物质分布性，所以"五界"分类生物形态体系和系统的进化，表现为"初、元、亨、利、贞"的变化周期性。

"五界"分类的具体内容包括：(1)原核生物界。原核生物是一种无细胞核的单细胞生物，它们的细胞内，没有任何带膜的细胞器。原核生物包括细菌和蓝绿菌,是现存生物中最简单的一群,以分裂生殖繁殖后代。原核生物曾是地球上唯一的生命形式,它们独占地球长达 20 亿年以上,如今依然很兴盛,而且在营养盐的循环上扮演着重要角色。原核生物至少包括 4000 种生物;(2)原生生物界。真核原生生物都是有细胞核的,且几乎都是单细胞生物。其中某些原生生物像植物(如硅藻),某些原生生物像动物(如变形虫、纤毛虫),有些既像植物又像动物(如眼虫);(3)植物界。植物是能够通过光合作用制造其所需食物的生物;(4)真菌界。真菌界成员均属真核生物,它是真菌的最高分类阶员;(5)动物界。动物是一切能自由运动,并以碳水化合物和蛋白质为食物的所有生物。动物界作为动物分类中的最高阶员,已发现的共 35 门、70 余纲、350 目、150 万种。

"五界"分类在生物发展史方面显示了生物进化的五大阶段,即原核细胞阶段、真核细胞阶段、真核细胞自养阶段、真核细胞分解异养阶段、真核细胞摄取异养阶段,在各界生物相互关系方面反映了真核多细胞生物进化的三大方向:一是靠制造有机物进行自养的植物,它们是有机自然界的生产者;二是靠摄取有机物进行异养的动物,它们是有机自然界的消费者;三是靠分解并吸收有机物进行异养的真菌,它们是有机自然界的分解者。因而,这种"五界"分类很好地反映了自然界生物进化的实际,得到了多数生物学家的认同。从本质上看,"五界"分类表明了"生物"这一事物进化发展进程的五个阶段,而这种进化发展又是由生物的细胞结构和营养类型决定的,也就是由"生物"这一事物的物质实在性(质量结构性、能量聚散性、时空环境分布性)的"初、元、亨、利、贞"的周期运行决定的。

按照"五界"分类系统,植物和动物作为生物的两个高层次分类阶元,是分别从另一个阶元——原生生物界的一些不同的门类中进化而来的,而且与后者呈并列关系。这样的分类系统是突出了生物各大阶元之间从简单到复杂、由低级到高级的层次关系。不足之处是没有反映现代生物的两个最基本和最进步类群——动物和植物的系统关系及历史渊源。实际上,植物与动物的祖先类型具有同一性,这种同一性在现代的一种原始生物——眼虫身上还可以找到,表明了原始的原生动物和原生植物分布伊始是单细胞的,随后它们分别向多细胞方向不断发展。这一点已经由细胞学说从理论上给以证明。这种发展表现为两个进程:一是"动物"的"初、元、亨、利、贞"五个阶段的进化性;二是"植物"的"初、元、亨、利、贞"五个阶段的进化性。

第二,动物的进化过程。动物的进化走过了漫长的过程:(1)从原始的原生祖先脱胎以后,约 5 亿年前诞生了无脊椎动物;(2)约四亿年前诞生了鱼类动物;(3)约三亿年前诞生了两栖类动物;(4)约两亿年前诞生了爬虫类动物;(5)约 2000 万年前诞生了哺乳类动物。动物的进化过程服从生物进化规律。因此,它的整体体系性、系统性、过程性表现为"初、元、亨、利、贞"的进化周期性。

动物进化的主要原因,一是基因和基因组的变异,这是进化的体系结构性因素;二是地球自然环境的变化,随着地球自然环境的这种变化才逐渐演化出适应各种环境的动物,这是进化的时空环境物质分布性因素。

所有动物既可区分为个别物种,以体现进化历史的间断性;又可归纳为大小类群,以体现进化历史的连续性。从历史观点分析,类群不论大小,必有其从无到有的起源过程和纵横两个发展过程:一方面是多样化(种类数量增加);另一方面是复杂化(机体水平提高)。由于生存条件变化或其他原因,引起一些动物的结构发生复杂化,或产生新器官,或旧器官变得更复杂。

因此,进化过程不单纯是动物结构的不断发展,而且既有进化改变,又有退化改变,除继承了共同祖先保留下的特征外,还发展了其祖先没有的、适应新的生存条件的特征,表现为一个复杂的过程。复杂的原因在于:动物的物群、物种以致个体,它们作为"物",都是存在性、实在性、可知性的统一,都是体系性、系统性和过程性的统一,都是九个物质属性构成的整体统一的新陈代谢、兴衰更替变化过程。

第三,植物的进化过程。植物的进化走过了漫长的过程:(1)从原始的原生祖先脱胎以后,约五亿年前诞生了藻类植物;(2)约3.5亿年前诞生了蕨类植物;(3)约2亿年前诞生了裸子植物;(4)约3500万年前诞生了被子植物;(5)约200万年前诞生了现代植物。植物的进化服从生物进化规律。它的整体体系、系统、过程经历了从简单到复杂的"初、元、亨、利、贞"的长期周期变化过程,才形成当今形态各异、种类繁多的植物世界。

植物界依据进化程度,可分为低等植物和高等植物两大类。低等植物不具备多细胞构成的各种器官,通常生活在水中;高等植物具有多细胞构成的各种器官,有根、茎、叶的分化,基本上生活在陆地上。

植物的演化是一个连续的发展过程,即从简单到复杂、从原始的原核植物到年轻的被子植物的发展过程:(1)藻类是最低等的植物,种类繁多,繁殖率快,生活在水中。它们以光合作用利用阳光和水中的无机物,为整个水生态系统的能量流动和物质循环发挥重要作用;(2)蕨类植物有了根、茎、叶的分化。它的根,使植物稳定并吸收土壤养分;茎,使植物直立并输送养分;叶,进行光合作用以吸收太阳能;(3)裸子植物的优势在于以种子繁殖,同时继承了蕨类植物的优势;(4)被子植物继承了裸子植物的优势。它是"有花植物",色彩鲜艳、香气四溢有利于授粉。其繁殖过程除了靠风力外又增加了昆虫途径,使植物和昆虫之间建立了互利关系。这样不仅增加了生态系统的生物多样性,也为植物和昆虫的进化发展开辟了更加广阔的道路;(5)现代植物主要是指与人共生的植物,经过人类的长期培育改造,现代植物具有了科学技术优势,当然也同时带来了值得注意的负效应。

可见,植物的进化也是一个"初、元、亨、利、贞"周期性发展的复杂过程。复杂的原因,同样在于植物无论是其物群、物种,还是个体,它们作为"物",都是存在性、实在性、可知性的整体统一,都是体系性、系统性、过程性的整体统一,都是九个物质属性构成的整体统一的新陈代谢、兴衰更替变化过程。

以上从宏观角度讨论了生物的进化规律,而如果再从微观的角度看,生物的DNA结构与太极八卦结构是有相似性的。由克里克和沃森最初发现的DNA双螺旋结构模型表明:在双螺旋的两部分之间,由四种化学物质组成的碱基对扁平环连结着。它具体表现为:DNA双螺旋的碱基位于双螺旋内侧,磷酸与糖基在外侧,通过磷酸二酯键相连,形成核酸的骨架。碱基平面与假想的中心轴垂直,糖环平面则与轴平行,两条链皆为右手螺旋。双螺旋的直径为2nm,碱基堆积距离为0.34nm,两核苷酸之间的夹角是360,每对螺旋由十对碱基组成,碱基按A-T,G-C配对互补,彼此以氢键相联系。每个单螺旋都能形成自己的互补螺旋,重建全部的双股DNA分子。维持双螺旋结构的稳定的力主要是碱基堆积力。双螺旋表面有两条宽窄深浅不一的一个大沟和一个小沟。DNA本身的卷曲一般是DNA双螺旋的弯曲欠旋(负超螺旋)或过旋(正超螺旋)的结果。克里克和沃森当时就认为,生物的遗传物质就是通过这种双螺旋结构来复制的。我们如果把DNA双螺旋结构与太极八卦结构联系起来,就不难发现,这种由四种化学物质碱基对组成的DNA双螺旋结构与《易经》太极八卦结构,无论是从二者的要素构成所表达的对立统一关系方面看,还是从二者的螺旋运行所表达的传宗接代关系方面看,都存在着明显的相似性(对应关系)。

对于这种相似性,不能简单地把其看作是一种"巧合"。因为在古代中国,生物学的研究就已达到了一定的水平,《易经》中就有多处涉及宇宙、物质、生命、人的起源等科学上的根本问题。而到了近现代,这种研究则主要表现为哲学家和科学家们依据实证科学发展成果进行的具体深入的探讨。例如:有些学者认为,生物学遗传密码表中的64个密码与氨基酸的对应关系,是与《易经》64"爻卦"次序原理相吻合的;还有些学者认为,生物进化和细胞分裂模式,是跟"太极生两仪,两仪生四象"模式相似的;而美国的生物学家戈德博格,是将分子生物学中环核苷酸双向调节和中医阴阳学说联系起来,认为环腺苷酸和环鸟苷酸是体内两种对立的调节系统。越来越多的研究成果告诉我们,要用科学的眼光来看待DNA双螺旋结构与太极八卦结构二者的关系,把其看作是一种客观事物共有的新陈代谢和兴衰更替关系。因为太极八卦结构表明的是万事万物的阴阳整体统一规律性,这种规律性也是寓于生物的 DNA 双螺旋结构的。

因此,无论是高级形态的动物和植物,还是低级形态的真菌、藻类和微生物,它们都表现为以基因、生命力和特定环境为物质本源基础的质量结构性、能量聚散性和时空环境物质分布性的物质实在统一性;都表现为以生命体系、生命系统和生命过程为物质存在形式的形态演化性、运动行止性和发展通达性的物质存在统一性;都表现为以生存信息、生存规律和生存实际为物质表现形式的信息真相性、规律规范性和实际实践实证性的物质可知(知在)统一性,就是说,它们都表现为由九个物质属性构成的物质的实在性、存在性和可知性的整体统一性。而生命科学、解剖科学和中西医医学已经证明,每一个生物体,它的体系存在性都呈现为形体结构的"基因—细胞—组织—器官—整体"的五行衍化关系;它的系统存在性都呈现为生命活力的"源头—储藏承载—流通交换——调控分布—转化再生"的五行运化关系;它的过程存在性都呈现为生命发展的"生—幼—少—青—强—壮—弱—老—衰—亡"的五行进化关系。这一点将以人体为例,在第七章详细讨论。

(四)我们知道,系统论的形成首先是与生物学的发展相关的。二十世纪 30 年代前后,贝塔朗菲强调生物学中的有机体概念,主张把有机体当作一个整体或系统来考虑。他认为,系统的定义可以确定为处于一定相互关系中的与环境发生关系的各个组成部分的总体,整体大于它的各个部分的总和是组成系统的基本规律。在贝塔朗菲看来,一般系统论是一种新的科学规范,是应用于各种系统的根本性学说,它的研究领域非常广阔,包括系统科学——数学系统论、系统技术和系统哲学三个方面。系统哲学使系统论具有"元科学"或哲学的意义,它区别于机械论观点,要求考察系统、要素、结构、功能、链、协调、组织等新范畴。系统论是整体理论。美国数学家维纳创立了控制论。他从整体观念出发,认识到有必要把各门科学联系起来探讨贯穿其中的规律。所以,控制论也是整体理论。这一理论认为,对一个系统的控制当然需要有调整它的物质要素,需要有能量的供给,但所有的控制都离不开信息,而控制是以信息为基础的。信息论主要是研究从数学上定量描述信息的方法。由于申农—维纳的信息定量测量公式恰好与热力学熵的公式一致,熵表征系统的无组织程度,信息量则以被消除的不定性来量度,信息乃是负熵,是表征系统的组织程度的。所以,信息问题的研究从根本上改变了世界由物质和能量组成的古典概念,而让位于世界由物质、能量和信息三部分组成的概念。今天,人们已把信息看作一种资源,因为如果没有信息和信息传递,就不会有组织系统,也不会有有秩序的能量转化和物质交换。这说明,信息本质上是一种物质属性。

控制论、信息论和系统科学是现代科学技术发展的产物,又是现代科学技术整体化的显著标志。这些学科提出的整体性原则、最优化原则、反馈原则及分析与综合相结合的方法,对各门科学技术具有普遍的方法论意义。它们揭示了自然界、社会和人类思维这三个领域中许多现象的一致性,从而更具体地论证了世界的物质统一性,证实了意识现象有其物质基础,充实和丰富了辩证唯物主义的整体统一性自然观。

总之,无论是具体个体还是整体体系,自然界中的每一个事物都是九个物质属性的整体统一,都表现为由生到死、由兴到衰的周期发展过程。这是客观世界中万事万物最基本的整体统一规律性。爱因斯坦的相对论从本质上揭示了自然物运动发展的整体统一规律性,达尔文的进化论从本质上揭示了生物运动发展的整体统一规律性,系统论、信息论、控制论则从本质上揭示了自然界、社会和人类思维这三个领域中许多现象的整体统一一致性,而全部自然科学的理论和实际都表明:无数的事物,它们表面上看似乎是极不相同的,但本质上是共通的。这是因为,世界上的事物尽管千差万别,但都是客观存在,而事物的存在统一性总是不断地与其实在统一性相适应的,可知统一性则是由其存在统一性对实在统一性的适应程度决定的;事物的系统存在性总是不断与其体系存在性相适应的,过程存在性则是由其系统性对体系性的适应程度决定的。这两条基本规律是任何事物都必然遵循的。

第二节　社会科学证明

社会科学也是遵循科学方法的学科。人类社会是从无机世界和生物世界脱胎而来的,它是人类特有的世界。同无机界和生物界一样,人类社会作为一个事物,也是九个物质属性的整体统一,也表现为一个由生到灭、由兴到衰的周期过程,因而也是按照整体统一性自然规律运动发展的。马克思主义的政治经济学理论揭示了人类社会运动发展的整体统一规律性。这个理论把唯物主义应用于人类社会生活,用社会存在解释社会生活,从总体上对人类社会和人类社会发展史的基本规律做出了周密的说明。马克思主义的政治经济学理论表明,人类社会是具有物质整体统一性的。社会的物质统一性表现为由九个社会物质属性构成的社会实在性、社会存在性和社会可知性;社会的物质整体性表现为由九个社会物质属性构成的社会体系性、社会系统性和社会过程性。因此,从远古的蒙昧社会到今天的现实社会,整个人类社会形态表现为一个按自然规律运动发展的长过程,每一个具体社会形态也表现为一个按自然规律运动的具体发展过程。

(一)马克思主义政治经济学阐明了"社会"的九个物质属性的整体统一性。这九个物质属性分别是:第一,社会信息真相属性。人类社会是自然界长期发展的产物,是从自然界分化出来的一个特殊领域。认识一个社会首先必须把握好这个特殊领域的信息、特征的真实性,而后用唯物主义的历史观把握这个社会的各种关系体发展的客观规律性,看出物质生产发展程度才是这种关系的根源,并用唯物主义的历史观说明人民群众的活动,以自然史的精确性去考察群众生活的社会条件以及这些条件的变更。[43]马克思是十分重视对社会信息的研究的。正是通过对商品、劳动、生产、交换、分配、消费、积累、阶级、国家等社会现象历史真实性的深入研究,他才发现了社会形态和经济形态是一个自然的历史演化过程,发现社会复杂规律也是一种自然规律。

第二,社会形态演化属性。社会形态是同生产力发展的一定阶段相适应的经济基础和上层建筑的统一体,具有具体的历史性、演化性、复杂性和统一性。经济基础是同生产力的一定发展阶段相适应的占统治地位的生产关系各个方面的总和,它与生产关系是同一个东西,对生产力而言叫生产关系,对上层建筑而言叫经济基础。上层建筑是建立在社会经济基础之上的意识形态以及相应的制度和设施等,由思想方面的政治、法律、哲学、道德、艺术、宗教观点和政治方面的制度、政权、军队、法院、警察、监狱、党派等所组成。"大体说来,亚细亚的、古代的、封建的和现代资产阶级的生产方式可以看作是社会经济形态演进的几个时代。"[44]社会主义的经济形态自然也是一种社会经济形态。因而,现实的社会形态"不是坚实的结晶体,而是一个能够变化并且经常处于变化过程中的机体。"[45]

第三,社会发展通达属性。人类社会虽然具有特殊性,但本质上同自然界一样,是客观世界的物质体系,是不以人的意志为转移的自然历史发展过程。马克思说:"社会经济形态的发展是一种自然历史过程。"[46]"只有把社会关系归结于生产关系,把生产关系归结于生产力的高度,才能有可靠的根据把社会形态的发展看作自然历史过程。不言而喻,没有这种观点,也就不会有社会科学。"他"第一次把社会学置于科学的基础上,确定了作为一定生产关系总和的社会经济形态的概念,确定了这种形态的发展是自然历史过程。"[47]

第四,社会规范规律属性。人类社会虽然与自然界不同,因为社会历史是人的活动的结果;但人类社会又与自然界一样,它也是按其自身固有的规律和规范发展的。社会的发展是其自身的运动,其源泉和动力也是自身内部的矛盾性。尽管历史是人们自己创造的,但人的思想实现程度、活动的成败,取决于是否符合社会发展客观规律的要求。人的意识活动可以加速或延缓社会历史的进程,但无法改变历史进程的总趋势。人类社会最根本的规律就是生产关系一定要适合生产力状况这个普遍的客观规律。这种生产力与生产关系相适应的规律存在于一定的社会体制规范之中。这一普遍的客观规律的唯物主义基本原理是:生产关系的总和构成社会的经济结构,物质生活的生产方式制约着整个社会生活、政治生活和精神生活的过程;不是人们的意识决定人们的存在,相反,是人们的社会存在决定人们的意识;社会的物质生产力发展到一定阶段,便同它们一直在其中活动的现存生产关系或财产关系发生矛盾,于是这些关系便由生产力的发展形式变成生产力的桎梏,那时社会革命的时代就到来了;随着经济基础的变更,全部庞大的上层建筑也或慢或快地发生变革[48];

第五,社会本质结构属性。物质资料生产方式是人类进行生产活动的根本社会方式,它是生产力结构和生产关系结构的统一体。生产力是人们改造自然并从自然界获取物质生活资料的能力,它表示人与自然的关系。生产力的结构由以劳动工具为主的生产资料、劳动对象、劳动者和科学技术等构成。生产关系是在生产过程中形成的人与人之间的社会关系。生产关系结构由生产资料的所有制形式、各种社会集团在生产中的地位及其相互关系和产品分配形式构成。人们不能自由的选择生产力和生产关系,只能在既定的物质条件下创造历史。因此,物质生产方式结构对社会发展起着决定作用,具有本质性。这种本质性表现为:一是物质资料的生产是人类社会赖以生存的基础,是整个社会生活的首要前提;二是物质资料生产方式决定着社会的性质和面貌。就是说,一个社会的面貌和发展阶段是由一定的生产方式决定的,各种社会形态的区分根据和标志源自各自的生产方式;三是生产方式的发展和变革决定着社会形态的发展变化。因此,认识社会的物质本质结构性,是唯物主义地理解社会历史的重要前提。

第六,社会运动行止属性。社会形态内部的矛盾运动是由经济基础和上层建筑的相互作用构成的。一种新的社会形态出现后的一段时期中,上层建筑和经济基础的发展是基本适合的,社会形态处于运动的量变过程中。但随着生产力的发展,生产关系越来越不适合生产力的状况,要求变革旧的生产关系、变革旧的经济基础,可上层建筑总是要维护旧的生产关系、维护旧的经济基础,于是上层建筑和经济基础之间的矛盾就会激化。当经济基础在生产力发展的推动下发生了根本变化后，就会要求上层建筑实行变革，这时社会形态的运动就处于质变阶段。上层建筑和经济基础之间的运动就是这样在生产力和生产关系的矛盾作用推动下前进的，由基本适合到基本不适合再到基本适合，如此循环往复地向前发展。历史上各种社会形态的运行更替，都是在这样的矛盾运动中实现的。

第七，社会能量动力属性。社会的动力属性就是它的能量聚散性。"人们不能自由选择自己的生产力——这是他们全部历史的基础，因为任何生产力都是一种既得的力量，以往的活动的产物。"[49]社会运动发展的最终决定力量是生产力和生产关系的矛盾作用，即物质生产资料生产方式的发展的作用，这是关于社会动力属性的基本观点。在物质资料生产方式中，作为以物质资料生产者为主体的人民群众是历史的创造者，因而是推动历史前进的决定力量，这体现了生产方式的主体性。在阶级社会中，阶级斗争表现为社会发展的直接推动力，这是因为在阶级社会中，生产力和生产关系的矛盾必然表现为阶级矛盾，因而必须通过阶级斗争来解决。这与物质资料生产方式是社会发展最终决定力量的基本观点，是一致的。可见，同自然物的任何能量属性一样，社会动力属性也具有聚散性的特征。

第八，社会时空环境物质分布属性。社会的时空环境物质分布属性就是它的社会形态的时代环境物质分布具体性和空间地理环境物质分布具体性。人们只能在既定的物质分布环境条件下创造历史，人类赖以创造历史的条件，也就是人类社会赖以存在和发展的条件。这其中：地理和空间环境的具体分布是重要物质条件；人口数量和素质的具体发展和分布是重要物质条件；物质资料生产方式的时空具体分布是重要物质条件；社会形态发展时代的具体分布也是重要物质条件。历史表明，社会的时空环境物质分布属性的重要性是随着社会形态的发展逐渐增强的。

第九，社会实际实践实证属性。社会实践最基本的内含就是人民群众的劳动和创造。人类从自然界分化出来的根本标志是制造和使用工具，并进行有意识、有目的的改造自然的劳动和创造，而造成这一分化的推动力量也是劳动和创造。在社会历史的发展进程中，是人民群众的劳动实践创造了人类自身，创造了社会财富，创造了全部社会文明，推动着人类社会向前发展。因此，实践是在客观实际的现实基础上认识和改造自然的途径，又是检验证实认识是否正确的标准，而人类社会最主要的实践活动内容就是生产活动、社会活动和科学实验三大实践活动。

社会作为一个事物，它的九个物质属性是人类社会这一事物的整体统一性基本要素,由九个物质属性要素构成了人类社会的实在、存在、可知物质统一性和体系、系统、过程整体体统性。这种整体统一性已经由人类社会的发展史给予了明证明,表明了马克思主义政治经济学理论是真正科学的历史唯物主义理论。

(二)马克思主义政治经济学在深刻分析人类社会九个物质属性构成的实在性、存在性、可知性的基础上,阐明了人类社会的体系性、系统性、过程性本质内含:

第一,人类社会具有整体体系演化性。政治经济学从商品开始,而商品表现为"物"又表现为"社会关系"。马克思主义政治经济学所研究的不是物,而是人与人、阶级与阶级、集团与集团之间的关系,可是,这些关系总是同物结合着,并且作为物来出现。所以,人类社会的社会体系是由体现社会关系的社会化物构成的,具体表现为由社会化物质(包括人)、社会家庭、社会组织、社会团体、社会整体五个体系层次构成的整体结构体系性。这五个体系层次不是固有的,而是逐渐衍生出来的,因而,它具有整体体系的五行演化性。这种五行演化性表明了人类社会运动发展的体系存在形式演化逻辑关系。

第二,人类社会具有整体系统运化性。马克思主义政治经济学从最广的意义上说,是研究人类社会中支配物质资料的生产和交换(流通)的规律的科学。生产和交换是两种不同的职能,没有生产交换不能发生,没有交换生产也不能进行。生产、交换的目的是为了生活,生活即要消费,而物质生活资料的生产和交换又是一个不断地再生产、再交换的循环往复自然过程。随着历史上一定的社会的生产和交换的方式和方法的产生,随着这一社会的历史前提的产生,同时也产生了产品分配的方式和方法。随着分配上的差别的出现,储藏方式出现了,产生了贫富对立、阶级差别和阶级压迫。因此,分配不仅仅是生产和交换的消极的产物,它又反过来影响生产和交换,旧的分配方式总是要影响新的生产方式和交换方式,新的生产方式和交换方式必须经过长期的斗争才能取得和自己相适应的分配方式和储藏方式。而某种生产方式和交换方式愈是活跃,愈是具有成长和发展的能力,分配和储藏也就愈快地达到超过它的母体的阶段,达到同到现在为止的生产方式和交换方式发生冲突的阶段。这是因为,生产方式和交换方式的活跃,将导致社会物质资料的不断积累,而不公平的分配方式会导致分配上的对立,这种对立必然最终导致冲突的发生。

这里得到的结论并不是说,生产、储藏(承载)、交换(流通)、分配、消费是同一的东西,而是说,它们构成一个总体的各个环节、一个统一体内部的差别。生产既支配着生产的对立规定上的自身,也支配着其他要素。过程总是从生产重新开始。储藏、交换、分配和消费是不能起支配作用的东西,那是自明之理。因此,一定的生产决定一定的消费、分配、交换、储藏和这些不同要素相互间的一定关系。当然,生产就其片面形式来说也决定于其他要素,例如,当市场扩大,即交换范围扩大时,生产的规模就也增大,生产也就分得更细。随着分配的变动,例如,随着资本的集中,随着城乡人口的不同的分配的变动,生产也就发生变动。最后,消费的需要决定着生产。不同要素之间存在着相互作用。每一个有机整体都是这样。[50]

因此,每一种社会的生产、储藏、交换、分配和消费之间的联系,如此深刻地存在于社会这一事物的本性之中,表明了人类社会的物质资料生存条件之间存在着内在的本质联系性,表明了人类社会的社会系统是由社会物质资料的生产系统、储藏系统、流通系统、分配系统和消费系统构成的,表明了社会系统运行的"源、藏、流、布、化"运化周期性。所以,人类社会具有整体系统"五行"运化性,这种"五行"运化性表明了人类社会运动发展的系统存在形式运行逻辑关系。

第三,人类社会具有整体过程发展进步性。人类社会的体系演化和系统运化内在联系性,总是存在于具体社会发展的每一个阶段的特殊性之中,这说明政治经济学本质上是一门历史的科学。人类社会的发展史证明了这一点。人类社会的整体发展过程正是由原始社会、奴隶社会、封建社会、资本主义社会、社会主义社会(共产主义社会)五个发展阶段构成的。这五个发展阶段是递进的,是由不发达阶段逐渐走向发达阶段的。所以,人类社会具有整体过程发展的"五行"进步性,这种发展进步性表明了人类社会的过程存在形式进化逻辑关系。

总之,人类社会与万事万物一样,它所具有的特定的演化、运化、进化周期性,也表现为"初、元、亨、利、贞"的"五行"变化性,而这种变化性是由客观事物的太极线螺旋趋势和十进制自然法则决定的,是由客观事物的整体统一性规律决定的。

(三)为了进一步证明马克思主义政治经济学理论的正确性,我们从社会发展史的角度,通过对人类社会五个演进形态物质属性的简单分析,来认识人类社会的"五行"周期性。马克思说过:判断一个社会形态,"必须从物质生活的矛盾中,从社会生产力和生产关系的现存冲突中去解释。无论哪一个社会形态,在它们所能容纳的全部生产力发挥出来以前,是绝不会灭亡的;而新的更高的生产关系,在它存在的物质条件在旧社会的胎胞里成熟以前,是绝不会出现的。"[51]马克思的这一论断是在深入研究人类社会各个具体存在形态的物质属性整体统一性的基础上得到的。

关于原始社会。由于考古学、生物学、地质学的发展,大量的出土资料表明,人类是由古猿进化而来的,是经过了数百万年的劳动过程逐步进化而来的。以石器技术为标志的原始农业和牧业的出现,是人类经济生活中一件具有划时代意义的大事,它为原始社会的发展奠定了经济基础。如何具体认识原始社会的九个物质属性呢?

第一,原始社会被称为原始共产主义,它是人类产生以来的第一个社会生存形态,是人类从动物世界脱胎而来的最低级的蒙昧社会形态。

第二,原始社会的主要特征有四点:一是原始社会的生产资料主要是极其简陋的石器工具和土地,只能实行生产资料的原始公社公有制;二是原始人类的劳动能力极低,只能采用集体劳动的形式;三是生产出来的产品极少,只能实行平均分配的制度;四是人们的生活十分艰苦,人的寿命很短,而社会进程却很漫长。

第三,原始社会的经济基础结构表现为:一是以原始群和氏族公社为特征的社会组织和经济组织形式及以血缘关系结成的规模狭小的共同的劳动单位;二是由简单生产工具、群体劳动力和原始自然劳动对象构成的生产力结构及平均分配劳动成果的分配制度。

第四,原始社会经济基础结构的形成是由原始社会生产方式的具体时空环境物质分布条件决定的,这种具体条件就是蛮荒的远古时代和严酷的原始自然、社会环境。

第五,原始社会的存在和运行经历了上百万年,这种漫长是原始社会低级的生产力和生产关系的矛盾运动、低级的经济基础和上层建筑的矛盾运动的结果。

第六,原始社会运行的动力是原始人群虽然微弱但又很集中的群体力量,这种力量表现为原始社会生产力和生产关系的矛盾作用,这种矛盾作用推动着原始社会的进程。

第七,原始社会的发展进程经历了原始群低级阶段的100多万年和氏族公社高级阶段10多万年两个阶段,最终才进入了阶级社会。

第八,原始社会发展的动力源泉是原始人类的劳动实践,这种漫长又简单的原始人类的劳动实践,创造了人类,创造了工具,创造了文化,也为未来奴隶社会的出现创造了条件。

第九,原始社会的漫长发展过程表明,生产是原始公社的主要经济职能,储藏、交换(流通)、配置、消费处于从属的地位。而原始共产主义生产关系和极其低下的生产力水平是相适应的,原始公社的生产关系为生产力发展所能提供的发展空间也是极其有限的,当生产力发展到一定程度,产品交换得以产生,产品有了储藏的趋势,这种最落后的生产关系就成为生产力发展的障碍,原始社会的消亡就成为历史的必然了。

关于奴隶社会。冶金技术的发展推动人类社会进入金属器时代,它为原始社会向奴隶社会过渡提供了技术基础。如何具体认识奴隶社会的九个物质属性呢?

第一,奴隶社会是继原始共产主义后第一个人剥削人的社会存在形态,也是人类历史上最野蛮、最残酷的一个社会形态。

第二,奴隶社会形态的显著特征有三点:一是把劳动者降低到生产资料的地位,奴隶被看作会说话的工具,奴隶主占有包括奴隶的一切;二是奴隶劳动是一种强制的集体劳动,没有人身自由,生活十分痛苦;三是奴隶主对奴隶进行残酷的经济剥削和政治压迫。

第三,奴隶社会的经济基础结构表现为两方面:一是生产关系主要表现为奴隶主依靠粗暴的国家机器占有生产资料和劳动者,全部劳动产品归奴隶主所有;奴隶从事着大规模的强迫劳动,只能得到很少一点维持生命的生活资料。二是生产力主要表现为青铜器和石器并用为代表的生产工具、奴隶集体劳动力和以土地为主的简单劳动对象的生产力构成。

第四,奴隶社会经济基础结构的形成是由奴隶社会生产方式所处的具体时空环境物质分布条件决定的,这个条件就是当时特定的野蛮的奴隶制时代和恶劣的自然、社会环境。

第五,奴隶社会的存在运行经历了上千年,它是奴隶制度下的生产力和生产关系矛盾运动、经济基础和上层建筑矛盾运动的结果。

第六,奴隶社会的运行动力来自它的社会生产力和生产关系的矛盾作用,这种矛盾作用推动着它的经济基础和上层建筑之间的矛盾运动,而经济基础和上层建筑的矛盾作用又引起奴隶和奴隶主之间的阶级斗争,斗争的结果,是广大奴隶的集体力量最终埋葬了奴隶制度。

第七,奴隶社会的发展过程经历了由低级向高级的两个发展阶段,在整个奴隶社会的发展过程中,是广大奴隶集体劳动的力量促进了生产工具的改进,促进了商品的简单交换,促进了脑力劳动和体力劳动的分工和文字的产生,而这些因素最终催生了封建社会的萌芽。

第八,推动奴隶社会向前发展的动力源泉是广大奴隶群众的劳动实践,无数奴隶进行着无偿又痛苦的协作劳动,用他们的血汗换来了劳动生产率的提高和生产力的进步,使社会财富有了更多的积累,从而促进了奴隶社会物质和精神文明程度的提高,推动了社会的发展。

第九,奴隶社会的发展进程表明,奴隶进行生产、奴隶主粗暴地占有生产产品,是奴隶社会经济的主要职能,交换(流通)、配置、消费处于从属的地位。而奴隶社会极其野蛮的剥削制度下的生产关系及上层建筑,是与十分低下的生产力及经济基础相适应的。这种野蛮的适应性,在今天看来是极不合理的、应当谴责的,但对于推动当时社会的发展进步是具有合理性和适应性的,当这种野蛮生产关系被生产力的发展突破后,就会由新生的封建生产关系所取代。

关于封建社会。生产工具的改进和铁器的应用,促进了农业生产的发展,促进了生产力的发展,使奴隶制瓦解,人类进入了封建社会。如何具体认识封建社会的九个物质属性呢?

第一,封建社会是从奴隶制度过渡来的人剥削人的社会形态,它是一种比奴隶制度进步的封建专制剥削制度下的社会形态。

第二,封建社会形态的主要特征有三点:一是自然经济占统治地位,地主阶级占有土地等生产资料;二是农民与地主有一定程度上的人身依附关系,他们主要靠租种地主土地生存,有了小部分自主经济成分,有一定人身自由,但主要表现为受剥削、受压迫;三是商品交换具有了社会性,科学技术有了一定程度发展。

第三,封建社会的经济结构表现为二方面:一是生产关系主要表现为地主阶级依靠专制国家机器占有生产资料,但不完全占有劳动者,而农民对地主有一定人身依附关系,被迫耕种地主土地,而后把劳动产品的大部分以地租的形式交给地主;二是生产力主要表现为农民用自己的农具、耕畜等生产资料耕种属于地主的土地,有了属于自己的一部分经济,因而劳动积极性有所提高,并促进了商品交换和手工业技术的发展。

第四,封建社会经济基础结构的形成是由当时生产方式所处的具体时空环境物质分布条件决定的,"时"就是自然经济条件下的特定的封建社会时代,"空"就是有了一定改造的封建社会的自然、地理、社会环境。

第五,封建社会的存在运行是封建制度下生产力与生产关系、经济基础与上层建筑的矛盾运动的结果。这种矛盾运动推动着封建社会生产力的不断进步,直到它的后期产生了资本主义的经济萌芽。

第六,封建社会的运行动力来自其社会内部的生产力与生产关系的矛盾作用,这种矛盾作用推动着封建社会经济基础与上层建筑的矛盾运动,而经济基础和上层建筑的矛盾作用又引发农民和地主之间的阶级斗争,无数次的农民起义迫使地主阶级让步或封建王朝倒台,斗争的最终结果是占人口绝大多数的农民群众的伟大力量战胜了地主阶级。

第七,正是广大农民群众的伟大力量不仅为封建社会创造了物质基础和精神文化,还促进了封建王朝多个朝代的更替和发展,使封建社会的发展过程要比原始社会和奴隶社会复杂得多。

第八,推动封建社会向前发展的动力源泉是农民群众的劳动实践,无数代劳动农民用他们勤劳的双手辛苦劳作,创造了封建社会的物质文明和精神文明,推动了封建社会向前发展。

第九,封建社会的发展进程表明,农民进行生产、地主占有绝大多数社会财富、商品以社会方式进行交换,这是封建社会经济运行的主要职能,配置和消费处于从属的地位。而封建社会的这种专制制度下的社会生产关系和上层建筑是不断地与它的生产力和经济基础相适应的。这种不断的适应性集中地表现在封建王朝的频繁更替之中,当封建小农经济生产关系的局限性成为社会生产力的桎梏时,就会束缚商品交换的扩大,阻碍市场经济的发展,此时,封建社会的历史就自然地走向了它的终点。

关于资本主义社会。工业革命是资本主义生产关系推动生产力迅速发展的动力。工业革命的技术进步是从根本上动摇封建社会的强大杠杆,它为资本主义生产方式的确立奠定了稳固的物质基础,促进了资本主义的形成和发展。如何具体认识资本主义社会的九个物质属性呢?

第一,资本主义社会形态脱胎于封建社会,它已经走过了数百年的历史进程。奴隶社会和封建社会的经济形式主要是一种自然经济,商品经济只是以简单的形式发展着,处于附属的地位。当资本主义社会制度登上历史舞台后,它就以封建社会成长起来的简单商品经济为起点,迅猛地发展为资本主义商品经济社会。这个社会的经济形式主要表现为资本生产和商品交换占据统治地位,社会制度形式主要表现为资产阶级压迫、剥削工人和广大劳动群众。资本主义是人类社会产生以来出现的第四种社会形态,按照列宁的判断,资本主义社会形态现在正处在发展的最高阶段,处在不断地调整中,至今仍是现代人类社会制度的主体形式,因而,它是人类社会发展史上一种比较成熟的社会形态。

第二,资本主义社会的基本特征表现为:一是"劳动产品的商品形式,或者商品的价值形式,就是经济的细胞形式。"[52];二是市场在不断地扩大,劳动力变成为可以交换的商品;三是资产阶级依靠强大的国家机器促使资本处在不断的积累过程之中。除此三个基本特征外,代表最高发展阶段的当代资本主义又有了四个新变化:一是劳动生产力在新科技革命中获得了新的动力;二是国家垄断资本主义全面形成;三是资产阶级国家的经济管理职能和作用比过去大大增强了;四是在国际范围第三世界逐渐成为发达国家的廉价劳动力基地。

第三,资本主义社会的经济结构包括两个方面:生产关系方面主要表现为资产阶级依靠强大的国家机器占有资本,现阶段这种占有主要表现为国家垄断资本主义,而劳动阶级只能靠出卖劳动力获取生活资料;生产力方面主要表现为生产资料与劳动力之间的物质构成及劳动力与科学技术的技术构成,这种现代生产力构成今天仍处于改造、丰富、进展过程中。

第四,资本主义经济结构的形成是由资本主义生产方式所处的时代特征和环境空间决定的。首先,资本主义经济结构是从封建社会脱胎而来的,它用商品经济摧毁了自然经济,用资本生产促进了生产力发展,因而适应了资本主义时代发展的要求;其次,资本主义经济结构是在多数国家不够发达的社会环境下和尚未开发的自然地理空间环境下发展起来的,因而适应了环境发展的要求;再次,资本主义经济结构是在科学技术尚未发达的科技条件下发展起来的,因而适应了科技发展的要求。

第五,资本主义社会的存在运行集中表现为生产力和生产关系的矛盾运动、经济基础和上层建筑的矛盾运动。这种矛盾运动的经济表现形式为周期性的经济发展和经济危机交替出现,社会表现形式为无产阶级和资产阶级的阶级矛盾和阶级斗争,以及资本主义运行方式的不断的自我调整。

第六,资本主义社会运行的动力表现为资本主义社会生产力和生产关系的矛盾作用。这种矛盾作用推动着资本主义经济基础和上层建筑的矛盾运动,而经济基础和上层建筑的矛盾作用又引起周期性的经济危机及工人阶级与资产阶级之间的矛盾激化,促使资本主义的运行方式不断调整。这种调整一旦停止,资本主义社会形态的历史使命就完成了。

第七,在社会基本矛盾的作用下,资本主义社会运行经历了手工业资本主义、自由资本主义、垄断资本主义三个发展阶段,走过了从资本主义萌芽到社会形态的形成、从资本主义社会形成到发展壮大、从资本主义的发展壮大到最终成熟的数百年的成长过程。

第八,资本主义社会发展成长的动力源泉是工人阶级和人民群众的劳动实践。资本主义所有的商品都是工人阶级的双手生产的,全部的资本都是人民群众的血汗积累的,发达的科学技术都是知识分子的辛苦创造的,所以,整个资本主义社会的物质文明和精神文明成果都是全世界劳动人民劳动实践的结晶;

第九,资本主义社会的运动发展史表明,商品生产、资本储藏、商品(货币)流通、资源配置是资本主义社会经济运行的主要职能,而消费处于从属的地位。资本主义社会的生产、储藏(承载)、流通、分配(配置)、消费运行关系证明,人类社会的发展是一个不以人的意志为转移的自然过程,这个自然过程是客观事物的整体统一性规律决定的。这是因为,资本主义社会本身的基本矛盾决定了它的经济运动规律的自然性,这个基本矛盾就是生产力和生产关系、经济基础和上层建筑的矛盾。资本主义自身的调整,只是说明资本主义社会制度所能容纳的社会生产力还没有全部发挥出来,说明资本主义发展过程的复杂性和曲折性,但资本主义社会的基本矛盾并没有改变,国家垄断并没有改变少数资本家私有的本质,而这种国家垄断型私有制现在还进一步把贫富两极分化推向全世界,造成世界范围内少数富国和多数穷国的对立,使帝国主义的三大矛盾在更大范围、更深层次上积累起来。因此,资本主义社会的运动发展不管有多么复杂、曲折,它作为一个社会形态最终必然走向灭亡,这是由不可抗拒的历史规律决定的。

关于社会主义社会。现代科学必将从宏观和微观两个方面极大地促进社会生产力的提高。当资本主义社会制度不能适应现代科学发展的要求,难以容纳下不断发展的社会生产力时,它就将完成其历史使命,由更先进的共产主义社会制度所代替。所以,作为共产主义初级阶段的社会主义社会,是从资本主义社会体系中脱胎而来的,这是必然的历史趋势。而从整体上看,当代的社会主义制度还处在自身发展的初级阶段。世界社会主义运动的发展并不顺利,其发展过程经历了艰难曲折。当今社会主义运动的主要代表是中国特色的社会主义,所以这里主要以中国初级阶段社会主义社会形态为对象,来分析社会主义社会形态的物质属性。社会主义社会是整个共产主义运动的初级阶段,中国初级阶段的社会主义社会又是整个社会主义运动的初级阶段。以毛泽东、邓小平为代表的中国共产党人依据马克思主义政治经济学基本原理,联系中国国情实际,揭示了初级阶段中国社会主义社会的整体统一性本质。这种本质属性也表现为九个方面。

第一,初级阶段中国社会主义形态。列宁说:"人类从资本主义只能过渡到社会主义,即过渡到生产资料公有制和按劳分配。"[55]中国初级阶段社会主义社会形态的选择,顺应了历史发展的大趋势,也完全符合中国社会发展的实际。中国共产党领导的民主革命的全部结果表明,资本主义旧经济的主体基本被消灭,社会主义的国有经济就应诞生了;腐败的国家旧政权被消灭,社会主义的国家政权就应诞生了;反动的旧统治势力被打倒,共产党的领导地位就应确立了;腐朽的旧思想被打倒,马克思主义的指导地位就应确立了;代表旧社会的压迫阶级、剥削阶级被打倒,人民群众就应当当家做主了。所以,"只有社会主义才能救中国",是人民群众的亲身感受和共同信念,是一种历史的必然选择。中国新民主主义革命和社会主义革命的伟大胜利雄辩地证明了这一点。因而,社会主义是一种有很大优越性的社会形态,这种优越性在于要消灭剥削,消除两极分化,最终实现人民的共同富裕;社会主义是一种有很强生命力的社会形态,这种生命力在于要不断改革、自我完善,不断开放、自觉吸纳,不断发展、自强不息。

第二,初级阶段中国社会主义的特征。中国初级阶段的社会主义是由半封建半殖民地的旧中国社会基础脱胎而来的。中国初级阶段社会主义的现实的基本情况是:人口多,底子薄,农村人口多,生产工具较落后,社会主义经济制度还不成熟,社会主义的民主政治还有待完善,封建主义、资本主义腐朽思想和小生产习惯势力在社会上还有广泛影响。初级阶段中国社会主义的基本特征表现为:一是以公有制为主体的多种经济成分同时并存;二是以按劳分配为主体的多种分配方式将长期并存;三是社会商品生产和市场经济不发达;四是人民当家做主的政治制度已建立,但社会主义民主和法制还不健全;五是社会主义意识形态已处于指导地位,但封建主义、资本主义思想的影响还存在。依据这样的国情特征,制定了建设有中国特色的社会主义基本路线,指明了未来的发展道路,准确地认识并把握住了有中国特色的社会主义建设的规律。

第三,中国初级阶段社会主义的本质构成。邓小平说:"社会主义的本质是解放生产力,发展生产力,消灭剥削,消除两极分化,最终达到共同富裕。"[54]有中国特色的社会主义建设基本路线阐明了初级阶段中国社会主义社会的本质构成:一是以经济建设为中心,就是要使社会主义生产力得到大发展,生产力结构得到大提升;二是坚持四项基本原则,就是要使社会主义生产关系更合理,使生产关系结构更优化;三是坚持改革开放,就是要不断清除各种体制的、机制的、结构的障碍,为经济建设提供更好的国内、国际环境。这种本质构成决定了中国经济结构的主要特征:一要坚持公有制经济为主体、引导多种所有制经济共同发展的所有制结构;二要坚持以按劳分配为主体、其他分配形式并存的分配结构;三要建立社会主义市场经济体制下的经济运行机制。

第四,中国初级阶段社会主义的时空环境条件。正确认识中国初级阶段社会主义本质构成的现实时空环境物质分布条件是十分重要的。这些时空环境物质分布条件主要表现在三个方面。首先,在时代环境特征方面:一是要认识到社会主义运动是人类历史发展的大趋势,社会主义必然要代替资本主义,这是由社会发展的基本矛盾决定的自然规律;同时,社会主义必然会代替资本主义又是一个很长的过程,这也是由社会发展的基本矛盾决定的自然规律。因此,科学社会主义的发展会面临来自资本主义的、来自民主社会主义的、来自新技术革命的等方面的挑战;二是要认识到当代社会主义发展任务的现实性和紧迫性。面对多方面严峻的挑战,要总结社会主义运动曲折发展的经验和教训,探索落后国家建设社会主义的道路,正确处理社会主义与资本主义的关系,推进社会主义运动的总进程;三是要认识到中国特色社会主义是一条正确的社会主义发展道路,是一条适应了当今世界时代特征要求的发展道路。这条道路在理论上符合马克思主义的社会发展基本原理和实事求是的原则,在现实上符合中国现实国情又具有中国特色,在实践上取得了举世公认的伟大成就并经过了半个多世纪的实践检验。其次,在国际环境特征方面:一是要认识到当代国际环境两极格局向多极化转换的发展趋势,这种两极格局下形成的和平与发展的世界主题为社会主义中国现代化建设创造了有利条件;二是要认识到坚持独立自主的和平外交政策以争取更有利的国际环境;三是要认识到坚持对外开放的国策有利于吸收全人类文明积极成果。再次,在自然环境特征方面:一是要正确地认识和对待中国当今所处的自然空间、地理和环境条件;二是要正确地认识和对待全球自然空间、地理和环境问题;三是要自主地保护和利用自然空间、地理和环境条件。

第五,中国初级阶段社会主义的存在运行。中国初级阶段社会主义的存在运行主要表现为人民日益增长的物质文化需要同落后的社会生产力的矛盾运动,实质上也就是生产力和生产关系的矛盾运动。这种矛盾运动要求改革业已形成的束缚生产力进一步发展的生产关系和上层建筑的某些部分和环节,以促进社会主义现代化建设和市场经济的发展,并最大限度地满足人民的需要;这种矛盾运动要求解决生产的日益社会化和市场的日益国际化同保守的社会主义管理体制与运行机制之间的矛盾,改革业已形成的计划经济体制,建立市场经济的运行规则与秩序,以加快社会主义现代化的步伐;这种矛盾运动要求解决业已形成的旧的社会主义模式同社会主义初级阶段实际进程的矛盾,改革远离社会主义实际进程的单一的社会主义经济形式、分配形式以及政治文化管理模式,使中国特色的社会主义焕发出生机和活力;这种矛盾运动要求解决人民内部的不同阶级、社会集团乃至个人之间的利益矛盾,改革业已僵化的利益机制,真正体现按劳分配的原则,以便充分发挥人民的积极性,同心同德地建设有中国特色的社会主义;这种矛盾运动的结果将使中国更加稳定健康地向前发展。

第六,中国初级阶段社会主义建设的动力。人类社会发展的动力来自社会基本矛盾的作用,而解决社会基本矛盾、推动社会运动发展的方式有两种:一是革命,二是改革。革命的目的是解放生产力,它是解决社会矛盾的一种方式,是推动私有制社会瓦解的直接动力和手段。改革的目的也是解放生产力,它是解决社会基本矛盾的另一种方式,是推动社会主义社会发展的直接动力和重要的手段。中国特色社会主义的生产力要靠改革来解放,初级阶段社会主义的改革也是一场革命,这是由中国初级阶段社会主义的实际决定的。改革的目的是为了最大限度地促进初级阶段社会主义生产力的发展;改革的任务是要去除初级阶段社会主义生产关系中不适应生产力、上层建筑中不适应经济基础的部分;改革的作用是要改变初级阶段社会主义不适应生产力发展的经济、政治、文化、体制,提高国民素质,更新人们的观念。所以,中国目前的改革不亚于一场社会革命,它是中国现阶段生产力与生产关系、经济基础与上层建筑基本矛盾作用的具体体现。推动这场改革的力量具体包括:中国共产党是社会主义的领导力量;工人、农民、知识分子是社会主义的主体力量;各民族大团结是社会主义的依靠力量;统一战线是社会主义的重要力量;人民军队是社会主义的保卫力量,这种合力就是建设有中国特色社会主义的动力。正是这一伟大动力推动着初级阶段社会主义实践过程不断地向前发展。

第七,社会主义初级阶段是一个很长的发展过程。社会主义运动是一个漫长的发展过程,这个长过程由社会主义发展过程和共产主义发展过程所组成。在社会主义发展过程中,又分为初级、中级、高级三个发展阶段,也就是由不发达到发达、再到高度发达三个阶段。中国现在正处于社会主义的初级阶段。中国社会主义的初级阶段又分三步走,也就是要经过实现温饱、达到小康、赶上中等发达国家三个步骤走完中国社会主义初级阶段的历史进程。这种社会主义社会发展过程的阶段性和步骤性,是由初级阶段社会主义是一个相当长的历史进程决定的,是由建设有中国特色社会主义的实践决定的,是由党的基本路线的科学的思想特征决定的,是由初级阶段社会主义建设的规律性决定的,是由中国各族人民的根本利益、现实愿望和劳动实践决定的。因此,初级阶段社会主义的基本路线要坚持一百年不动摇。这种对中国初级阶段社会主义发展过程的时间界定,集中地、具体地体现了对初级阶段社会主义发展过程认识的科学性。

第八,社会主义初级阶段的实践过程。初级阶段社会主义的建设要靠中国人民的伟大实践来成就。这个伟大的实践过程,是立足于社会生产力是中国特色社会主义存在和发展的基础这个马克思主义基本原理之上的,其最终目的是发展社会生产力、增强综合国力、提高人民的生活水平。因此,是否有利于发展生产力,是否有利于增强综合国力,是否有利于提高人民生活水平,就成为检验党的路线、方针、政策是否正确的唯一具体的实践标准。尊重人民群众的伟大实践,就一定要坚持"三个有利于"的标准;坚持"三个有利于"的实践检验标准,就要注重实践结果,允许大胆试验,体现出检验的具体化和实证性。

第九,初级阶段社会主义建设的规律性。社会主义经济的主要职能是产品(商品)生产、财富储藏(承载)、商品(货币)流通、资源配置(包括财富分配)和产品(商品)消费(生产性和生活性),它们是社会主义经济系统运行的五个基本要素。这五个基本要素按照客观事物的系统五行规律性运行,表明了社会主义经济作为一种经济形态的系统运行一般规律性。邓小平说:"马克思主义是科学。它运用历史唯物主义揭示了人类社会发展的规律。封建社会代替奴隶社会,资本主义代替封建主义,社会主义经历一个长过程发展后必然代替资本主义。这是历史发展不可逆转的总趋势,但道路是曲折的。"[55]人类历史进程中的社会更替,都是过去社会内部生产力和生产关系矛盾运动的结果,社会主义代替资本主义也一定是资本主义社会生产力和生产关系矛盾运动的结果,这是马克思主义揭示的一条已被证明的社会发展规律。但是,同一切以往的更替过程一样,社会主义代替资本主义也是一个漫长、曲折的历史演变过程。因此,社会主义建设要分阶段地一步一步地发展,并探索出不同阶段社会主义发展的规律性。建设有中国特色社会主义的基本路线就反映了初级阶段中国社会主义建设的规律性。这条基本路线科学地说明了中国社会主义的发展道路、发展阶段、根本任务、发展动力、政治保证、外部条件、战略步骤、领导力量和依靠力量、祖国统一对等如何建设社会主义、如何巩固和发展社会主义的一般规律,及其在不同方面表现出来的具体发展规律,表明了社会主义现代化建设内部的基本关系,从总体上反映了初级阶段中国社会主义建设诸方面规律的要求,是对中国特色社会主义这一事物的整体统一性认识。因而,有中国特色的社会主义建设事业一定要按照社会主义建设规律办事,一定要坚持党的基本路线不动摇。

人类社会所经历的五种历史形态表明,人类社会是最复杂的,它比生物世界要复杂得多。但是,人类社会不管多么复杂,它所经历的五种形态演化,清楚表明了人类社会由低级逐步走向高级的历史发展进程,充分证实了人类社会其实也只是客观世界的一个具体事物,因而,它必然具有由它的九个物质属性构成的整体统一性,必然具有社会这一事物的实在、存在和可知物质统一性,必然具有社会这一事物的体系、系统、过程整体体统性。这一方面表明,马克思主义政治经济学基本原理确实是关于人类社会这一事物的整体统一性的认识;同时也表明,复杂的社会事物和自然事物一样,它们的具体规律性尽管是千差万别的,但根本的整体统一规律性是共通的,这个共通的规律就是世界万物共有的生灭、兴衰更替性和物质整体统一性规律。

这种整体统一性规律向我们表明,社会生产力具有三个基本属性:一是,社会经济的质量结构属性是社会生产力的核心,具体表现为劳动者、劳动工具和劳动对象及其内含的科学技术的结构统一性;二是,社会经济的能量聚散属性是一种既有的力量,具体表现为社会动力的综合性和科学技术的凝聚性;三是,社会经济的时空环境属性是社会物质的分布性,具体表现为社会生产力在不同的时代、不同的地域的质量结构性和能量聚散性物质环境条件的差别。因此,生产力的本质是人类社会的客观实在性。

社会生产关系具有三个基本属性:一是,社会经济的形态演化属性表明了社会经济形态体系的演化性,具体表现为不同社会形态所具有的不同经济体系的演化进程,而这个演化进程具有形态体系存在性的相对性和演进变化的绝对性;二是,社会经济的运动行止属性表明社会经济运行系统的运化性,具体表现为不同社会形态所具有的不同经济系统的运化过程,而这个运化进程具有系统存在性的相对性和运行变化的绝对性;三是,社会经济的发展过程通达属性表明了社会经济发展过程的进化进步性,具体表现为不同社会经济形态所具有的不同经济发展的周期进化过程,而这个进化过程具有周期过程的相对性和发展的绝对性。因此,生产关系的本质是人类社会的客观存在性。

社会上层建筑是为经济基础服务的,这种服务也具有三个基本属性:一是,社会经济的信息真相属性促进社会经济基础信息特征真实透明;二是,社会经济的规律规范属性要求按照社会经济运行规律办事;三是,社会经济的实际实践实证属性推动着社会经济基础不断发展壮大。这三个属性体现了上层建筑中的主体——人的作用,这种作用具体表现为人的能动性与社会经济客观实在性、存在性的结合。因此,社会经济的上层建筑本质上是人类社会的客观可知性。

社会经济运行具有五行运行规律的相生相克性,相生性表明了经济系统要素之间促进作用,相克性表明了经济系统要素之间的制约作用,而人类社会经济就是在这种相生相克的作用下向前发展的。因此,无论哪一个社会经济形态,当它的生产、储藏、流通、分配和消费这种系统五行运行关系处于和谐相生、和谐相克运行状态,这个社会就生生不息、兴旺成长;而当这种关系变为相乘相侮的冲突状态而不能自拔时,原有的社会形态外壳就要炸毁了。

由此我们能够得出两个基本结论:一是人类社会同其他任何事物一样,它的存在范畴是不断适应其实在范畴的发展需要的,而可知范畴是由存在范畴对实在范畴的适应程度决定的;它的系统范畴是不断适应其体系范畴的发展需要的,而过程范畴是由系统范畴对体系范畴的适应程度决定的;二是人类认识社会事物与认识自然事物的唯物主义方法也是共通的,那就是:认识客观事物的具体性时,要用具体分析的认识方法;而认识客观事物的整体性和统一性时,则要用整体统一性的认识方法。

第五章

人类最早的认识形式

　　人类对客观世界的认识是具有连续性的,所以,要探讨整体统一性认识方法的科学内含,还必须探讨这一认识方法产生发展的历史渊源,就是说,必须深入地研究人类的认识史。冯友兰先生说过:"我们知道马克思主义有三个来源,其一是古典哲学;马克思主义在中国也要接上中国古典哲学,作为来源之一,才会成为中国的马克思主义。"[56]

　　马克思主义是如何认识古典哲学的呢? 恩格斯在谈到古希腊哲学时说:"在这里辩证的思维还以天然的纯朴的形式出现,还没有被这样一些迷人的障碍所困扰,这些障碍是十七和十八世纪的形而上学——英国的培根和洛克、德国的沃尔弗——自己给自己造成的,而形而上学就是以这些障碍堵塞了自己从了解部分到了解整体、到洞察普遍联系的道路。在希腊人那里——正因为他们还没有进步到对自然界的解剖、分析——自然界还被当作一个整体而从总的方面来观察。自然现象的总联系还没有在细节方面得到证明,这种联系对希腊人来说是直接的直观的结果。这里就存在着希腊哲学的缺陷,由于这些缺陷,它在以后就必须屈服于另一种观点。但是在这里,也存在着它胜过它以后的一切形而上学敌手的优点。如果说,在细节上形而上学比希腊人要正确些,那么,总的说来希腊人就比形而上学要正确些。这就是我们在哲学中以及在其他许多领域中常常不得不回到这个小民族的成就方面来的原因之一,他们的无所不包的才能与活动,给他们保证了在人类发展史上为其他任何民族所不能乞求的地位。而另外一个原因是:在希腊哲学的多种多样的形式中,差不多可以找到以后各种观点的胚胎、萌芽。因此,如果理论自然科学想要追溯自己今天的一般原理发生和发展的历史,它也不得不回到希腊人那里去。而这种见解愈来愈为自己开拓道路。"[57]很显然,恩格斯认为希腊古典哲学是一种天然纯朴的整体哲学,但在自然现象的总联系的细节的证明上还没有得到分析科学的支持;是一种无所不包的唯物主义哲学,但仅仅只是直接的直观的结果,还缺乏对物质统一性证明的前提;是一种包含以后各种观点的胚胎、萌芽的辩证哲学,但又仅仅只提供了为自己开拓道路的方法,还没有走向成熟,因而在以后必须屈服于另一种观点;不过,这种哲学无论如何比形而上学要正确些,因为它有胜过以后一切形而上学的优点,那就是在追溯科学的一般原理发生和发展的历史时,就必须回到它那里去。

那么,我们能不能用恩格斯认识古典哲学的观点和方法,从更古老的中国古典哲学中,找到胜过一切形而上学的优点呢?找到与马克思主义"接上"的内在联系呢?找到科学的整体统一性认识方法的源头呢?

第一节 关于中国古代认识形式

古希腊哲学是大约公元前六世纪产生的,其代表性哲学思想就是柏拉图的"型"本体论和亚里士多德的"形式"本体论。而中国的《易经》要早得多,是于大约五千(或七千)多年前产生的。它从产生到成熟经历了上古、中古、下古三个时代,是由伏羲、文王(包括周公)、孔子三位圣人完成的。《易经》中蕴含着十分深奥的哲学思想,它是整体统一性认识方法的古代形式,也是中华民族对全人类极其伟大的贡献。应该说,《易经》是已知的人类对客观世界认识的源头。

《易经》是为了探求客观世界本质性的,《系词下传》第九章中有"易之为书也,原始要终,以为质也。六爻相杂,唯其时物也"的论述,就表明古人已经认识到这一理论是主要在于探求客观世界的本源和本质性的。《易经》仰观天文、俯察地理、中通万物之情,它究天人之际,以探索客观世界变化的基本原理;它通古今之变,以阐明人类社会的根本法则;它用太极八卦方法认识客观世界,表明天人合一的哲学思想,以作为人类的行为规范。了解《易经》常识的人们都知道,古人确实曾经用太极八卦观察天象、占卜吉凶、预测利害、权衡进退,但这些其实都不是一般意义的打卦、算命、看风水,而主要应视为蒙昧时代的一种认识形式和决策行为。这是因为,古人创立《易经》的根本目的只有一个,那就是要用它来认识世界的客观性、真实性和联系性,把握事物的变化规律性,进而解决立身处世的现实问题。因而从根本上说,《易经》是古代先哲用来认识客观世界本质的一种认识方法,是整体统一性认识方法的古代哲学表现形式。

老子《道德经》中有一段话很能表明这种对客观世界的整体统一性认识,他说:"道生之,德蓄之,物形之,势成之,是以万物莫不尊道而贵德。"这段话的大意是:世界万物莫不是从自然中有规律地生出,在一定的规范中存在,表现为物体的形式,成长于动态之势中(势:物质阴阳属性变化之势和事物发展过程变化之势),因而,万物没有不是尊崇自然规律而器重行为规范的。老子还说:"道生一,一生二,二生三,三生万物。万物负阴而抱阳,冲气以为和。"这段话就是解释《易经》的"太极生两仪,两仪生四象,四象生八卦,八卦生万物"这一核心思想的。可见,《易经》正是运用阴阳八卦之法阐释宇宙万物诸多现象背后的客观性、真实性和联系性的,其目的在于把握事物变化和立身处世的真谛。

如果把《易经》和古希腊哲学做一个简单的比较,就不难发现:《易经》的太极八卦和柏拉图、亚里士多德的本体论,都是在于探讨客观世界的本源,即物质统一性本源的。这一点,从太极八卦所象征的阴阳物质属性和亚里士多德"四因说"所指出的物质属性,可以看得很清楚。亚里士多德的"四因说"明确地指出了"形式"本体的"质料因""形式因""动力因""目的因"四个整体世界的物质构成因素,而太极八卦则用象征的方法隐喻了世界本源的质量结构性、时空环境物质分布性、能量聚散性、形态演化性、运动行止性、发展通达性、实际实践实证性、信息真相性八个阴阳物质属性要素。很清楚,二者是存在着对应性的:质料因对应质量结构性,形式因对应形态演化性,动力因对应能量聚散性,目的因则对应运动行止性(或发展通达性),但"四因说"比太极八卦少了四个要素。这就表明,柏拉图的"型"本体论,就相当于老子"道生一,一生二,二生三,三生万物"中的"一",即相当于《易经》的太极生阴阳层次(古印度哲学中的"大梵""太一""金卵"等也相当于这一层次),亚里士多德的"形式"本体论,就相当于老子"道生一,一生二,二生三,三生万物"中的"二",即相当于《易经》的太极生阴阳,阴阳生四相层次。而《易经》则表现为老子的"道生一,一生二,二生三,三生万物",即表现为太极生阴阳,阴阳生四相,四相生八卦,八卦生万物的整体统一性。所以,古希腊哲学(包括古印度哲学)在认识世界本源的物质整体统一性这一点上,是与《易经》相通的。但不同在于,古希腊哲学对"四因"的物质性的认识是比较明确的,这就为以后的实证科学的发展奠定了哲学基础,但它对世界的整体性和统一性的认识则不如《易经》,少了四个要素;而《易经》则认识到了客观世界的八个阴阳属性,它在对世界的物质整体性和统一性的认识方面要比古希腊哲学深刻些,这就为中国哲学的"天人合一"和合思想奠定了哲学基础,但它在对物质属性的认识方面采用了八卦的隐喻象征方式,科学性上不如希腊哲学明确。

这就是恩格斯为什么说,在追溯科学的一般原理发生和发展的历史时,必须回到希腊哲学中去的原因,因为那里隐藏着以后各种观点的胚胎和胚芽;这就是冯友兰先生主张要把马克思主义在中国也要接上中国古典哲学的原因,因为在以《易经》为代表的中国哲学中,确实隐藏着认识世界物质统一性的密码。

多少代研究《易经》的人们都认为,太极八卦中隐藏着认识世界的密码。但这个密码究竟是什么呢? 它当然不会是天堂中的神话,也不会是地面上的迷信,它实际上就是恩格斯所指出的物质统一性,就只能是能够反映世界万物客观性、真实性和联系性的整体统一性。这是因为,客观世界是具有整体性的,而这个具有整体性的客观"世界的真正的统一性是在于它的物质性"。这也就是说,客观世界的整体性和统一性,才是太极八卦真正的核心和秘密,因而它应是《易经》整体统一性认识方法的核心内容。这是《易经》认识方法的科学性所在。离开了这一科学性核心内含,离开了世界的整体体统性和物质统一性的整体统一规律性,任何一种认识都只能陷入唯心主义的泥潭。这一点已经为人类数千年的认识史所证明。

当然,我们在不得不佩服人类祖先卓越智慧的同时,也不能把古人想得过分复杂、神秘。因为五千年前的古人确实还不具备复杂的物质条件和神秘的历史背景,可以说甚至连宗教当时都还处在最初的原始状态。所以,《易经》当时也只能在缺乏实证科学的原始条件基础上,很自然地、很艰难地站在整体的角度,用"象、数、理"的太极八卦方式来表达深刻的哲学思想。这应当说也是当时条件下最"科学"的表达方式了。

第二节 易经的核心是太极八卦图

《易经》是如何用"象、数、理"的方式认识世界呢? 总的思路就是我们熟知的"虚无生大道、大道生一气、一气生阴阳、阴阳生四象、四象生八卦",概括为"道生一、一生二、二生三、三生万物"。用图形表示,就是由五代宋初的陈抟最终绘制出的太极八卦图。

这里的关键是对"虚无"的认识,因为"虚无"是《易经》认识论的出发点。"大道"生于"虚"是说,产生"大道"的自然客体是无限可分、无穷可变的,因而从具体上看是无限可易的,只有虚极,才能达到这种无限可分可变的境地。现代科学正在逐步证明,宇宙整体实际上正是这样一个无限可分可变的客体;"大道"生于"无"是说,产生"大道"的自然客体是无始无终、无内无外、非尺寸可量、浩浩荡荡的,因而从整体上看是无限可易的,只有无极才能达到这种无内无外、无始无终的境地。现代科学正在逐步证明，宇宙整体实际上也正是这样一个无大无小、无始无终、无内无外的客体。因此，所谓"虚无"就是宇宙，就是自然。

那么"大道"又是什么呢？从整体统一性的角度看，它只能是我们现在已经认识到的自然规律之"道"和整体寓于具体的认识之"道"。因为古人缺乏实证科学基础，他们对具体的自然规律几乎一无所知，但对世界整体的规律性有了一定感知，能感知到规律性是自然界的大道理，但又找不到整体寓于具体的认识实证依据，所以，只能把本是物质属性之一的自然规律性神秘化，并作为"大道"来看待。应该说，这也是当时最高明的办法了，否则，就很难有《易经》的问世。这表明，《易经》认识客观世界的出发点尽管难于理解，但其认识方法的合理性是不容置疑的。

物质世界是客观的，"虚"极、"无"极说明客观世界是由无限可分的"微分态"组成。这就是《易经》关于"气"的概念。由"虚无"到"气"的转化，是两个不同的极的转化，相当于现代数学中的无穷大到无穷小的转化。但这种转化是客观的、非常重要的，它使认识世界的从无到有成为可能。一定要注意："虚无"是"道"的出发点，它不是时间、空间意义的起点，而是认识意义的起点，这一点对于正确认识宇宙起源意义重大。现代科学关于现实宇宙起源于大爆炸的理论，是对具体宇宙，即人类能够探察到的有限宇宙的科学认识，但对整体宇宙的认识应是"虚无"。因为人们对宇宙的认识只能是无限地接近"虚无"这个终点，而不能希图穷尽它，这才是符合辩证法的。用"大道"生于"虚无"来说明"气"的存在，这一观点尽管当时不可能得到实证科学的证明，但无疑是正确的。"大道"就是"虚无"客体的整体统一性总规律，受这一规律的支配产生出世界的基础——"一气"，此即为"道生一"；"一气"就是具有阴阳属性的客体整体，"阴、阳"就是客体整体"一气"的物质属性；而由"一气"阴阳属性易出的太极八卦，能反映生生不息的大千世界。这表明，《易经》认识世界的方法是唯物主义的。那么，《易经》所使用的"象、数、理"认识形式，其内含又是什么呢？

第三节　八卦象征的是客观世界的物质性

《易经》作为一种唯物主义认识方法，是把认识事物的总体作为出发点的。它是用"象、数、理"的形式来象征事物的物质属性，而后认识和把握事物的总体性。《系辞上传》说："天尊地卑，乾坤定矣。卑高以陈，贵贱位矣。动静有常，刚柔断矣。方以类聚，物以群分，吉凶生矣。在天成象，在地成形，变化见矣。"这段话应当就是在阐释《易经》关于客观世界中万事万物的基本属性及属性之间的基本关系,其基本属性就是乾、坤、动、静、形、象、方、物,基本关系就是卑高、贵贱、刚柔、吉凶、变化。这些物质属性以及属性之间关系的总体性由太极八卦图来表示。孔子认为,这些基本属性就是物质属性,他在《系辞下传》中讲得很明白:"乾坤其易之门邪? 乾阳物也,坤阴物也。"表明了"乾"就是客观世界的阳性根本物质属性,"坤"就是客观世界的阴性根本物质属性。老子"万物负阴而抱阳,冲气以为和"的观点,也是说世界万物都是阴阳物质属性的统一体。而由"乾""坤"两个根本阴阳物质属性,能够生出四象,进而生出八卦,八卦即是构成太极八卦的八个基本物质属性。

《易经》卦辞对这八个基本物质属性有相关的论述:"乾","行、健"也;"坤","静、柔"也;"艮","艮其背","行其庭";"震","亨";"离","丽也";"坎","陷也";"兑","说也";"巽","顺、入"。《易经·说卦传》说:"天地定位,山泽通气,雷风相薄,水火不相射,八卦相错,数往者顺,知来者逆;是故,易逆数也。雷以动之,风以散之,雨以润之,日以晅之,艮以止之,兑以说之,乾以君之,坤以藏之。帝出乎震,齐乎巽,相见乎离,致役乎坤,说言乎兑,战乎乾,劳乎坎,成言乎艮。万物出乎震,震东方也。齐乎巽,巽东南也,齐也者,言万物之洁齐也。离也者,明也,万物皆相见,南方之卦也,圣人南面而听天下,向明而治,盖取诸此也。坤也者,地也,万物皆致养也焉,故曰致役乎坤。兑正秋也,万物之所说也,故曰说,言乎兑。战乎乾,乾西北之卦也,言阴阳相薄也。坎者水也,正北方之卦,劳卦也,万物之所归也,故曰劳乎坎。艮东北之卦也,万物之所成,终而所成始也,故曰成言乎艮。神也者,妙万物而为言者也。动万物者,莫疾乎雷;桡万物者,莫疾乎风;燥万物者,莫熯乎火;说万物者,莫说乎泽;润万物者,莫润乎水;终万物始万物者,莫盛乎艮。故水火相逮,雷风相不相悖,山泽通气,然后能变化,既成万物也。乾,健也;坤,顺也;震,动也;巽,入也;坎,陷也;离,丽也;艮,止也;兑,说也。"这是具体解读八卦的物质性质的:"乾"就是事物时空环境的"物质分布刚健、偕行"性。"战乎乾"。"战",即争斗也,表明阴阳相薄而为万物生生不息的物质生存环境;"坤"就是事物质量结构的"可变"性。"致役乎坤"。"致役",致养万物也,表明质量、体质、素质是致养万物的物质基础;"艮"就是事物运行的"行、止"属性。"成言乎艮"。"成",成为、成就也,表明万物只能成就于它的运动的相对静止性中;"震"就是事物发展过程的"亨、通"属性。"帝出乎震"。"出",出生也,表明万物只能产生于它的发展过程中;"离"就是事物形态体系的"离、附"属性。"相见乎离"。"见",相见、看见、见到也,表明万物只能见到它的形态演化过程;"坎"就是事物能量、动力的"坎(阻)、陷(推)"属性。"劳乎坎"。"劳",能力、力量之表现也,表明"坎"即是万物的能量动力属性;"兑"就是事物真相的"润、悦"属性。"说言乎兑"。"说",喜悦也,"泽",事物的信息显现也,表明人们乐见事物的真相,因而"兑"即是万物的信息真相性;"巽"就是事物实情的"伸、顺、实"属性。"齐乎巽"。"齐",齐全、完全也,物只能齐全完善于它的实际中,表明"巽"为万物的实际实践性。可见,八卦中的每一卦都象征着整体统一性中的一种基本物质属性,而卦的变化,则是看物质属性的阴阳层次和升降、聚散程度。从阴阳层次看,乾为天,兑为泽(光泽),离为火(太阳)、震为雷,其属性均为"天阳"。坤为地,艮为山,坎为水,巽为风,其属性均为"地阴"。从升降、聚散程度看,乾和兑升、散大,为老阳,坤和艮降、聚大,为老阴;离和震升、散小,为少阳,坎和巽降、聚小,为少阴。而由八个物质阴阳属性构成的整体统一变化性,由整个太极八卦图来表示。

弄清楚"太极图"的象征性是十分重要的。"太极图"是《易经》关于客观世界整体运行规律的认识,真正弄清它的内含,才能掌握《易经》的基本思想。所谓"太极",是针对客观世界的空间、时间、属性、变化而言的。其中:"空间"是指大、小两极的统一。"太极"认为,客观世界的空间是无大无小的,大无外,小无内,因而,物质是无限可分的;"时间"是指始、终两极的统一。"太极"认为,客观世界的时间是无始无终的,始无极,终无端,因而,物质是充满整个时间的;"属性"是指阴、阳两极的统一。"太极"认为,客观世界的事物是阴阳两种基本属性构成的,阴属性是可变的,阳属性也是可变的,因而,阴阳变化是无所不在的;"变化"是指自然规律("道")的趋势和法则两极的统一。"太极"认为,客观世界的基本规律是阴阳互存、阴阳互生、阴阳互变的,这三大规律变化的基本趋势是太极线螺旋趋势,基本法则是十进制自然法则,因而,宇宙间的每一个事物都是遵循这种基本趋势和自然法则而变化的。(这种"数理"关系将在第六章详细讨论)

弄清楚八卦的象征性是十分重要的。八卦符号是象征物质阴阳属性的,八卦卦名是象征事物具体物质属性的,弄清了八卦的象征性,才有可能弄清《易经》的真实内含。八卦所象征的具体物质属性究竟是什么呢?我们当然不能靠凭空想象,用一些子虚乌有的东西来说明它,而应当在人类社会五千年的科学发展基础上去认识。这一雄厚的实证科学基础已经明示,万事万物的实在性、存在性和可知性,才是客观世界最根本的三个物质属性范畴,而这三个范畴包含的九个物质属性,正是《易经》中的八卦象征的八个阴阳属性及"道"所象征的自然规律属性。这就表明,"九性太极"和"太极八卦"两种认识方法,在认识客观世界物质属性这一点上存在着继承和对应关系。我们具体地分析一下这种对应关系。

第一，太极八卦中的"道生一"，是说阴阳统一体是由自然规律中生出来的。在遥远的古代，人们只能凭感知整体地去认识世界。因此，他们能用相关的事物物象象征八种隐藏在形体中、行为中、现象中的物质属性，但又没有办法说明物质属性的科学真实性；能意识到规律的总体性，意识到这种规律总体性是来自自然的，像地上的道路、鸟兽的纹理一样，但又没有办法说明规律属性的科学联系性，所以只能用"道"来象征。但是今天不一样了，《易经》产生后的全部自然、社会和思维科学的任务，就是用实证科学的方法揭示客观世界的物质真实性和规律联系性，现在已经能够证明，从小小的粒子运动到大大的宇宙爆炸；从简单的无机物到复杂的生命和社会，这世界上所有的事物，没有一个是不遵循自然规律运行发展的。人类正是在认识自然规律的过程中，更加深刻地认识了八卦象征的八个物质属性的本质，认识到"九性太极"中的九个物质属性与"道"和八卦所象征的物质属性是一致的。就是说，是实证科学的发展，证明了自然界中的普遍性的形式就是规律，证明了"道"就是整体统一性认识方法中的自然规律物质属性，证明了这种自然规律性并不游离于万事万物之外，而是存在于整体寓于具体的物质整体统一性之中。

第二，八卦中最基本的属性，是自然中生出的"坤"（整体阴）和"乾"（整体阳）属性，此即为"一生二"。阴阳论是说，任何一个事物，它总是由"地"的整体阴属性（相当于"九性太极"中的"质"质量结构实在性）和"天"的整体阳属性（相当于"九性太极"中的"境"时空环境物质分布实在性）辩证统一而成的（所谓"开天辟地"）。所谓"地"，具体说就是"地质"，而整体看是象征整个宇宙的"质"质量结构属性的；所谓"天"，具体说就是"天时""天空"，而整体看是象征整个宇宙的"境"时空环境物质分布属性的。这一点《易经·系词上传》是这样说的："乾知大始，坤作成物。乾以易知，坤以简能。易则易知，简则易从。……易简，而天下之理则易知；天下之理得，而成位乎其中矣。"意识是说，"乾"的作用是职掌宇宙万物的大小和始终，也就是职掌事物的空间范围和时间间隔的物质分布性的；"坤"的作用是构成宇宙间的事物的，而能够构成万物的基本要素应是质的结构性。"乾"是用"易"来职掌时空的；"坤"是用"简"来成就事物的。所谓"易"，就是事物物质分布性变化的职掌主动性；所谓"简"，就是事物质量结构性变化的顺从从动性。所以，弄清了宇宙间事物变化的职掌主动性和顺从从动性，就弄清了天下的基本道理。这样，人们自身的地位也就容易确立了。所以，《易经上经》坤卦的"象传"说："至哉坤元，万物资生，乃顺承天。坤厚载物，德合无疆。牝马地类，行地无疆，柔顺利贞。"乾卦的"象传"说："大哉乾元，万物资始，乃统天。云行雨施，品物流形。大明始终,六位时成,时乘六龙以御天。乾道变化,各正性命,保合大和。首出庶物,万国咸宁。"表明了古人已经确实意识到了"坤元"属性的载物性和"乾元"属性的"位、时"性。而现代实证科学则已证明,"质"属性的确具有像"地"一样的整体特性,它承载着万物,其实在性是舒静的,而结构性是柔顺的;"境"属性的确具有像"天"一样的整体特性,它明万物之始终,成万物于六位,其实在性是刚健的,分布性是偕行的。

因此,《易经》认为,物质世界的实在性是由质量结构性和时空环境物质分布性两个基本整体阴阳属性构成的。而"九性太极"则认为,物质世界的实在性是由质量结构性、时空环境物质分布性和能量聚散性(质量在时空中的转化形式)三个物质属性辩证统一而成的。

第三,明确了"乾""坤"两卦的性质,就容易弄清四象的内涵了。这是因为,阴、阳是整体统一的,但阴、阳不是僵死不变的,这种变化表现为两个方面:其一,阴属性不是凝固的,里面包含着阳。就是说,事物的"质"质量结构属性包含着"境"时空环境物质分布属性,这才符合虚极的基本原理。这种"质"含有"境"的属性,即,阴中有阳,它相当于"九性太极"中的"能"能量聚散属性;其二,阳也不是空洞的,里面包含着阴。就是说,事物的"境"时空环境物质分布属性也包含着"质"质量结构属性,这才符合无极的基本原理。这种"境"含有"质"的属性,即,阳中有阴,它相当于"九性太极"中的"形"形态演化属性。现代科学表明,"形"的确具有像火、日一样的形态演化性,它的存在形式是亦附、亦离的。因为附着和分离的统一才能成为事物的形态演化属性,所以,"形"(离)属性为阳性;而"能"的确具有像水一样的聚散性,它的存在形式是亦坎、亦陷的,坎即是阻挡,陷即是推动。因为阻挡和推动的统一,才能成为事物的能量、动力聚散属性,所以,"能"(坎)属性为阴性。

这样就产生了四象,即,纯阴为"坤"(质量结构实在性),纯阳为"乾"(时空环境物质分布实在性),阴中有阳为"坎"(能量聚散实在性),阳中有阴为"离"(形态演化存在性)。四象是揭示事物的"质""境""形""能"四个主体阴阳属性的方法。"形"属性的基本特征是阳中有阴,它像火一样具有附、离演化性;"能"属性的基本特征是阴中有阳,它像水一样具有坎、陷聚散性。此即所谓"二生三"(即人们常说的"三态":阴阳互存态、阴中有阳态、阳中有阴态)。

第四,明确了四象的性质,也就容易弄清八卦的内涵了。这是因为,四象也不是静止的,而是变化的,其变化有下列四种情况:阳初消为"兑",阳甚消为"震",阴初息为"艮",阴甚息为"巽"。什么是"消"呢?"消"就是消失、发散的意思,它表明的是阳属性的变化性;什么是"息"呢?［礼·月令注］曰:"阳生为息。"所以,"息"应是指阴属性消退阳属性滋生的变化性。因此,"兑",应相当于"九性太极"中的信息真相可知性;"震",应相当于"九性太极"中的发展通达存在性;"艮",应相当于"九性太极"中的运动行止存在性;"巽",应相当于"九性太极"中的实际实践实证可知性。而这四种属性的变化,也是事物运动发展变化过程的最基本的物质属性表现形式,连同四象一起已构成了八卦。八卦就是《易经》的八个具体的阴阳物质属性。

我们知道,事物发展的理想过程是阴阳相应、刚柔相济,即事物的基本属性尽可能做到和谐协调。但事物的发展过程总不是理想状态,实际情况是千变万化的,却又可归纳为四种基本情况来概括:阳初消,事物的相貌润泽、恬悦;阳甚消,事物的过程出现震动;阴初息,事物的运行稳定平静;阴甚息,事物的实情发生变化。前文已经说明,事物的时空环境物质分布性、信息真相性、形态演化性和发展通达性是四个阳属性,而作为时空环境物质分布性的"乾",为阳属性之本;事物的质量结构性、运动行止性、能量聚散性和实际实践实证性是四个阴属性,而作为质量结构性的"坤",为阴属性之本。因此,这四种基本变化的大意是:当"乾"阳之本——时空环境物质分布性发散较小时,事物的形态演化体系和内外环境变化较小,其状态会像光源、美玉、湖泽发出的泽一样,人们能够感觉到其润泽恬悦的信息真相,故呈现为"相"（兑）属性为主的渐变状态（变化弱）;相反,当"乾"阳之本——时空环境物质分布性发散很大时,事物的形态体系和内外环境会变化得很厉害,这种情况下,会促使事物的周期发展过程实现其通达性,因而会像雷一样出现不稳定或突变,表现为"通"（震）属性为主的突变状态（变化强）。当"坤"阴之本——质量结构性消退较小时,事物的运行状态和能量聚散性变化较小,其运行状态会像山一样相对稳定,处于相对平静中,故呈现为"运"（艮）属性为主的稳定状态（变化弱）;相反,当"坤"阴之本——质量结构性消退很大时,事物的能量聚散作用将增大,会导致其运行实际像风、木一样,处于显著的变化状态之中（变化强）。显然,这就涵盖了万事万物的所有变化。

第五,明确了八卦的性质,就容易弄清 64 爻卦的内涵了。《易经》的爻卦,是由八卦象征的八个阴阳物质属性两两相交而成的,它是主要通过"六划卦"卦形,用物象来象征客观事物的具体性质的变化性的。64 卦的顺序是按"有天地而后有自然万物,有夫妇而后有社会万物"排列的,而每一卦的具体变化性,由"六划卦"来表示。这里,我们不具体地讨论爻卦的排列顺序（这一点已经明确了）,而是用"九性太极"关于物质属性的认识,来解读爻卦的象征性,看看它的象征所指,是不是真的有一定的道理。

先来看"乾、坤、坎、离、艮、震、巽、兑"八个"纯卦"。老子说,"道生一,一生二、二生三,三生万物。万物负阴而抱阳,冲气以为和。"这应是《易经》的宗旨。所以,由"乾、坤"两个本体属性,生"乾、坤、坎、离"四个主体属性;由四个主体属性,生"乾、坤、坎、离、艮、震、巽、兑"八个具体属性;由八个具体属性,生万物,这是64爻卦的指导思想。"九性太极"揭示了太极八卦的八个具体阴阳属性,就是今天我们已经认识到的客观事物的"境、质、能、形、运、通、实、相"物质属性,同时又增加了"道"的整体统一规律性。从而表明了,具体的时空环境物质分布性才是万事万物的"天"属性(乾);具体的质量结构性才是万事万物的"地"属性(坤);具体的能量聚散性才是万事万物的"水"属性(坎);具体的形态演化性才是万事万物的"火"属性(离);具体的运动行止性才是万事万物的"山"属性(艮);具体的发展通达性才是万事万物的"雷"属性(震);具体的实际实践实证性才是万事万物的"风"属性(巽);具体的信息真相性才是万事万物的"泽"属性(兑);具体的整体统一规律性才是万事万物的"道"属性。这些具体的物质属性,当然都是变化的,就是说,作为爻卦象征的客观事物的内外时空环境物质分布性(乾卦)、内外质量结构性(坤卦)、内外能量聚散性(坎卦)、内外形态演化性(离卦)、内外运动发展性(艮卦)、内外发展通达性(震卦)、内外实际实践实证性(巽卦)、内外信息真相性(兑卦),以及整体统一规律性(道),当然都是变化的,它们是按照爻卦"六划卦"所象征的五行运行规律变化的。而数千年的实证科学的发展则表明,真正对万事万物起根本性作用的,不是只有"乾"(境)和"坤"(质)两个物质属性,而是时空环境物质分布性(乾)、质量结构性(坤)和能量聚散性(坎)三个物质属性构成的物质实在统一性。正是物质的这种实在统一性,决定万事万物的形态演化性(离)、运动行止性(艮)和发展通达性(艮)三个物质属性构成的存在统一性;而物质的实在统一性和存在统一性相结合,又决定万事万物的信息真相性、规律规范性和实际实践实证性三个物质属性构成的可知统一性。这即是变化无穷的大千世界之总根源。所以,客观世界的万千变化,可以由太极八卦的八个阴阳物质属性("九性太极"是九个物质属性)两两相交而构成的64爻卦来表达。而八个"纯卦"表明的,实际是八个基本物质属性的内外关系对事物的影响作用。

这种作用具体为:事物的内属性和外属性都好,它的内外属性关系就协调,事物就兴旺发达,具体表现为它的向上的发展过程;反之,事物的内外属性都不好,内外属性关系不协调,事物就停滞衰落,表现为它的向下的发展过程。这其中,"乾卦"表明事物的内外时空属性,是对事物生存环境的物质分布性变化性的揭示。这种物质分布性变化决定事物的发展趋势,爻卦是用"龙"来象征这种趋势变化的;"坤卦"表明事物的内外结构属性,是对事物质的变化性的揭示。这种变化性决定事物的形态体系变化趋势,爻卦是用"牝马"来象征其变化的;"坎卦"表明事物的内外能量属性,能量即是力,它对事物或者推动,或者阻挡。这种作用决定事物运行系统的变化趋势,爻卦是用"水"来象征这种推动(陷)和阻挡(坎)作用的;"离卦"表明事物的内外形态性。形态变化有两个基本特征,一是紧密(附),一是松散(离)。爻卦是用"火"来象征事物的形态变化特征的;"艮卦"是表明事物的内外运动属性的。事物的运动或行或止,爻卦卦辞中就有"行其庭,艮其背"的表述,形象地表明了运动属性(艮)的"行"绝对性和"止"相对性的辩证关系;"震卦"表明事物的内外发展属性。其基本特征是亨通,即事物的发展都要走过由生到死、由盛到衰的历史过程。爻卦是用"雷"来象征这种亨通特性的;"巽卦"表明事物的内外实践属性。基本特征是"入、顺",即人们要进入事物的实际中,遵循规律,顺着事物的运行发展趋势而行事(顺势而为),爻卦是用"风"来象征这种顺、入性的;"兑卦"表明事物的内外信息真相属性。这一卦是对事物基本特征的认识。爻卦用"泽"来象征这一特性,其信息如光泽一样"丽",其真相如湖泽一样"清"。我们举一个例子,来说明一下八个"纯卦"的作用。如,一个社会,当其国内外生存环境、经济结构和综合国力,国内外社会形态、经济运行和发展势头,国内外国情真相、规律规范和实际实践,这九个方面的内外关系都朝着好的方面发展变化时,那这个社会就一定兴旺发达;反之,当其经济停滞、文化落后、政治昏暗、信息蔽塞、官员腐败、民不聊生、军不御外、内忧外患、内外交困时,那这个社会就要走到它的尽头了。

爻卦的八个"纯卦"实际都是代表事物运行发展的上升阶段的。这个上升阶段表现为一个由"六划卦"象征的"初、元、亨、利、贞、上"的阶梯发展过程;而很自然,有上升阶段就必然有下降阶段,而代表下降阶段的,是与上升阶段向对应的"上、吉、弊、阻、结、终"阶梯发展过程。爻卦是用"用卦"表示事物的下降过程的,这种表示下降过程的"用卦",只在"乾""坤"两卦中出现过。

什么是"用卦"呢?"用卦"的含义主要是指,爻卦的变化将走向其反方向——当上升卦的"六划卦"从"初一"发展到"上六"的极高点,它就要向相反的方面变化了,这种变化具体表现为事物的"上、吉、弊、阻、结、终"的下降过程。所以,它是一种反向作用,即:过了"上六"的极高点,"吉"与"贞"相对,表明事物进入成熟圆满阶段;"弊"与"利"相对,表示事物进入产生弊端阶段;"阻"与"亨"相对,表示事物进入出现梗阻阶段;"结"与"元"相对,表示事物进入僵化结尾阶段;

"终"与"初"相对,表示事物走向终点。《易经》把这种周期性的生死兴衰变化,看作是万事万物运行发展的根本法则。"乾"卦的"用九",正是体现这一根本法则的,它认为,"乾"卦的全爻都是"阳爻",当其发展到"上九",就可能全爻都向相反的方向变化(向上的阳性转变为向下的阴性)。"用九"卦辞"见群龙无首,吉。"就表明,事物的上升期都是向着"九六"的极高点("龙首")发展的,当过了这个极高点,就"群龙无首"了,然后进入了发展的圆满("吉")阶段,但满招损,接着就是下降过程了。对这一根本法则,《文言传》有过具体的阐述:"潜龙勿用,阳气潜藏。见龙在田,天下文明。终日乾乾,与时偕行。或跃在渊,乾道乃革。飞龙在天,乃位乎天德。亢龙有悔,与时偕极。乾元用九,乃见天则。"这就明确了,从"乾元"到"用九"的变化,是天则所系。《文言传》进一步指出:"亢之为言也,知进而不知退,知存而不知亡,知得而不知丧。其唯圣人乎? 知进退存亡,而不失其正者,其唯圣人乎?"这应是对"用九"内含最好的解释。可见,"用九"就是告诉人们:当事物发展到了极高的"亢"点,就要向相反的反向变化了,这是不以人的意志为转移的天则。只有明白这种天则的人,才知道事物的"存亡进退"规律,才可称为懂大道理的明白人("圣人")。对"用九"的这种阴阳变化特性,《左传》也有过表达。《左转》召公二十九年的记事中,就曾有过"乾之坤"的记载,表明的就是这种阴阳周期变化性。那么,这种阴阳周期变化性的理论依据又是什么呢? 实际就是太极八卦的"阳极生阴"和"阴极生阳"。明确了"用九"的内涵,其他如"用六"等,其全爻的变化,也都应是指各爻都向相反的方向发生了变化。这种变化具体为:"初"变为"终";"元"变为"结";"亨"变为"阻";"利"变为"弊";"贞"变为"吉",就是说,事物经过其发展的最高点("上"点),它的基本的阴阳属性都会向相反的反向变化("乾之坤")。它表明的是客观事物必然要经历的新陈代谢自然发展过程。

通过以上分析能够看出,《易经》爻卦"六划卦"表现的,都是事物的向上的发展过程。那么,它为什么没有详细地解读事物的下降发展过程呢? 原因应该说也不难理解。因为,人们真正懂得了事物的上升发展过程,也就容易弄清下降过程。而真正弄懂事物的上升发展过程,其实是不容易的,要实现事物的上升发展过程,则更难。原因在于,在认识和实现事物的向上的发展过程中,不仅需要付出无数的艰辛和努力,弄得不好,还可能半途而废,发生夭折。

我们已经明确,八个"纯卦"是表明八个阴阳属性内外关系对事物的影响作用的,因而,由八个"纯卦"组成的其他56卦,表明的则是两个物质属性相结合而对事物的影响作用。下面做一个简单的分析:

"乾、坤"二性相结合,表明事物的"否、泰"关系。这一关系告诉我们:事物的质量结构性和时空环境物质分布性,是决定其运行发展走向"泰",还是走向"否"的关键因素。二者"内阳而外阴"优势互补,"内健而外顺"紧密结合,则"天地交而万物通也"(《象辞》),事物的发展亨通、泰平;反之,则"天地不交而万物不通",事物会走向闭塞、黑暗;

"坤、坎"二性相结合,表明事物的"师、比"关系。这一关系告诉我们:"能量"是依赖于"质量"的,故曰"比";而事物的"结构"组织性与"力量"聚散性结合得最好的,莫过于"军队",故曰"师"。

"坎、离"二性相结合,表明事物的"既济、未济"关系。这一关系告诉我们:事物的能量聚散性和形态演化性,是表明其运行发展走向完成还是未成的关键因素。形态具备而性能(能力)良好,"刚柔正而位当也"(《象辞》),说明事物成功了;反之,形态未具而性能(能力)低劣,说明事物还未成功;

"坎、艮"二性相结合,表明事物的"蒙、蹇"关系。这一关系告诉我们:"运动"与"动力"相结合,事物处于发展的启蒙阶段;"运动"被"动力"阻挡,事物的发展会出现困难;

"坎、震"二性相结合,表明事物的"屯、解"关系。这一关系告诉我们:事物的"发展"缺乏"动力"或"动力"阻止"发展",它处于萌芽状态,生存艰难;事物的"发展"与"能量"结合,得到"动力"的支持,它在前进道路上就能解除困难;

"艮、兑"二性相结合,表明事物的"运动"之"相"。这一关系告诉我们:事物的"运动"之"相"是可以感知的,故曰"咸";这种感觉是短暂而递减的,故月"损";

"震、兑"二性相结合,表明事物的"发展"之"相"。这一关系告诉我们:事物的"发展"之"相"是持续的,故曰"恒";"发展"之"相"又是源源不断的,故"益";

"坤、离"二性相结合,表明事物的"明矣、晋"关系。这一关系告诉我们:事物的"形态"基于优质的"结构",其演化处于晋升状态;反之,只能韬晦;

"巽、离"二性相结合,表明事物的"鼎、家人"关系。这一关系告诉我们:事物的"形态"与"实际"相符合,会处于"和、正"状态(像一个和谐的家庭);二者不相符,就要鼎新了;

"离、兑"二性相结合,表明事物的"形态"之"相"。这一关系告诉我们:事物的"相"不能反映"形"的真实性,是一种乖离状态;"相"能反映"形"的真实性,是一种变革状态。

其余的"爻卦"都相类似,就不一一列举了。总之,《易经》采用的"爻卦"方法,除了表明八个基本的阴阳物质属性对事物的影响作用外,还探讨了它们之间的阴阳对立统一关系对事物的影响作用,具体表明了事物的"萌—启、难—解"

"争—战、需—附""交—决、践—履""否—泰、集—获""谦—悦、剥—复""联—近、和—腐""聚—升、临—示""盛—旅、刑—饰""养—度、信—过""暂—恒、加—减""隐—隆、积—实""鼎—革、正—乖""困—养、制—散""进—悔、成—未"等关系。这些关系,应当看作是关于客观事物的生生不息规律性的具体分析,即《易经》整体统一性认识方法中的具体分析,其中充满着哲理性和逻辑性。因而,我们不能单就它的象征性认识形式,把它看作是一种用于算命、看风水的卜筮卦,而要把它看作是古代的整体统一性科学认识方法。

下面用两个实例,来说明这种科学性。比如,认识"汽车"这个物。我们能够看到的,无疑只是汽车的车形(离)、运动(艮)和使用过程(震),因为这是汽车这一物的存在性;而车形的物质依据是什么呢? 是材质及其结构(坤);运动的物质依据是什么呢? 是动力及其性能(坎);使用过程的物质依据是什么呢? 是时代环境和自然环境(乾);而人们要把它做出来,则要了解它的信息真相(兑),认识它的运行原理(道),并通过反复实验,最终把它生产出来(实)。这应是汽车这一"物"的最基本的九个物质属性(《易经》是把规律——"道"放在八卦之外的)。如果进一步分析:决定一个汽车的好与不好,是不是主要看它的材质结构性和对时代、自然环境的适应性呢? 决定一个汽车的完成与未成,是不是主要看它的车形是否做好、性能是否具备呢? 回答是肯定的。

再比如,认识"人"这个物。我们认识一个人,主要看些什么呢? 当然是看他的体质、素质、品质如何,看他的体力、能力、生命力如何,看他的环境适应性、驾驭能力如何,因为这是"人"的物质实在属性;还要看他的形体、行为和成长过程如何,因为这是"人"的物质存在属性;再就是要看他的相貌如何、是否聪慧,是不是知书达理、懂道理、有规矩,是不是勤劳肯干、能干好工作,因为这是"人"的认知性和践履性。所以,衡量一个人是好是坏,主要是看其体质、素质、品质(坤)与环境适应性、驾驭能力(乾)的关系,这两个因素都好,能做到优势互补,就是一个好人;反之,体质差、适应性差,那是一个病人,而素质低、品质劣、不能与时偕行、破坏力很强,那就是一个坏人。衡量一个人是否长大成人,则主要看其形体、形象和体力、生命力、能力的关系。二者具备了,说明成人了;反之,要么还没长大,要么是个不成才。

这两个例子就基本可以说明,《易经》用"乾、坤"来表明事物的"否、泰"关系,是有道理的;用"坎、离"来表明事物的"成、未成"关系,也是有道理的。由于所有的"爻卦"都是表明两个基本阴阳物质属性之间的关系对事物的影响作用的,因而它们都是各有其道理的。这里就不一一列举了。

讨论到这里,有一点是需要特别指出的,那就是,我们一定要用历史唯物主义的眼光,来看待古人,来认识《易经》。《易经》的历史已经有五千多年了。由于科学技术的落后,古代社会的生产力很不发达,因而当时人们在认识事物时,没有别的办法,只能采用物象象征的方法。古人所面对的现实,其实是和我们差不多的,同样是纷繁复杂的世界,同样是变化万千的事物,只是其生存环境比我们要困难得多。他们当时没有今天的科学实验手段,缺乏今天的生产实践经验,但基本的认识对象却和我们一样,都是客观世界的基本规律。因而,古人只能用物象来象征,只能按"卦形"来"卜筮",这是他们当时唯一可行的方法。所以,一定要用历史唯物主义的眼光,来看待我们的祖先创立的《易经》:既不要神化之,把它看作是一种难于理解的天书;又不要俗化之,把它看作是一种打卦算命的工具。我们今天真正要做好的,不是沿袭古人不得已所采用的象征性"卜筮"形式,而是要挖掘这一形式中的"内核",弄清它之所以会成为群经之首的原因。这就需要用现代物质属性的概念,来解读太极八卦,来认识这种象征性方法中的根本规律性,来揭示这种古老的整体统一性认识方法的科学性。

通过以上分析我们可以发现,太极八卦与"九性太极"两种认识事物的方法,从它们产生的时间看,可以相差数千年,但得出的整体统一性认识是有同一性的。这就表明,阴阳八卦确实是基于认识万事万物的基本物质属性提出来的,它是用象征性的方法,来表示客观世界整体的八个物质属性的基本内涵的。这一点许多人原来是不大清楚的。

第四节 太极八卦与"九性太极"的异同点

对《易经》太极八卦内含的分析表明,古人发明太极八卦,完全是为了探索客观世界的根本,即物质属性的整体统一性的,赋予的认识事物的形式也达到了很高的水平。从整体统一性认识方法的角度看,太极八卦可以用来认识任何事物,小到粒子、基因,大到宇宙、社会、人,可以说,每一个事物都是一个具体的太极八卦,也就是整体寓于具体的统一。这是《易经》理论的核心,也是它生生不息的内因和真正的伟大之处。

"九性太极"所表示的整体统一性认识方法,是对《易经》认识方法的一种传承和完善。所以,二者的基本内含是一致的。

"九性太极"认识方法与《易经》认识方法的区别,主要在于认识的出发点不同。"九性太极"认识方法的出发点,是建立在对物质世界的存在、运动、发展过程的科学证明基础上的,它认为自然规律也是物质属性之一,认为整体世界能够用具体的物质属性来体现,因而其结构形式表现为一个整体寓于具体的、由九个物质属性构成的结构图;而《易经》认识方法的出发点是"道",它是从对客观世界整体及其总规律的把握开始的。

《易经》认识方法的这一特点,完全是由于历史条件的限制造成的。在无法用自然科学的规律性解释自然事物运动过程,无法用社会科学的规律性解释社会事物运动过程的情况下,人们只能从对自然整体及其总规律的感知出发认识世界,并认为整体世界的一切都源自这个总的整体统一性规律,也就是"道"。因而,《易经》对于"道"的规律性的具体认识,仅限于"一阴一阳之为道",只能止于认识具体规律的大门口,无法深入到具体之中。

由于认识的出发点不同,导致两种认识方法结构的异同点。前者基于现代实证科学基础,认为客观世界是由实在性、存在性、可知性、体系性、系统性、过程性六个基本物质范畴构成的。其中:实在性是质量结构性、能量聚散性、时空环境物质分布性的辩证统一;存在性是形态演化性、运动行止性、发展通达性的辩证统一;可知性是信息真相性、规范规律性、实际实践实证性的辩证统一;体系性的物质性基础是质量结构性、形态演化性、信息真相性的辩证统一;系统性的物质性基础是能量聚散性、运动行止性、规范规律性的辩证统一;过程性的物质性基础是时空环境物质分布性、发展通达性、实际实践实证性的辩证统一。因此,客观世界是由六个基本物质范畴、九个基本物质属性构成的整体统一,人们是能够通过感知、认知、践知的认识过程,来把握这种整体统一性的。后者缺乏实证科学基础,是仅仅基于对客观世界的整体感知,从永恒存在的整体统一性规律出发,认为客观世界是由三个层次八个阴阳属性演化而成的。对于这种仅限于感觉层次的整体统一性认识方法,人们只能用"象、数、理"的办法来理解,应用起来自然就会具有神秘性。所以,古人的阴阳统一观、五行运行观、三才观、三光观等等,是确实具有直观性和神秘性的;但不管多么神秘,我们还是能够看到,太极八卦八个阴阳物质属性的客观原型,确实相当于现在人们认识到的质量、环境、形态、能量、运行、通达、真相、实践属性,而"道"相当于规律属性。这是因为客观世界只有一个,而它的物质属性是永恒不变的;是因为世界的真正的统一性是在于它的物质性,而物质统一性的客观性、真实性和联系性是具有唯一性的。所以,二者的认识出发点和基础可以不同,但结论却很相似,它们是可以殊途同归的。

现在我们已经清楚,《易经》对客观世界的基本实在性的认识是质量和时空的统一体。这个统一体的物质存在形式是形态和能量,形态是质量的结构存在形式,它含有时空而具有演化性;能量是质量的转化形式,它占有时空而具有聚散性。事物的结构形态在能量的作用下于整体时空环境中不断运动、向前发展,这种运动形式和发展过程是可以通过感知真相、认知规律、践知现实而把握的。

为了弄清太极八卦与"九性太极"的物质属性之间的对应关系,我们以"人"为例,来具体地说明八个阴阳物质属性:(1)君子应有"坤"卦的静、柔性。就是说,一个人应具备优良的素质结构性,做到既具有实在性和稳定性,又具有科学性和适应性;(2)君子应有"乾"卦的行、健性。就是说,一个人应具有自立、自强的时空环境物质分布性,做到"天马行空"、自立于世、与时俱进、自强不息;(3)君子应有"坎"卦的坎、陷性。就是说,一个人应具有干事创业的能力聚散性,做到顺势能推、逆势能挡;(4)君子应有"离"卦的附、离性。就是说,一个人应能够顺应整体、集体、团体的形态演化性,做到既有组织性又有灵活性;(5)君子应有"艮"卦的艮、止性。就是说,一个人应做到该行则行、该止则止,行为冷静理智;(6)君子应有"震"卦的震、动性。就是说,一个人应具有亨通、谨慎的发展性,既能促使事物发展过程实现通达的目的,又能做到谨慎、戒惧,以应付发展过程中的震动和突变;(7)君子应有"兑"卦的润、悦性。就是说,一个人应具有内刚外柔的信息真实性,做到表里如一、顺天悦人;(8)君子应有"巽"卦的顺、入性。就是说,一个人应具有顺从自然规律、尊重客观实际的能动实践性,做到德行如风、利国利民。当然,君子还应有一个更重要的属性,即"道"性,应学道德、懂规矩、学科学、知规律。

再以"干部""社会"和"地球"三个具体实例来说明一下"乾"卦、"坤"卦与"境""质"属性的对应关系。

我们知道,"乾"卦的属性是天、行、健,具有发散性,而"时空"环境的物质实在性和分布性也具有类似天、行、健的发散性;"坤"卦的属性是地、静、柔,具有收敛性,而"质"的实在性和结构性也具有类似地、静、柔的收敛性。因此,对于一个"干部"来说,当其处于乾位、上位做领导时,就应该强健自身的时空环境物质分布性,能够使自己所处的领导岗位具有天一样的行、健发散性,做到自强不息。用今天的话说,就是能做到站得高看得远,懂得"不谋全局者不可谋一域,不谋长久者不可谋一时"的道理,具有总揽全局、领航掌舵、"运筹帷幄之中、决胜千里之外"的能力。这样才能成为一个好领导。而当其处于坤位、下位做属下时,就应该强健自身的素质结构性,能够使自己所处的属下岗位具有地一样的静、柔收敛性。用今天的话来说,就是要注意提高自身素质,使自己的德、智、能、体综合素质适应属下岗位的要求,不断优化自身素质结构,以适应上下左右的要求。这样才能成为一个好属下。

对于一个"社会"来说,它的时空环境物质分布属性是天、行、健。就是说,这个社会所处的时代和环境条件要像天一样行、健而不能封闭,不能因为封闭而影响它的发展性;它的质量结构性是地、静、柔。就是说,这个社会的本质结构性要像地一样静、柔而不能僵死,不能因为僵死而影响它的运动性。中国特色的社会主义社会就是一个典型的实例。封闭的时代环境和国际环境曾严重地制约着中国社会主义建设的发展速度,僵死的经济结构体制曾严重地束缚着中国社会主义运动的活力。是"改革"打破了僵化的经济结构体制,建立起与初级阶段社会主义建设相适应的、有活力的经济结构体制,中国的社会主义运动才呈现出生机勃发的态势;是"开放"打破了闭关自守的时代环境封闭性和空间环境封闭性,形成了前所未有的对外开放、对内搞活新局面,中国的社会主义运动发展步伐才大大加快了。可以肯定,按照这条改革开放的基本路线走下去,未来的中国一定会成为一个独立自主、稳定和谐、厚德载物的社会主义富国,一定会成为一个蓬勃兴旺、健康发展、自强不息的社会主义强国,一定会成为一个乾坤相合、动静相和、刚柔相济的社会主义大国。

对于我们的"地球"来说,它的时空环境物质分布属性也是天、行、健,它的质量结构性也是地、静、柔。地球的时空环境物质分布性包括空间意义的天空、气候和时间意义的天时、天年等物质分布实在性;地球的质量结构属性包括地质、地貌、冰川、海洋、物种、人口、经济等地球的质量结构实在性。地球的时空环境实在性("天"属性)原本是"行、健"的,就是说,时空环境物质分布性原来是很好的;地球的质量结构存在性("地"属性)原本是"静、柔"的,就是说,地质、地貌结构性原来也是很好的。但是很显然,今天的地球,这两个属性都出了问题。先看"天"的时空环境物质分布属性。现在的"天"发散属性确实发生了大变化,出现了时空生态危机,这种危机已经打破了地球"乾"属性的自然发散规律性,使它的物质分布性变差了。温室效应、空气污染、气候恶化、周期不稳、季节不调、寒暑不定等问题,已严重影响到人类的生存,引起了全世界的关注;再看"地"的质量结构属性。现在的"地"收敛属性也发生了大变化,出现了地上、地下的多方面地质结构危机,这种危机已经打破了地球"坤"属性的自然收敛规律性,使它的质量结构性变差了。地震增多、冰川融化、海温升高、赤潮频发、土地沙化、物种灭绝、经济危机、恐怖威胁等问题,正严重威胁着人类生存,同样引起了世界各国的重视。

这三个实例足可以表明,太极八卦与"九性太极"的物质属性之间的对应关系是明确的,足可以表明,《易经》确实是古代的一种整体统一性认识方法。

第五节　要正确对待易经理论

《易经》的认识方法是科学的,这种科学性主要表现在它对客观世界的整体统一性认识。这同时也是《易经》难学难懂的真正原因。古代学者们把掌握《易经》整体统一性认识方法叫作"得道",并要求求道者主观上要苦修、苦练,做到虚、无、清、净。这是为什么呢?

一个原因在于《易经》理论本身的深奥。因为要弄清太极八卦的整体统一性思想,始终都是一个非常难的课题,不是三言五语能说清的,特别是在科学技术尚不发达的时代,更是不易表达和理解的。因而,历史决定了古代《易经》学者们只能用直观感知、整体格物的方法去认识把握世界,这也应该说已是非常难能可贵的了。可以想见,在科学技术极不发达的古代历史条件下,一个学道者如果做不到静心养气、虚无恬净、功德无量、苦学钻研、认真体察,确实是很难弄懂它的。其实,对现代科学理论的学习也是一样的。今天,尽管已经进入现代化时代了,但像马克思主义理论精髓、爱因斯坦相对论原理等科学理论,想要真正弄懂它们的真实内含,也是十分不容易的,学习这些理论的过程中,不修功德、不下苦功,无疑也是不行的。

《易经》难懂的另一个原因是其理论本身具有局限性。太极八卦最根本的局限性就是没有认识到自然规律的物质属性,而是把它放到"道"里,并且用"道"把自然实在整体(虚无)和认识客体整体(一气)割开,使其科学性的认识方法失去了根基。这种局限性长期严重地阻碍着它的科学性的开发和传播。面对深邃浩渺的宇宙,由于缺少实证科学的支持,无法用太极八卦解释大自然的神奇变化,《易经》学者们只能默认"天圆、地方"一类形而上学的盛行;面对纷繁复杂的社会,由于缺少历史唯物论的支持,无法用太极八卦应付愚昧、贫困和专制的势强力大,《易经》学者们只能做出隐居避世、洁身自好的选择;面对不得不面对的人生,由于缺少科学整体观和现代医学的支持,无法用太极八卦解释智慧人形形色色的表现和病变,《易经》学者们只能用直观整体的方法,艰难地与疾病和苦难进行抗争,而对精神王国的所谓"独立",则表现得无能为力。这样,就使《易经》自身也陷入长期的停顿和迷信状态之中,至今不得解脱。

这种局限性的突出例证是对人体气功机理的认识。气功本来是人类强身健体的一种体育活动,但千百年来它又始终摆不脱迷信的困扰,这是为什么呢? 由于这种迷信的影响实际上已远不止于健身方面,其影响面是很大的,所以对其中的原因应做一个具体的分析。

气功作为人类强健身心的一种体育活动,无非是在生理锻炼因素的基础上又加了一些心理锻炼因素。它之所以会和迷信长期纠缠不清,直接的原因有两个:

一是认识方法受到了科学技术发展水平的制约。很显然,在实证科学还没有认识人体的微观结构、思维科学还没有掌握整体统一性认识方法的情况下,人们在从事气功这类复杂体育活动时,由于对人的心理活动的特殊性没有办法自圆其说,那是很容易产生迷信思想的。应该说,时至今日,许多人甚至对人体运动性的理解还不是很全面的,他们认为锻炼身体就是跑跑步、打打拳、舒展舒展筋骨,只把人体的运动形式理解为简单的物理宏观运动。诚然,物理宏观运动确实是人体的一种锻炼形式,这种运动形式对强身健体也有很好的作用;但是,人体的运动形式绝不仅此一种,而是还有物理的微观运动(如微循环)、化学运动(如,消化)、生理运动(如血液循环、细胞周期更替、系统运行等)、思维运动(如思想支配行动、思想影响行为等)等形式。许多人就是因为对这些运动形式认识得不清楚,不知道其中的科学性,导致了各种迷信或嗜好的产生,例如,多数嗜烟、酒者都是不了解人体化学运动的科学性的,他们不相信尼古丁、酒精进入人体会发生化学作用,危害人体健康;有些不注意合理饮食的人喜欢暴饮暴食或挑肥拣瘦,他们是不懂得生理运动的科学性,这就会导致肥胖或营养不良;还有些人用迷信来解释梦中的情景,他们实际上是不了解大脑运动的科学性,最终导致自己把自己的思想和行为束缚起来,当然也会影响人体健康;等等。所以,这种由于科学技术发展水平制约作用导致的思维局限性,会给迷信的产生提供必然性。

二是气功理论中的"气"具有非实证性。"气"是《易经》认识论的产物,长期以来,人们用它来认识世界,认识人。虽然这种认识在当时无实证科学的直接证明,但还是客观的、有一定道理的、十分重要的。因为在认识论上,它解决了世界从无到有的过渡问题,且与现代科学的认识相吻合。"气"的观点源于"虚无"的基本思想,"虚无"是客观存在,"气"当然也是客观存在。"气"即是无内无外、无限可分可变可易的"微粒",用现代数学的概念说,就是"微分"。它实际上与现代哲学关于物质无限可分、时空无限大小的观点是一致的,而与气功界流行的无科学根据的主观"气"毫无相干。因此,从物质本来就是无限可分的观点看,它是客观的,是有一定科学性的;从未经科学直接证明看,它又是主观的产物,很难与迷信划清界限。正是这种关于"气"的认识的客观科学性,才使《易经》太极八卦持久地成为气功研究的理论基础;同样也正是这种关于"气"的认识仅仅是主观感觉的产物而缺乏实证性，又让气功和太极八卦一起陷入了持久的迷信氛围中。深层次的原因还在于，单靠这种"气"的认识，是无论如何也解决不了对人、对物的整体统一性本质的认识的。因为这种古代的直观整体思维只是对物质的无限可分性和阴阳性有了初步的认识，而它对关于物质的实在性、存在性、可知性的具体实证科学知识几乎一无所知。所以，这种由认识论的时代性导致的思维局限性，决定了气功迷信是必然会产生的。

迷信与科学相对立，也与科学相共存。自然科学和社会科学的发展过程，其实就是一个逐步消除迷信和愚昧的过程。《易经》的发展史充分说明了这一点，中医和气功的发展史说明了这一点，现代科学（如"哥白尼太阳中心说"等）的发展史也说明了这一点。迷信对于认识人体及万事万物的物质属性本质虽然没有半点好处，但至少现在仍有它的生存土壤和空间。驱除迷信、弄清人类未知谜团的唯一办法，只能靠科学的进步，并在此基础上综合运用哲学、自然科学、社会科学的古今成果，逐步揭示客观世界的本质——物质的整体统一性内含。那么，物质世界的整体统一性的核心内含是什么呢？

第六章

十进制核心法则

恩格斯在"自然辩证法"一文中指出:"数学的无限是从现实中借来的,尽管是不自觉地借来的,所以它不能从它自身、从数学的抽象来说明。如我们已经看到的,如果我们从这方面来研究现实,那我们就可以看到数学的无限关系所从之而来的现实关系,甚至可以看到使这种关系起作用的数学方法在自然界中的类似物。"[58]本章就是要探讨整体统一性与十进制的关系,以证明,十进制不仅是数学的基石,也是自然科学、社会科学和思维科学的基石;以表明,恩格斯关于数学源于现实的观点是十分正确的。十进制是一个划时代的伟大发现,它发现于太极八卦的产生过程,是《易经》"象、数、理"认识方法中的核心内容;它与太极八卦和"九性太极"有着不可分割的内在联系,成就了《易经》,推动了自然科学和社会科学的发展;它表明了事物的物质属性变化和发展周期变化的基本关系,始终伴随着整个人类社会的发展过程,并深藏于数学、实证科学、整体统一性的认识方法之中。因此需要对它进行深入的探讨。诚如恩格斯所指出,数学的确不是一门孤立的学科,它实际上是基于客观世界、反映客观世界的。

第一节　十进制与整体统一性认识方法的关系

首先要概括一下十进制与整体统一性认识方法的关系。数学王国的基石是十个自然数字组成的十进制法则。这些看似简单的数字实际上是很神秘的,由它们组成的十进制涵盖了整个数学领域,构建了神秘的数学王国。然而,自然数和十进制究竟是怎么产生的? 由自然数组成的十进制又为什么会有神奇的作用?这些问题就需要深入地进行研究了。

我们都清楚,现有的任何一种进制的计量都不是凭空产生的。比如,纪年的

"太阳历"是源于天狼星出现的周期,一个周期大约 365 天;"太阴历"则把一年分为 12 个月,六个月每月 30 天,另六个月每月 29 天,全年共 354 天。这同地球绕行太阳一周相差 11 天,相差的天数用闰月补充;"星期"的起源同月亮的运动有关。古人把每个月能见到月亮的 28 天,四等分,即把七天定为一周,并把日、月、火、水、木、金、土 7 个星球分配给一周中的 7 天。这就是"星期"的由来;而一天分为 24 小时的计量,则源自地球自转的周期性,等等。毫无疑问,所有关于时间、度、量、衡的不同的进制计量,都有各自产生的客观原型。

我们都清楚,二进制是"与、非"进制,也就是肯定与否定的阴阳(矛盾)进制。所以,它的客观原型应是对立统一、阴阳合一规律,因而具有普遍性,并被广泛地用于计算机上。

我们还清楚,十进制是最神奇的。它由来自于自然的十个数字构成,并拥有无限的数字群和无穷的神机妙算。它是数学王国的基石,没有它,很难想象数学的存在。但是,十进制是从哪里来的? 它的客观原型又是什么呢?

同任何一种进制计量一样,由自然数构成的十进制也是不会凭空产生的,它也有客观的物质真实原型。认识论的发展史表明,十进制法则应是伴随着中华民族祖先认识世界物质本性的认识过程产生的,具体说,是在发现、认识太极八卦变化规律的过程中产生的。本章将要深入探讨这一过程。

为什么说太极八卦的变化规律中内含十进制呢? 为了讨论的方便,先简单地给出基本关系,然后再进行深入地论证。在《易经》太极八卦中,太极表明了由两个根本阴阳属性构成的世界的自然整体性,八卦表明了由八个基本阴阳属性构成的物质统一性。而太极八卦所具有的"数、理"关系表明,事物的阴属性有四种,其变化为贰(艮)、叁(坎)、肆(巽)、伍(阳极、乾,阴始);阳属性有四种,其变化为陆(阴极、坤,阳始)、柒(震)、捌(离)、玖(兑);壹为起始,拾为整合。所以,十个自然数阴阳整合、变化无穷,能够表示万事万物的物质整体统一性的构成及其变化规律性。这就是自然数和十进制最初产生的源头,就是十进制与客观世界的基本数理关系。

这一数理关系表明,十进制的确是"从现实中借来的",是一种"现实关系"。当我们在后面详细地探讨了它的产生过程后,就会找到它"在自然界中的类似物",就会明白,十进制不仅与太极八卦有着密切的内在联系性,它与"九性太极"也有着同样密切的内在联系性。这表明,十进制与整体统一性认识方法有着密切的内在关系。这种内在关系可以从四个方面来认识:

第一,从形式方面看,整体统一性认识方法表明的九个物质属性能够构成一

个物,且具有无限的层次性;而十进制表明的九个自然数能够进位一个0,且具有无穷的层次性,

第二,从内容方面看,整体统一性认识方法表明的九个物质属性中的每一个物质属性的内涵外延,与十进制表明的九个自然数中的每一个自然数的内涵外延,是相对应的。九个自然数中的任一个自然数,可以表示一个宇宙或一个粒子,说明其内涵是无限的;也可以表示一个点,说明其外延是无限的。而九个物质属性中的任一物质属性,可以表示一个宇宙或一个粒子,说明其内涵是无限的;也可以表示一个出发点,说明其外延是无限的;

第三,从作用方面看,整体统一性认识方法表明的客观事物的九个物质属性,是客观世界千变万化的基石;而十进制具有的九个自然数,是数学王国千变万化的基石,二者是相对应的;

第四,从哲学基本关系方面看,整体统一性认识方法与十进制所表明的哲学基本关系,可以通过对《易经》的产生、发展过程来弄清楚。以下我们详细地讨论这一点。

第二节　十进制诞生于易经的产生发展过程

哲学的核心问题是在于认识客观世界的物质本性。作为哲学鼻祖的《易经》,它是通过阴、阳两个物质属性的统一性和变化性,来认识客观世界物质本性的。而我们熟知的十进制,就与阴、阳属性的统一性和变化性有着不可分割的内在联系。对这种内在联系的发现和认识,最初始于《易经》的产生过程。

据古籍记载,《易经》最早产生于夏朝(一说神农时代),发展于殷朝(一说黄帝时代),成熟于周朝,它是中华文明的源头。所以,今天的人们很少有不知道太极八卦的。全世界大多数的人们都承认,十进制也是中华民族祖先的伟大发现,但却很少有人知道,它的源头是太极八卦。这就需要由浅入深地做一个较详细的探讨,来弄清楚十进制与《易经》的关系。

《易经》是用"象、数、理"的太极八卦方式来认识世界的,其中的"数",它不仅仅只是为了表示卦的顺序的。那么,太极八卦中"数"的核心作用是什么呢? 它其实是用"数"的规律性,来表达《易经》这一古代象征性认识方法所要表达的事物物质属性变化规律性和周期发展变化规律性的,这个"数"的规律性就是"十进制"。要弄清这一点,需要按照认识论的发展规律,从《易经》的产生、发展、完善的

整个过程来详细地给以说明。

(一)《易经》产生之前的两个认识过程。作为认识方法,《易经》的产生不会是一蹴而就的,它应是一个漫长的认识历程,必然要走过从感知到认知两个漫长的认识阶段,才能完成这种飞跃过程。

首先,它要经历一个很长的感知阶段。古人在长期的生存实践中,逐步观察到了事物的方位的差别性:天在上,泽(光)在上;地在下,山在下;日(火)在上动,雷在上震;水在下流,木在下长;同时感知到了这些事物的在上、在下、向上、向下的方位是不变的,意识到了这些不同方位事物的属性是不同的、排列有序的,而最基本的属性可归结为阴和阳两个根本属性。这种情况下,《易经》基本卦(宗卦)的初始原型开始进入了人们的意念中。虽然此时距离作为文字宗卦的《周易》的产生还很遥远,人们对物质阴阳属性的本质的认识还不深刻,但用来代表事物阴阳属性的位置、顺序、卦象的八卦意念逐步产生了。很显然,这种基本卦的初始原型,是始终伴随着《易经》的发展过程而不断完善的,直至《周易》的诞生。这是因为,如果没有这种初始意念中的不成熟的宗卦原型萌芽,那是不可能产生出后来的《连山》《归藏》等原始子卦的。这应当说是符合唯物主义认识论的发展规律的。

其次,它要经历一个很长的认知阶段。古人在第一个感知阶段的基础上又逐步意识到,世界上的事物是有规律("道")可循的。这种规律性是:世界上的事物总是由八种基本的物质属性所组成,而八种物质属性的最基本的联系表现为阴阳关系。古人又是如何认识这种规律性呢?他们自然地运用了在感知过程中已比较熟悉的时空方位知识、数字排序知识、物象象征知识和阴阳辩证知识等,创造出了原始的八卦整体认识方法,并把感知阶段的《易经》宗卦原始意念变成了现实的、用阴阳符号表示的八卦图。这表明,伏羲八卦以及由八卦推演出来的六十四爻卦的诞生具有必然性。尽管这种原始八卦只是一种符号,还很不完善,但它是原始宗卦,是《易经》认识论的开端和核心。此后的《连山》《归藏》《周易》等文字卦的产生与形成,以及后来《易经》数千年的变化发展,都是从此开始的,也是围绕这一核心进行的,甚至不少文字的产生都与此有关。

上古三易是否真的存在呢?《周礼》记载:"太卜掌三易之法:一曰《连山》,二曰《归藏》,三曰《周易》,其经卦皆八,其列皆六十有四。"1993 年,湖北王家台 15 号秦墓出土了大批秦代竹简,其中包含一批"易占"类残简,其卦划、卦名及解说之辞,均与现存辑佚《归藏》对应。许多学者都认为,这即是产生于《周易》之前的《归藏》,或《归藏·郑母经》。这就表明,在文王之前已出现了"六划卦",同时也表明了《易经》从伏羲到《连山》《归藏》《周易》之发展传承关系。为了表明这种传承关系,我们姑且用古《三坟》所记载的《连山》《归藏》《乾坤》八宫分宫取象歌,来简要地做一个探讨,因为历史上的"三易"已经失传了,但《三坟》毕竟也是古人的东西。

(二)《易经》文字卦的产生、变化和发展

第一,产生于夏朝的《易经》(已失传),是最早的文字卦,其卦名是《连山》。《连山》,就是在上述的认识过程中逐步诞生的。它是对伏羲符号卦的初始解释,是最早能用来指导事物认识过程的具体卦,也是最早的文字卦。因为《连山》是具体卦、初始卦,所以,有人视其为"简易"。

《连山》的卦序,是从"艮二"开始的,卦位的排列为:臣下(占下位)、君上(占上位)。按照《三坟》中《山坟》取象歌的记载,《连山》卦的卦象是"崇山、伏山、列山、兼山、潜山、连山、藏山、叠山";卦名是"君、臣、民、物、阴、阳、兵、象";卦性也是"君、臣、民、物、阴、阳、兵、象";卦序是"臣二、兵三、民四、阳五、阴六、物七、象八、君九"。它的具体内容如下:

崇山君,君臣相,君民官,君物龙,君阴后,君阳师,君兵将,君象首。
伏山臣,臣君侯,臣民士,臣物龟,臣阴子,臣阳父,臣兵卒,臣象股。
列山民,民君食,民臣力,民物货,民阴妻,民阳夫,民兵器,民象体。
兼山物,物君金,物臣木,物民土,物阴水,物阳火,物兵执,物象春。
潜山阴,阴君地,阴臣野,阴民鬼,阴物兽,阴阳乐,阴兵妖,阴象冬。
连山阳,阳君天,阳臣干,阳民神,阳物禽,阳阴礼,阳兵潜,阳象夏。
藏山兵,兵君帅,兵臣佐,兵民军,兵物财,兵阴谋,兵阳陈,兵象秋。
叠山象,象君日,象臣月,象民星,象物云,象阴夜,象阳昼,象兵气。

从《三坟》所记载的《连山》卦的这些形式和内容看,它确实具有"简易"的特征,应当说也是基本符合当时历史情况的。很显然,《连山》卦是在探讨"社会"这一事物的物质属性的。卦中的基本关系是"君、臣""民、物""阴、阳""兵、象"之间的阴阳关系,具体关系是卦象与卦性之间的六十四种相关关系,而与宗卦(伏羲八卦是符号宗卦,《周易》八卦是文字宗卦)的对照关系是"臣二(坤位)、兵三(艮位)、民四(坎位)、阳五(巽位)、阴六(震位)、物七(离位)、象八(兑位)、君九(乾位)"。

由于《连山》卦是用"山势"的象征性来象征事物物质属性的具体卦(子卦),故称为"山坟"。从卦象看,它是表现"山势"的;从卦位看,它相对于宗卦转了一个卦位,"君九"在上、"臣二"在下,表明了"君尊臣卑"的内涵;而从卦的整体内含看,它应是从"势"的角度,来探讨"社会"这一事物的整体物质属性的。

第二,《易经》文字卦在殷朝有了变化,产生了《归藏》卦(已失传,现在有了一些新的证据)。《归藏》是对《连山》的继承,但有了很大变化,所以有人视其为"变易"。

《归藏》的卦序是从"坤六"开始的,卦位排列为地下(占下位)、天上(占上位),卦象是"天、地、木、风、火、水、山、金",卦性是"归、藏、生、动、长、育、止、杀",卦序是"山二、水三、木四、天五、地六、风七、火八、金九"。其具体内容如下:

天气归,归藏定位,归生魂,归动乘舟,归长兄,归育造物,归止居域,归杀降。
地气藏,藏归交,藏生卯,藏动鼠,藏长姊,藏育化物,藏止垂门,藏杀盗。
木气生,生归孕,生藏害,生动勋阳,生长元胎,生育泽,生止性,生杀相克。
风气动,动归乘轩,动藏受种,动生机,动长风,动育源,动止戒,动杀虐。
火气长,长归从师,长藏从夫,长生志,长动丽,长育违道,长止平,长杀顺性。
水气育,育归流,育藏海,育生爱,育动渔,育长苗,育止养,育杀畜。
山气止,止归动,止藏渊,止生貌,止动济,止长植物,止育润,止杀宽宥。
金气杀,杀归尸,杀藏墓,杀生无忍,杀动干戈,杀长战,杀育无伤,杀止乱。

从《三坟》记载的《归藏》卦的内容看,它是在探讨"自然"这一事物的属性的。卦中的基本关系是"归、藏""生、动""长、育""止、杀"之间的阴阳关系;具体关系是卦象与卦性之间的六十四种相关关系;而与宗卦的对照关系,是"地六(坤位)、风七(震位)、火八(离位)、金九(兑位)、山二(艮位)、水三(坎位)、木四(巽位)、天五(乾位)"。

由于《归藏》卦是用"气"的象征性来探讨客观世界的物质属性的具体卦,故称为"气坟"。从卦象看,它是表明万物皆生于地,终又归于地,"万物莫不归藏其中";从卦的位置看,它的卦位与不变的宗卦是相同的,表明了"天尊地卑"的内涵;而从卦的整体内含看,它应是从"气"的角度,探讨"自然"这一事物的整体物质属性的。

第三,按照《三坟》的记载,《归藏》之后,还产生过一个变卦《乾坤》(已失传)。这是《易经》的进一步发展。

《乾坤》卦也是从"坤六"开始的。它的卦位排列为"坤下(占下位)、乾上(占上位)";卦象是"乾、坤、阴、阳、土、水、风、雨";卦性是"天、地、日、月、山、川、云、气";而卦序应是"阴二、水三、风四、乾五、坤六、雨七、土八、阳九"。其具体内容如下:

乾形天,地天降气,日天中道,月天夜明,山天曲上,川天曲下,云天成阴,气天习蒙。

坤形地,天地圆球,日地圜宫,月地斜曲,山地阴径,川地广平,云地高林,气地下湿。

阳形日,天日昭明,地日景随,月日从朔,山日沉西,川日流光,云日蔽霭,气日缙蕡。

阴形月,天月淫,地月伏辉,日月代明,山月升腾,川月东浮,云月藏宫,气月冥阴。

土形山,天山岳,地山磐石,日山危峰,月山斜巅,川山岛,云山岫,气山岩。

水形川,天川汉,地川河,日川湖,月川曲池,山川涧,云川溪,气川泉。

雨形云,天云祥,地云黄霁,日云赤昙,月云素雯,山云叠峰,川云流,气云散彩。

风形气,天气垂氤,地气腾氲,日气昼围,月气夜圆,山气笼烟,川气浮光,云气流章。

从《三坟》记载的《乾坤》卦的内容看,它是在探讨"宇宙"这一事物属性的。卦中的基本关系是"乾、坤""阴、阳""土、水""风、雨"之间的阴阳关系,具体关系是八个卦象与八个卦性之间的六十四种相关关系,而与宗卦的对照关系,应是"坤六(坤位)、雨七(震位)、土八(离位)、阳九(兑位)、阴二(艮位)、水三(坎位)、风四(巽位)、乾五(乾位)"。

由于《乾坤》卦是用"形"的象征性来探讨客观世界物质属性的具体卦,故称为"形坟"。从卦相看,它是表明客观世界形象的;从卦位看,它的卦位与不变的宗卦也是相同的,表明了"乾"尊、"坤"卑的内涵,其内容已接近《周易》;从卦的整体内含看,它应是从"形"的角度,来探讨"宇宙"这一事物的整体物质属性的。

第四,从《连山》到《归藏》,从《归藏》到《乾坤》,虽然它们都已失传了,但《三坟》取象歌的记载应当说基本反映了原卦的内涵。因为从《山坟》记载的内容上看,它们表明了《易经》的产生、变化和发展过程性,表明了《易经》初始认识水平的不成熟、不完善性,表明了逐渐向《周易》宗卦过渡的量变性。同时还能够看出,这些内容还不足以说明《易经》"象、数、理"认识方法的全部内涵。这是因为,在《周易》文字宗卦的产生、完善过程中,除了要继承古代《连山》《归藏》等具体子卦的"象、理"关系外,还有一个认识"数、理"关系的过程,就是说,还应有一个从"数"的角度认识事物属性的具体卦,否则,就很难表明事物物质属性变化和周期发展变化的基本规律性。这个能够反映数理关系的具体卦的存在的直接证据,应当就是大写自然数的数理内涵及"河图""洛书"的数理形式。

可以想见,古人认识"数、理"关系的过程是很漫长的。这是因为,用大写自然数来反映太极八卦的太极线趋势和十进制内含是十分困难的。所以,历史上不一定真的形成过一个具体的数理卦,但确实产生了大写自然数和"河图""洛书"。古人创造这些大写自然数的目的是什么呢?其实就是为太极八卦服务的,因为大写自然数中,"壹"表示起始、一统,"贰"表示臣、副、顺,"叁"表示参,"肆"表示伸、展、入,"伍"表示人,"陆"表示地,"柒"表示周、通,"捌"表示离别,"玖"表示玉、王、泽、久,"拾"表示归宿、整合,"零"表示无穷。这种内含表示是与太极八卦相通的,它与"河图""洛书"一起,应当基本可以表明太极八卦结构的阴阳物质属性的顺序性、连续性、变化性、起始性、整合性和趋势性。因而,不管历史上有没有过一个真实的"数理"卦,大写自然数都起到了阐释太极八卦"数理"内涵的"数卦"作用。

从大写自然数的内涵看,这个"数卦"的卦位,是以"伍"占"上"位、"陆"占"下"位的,表明了它是从"人"这个角度认识事物的整体统一性的。所以,大写自然数的创造为揭开"河图""洛书"的神秘面纱奠定了数理基础,为揭示客观世界的十进制核心规律奠定了数理基础,为认识事物的物质属性变化和周期发展变化规律性奠定了数理基础,为《周易》太极八卦的诞生奠定了数理基础,同时,也标志着人类历史长河中真正实证科学意义的十进制法则诞生了。

(三)《连山》《归藏》《乾坤》及"数卦"四个上古卦的次第出现,为《周易》的诞生奠定了基础。

第一,奠定了内容基础。以上四个古卦都是探讨物质属性的具体子卦,它们的认识角度虽然不同,是分别从"势""气""形""数"四个方面进行探讨的,但每一卦都表明了当时人们对《易经》核心思想的理解水平,应当说一代比一代更深刻。不过很明显,四古卦的卦象、卦位、卦序是不一致的,表明了这些早期卦的不成熟,但它们确实为《易经》的完善提供了内容基础。《周易》正是从古四卦中的"君九""天五""乾五""伍五"占"乾"位,认识到了"乾"卦的"天、行、健"属性;从"臣二""地六""坤六""陆六"占"坤"位,认识到了"坤"卦的"地、静、柔"属性;进而认识到了"君""天""乾""人"的尊贵,认识到了"天人合一"的深刻内涵("九五至尊"的说法可能始于此,"天子"的说法可能始于此,六爻卦名的六和九也应与此有关),认识到了"坎、离、艮、兑、巽、震"六卦的阴阳物质属性本质和整体八卦的变化规律性。

第二,奠定了形式基础。以上四个上古卦,它们的卦象、卦序、卦性、卦意是不断变化的,但阴阳八卦的表现形式是基本不变的。就是说,由伏羲创造的"三划宗卦"八卦图形式,是一直相传沿用的;用八种物象既表示"卦"又表示"性"的象征形式,是一直相传沿用的;用八"性"来说明八"卦"的六十四种关系的形式,是一直相传沿用的。《周易》正是继承了这些表现形式,并在此基础上增加了十分重要的"太极图",才最后完善了《易经》。

第三,奠定了方法基础。《连山》《归藏》《乾坤》三卦所用的认识方法主要是"象、理"法,就是用象征的方法来说明事物的物质整体性和统一性。但这种方法还不成熟,很难说明事物的变化规律性。《周易》继承了这种"象、理"法,又在"象、理"的基础上加入了"数"卦的"数、理"内容,也就是用数的变化规律性来表明事物的变化规律性,从而使太极八卦的表达形式最终变为"象、数、理"的完善形式。这样就使"太极图"成为《周易》的核心,使其能做到从客观事物的物质属性变化趋势和周期发展变化程度的角度去认识世界。

所以《周易》认为:客观事物的基本属性,是"阴"和"阳",这两种基本属性又可分为三个层次八个阴阳物质属性,并且用这八种阴阳属性可认识整个客观世界的变化性;"乾"(阳)属性包含着古代四卦的"君""天""乾""伍","坤"(阴)属性包含着古代八卦的"臣""地""坤""陆";"乾、坤"属性能够分解为"坤、乾、坎、离、艮、兑、巽、震"八种相对的物质阴阳属性,因此,八卦象征的事物属性层级是变化的;八个卦象表示了事物三个层次的八个阴阳属性的变化性("九性太极"用物质性概念表示,共三个层次九个属性),其中一层为"两仪",二层为"四相",三层为"八卦";八卦所代表的物质属性是发展变化的,这种发展变化表现为八卦之间的两两相交的六十四种关系。以上五点表明,《周易》正是在标定事物物质属性层级变化和周期发展程度变化的同时,自然地使用了十进制法则,并用这一法则的规律性自然地说明事物属性层级变化规律性和周期发展程度变化规律性。因此,我们今天使用的自然数才叫自然数,十进制才叫自然法则。

数千年的科学实践已经作了无数的证明,证明了事物的物质属性层级的变化是遵循十进制规律的,证明了事物周期发展程度变化也是遵循十进制规律的。足见这一始于《易经》的发现,是真正伟大的发现。

第四,奠定了认识基础。以上四个上古卦,它们对事物阴阳属性和数理关系的认识,为《周易》的诞生提供了把握物质属性变化性和发展周期变化性的太极线趋势和十进制法则认识前提。

很显然,伴随着人类的生存实践过程,关于数量的概念实际上应随着"结绳记事"的生产生活过程早就产生了。这一点,从小写自然数"一""二""三"等的象形性就可以得到证明,而后人根据古籍记载画出的"河图""洛书",就应是上古人对十个自然数的数理关系的一种形象理解。因此,在古四卦中就已经用小写自然数表示卦位,是肯定无疑的。但是,这一点只能说明,之前人类早就有了数、位、序的概念,而不能说明十进制的产生。原因在于,科学的十进制法则的产生,应该源于《易经》对大写自然数内含的理解和运用,只有这种理解和应用,才是十进制对客观世界整体统一性的规律性反映。

我们来看一下《康熙字典》中的一些注释,就能大体明白大写自然数的太极八卦基本内含:"壹"是统一、一元的意思。注释中有:【说文】惟初大始,道生于一。造分天地,化成万物。可见,"壹"表明的,就是"太极"的起始性和一统性;"贰"是"副""副益""臣"的意思,注释中有:【周礼春官大史】以贰六官。【书·周官】贰公弘化。【传】副贰三公。辅佐,如:贰正(辅佐框正),贰公(辅佐三公)。【注】贰,副也。【国语晋语】君立臣从,何贰之有。【左传隐公元年】命西鄙北鄙贰于己。【古文】地数之始,即偶之两划而变之也。可见,"贰"表示像山一样副益、恒顺,它表明了八卦的"臣"属性,也就是"艮"属性;"叁"是参与的意思。注释中有:【易·系辞上】参伍以变。三相参为参,五相参为伍。【博雅】参,三也。可见,"叁"表示像水一样参与、渗入,它表明了八卦的"坎"属性;"肆"是伸、展的意思。注释中有:【易·系辞】其事肆而隐。【注】展放也。申也。【博雅】伸也。【玉篇】放也,恣也。【传】缓也,长也,弃也。可见,"肆"表示像风和木一样扩展、宽缓、延伸、恣意,它表明了八卦的"巽"属性;"伍"是人的意思。注释中有:【周礼·小司徒】五人为伍。【孙子】全伍为上,破伍次之。可见,"伍"表示队伍、行伍、伍人、伍家。人为尊,故"伍"表明了八卦的"乾"属性;"陆"是地的意思,注释中有:【尔雅·释地】高平曰陆。又晋有大陆。【玉篇】厚也。【广韵】高也。地为卑,故"陆"表示大地、大陆、高平,它表明了八卦的"坤"属性;"柒"是周通的意思。"柒"的古字为"桼",同"漆",古通"七"。注释中有"桼政",七政,指日月和金、木、水、火、土七星也。数"七"表示周通的意义,主要源自《易·复》"反复其道,七日来复"。《象辞》说,"反复其道,七日来复,天行也。"乾卦六阳爻,姤卦始消去其一阳,至坤卦六阳尽去,至复卦一阳重见于下,乾阳经七变,终于由消变为复,表明了事物阴阳变化的周期通达过程性。故中医认为,气血在人体内一周期为七天,而七星、七彩、七音、七情等,也都在于表明这种周期通达过程性,也就是八卦的"震"属性;"捌"是离别的意思。注释中有:【集韵】破也,分也。同扒。【说文】别也,像分别相背之形。可见,"捌"表示离别又附着,它表明了八卦的"离"属性;"玖"从王,从久。按玉理解,是玉的光泽久远;按王理解,是王的恩泽久长;都象征了"九"的尊贵。注释中有:【说文】阳之变也。【绛曰】九作久,阳数九为老久义也。玖,黑色玉也。

借作玖,非。中国向来有"九天""九五之尊"之说。所以"九"是最接近于天的,"阳"之变为"泽",故"玖"数为阳性,表示像玉和阳光放出的泽一样久远、润泽、恬悦,它表明了八卦的"兑"属性;"拾"是整合的意思。注释中有:【广韵】收也,敛也。【说文】掇也。【说文】十,数之具也。一为东西,丨为南北,则四方中央具矣。易,数生于一,成于十。故"拾"表示收敛、整理、拾取、整合,表明了太极的整合性和归宿性;"零"是无穷的意思。【说文】余雨也。【广韵】零落也。表示像天雨一样变化无穷,表明了太极八卦所表示的客观世界的无穷性。

这些解释充分表明,尽管所谓的"数卦"只是表示出了"人与地""君与臣""离与参""通与伸"四种基本阴阳关系,尽管实际上也不一定真的有一个像《连山》《归藏》那样的具体"数卦",但是,这些大写自然数的确很自然地既具有了卦名、卦象、卦序、卦意、卦性、卦变等多层内含,又具有了从"壹"开始,由"贰""叁""肆""伍""陆""柒""捌""玖"构成的太极线阴阳变化趋势以及整合为"拾"的十进制内含。

当然,这种由大写自然数构成的所谓"数卦"的产生,一定是一个很长的历史过程(不应是产生于明朝、唐朝,而是更早),因为它代表了《易经》产生的一个认识阶段。今天的考古学已经证明,实际上至少在六千年以前,古人用来认识数理关系的"河图""洛书"就已经出现了。此后,人们一直在探讨它们的深刻内涵,而大写自然数应是对这种数理关系内涵进行探讨的一个里程碑。从这个意义上看,大写自然数应是"数卦"的内容,而"河图""洛书"则应是"数卦"的形式。所以,没有这个认识阶段,就很难有《周易》"象、数、理"认识方法的产生。这一点,可以从图(二)所示的伏羲八卦、文王八卦与"河图""洛书"的关系得到验证。

所谓"河图""洛书",是中国古代流传下来的两幅神秘图案。它们被认为是中华文化阴阳五行术数之源,故《易经·系词上》有"河出图,洛出书,圣人则之"之说,并据此认为,太极八卦就是根据这两幅图推演而来的。

从图形上看,"河图""洛书"所表达的,只是一种数学思想,数字性和对称性是其最直接、最基本的特点,"和""差"数理关系是其最基本的内涵,而它们完全可以用数学的方法来推导。"河图"中含有 1-10 共十个自然数,"洛书"中含有 1-9 共九个自然数,其中,由黑点构成的数为偶数,由白点构成的数为奇术,表达了数的奇偶观念。两幅图的结构分布形态对称,其中,"河图"以两个数字为一组,分成五组,以(5,10)居中,其余四组(7,2)、(9,4)、(6,1)、(8,3)依次均匀分布四周;"洛书"则以5居中,其余八个数均匀分布在八个方位。这说明,"河图"和"洛书"所表达的基本关系,都应是数学的十进制关系。因为从十进制的进位关系看,

1 与 10 具有……0.1－0.9 是十分位层次、1－9 是个位层次、10－90 是十位层次……无数个进位关系,就是说,1 与 10 实际上是具有同一性的,都可以看作为不同数级的 1。所以,"洛书"上的九个数实际上也能表达十进制关系。

从起源上看,"河图""洛书"的产生应是一个十分漫长的历史过程。因为原始社会的生产力尽管十分落后,但也存在着简单的生产、分配、消费过程,人们需要数字和计算,需要清点人数、物数、时数等,否则就不能生存。所以,最初的"河图""洛书"雏形的现实关系,应是以"结绳记事"为标志的原始生产过程;之后,才出现在古代礼仪兼祭祀场所(例如,西安半坡新石器晚期彩陶鱼纹祭器),或运用于名堂建筑;再后,才赋予其阴阳五行术数之理。

中外众多学者长期的探索研究表明,"河图"上排列成数阵的黑点和白点,隐藏着无穷的奥妙,而"洛书"中纵、横、斜三条上的三个数字之和,皆为 15,十分奇妙。这实际上是中国先民思维的产物,是中华古代文明的结晶,其中蕴含的阴阳五行之理,对整个《易经》,特别是对《周易》的形成发展,产生过巨大作用。这一点,只要用大写自然数把"河图""洛书"上的黑白点数置换一下,就可以发现:从形式上看,它们已经具有了《易经》八卦的模样;从内容上看,它们也具有了《易经》八卦的内涵。

就形式而言,"数卦"表明的是以 1 和 10 为中心的数理关系,即以 1 为出发点,2、3、4、5、6、7、8、9 螺旋上升,然后整合为 10 的太极线运行关系。这种螺旋运行关系是一种立体关系(1 与 10 在平面上投影为八卦中心的一个点,但空间上并不重复),其相对的两个数之和为 11。而实际上,伏羲八卦、"河图""洛书"、文王八卦都是反映这种十进制关系的。通常,我们一般是从直观的平面关系来看待它们,只看到"河图"以 5 和 10 为中心,由内到外、奇偶相对的关系,"洛书"以 5 为中心,连线上的三个数之和为 15 的关系,文王八卦参照"洛书"而作,也是以 5 为中心,相对的两个数之和为 10 的关系,以及"一生二、二生三,三生万物"的指数关系等具体数理关系。但十进制所含的数理关系其实是无穷的,这些具体关系当然都在其内。我们真正应当看到的,是客观世界中内含的十进制关系,因为十进制"数卦"的立体螺旋运行关系,它能反映太极八卦的整体统一性本质。

就内容而言,从贰至玖的八个大写自然数,表明了八卦阴阳属性——地(陆)、人(伍)、臣(贰)、君(玖)、参(叁)、离(捌)、周(柒)、顺(肆)的内涵。这些内含尽管与《周易》的八个阴阳属性——"坤、乾、艮、兑、坎、离、震、巽"的涵含,还不是完全吻合,但确实表明了八卦的阴阳属性。如果再加上起始点(壹)和整合点(拾),则表明了八卦的阴阳变化关系。很显然,这种阴阳变化关系主要是一种五行运行关系,它反映的是万事万物的兴衰存亡周期变化。周文王正是在此基础上,提出了"元、亨、利、贞"的五行运行思想,并找到了能够反映这种阴阳五行运行关系的"六划"爻卦认识形式,这才开启了《周易》的发展进程,同时也成为"金、水、木、火、土"五行运行思想的"数理"认识基础。

正是有了这种"数理"认识基础,人们在长期的农业生产劳动过程中,才逐步认识到了"金、水、木、火、土"五行运行关系。这种"金、水、木、火、土"五行运行关系,主要表明的是《易经》八卦的整体运行关系,从现今的观点看,它应是古代的一种系统认识方法,因而长期地被应用于对人体领域的认识,成为中医的理论基石。这一点还要专门进行探讨。

通过以上分析就不难看出,十进制自然法则确实是伴随着人类对客观世界物质属性变化规律认识程度的加深而逐步产生的,它为《周易》的完善奠定了认识基础。

可以想见,古人为什么会创立"河图""洛书"这些数理关系图,并专门发明十个大写自然数呢? 除了为表明类似于今天的数量关系的意义外,应当说还有一个更主要的原因,那就是为了《易经》的完善,为了真正认识并应用事物的"数、理"变化规律,为了用完整的"象、数、理"方法,明确地表示事物的阴阳物质属性的基本内含及其变化规律性——不仅要表明卦名、卦象、卦序的象征性,还要说明卦意、卦变、卦数的规律性。这个规律性,就是十进制法则和太极线趋势。把这些表示事物阴阳属性的大写数字排列在太极八卦图中,"壹"为一统、起点,"贰、叁、肆、伍、陆、柒、捌、玖"按太极线变化趋势,整合成"拾","拾"又可以看作新的统一和起点,直至无穷(由"零"表示),这就是这个规律性的基本表达形式。

这样,太极八卦就用数量关系表明了事物的阴阳互存、阴阳互生、阴阳互变的阴阳合一规律性。所谓起点"壹",就是认识的对象和出发点之"道",就是自然规律和客观世界的整体统一,一切都源于由客观规律支配的整体统一世界;所谓统一"拾",就是认识的归宿和整合点之"道",就是整体寓于具体的统一整合,一切都归于由自然规律支配的、整体寓于具体的、由物质属性构成的统一整体世界。这种由大写数字表示的十进制法则,它所对应的客观原型,是自然整体中无穷事物的物质属性的变化,而自然整体之所以表现为不同层次的无穷事物,是因为这无穷的事物都具有共同的物质属性,它们都是由"道"、艮、坎、巽、乾、坤、震、离、兑九个物质属性,按整体统一性规律构成的,而这个规律的核心,就是十进制法则。

由此可以表明,自然数和十进制,确实源于《易经》的产生和发展过程,其客观原型就是世界万物的整体统一性规律性。以上初步探讨了《周易》之前的《易经》

发展过程。下面我们再来讨论十进制的核心作用。

第三节　从易经的发展看十进制的核心作用

现在人们能看到的《易经》太极八卦，是《周易》。《周易》是在"简"易、"变"易、"数"易的基础上，由周文王开启了它的发展进程。周文王是在中国古代天文学的基础上，应用"河图""洛书"的数理关系，创立了文王八卦。文王八卦表明了中国古人对宇宙的认识，当时主要反映的，是对与人们的生产生活息息相关的日月星辰、岁月流转、人情事理之变化规律的认识。这样就大大拓宽了人们的眼见，为《周易》的发展打下了认识基础，使人们能够从《连山》的"玖上贰下"，《归藏》《乾坤》及"数"卦的"伍上陆下"，以及潜在的"捌上叁下、柒上肆下、肆上柒下、叁上捌下、陆上伍下、贰上玖下"六种变化中，看到了万变，并从这万变中把基本的宗卦提炼出来，最终才形成了"天人合一"的《周易》太极八卦。这代表了《易经》走向成熟。

（一）《周易》宗卦是《易经》的核心。提出宗卦这一概念是十分重要的，因为它表明的是《易经》的宗旨。《易经》的宗旨实际上既反映在伏羲的符号卦中，也反映在《连山》《归藏》、"数卦"、《周易》等具体之中，所以，它是具体子卦的宗主，是数千年无数的《易经》研究者孜孜以求的探索目标。那么，什么是宗卦呢？所谓宗卦，它应是一个理想的、整体的、不变的一般卦，相当于今天认识论中的基本原理；它所表明的，应是《易经》为人们提供的一种认识客观世界的基本观点和认识方法。数千年来，古今中外的人们始终不停地探讨它的真实内涵，因而，它是《易经》难学、难懂的真正的难点之所在。所以，宗卦就是《易经》太极八卦的核心，就是隐藏在具体子卦中的核心思想。

可以说，伏羲用符号卦的形式，表达了《易经》的基本宗旨，所以它是符号宗卦；此后经过了长期的发展，到了《周易》阶段，才基本揭示出了《易经》宗卦的真实内含，才由文王、周公、孔子等人真正用文字的形式，对伏羲符号卦的核心思想做出了比较科学的阐释。因而《周易》作为《易经》的一个最重要的发展阶段，它的意义应有两层：

首要一层是，《周易》具有宗卦的意义。《周易》用"象、数、理"的方法，对伏羲符号宗卦的真实内含，也就是对《易经》的核心宗旨进行了比较科学的明确阐释。表现为：它以"道"为认识世界的出发点，明确提出了"一阴一阳是谓道"的基本观点,这就表明了以客观世界的根本规律性——整体统一规律性为认识出发点的基本观点。它所采用的"象、数、理"认识方法是一种隐喻法,即是一种用所谓"天垂象"之"象"来象征太极八卦的阴阳物质属性内涵的一种古代认识方法,即,用"地、山、水、风、天、泽、火、雷"八个具体的自然物象来象征伏羲太极八卦的"坤、艮、坎、巽、乾、兑、离、震"八个阴阳物质属性的方法。《周易》之所以采用这样的"象理"认识方法,是由当时的社会生产力水平和科学技术水平决定的,当时是没有可能应用大量的科学实验来验证人们的认识的。而它所采用的"数理"认识方法,则主要是为了用数理关系来说明太极八卦的阴阳物质属性关系。例如,用阴阳"两点论"来表明阴阳物质属性之间的相互关系,并把这种关系具体化为64个爻卦;用阴阳"八点论"来表明阴阳物质属性之间的统一关系,并把它具体化为文王八卦;用阴阳"五点论"来表明阴阳物质属性之间的变化关系,并把它具体化为爻卦的"六划"卦形式,进而以"元、亨、利、贞"的文字表述解释五行运行的阶段性(这种五行运行关系被具体化为"金、水、木、火、土"的象征性表达形式)。《周易》之所以采用这样的"数理"认识方法,也是由当时的社会实际情况决定的。这些表明《易经》核心内含的东西,当然不可能是由文王一人完成的,而是文王开启,由《周易》的整个发展过程完成的。这种核心内含显示了,《周易》确实具有了宗卦的意义。

其次一层是,《周易》只能以具体卦的形式出现,所以它又具有子卦的意义。《周易》所表达的主要是"天人合一"的道理,其具体研究对象是当时中国的自然、社会和人事。文王八卦是在《连山》《归藏》《乾坤》、"数卦""河图""洛书"的基础上,表明了《周易》"象、数、理"认识方法的具体应用,并更具体地以卜卦的形式探讨了八卦之间的64种阴阳关系的内涵。所以,它同前述的《连山》势卦、《归藏》气卦、《乾坤》形卦、"数"卦一样,都属于以客观世界的具体属性或具体事物为认识出发点的具体卦,因而也应为《易经》宗卦的子卦。

实际上,《易经》的核心宗卦只有一个,它表明的是客观世界基本阴阳属性之间的核心关系;基本子卦应是八个,它们是以"乾""坤""坎""离""艮""兑""巽""震"八个阴阳物质属性为认识出发点的八个子整体卦;而具体子卦则有无数个,可以说世界上无数的事物,每一个都可看作是太极八卦的一个具体子卦。所以宗、子相易,就能易出生生不息的大千世界。

还需要特别指出的是,由于《连山》等古卦的失传,《周易》产生之后,宗卦与子卦的关系变得不是很清晰了。这样就导致《易经》逐渐陷入了纯理性的氛围之中,出现了两个问题:一是由于古代子卦的消失,使八卦所象征的物质性概念淡化了,它们被物象取代了;二是由于"数卦"的消失(可能从来就没有形成过一个具体的卦形),由贰、叁、肆、伍、陆、柒、捌、玖表示的十进制自然法则淡化了,它被巧妙地隐含在"太极图"的变化趋势中。这样就使《周易》变得十分难懂。

(二)《周易》宗卦隐含"数卦",是由当时人们的认识水平决定的。由于缺乏实证科学的支持,古人对八卦所代表的物质属性的具体科学内含缺乏明确的理解,只能把作为认识出发点的"自然规律"属性当作"道"看待,并把其排除在八卦之外,这样就使原本的九个物质属性变为八个。在这种情况下,就很难用十进制法则明确地表示阴阳变化规律性了。但是,当时的人们毕竟还是认识到了十进制法则对于表示阴阳变化规律的重要性,所以,他们不仅明确地提出了五行运行思想,并用"六划"卦的形式表示这种思想,还应用了二进制的方法,巧妙地反映了十进制与物质属性变化的基本关系。我们能够看到,这种二进制就内含在"太极图"中。

太极八卦是如何用二进制反映十进制规律的呢? 我们知道,"太极图"表明了八卦所代表的八个阴阳物质属性变化的阴阳互存、阴阳互变、阴阳互生三大规律性,表明了太极线的螺旋变化趋势性,表明了事物的整体寓于具体的基本存在形式和物质统一性本质的关系。所以,太极八卦是用阴阳合一的方法来认识事物的。太极八卦的阴阳合一思想表明,客观世界的事物都是由八个阴阳物质属性构成的,所以,八个阴阳物质属性可整合为一个客观事物。这种整合关系,其实就既可以看作是八卦合一的十进制关系,也可以看作是阴阳合一的二进制关系。很显然,当我们把事物的八个阴阳物质属性的变化周期看作"1",那么,它的整体整合关系即为"0",这显然就是一种二进制关系了。

(三)《周易》宗卦从本质上揭示了事物的八种阴阳物质属性的整体统一性。这八种属性分别是:乾——像天一样的行、健性;坤——像地一样的静、柔性;离——像火一样的附、离性;坎——像水一样的坎、陷性;震——像雷一样的震、动性;艮——像山一样的恒、顺性;兑——像泽一样的润、悦性;巽——像风、木一样的伸、展性,像人一样的能动性。这样就使《易经》的发展进入了揭示万事万物根本属性的理性高级阶段,使《周易》太极八卦成为名副其实的文字宗卦。

《周易》认为,任何事物都是由八种阴阳物质属性构成的整体统一,由八种阴阳属性构成的太极八卦能够展示出物质世界整体统一性的演化、运动、发展、变化的联系性。这是因为,太极八卦作为整体的、理想的、理论形态的宗卦,它虽然本身是不变的,但却能够演绎出宇宙的全部变化,也就是说,能做到以不变应万变,万变不离其宗。这种万变不离其宗的表示方法,就是让整体的宗卦不动,具体的子卦与宗卦同心旋转,旋转一圈就能够得到六十四个满卦,而满卦中的六十四个"爻卦"代表着子卦的八种具体阴阳物质属性与宗卦的八种整体阴阳物质属性之间的两两关系,每一"爻卦"的变化表示一个物质属性关系具体发展周期的阳(升)或阴(降)的变化程度的五个阶段,阴阳对应的两个"爻变"组成一个完整的周期发展过程。由于子卦是具体的、现实的实际卦,它代表着宇宙间的万事万物,因而宗、子相易,就能够展示出客观世界整体统一性的全部变化关系。这一切,表明了《易经》的成熟。

(四)成熟的周代《易经》告诉我们两点:一是阴阳物质属性的整合变化,是整体的、理想的、永恒的变化,而八卦位置旋转的"爻卦"周期发展程度变化,是具体、现实的、暂时的变化;二是阴阳物质属性的整合变化内含十进制,而"爻卦"周期发展程度的整合变化也内含十进制。

所谓阴阳属性整合,是指新生事物与陈老事物的代谢过程。决定这个新旧事物代谢过程的主要因素,是事物的物质属性层级的变化度。当事物的物质属性变化不适应事物的生存规律时,超过了一定的度,事物就要发生质变。

《易经》标定事物物质属性的层级,是三层八级("九性太极"整体统一构成是三层九级),表示出了区别阴阳属性不同的八个层级点,实际上,八卦所表示的物质属性层级之间并没有明确的界限,是既具有间断性又具有连续性的。八个层级点分为,阴仪四级——贰、叁、肆、伍(阳极阴始)和阳仪四级——陆(阴极阳始)、柒、捌、玖,连同出发点和整合点两个极点,可整合出一个整体物。

在这种整合中,事物的物质属性层级变化是服从十进制法则和太极线趋势的。这种十进制法则具体表示如下:自然规律(壹)—艮(贰)—坎(叁)—巽(肆)—乾(伍)—坤(陆)—震(柒)—离(捌)—兑(玖)—整体寓于具体的统一(拾),零为无穷。自然规律是认识的出发点,整体寓于具体的统一是认识的整合点。

所谓周期发展程度整合是指事物的兴衰更替过程。决定这个起落、升降过程的主要因素是事物物质属性自身和属性之间的关系的发展程度变化的度。当事物物质属性的发展程度不适应事物的发展规律时,超过了一定的度,事物也要发生质变。

《易经》表示事物发展周期程度等级变化是六十四个"爻卦"。"爻卦"是用六爻变化表示事物发展变化程度的阴阳性和阶段性的。两个相对的爻变(如:既济、未济,水上火下、火上水下)代表事物物质属性发展的一个完整周期。一个完整周期(一对爻卦)所标定的事物发展程度变化的等级共十个,表示出了阴阳趋势不同的十个等级点,这十个等级点之间实际上也没有明确的界限,是既具有间断性又具有连续性的。

"爻卦"的完整周期发展程度变化具体表示为:始极(一)—元(二)—亨(三)—利(四)—贞(五)—中极(上、阴阳拐点)—吉(六)—弊(七)—阻(八)—结(九)—终极(十)。("爻卦"表示为:始极为"初",中极为"上",未明示终极)

可见,世界的万千变化都源于物质属性层级和属性周期发展程度两种变化,所有的变化都是一个由始到终、由一到十的阴阳整合过程,都内含自然的十进制法则。《易经·系辞上传》第九章说:"天一地二,天三地四,天五地六,天七地八,天九地十。天数五,地数五,五位相得各有合。"还说,"是故,四营而成易,十有八变而成卦,八卦而小成。引而伸之,触类而长之,天下之能事毕矣。"可见,我们的古人当时已经基本清楚这种"数、理"变化了,这种变化是由事物的物质本性所决定,它是太极八卦最基本的内含。

第四节 十进制与"九性太极"

"九性太极"是对太极八卦的一种传承和完善,因而,它与十进制有着一脉相承的内在联系。太极八卦是古代的整体统一性认识论,"九性太极"是现代整体统一性认识论,二者的时代背景不同,认识出发点不同,科学实证基础不同,具体表达方式不同,但认识对象是一致的,得到的结论也是基本一致的。

(一)"九性太极"与太极八卦是相通的,因而,十进制在两种认识方法中所起的核心作用具有一致性。今天,我们已经能用实证科学的成果,来说明太极八卦的八个阴阳物质属性的科学内含,能够证明自然规律原本就是客观世界的物质属性之一,从而使科学的认识方法成为由九个物质属性构成的整体统一性方法。因而,太极八卦所容纳不下的自然规律性就变成"九性太极"整体统一性认识方法中极其重要的物质属性之一,这样,就使我们对十进制在太极八卦中的核心作用有了更清晰的认识,同时,能够在"九性太极"认识方法中进一步完善它。

"九性太极"认识方法不用八卦及"道"来象征,它用科学概念来表达物质属性内含,使十进制法则在它的结构中表示得更清晰、更明白。

事物的物质属性层级整合变化可表示为:认识的出发点、自然规律(一)—运(二)—能(三)—实(四)—境(五)—质(六)—通(七)—形(八)—相(九)—认识的整合点、整体寓于具体(十)。在这个表示式中,(二)——(九)按太极线趋势变化;(一)中有(十),(十)中有(一);(一)可变(十),(十)可变(一);(一)与(十)整合变化无穷,涵盖整个数学领域,表明万事万物的物质属性层级变化规律性。

显然,它与表示太极八卦阴阳属性层级变化的"道"(一)—艮(二)—坎(三)—巽(四)—乾(五)—坤(六)—震(七)—离(八)—兑(九)—阴阳整体统一(十),是一致的。

事物的周期发展程度整合变化可表示为:始极、初(一)—元(二)—亨(三)—利(四)—贞(五)—中极—吉(六)—弊(七)—阻(八)—结(九)—终极、终(十)。在这个表示式中,(二)——(九)按太极线趋势变化;(一)中有(十),(十)中有(一);(一)可变(十),(十)可变(一);(一)与(十)整合变化无穷,涵盖整个数学领域,表明万事万物的周期发展程度变化规律性。显然,它与太极八卦的发展程度整合变化是相同的。

(二)十进制核心作用的普遍性。现在我们明白了一个事实:自然数确实来自于自然,十进制确实是自然法则。这是因为,从内容上看,它们来自自然世界的物质属性;从形式上看,它们来自自然产生的太极八卦,包括字形、字意的产生都源于自然性状;而从实证科学的证明来看,它们来自能够表示客观世界九个物质属性整体统一性规律的"九性太极"。因此,十进制的核心作用具有普遍性。

当然,如果把"九性太极"认识方法的(二)——(九)变化看作是"阴(一)",把整体整合看作"阳(十)",那么,"九性太极"就成为太极八卦的阴阳合一了,十进制就变为二进制了。这表明了二进制和十进制在本质上是相通的,它们都源于太极八卦和"九卦太极"的整体寓于具体的统一,都是整体统一性认识方法的数学基石。也正因为如此,二进制和十进制一样,二者都是认识客观世界整体统一性的最普遍的工具。

由此可见,整个数学王国和客观物质世界是存在着必然的核心内在联系的。很明确,太极八卦内含十进制,"九性太极"也内含十进制,实证科学更是充满了十进制。十进制源于太极八卦,用于实证科学,现在它又把"九性太极"、太极八卦和数学联系起来,结合成为对客观世界的整体统一性认识基础。从认识科学的发展过程来看,没有太极八卦产生不了十进制,没有十进制则实证科学无法发展,没有实证科学证明不了"九性太极",没有"九性太极"这把钥匙,则很难进入太极八卦的大门。这表明,人类认识科学的发展过程也是遵循阴阳变化规律的,它也是一个由整体到具体再到整体的发展过程,而贯穿整个发展过程的,是十进制整合规律。可以毫不夸张地说,十进制表明了数学王国和客观世界的核心内在联系性,它是自然科学、社会科学、思维科学的杠杆和推进器。

第五节　十进制的哲学内含

十进制不是独立于世外的东西,它的哲学内含是显而易见的。由上面的论述可以看出,十进制伴随着人类对客观世界物质属性认识的全过程,它表明了数学世界和客观物质世界的核心联系性,推动着自然科学、社会科学和思维科学不断向前发展。因而,十进制的哲学内含需要深入地来探讨。

从具体方面看,十进制是数学,是计算形式;而从整体方面看,十进制是哲学,是认识方法。这是因为,十进制的产生源于《易经》的发展过程,这是历史事实;而它的内含则源于对宇宙万物的整体统一性认识,其中蕴含着深刻的哲学规律性。

第一,十进制体现了辩证法三大规律。其中,代表物质属性的(二)、(三)、(四)、(五)、(六)、(七)、(八)、(九)按太极线趋势变化,认识的出发点(一)与整合点(十)整合无穷;(一)离不开(十),(十)离不开(一),表现为阴阳互存规律;(一)可变(十),(十)可变(一),表现为阴阳互变规律;(一)中有(十),(十)中有(一),从(一)到(十)按照太极线趋势螺旋上升,表现为阴阳互生规律。由此可见,对立统一规律表明的是十进制变化的物质整体性依据,质量互变规律表明的是十进制变化的物质统一性内含,否定之否定规律表明的是十进制变化的太极线逻辑趋势,而"五行"运行规律则表明的是十进制变化的上升(或下降)周期形式。

第二,十进制体现了"多点论"。在太极八卦中,集中体现的是十进制的阴阳两点论、五行运行论、八卦统一论和阴阳互存、阴阳互变、阴阳互生三大规律性。而在"九性太极"中,十进制除了体现两点论、五点论、八点论和三大规律外,还体现着唯物论的实在性、存在性、可知性、体系性、系统性、过程性的三点论和九属性统一论,同时,物质属性及属性之间的相互关系也有明确的科学内含。

第三,十进制体现了客观世界的整体统一性。太极八卦是用十进制证明万事万物的整体统一性的(包括"河图""洛书""阴阳""八卦""六十四卦""五行",以及"象数派"的数理关系等,都表明的是十进制周期变化关系),"九性太极"也是用十进制证明万事万物的整体统一性的,而全部应用科学都是用十进制证明客观世界的整体统一性的。这是因为,十进制是表明客观世界整体统一性规律的核心法则,它产生于哲学就必然服从哲学规律性;它植根于自然就必然服从自然规律性。

十进制的哲学意义表明,整体统一性的认识方法是一门历史悠久的认识科学。这门科学的认识对象是整体世界的物质统一性规律,它用物质属性的整体统一结构规定性,清楚地表明了事物物质属性层级变化、周期发展程度变化的变化规律性。这个规律的物质存在具体表现形式是质量互变、对立统一、否定之否定三大规律,整体体统运行表现形式是"五行"运行规律,整体统一性的核心表现形式是太极线趋势和十进制法则。让我们对照一下十进制在太极八卦和"九性太极"中的具体表现形式吧。

太极八卦的物质属性层级变化表现为:壹(自然规律)—贰(艮、阴)—叁(坎、阴)—肆(巽、阴)—伍(乾、阳、阳终阴始)—陆(坤、阴、阴终阳始)—柒(震、阳)—捌(离、阳)—玖(兑、阳)—拾(整体寓于具体、阴阳统一),零为变化无穷。这个表达式表明了物质属性的三层八级的变化规律性。壹、拾在结构图中不很明确,但大写数字和结构图的内涵表明,它们是辩证统一的,是认识事物的起始点和归宿点,是新旧事物代谢的质变的标志。这个表现形式的整体变化趋势服从太极线趋势,整体变化规律服从十进制法则。

太极八卦的周期发展程度变化表现为:一(初极、阳)—二(元、阳)—三(亨、阳)—四(利、阳)—五(贞、阳)—(上极)—六(吉、阴)—七(弊、阴)—八(阻、阴)—九(结、阴)—十(终极、阴),零(表示变化无穷)。始极、上极与终极是辩证统一的,是认识周期发展程度变化的起点、高点和归宿点,是否定之否定的螺旋周期的起点、阴阳拐点和终点。这个发展周期的整体变化趋势服从太极线趋势,整体变化规律服从十进制法则。

这里需要说明的一点是,在《易经》"爻卦"卦辞中只明确了"初、元、亨、利、贞、上"的变化性,没有明确"上、吉、弊、阻、结、终"的变化性,也就是只讲了过程的上升阶段而没讲下降阶段。这其实也不难理解,孔子说过,"未知生,焉知死",意思是,弄不清事物的生长规律性,就很难弄清它的消亡规律性;而能弄清事物的上升规律性,就容易弄清它的下降规律性。

"九性太极"的物质属性层级变化较易理解,它的物质属性变化表现为:(一)自然规律—(二)运—(三)能—(四)实—(五)境—(六)质—(七)通—(八)形—(九)相—(十)整体寓于具体整合,零为变化无穷。这个形式表明,九个物质属性构成一个整体寓于具体的物,新旧代谢中的事物是无穷的,其物质属性的整体变化规律服从太极线趋势和十进制法则。

"九性太极"的周期发展程度变化表现为物质属性之间的关系变化和事物的体系、系统、过程三种变化。物质属性之间的关系变化与《易经》"爻卦"变化类同,而体系、系统、过程变化具体表现为:体系变化,(初1)基—(元2)元—(亨3)

组—(利4)器—(贞5)体—(吉6)体—(弊7)器—(阻8)组—(结9)元—(终10)基;系统变化,(初1)源—(元2)藏—(亨3)流—(利4)布—(贞5)化—(吉6)化—(弊7)布—(阻8)流—(结9)藏—(终10)源;过程变化,(初1)生—(元2)幼—(亨3)少—(利4)青—(贞5)强—(吉6)壮—(弊7)弱—(阻8)老—(结9)衰—(终10)亡。

这些"五行"变化形式,反映了《易经》"爻卦"的"初、元、亨、利、贞、吉、弊、阻、结、终"周期变化的具体性。它使我们清楚地看到,事物的生死、源流基本关系都不是孤立的,这些关系是统一于它的整体体系、系统运行发展过程之中的,是统一于它的九个物质属性的整体统一性之中的。这是由太极线趋势和十进制法则决定的。

这就表明,十进制与太极八卦、"九性太极"之间有着深刻的内在联系,无论是在形式方面、内容方面、作用方面以及哲学内涵方面,都存在着整体统一性的核心内在联系性。我们原来只知道事物的性质有差别,但是很笼统;而整体统一性认识方法告诉我们,事物的物质属性变化是有规律的,其物质属性层级的变化要服从太极线趋势和十进制法则。我们原来对事物的周期发展程度变化的认识相对深刻一些,但也不十分明确;而整体统一性认识方法告诉我们,事物的运动发展变化是有规律的,这种变化也要服从太极线趋势和十进制法则。

这就告诉我们,整体统一性认识方法确实是很重要的,其中最重要的一点,是它使唯物论和辩证法的客观性和科学性变得更清晰、更具体了。具体表现在:事物的物质属性变化性有了层级的界定性;事物的运行发展变化性有了周期的规定性;事物的演化运化进化周期性有了五行运行的规律性;事物的物质本质属性有了科学实证的基础性;事物的整体统一规律性有了直观的结构性。这样,就使质量互变、对立统一、否定之否定三大规律变得更具体了,唯物论、辩证法与唯心主义、形而上学的界限也变得更清晰了。

第六节 十进制的启示

十进制源于自然,发现并创立于《易经》,数千年来它只是用于自然科学和社会科学,却似乎与思维科学无缘,这种情况应当给我们一定的启示。

(一)要正确地认识《易经》的科学性。《易经》确立了整体性、统一性和联系性在思维科学中的地位,它发现了三大规律,表明了物质属性变化、周期发展变化的趋势变化性和等级变化性,因而自然地发现了十进制并把其作为太极八卦的核心,使十进制的触角伸向自然科学、社会科学、思维科学的各个领域,成为数千年来人类认识事物的思想武器。因此,《易经》哲学思想的科学性是要正确地认识和对待的。

(二)要正确地认识《易经》的缺陷性。由于缺乏实证科学的基础,《易经》只是给出了一个比较科学的认识方法模式,但却模糊了客观的自然规律性。这样,就使这种古代认识方法的科学性受到了很大的限制,科学的整体统一性规律被罩上了层层迷雾,只剩下理论层次的阴阳两点论,因而就很难抵御唯心主义迷信和形而上学的围困。《易经》最大的困惑在于,它始终对自然规律的物质属性莫名其妙,所以,只能把这种自然规律性放到"道"里去,这样就必然使其自身也变得难于理解。《易经》的基本逻辑是:"道"从哪里来,从自然整体中来;阴阳整体从哪里来,从"道"里来。这样就必然使"道"成为数千年解不开的难题。在这一点上,《易经》显然变成了唯"道"(理)论,它把本来属于自然整体的"道理"(规律)主观地分离出去,放在外边,并用这种"道理"把客观存在自然整体和认知对象阴阳整体分割开,变成了千古谜团。在这种谜团的笼罩下,十进制也只能离它而去了。因此,《易经》哲学思想的缺陷性也是要正确地认识和对待的。

(三)要正确地估价古人的认识能力。五千年前的古人不是没有意识到自然规律的客观性,而是没有认识到自然规律的科学性,是当时确实还不具备认识自然规律("道")科学性的基础和前提。《易经》的伟大之处,在于它的阴阳整体论中内含的三大规律和十进制奠定的科学基础,这是中华民族对世界最伟大的贡献,是我们最值得自豪的闪光点;《易经》的不足之处,在于缺少实证科学支持和对自然规律缺乏科学性的认识,这是它长期得不到发扬光大的最根本的原因,是我们最需要注意的。

《易经》的这种伟大和不足之处,正好表明古人和古代整体统一认识能力的古朴特征:发现了十进制的科学基础,却得不到科学的支持;发现了三大规律,却不能用实证科学去解释。因此,我们现代人在正确评估古人认识能力的同时,一定要把自然规律看作物质属性,并给以深刻的认识。因为自然规律性与其他八个物质属性一样,的的确确也是物质的本来属性。如果认识不到这一点,即便是现代人也会陷入盲目性的,今天的社会中,这种因漠视和违反科学规律性而陷入迷信和盲目性的例子还少吗?实在是太多了。

(四)要正确地认识世界观问题。世界的客观性、真实性和联系性是我们确立科学世界观的前提。十进制与整体统一性认识方法的内在关系,表明了物质世界的整体统一性的真实联系性,表明了马克思主义的唯物论和辩证法的正确性,同时也表明了我们对唯物论和辩证法的把握,将会变得更具有整体寓于具体的特征。这一点可以从五个方面来说明:

第一,古代太极八卦整体统一性认识方法向我们表明,客观世界是一个由三个层次、八个物质属性构成的阴阳统一整体,这个整体是阴阳互存、阴阳互生、阴阳互变的物质统一体,并内含八种物质阴阳属性之间的六十四种基本联系性。

第二,现代"九性太极"整体统一性认识方法向我们表明,客观世界是一个由三个层次、九个物质属性构成的辩证统一整体,这个整体是对立统一、质量互变、否定之否定的物质统一体,是物质的实在性、存在性、可知性的统一体,是物质的体系性、系统性、过程性的统一体,并内含九种物质基本属性之间的八十一种基本联系性。

第三,十进制的发现和应用向我们表明,自然科学、社会科学和思维科学都是关于物质世界整体统一性的科学认识,三者构成了统一的科学知识体系,并相互印证世界的整体统一性的客观性、真实性和联系性。

第四,十进制的核心作用向我们表明,客观世界万事万物的变化从总体上看有两种:一是旧事物消亡到新事物产生的代谢过程,表现为事物物质属性层级的变化;二是事物产生后的生长成熟和败落衰亡过程,表现为事物周期发展程度的变化。而事物的新陈、兴衰两种变化都服从太极线趋势和十进制法则,其变化过程都不是凭空完成的,而是有一个表明事物自身功能的物质载体,这个功能载体表现为它的体系演化、系统运化、过程发展进化的"五行"变化性。这样就使我们在对三大规律的认识和把握时,有了变化程度的考量和载体运行的把握。

第五,十进制与太极八卦、十进制与"九性太极"的内在关系表明,自然科学、社会科学和思维科学的大统一理论是存在的。应该说,十进制就是其中之一。李约瑟在《中国科学技术史》中曾经说过:如果没有这种十进位制,就不可能出现我们现在这个统一的世界了。这是因为,十进制根源于自然,发现于《易经》太极八卦产生发展过程,运用于自然和社会科学的具体实际需要,证实于实证科学的理论和实践成果,因而,它是人类科学思想的最高抽象。这一科学思想深藏于哲学、社会科学、自然科学之中,而它又是那样的熟悉而朴实,真可谓简单到儿童、文盲随意使用,复杂到可以支撑科学世界的整个大厦。

综上所述,从牛顿力学到爱因斯坦相对论,从达尔文进化论到系统论,从马克思主义政治经济学到中国特色社会主义理论,从《易经》整体统一观到恩格斯的世界整体论和物质统一论,从社会科学、自然科学到数学十进制,我们都能从中找到

"九性太极"这种认识方法反映客观世界整体统一性联系性的具体依据。也就是说,只要是客观世界真实存在的事物,它们都表现为由九个物质属性构成的整体统一,这种整体统一都表现为一个个新陈代谢、兴衰更替的周期过程,这种周期更替过程都表现为"初、元、亨、利、贞、吉、弊、阻、结、终"的"五行"变化整体统一规律性,而这种整体统一规律性又是由一个个具体事物来承载的。

大道至简、至深。客观世界的整体统一性既可以在"太极八卦""九性太极""质能关系""十进制"等这些简明扼要的认识形式中来反映,又可以用无数很普通的事物来说明,而它的内涵又总是那么深邃、那么不可穷尽。因此,我们能够用整体统一性的认识方法来认识万事万物。万事万物中,"人"是最复杂、奥妙的。如果能用这种整体统一性的认识方法说明了"人"的物质整体统一性,那么,就表明我们对客观世界整体内涵的理解,达到比较具体、深刻的程度了。

第七章

整体统一性的人体观

人为万物之尊。如何认识人的客观性、真实性和联系性,这是认识论必须回答的问题之一。对此,《易经》提出了"天人合一"的思想,数千年来,这一思想一直影响着人们对宇宙演化、时事变迁、社会运行和人类行为的认识。但是由于时代的局限性,这一思想还只是一种对客观事物整体统一性的感知性认识。原因在于,《易经》的太极八卦整体统一性认识方法始终难以得到实证科学的支持,这就使其对"人"和"天"的整体体统性和物质统一性的科学性内含,始终缺乏具体的实证基础。

第七、八两章将用"九性太极"的认识方法,来具体地探讨一下"人"这一物的整体统一性本质属性。如果我们能依据实证科学的现实基础,用这种新的整体统一性认识方法真正说明了"天人合一"的道理所在,那么,一方面能够表明"人"这一最具代表性的实物的客观性、真实性和联系性;另一方面能够表明"人"和万事万物的共通的整体统一性;同时也能够表明"九性太极"和太极八卦这种整体统一性认识方法的既有综合、又有分析的特性。

第一节 人是最具代表性的研究对象

人作为具体事物,它是认识事物整体统一性最合适的研究对象。这是因为,人首先是自然物,它源于自然界又生存于自然中,是生物进化发展的结果;其次,人是社会的主体,有了人才有了社会,才有了社会活动中万千的变化,而人又在社会千变万化的活动中不断地发展进化着;再次,人还是思维的载体,只有人能够完成认识世界、改造世界的过程,而人的这种认识、实践过程又是无止境的。所以,把"人"作为万事万物的"代表"来研究,最有利于表明整体统一性认识方法的应用性。

（一）这里要研究的是现实的人，是把人当作一个"物"来研究的。用"九性太极"的认识方法研究人时，首先必须明确的是，作为研究对象的"人"，它是代表万物的一个具体物，因而我们要研究的，是人这一具体"物"的物质属性。

那么，人作为一种自然存在的具体物，它到底是什么呢？让我们先看看马克思和恩格斯的论述："人作为自然存在物，一方面具有自然力、生命力，是能动的自然存在物；这些力量作为天赋和才能、作为欲望存在于人身上；另一方面，人作为自然的、肉体的、感性的、对象性的存在物，和植物一样，是受动的、受制约的和受限制的存在物。""说人是肉体的、有自然力的、有生命的、现实的、感性的、对象性的存在物，这就等于说，人有现实的、感性的对象作为自己的本质即自己的生命表现的对象；或者说，人只有凭借现实的、感性的对象才能表现自己的生命。"[59]"任何人类历史的第一个前提无疑是有生命的个人的存在。因此第一个需要确定的具体事实就是这些个人的肉体组织，以及受肉体组织制约的他们与自然界的关系。"[60]"事实上，我们一天天地学会更加正确地理解自然规律，学会认识我们对自然界的惯常行程的干涉所引起的比较近或比较远的影响……这种事情发生的愈多，人们愈会重新地不仅感觉到，而且也认识到自身和自然界的一致，而那种把精神和物质、人类和自然、灵魂和肉体对立起来的荒谬的、反自然的观点，也就愈不可能存在了。"事实上"我们连同我们的肉、血和头脑都是属于自然界，存在于自然界的；我们对自然界的整个统治，是在于我们比其他一切动物强，能够认识和正确运用自然规律。"[61]应该说，马克思和恩格斯还有一些没讲到的方面，这主要是之后才发现的对人体基因、核酸等微观方面的新发现和新认识。但是无论如何，他们确实已经指出了人的多样性的综合，这种多样性主要是指人的自然存在、生命力、自然力、欲望、肉体组织、感性、对象性、本质、自然规律、精神、物质、对自然界的统治，等等，表明了"人"是一个多层次的复杂的物质体系，表明了"人"这一物质体系既是自然界的产物，又是生物界的产物；既是社会的载体，又是认识的主体；既具有人的自然化与自然的人化相结合的一致性，又具有主、客载体为一具体物的一致性。

但是，对人的认识仅到这一步还是不够的。因为很显然，一些更深层的问题，如，人的物质属性是什么，人的整体统一性是什么，客观世界的整体统一性又是如何寓于人这个具体物的，等等，这些关于人的整体统一性的诸多问题还不清楚，还需要做出科学的回答。而这种回答只能由"九性太极"整体统一性认识方法来给出。

(二)对人的认识,需要整体统一性的认识方法。前面已经对"九性太极"整体统一性认识方法进行了深入的探讨,为了更科学地认识人的整体统一性,我们把这种认识方法的基本内含归纳为如下五个层次。

第一,事物的客观性、真实性、联系性表现在九个物质属性构成的整体统一规律性中。其中:整体体统性主要表现为事物的整体体系演化性、系统运化性和过程进化性;物质统一性主要表现为事物的物质实在统一性、存在统一性和可知统一性。这种物质整体统一性的"九点论",既表明了事物的整体统一综合性,又反映了客观世界最基本的两种规律性:一是客观事物的物质存在统一性是与其实在统一性相适应的,而可知统一性是由存在统一性对实在统一性的适应程度决定的;二是客观事物的整体系统运化性是与体系演化性相适应的,而过程进化性是由系统运化性对体系演化性的适应程度决定的。

第二,物质整体统一性规律反映了客观事物的本质联系。由九个物质属性构成的整体统一性表明,客观世界的物质实在统一性由质量结构性、能量聚散性、时空环境物质分布性构成,物质存在统一性由形态演化性、运动行止性、发展通达性构成,物质可知统一性由信息真相性、规范规律性、实际实践实证性构成;客观世界的整体体系性物质基础由质量结构性、形态演化性、信息真相性构成,整体系统性物质基础由能量聚散性、运动行止性、规范规律性构成,整体过程性物质基础由时空环境物质分布性、发展通达性、实际实践实证性构成。这就是整体统一性认识方法的"三点论"。这种"三点论"是一种综合性认识方法,它是把握客观事物本质联系的根本方法之一。(中国当代著名思想史家庞朴先生的《一分为三论》,就是一部论述"三点论"的名著)

第三,周期性的"五行"运行表明了客观事物整体统一性的变化趋势。这种变化趋势既表现在事物的整体体系性、系统性和过程性的"五行"周期变化之中,又表现在事物的物质实在统一性、存在统一性、可知统一性的周期变化之中,还表现在两个物质属性之间关系的周期变化之中,这是整体统一性认识方法的"五点论"。这种"五点论"是一种综合性认识方法,它表明了客观事物的物质整体统一性运行关系,具体表现为"初、元、亨、利、贞"的上升期与"吉、弊、阻、结、终"的下降期的整体周期运行过程。

第四,具体分析方法主要在于把握物质属性之间关系的变化性。《易经》的六十四"爻卦"就是对阴阳属性之间关系的具体分析,而"九性太极"认识方法中有八十一种物质属性之间的关系。对这些物质属性之间关系的具体分析表明,客观事物的两个物质属性之间的关系不是静止的,而是变化的,这种变化也表现为

"初、元、亨、利、贞"的周期性,呈现出由上升到下降的周期变化趋势。所以,关于物质属性之间关系的整体统一性认识是"两点论",它是整体统一性认识方法的具体分析方法。

第五,整体统一性规律的核心,是太极线趋势和十进制法则。整体统一性的认识方法表明,太极线趋势和十进制法则反映的是世界客观性、真实性、联系性的核心规律。这一核心规律表明了唯物论的物质统一性、整体体统性和"五行"运行规律性;表明了唯物辩证法的质量互变、对立统一、否定之否定三大规律性;表明了实证科学的十进制基本数量关系;表明了太极八卦和"九性太极"的整体统一性承继关系。

以上五点就是整体统一性认识方法最基本的内含。我们要认识客观世界,认识人类社会及人体本身,需要科学地把握这些基本内含,并把其应用于对具体事物的认识过程。

(三)要科学地看待人类发展史。实证科学的发展已经表明,现实的人是生物进化的结果(生物层次),是人类社会发展的结果(社会层次),是历史人的进步进程的现实载体(历史层次),而这个现实载体是十分复杂的。

从物质统一性的角度看,不同层次的人都是由九个物质属性构成的实在性、存在性和可知性的整体统一,这是人的物质本质属性;从整体体统性的角度看,不同层次的人都是九个物质属性构成的体系演化性、系统运化性和过程进化进步性的整体统一,这是人的物质载体属性;而人的整体体统性和物质统一性又都表现为"初、元、亨、利、贞"和"吉、弊、阻、结、终"的新陈代谢、兴衰更替周期变化趋势性。

从人类社会层次看,它是九个物质属性构成的整体统一,是"人类社会"这一物的三个物质实在性、三个物质存在性、三个物质可知性的整体统一。在这个整体统一中,社会体系性表现为由社会物质基础(社会化人、社会化物质)、社会家庭、社会组织、社会团体、社会整体"五行"构成的体系演化性;社会系统性表现为由社会物质的生产、储藏、流通、配置、消费"五行"构成的系统运化性;社会过程性则表现为由原始社会、奴隶社会、封建社会、资本主义社会、社会主义社会(共产主义)"五行"构成的过程进步性。这一点已由社会发展史和马克思主义政治经济学理论所证明。

从人类的层次看,它是九个物质属性构成的整体统一,是由人类这一事物的三个物质实在性、三个物质存在性、三个物质可知性构成的整体统一。在这个整体统一中,人类体系性表现为由物质肉体生理层、自然个体生物层、社区家庭生活层、民族国家生存层和宇宙地球生态层"五行"构成的体系演化性;人类系统性表现为由人口及"人化"物的生产、储藏(承载)、流动、分布、消耗"五行"构成的系统运化性;人类过程性则表现为由类人猿、原始人、体力人、智力人、智能人"五行"构成的发展进步性。这一点已由"人类学"给予了基本的证明(有些方面还需要做继续深入的探讨)。

从人体的层次看,它是九个物质属性构成的整体统一,是由人体这一事物的三个物质实在性、三个物质存在性、三个物质可知性构成的整体统一。在这个整体统一中,人体体系性表现为由基因、细胞、组织、器官、整体"五行"构成的体系演化性;人体系统性表现为由肺经、肾经、肝经、心经、脾经"五行"构成的系统运化性;人体过程性则表现为由胎年、幼年、少年、青年、强年"五行"构成的周期发展进化性。这已经由医学科学给以基本证明。

从生物进化的层次看,人来自于自然,来自于生物,它处于生物进化的最高端,这已由达尔文进化论及生物科学的"五界说"所证明。生物进化理论既表明了人的物质起源,即表明了人也是客观世界物质整体统一性的具体组成部分;同时,也表明了人是脱胎于生物界的,它产生于客观世界较低级事物的整体体统性和物质统一性之中。

我们知道,人类对人体自身的认识经历了十分漫长的历程,中医和西医就是在这一漫长过程中逐步发展起来的医学科学。但是时到如今,中医和西医仍没有真正地结合起来,这说明什么呢?这种情况只能说明,人类对人体本身的认识也是一件非常困难的事情。如果用整体统一性的认识方法来认识中医和西医,就会发现:西医理论其实主要是从人体的体系演化性出发来认识人体生命运行发展规律性的;而中医理论则主要是从人体的系统运化性出发来认识人体生命运行发展规律性的。就是说,虽然中、西医理论都是从人体实际出发认识人体生命规律的,但都未达到对人体的整体统一性认识的水平,这就是中西医至今未能结合起来的真正原因。因此,中西医结合是未来人体医学发展的必然趋势,这是真正科学把握人体生命本质规律的唯一途径。

第二节　人体的物质整体统一性

肉体生理形态的"人"是我们的具体生理人体。作为一个生存形态,生理人体也应当具有物质属性的整体统一性。当我们用"九性太极"的认识方法来研究生理人体的物质整体统一性时,是把人体的生命运动发展过程,看作一个由生到死的质量、能量、时空环境转换流动周期过程。同宇宙中的任何事物一样,这一转换流动周期过程也表现为九个物质属性的整体统一性。

(一)生理人体的实在性范畴由"质""能""境"三个物质属性构成。"质"属性是人体的不同层次的形体结构存在的实在性基础,是人体的质量流的实在性和以基因体为物质载体(基因结构是决定人体这一物的质量流本质的具体物质载体)的质量结构性统一。现在,基因图谱的秘密正在逐步揭开,人体的这种质量结构统一性,已经从实证科学的微观层次展示出了它的真实性。"能"属性是人体的不同层次生命运动存在的实在性基础,是人体的能量流的实在性和以细胞体为物质载体(细胞结构中的线粒体是决定人这一物的能量流本质的具体物质载体)的能量聚散性的统一。人体的这种能量聚散性具体表现为生命力和生命关系的矛盾作用,而生命力表现为人的体力和智力,生命关系主要是人体的新陈代谢关系和兴衰更替关系。"境"(时空)属性是人体的不同层次的生物钟物质分布环境、生理生存空间物质分布环境周期波动存在的实在性基础,是人体的时空流的实在性和以人体(人群)的宏观组织系统为物质载体(人体的宏观结构系统是决定人这一物的时空流本质的具体物质载体)的时空环境物质分布性的统一。人体的这种时空环境物质分布性整体上表现为对地球表面时空环境的物质分布占有关系,具体表现为基因、细胞、组织、器官、个体的在人体(或人群)内部时空环境中的物质分布关系。目前,许多人对这一点的认识是不够的。

(二)生理人体的存在性范畴由"形""运""通"三个物质属性构成。"形"属性是人体的物质存在性与人体个体(或群体)的体系具体性相结合的表现形式,具体表现为基因体、细胞体、组织体、器官体、个体、群体体系的存在形态。"运"属性是人体的运动存在性与生命运动、思维运动的具体性相结合的表现形式,具体表现为基因存活、细胞活动、组织活动、器官活动、个体运动、群体运动的系统运动形式。"通"属性是人体的进化发展存在性与生命周期具体性相结合的表现形式,表现为人体不同层次的寿命周期的不可抗拒的通达形式,具体包括基因、细胞、组织、器管、人体、人群的新陈代谢存活周期的通达形式。

(三)生理人体的可知性范畴由"相""律""实"三个物质属性构成。"相"属性是人体的真相客观性与信息具体性的结合,具体表现为形形色色的外在信息特征。例如,人的掌纹与健康、智商有关,并存在单基因遗传,这一观点已得到生命科学界的肯定;再如,子女的面相像父母,这也是无可争议的客观事实。这些都表明了人体"相"属性的物质信息客观性。"律"属性是人体能被认识的规律客观性与规范具体性的结合,具体表现为人体这一事物不同层次的规范规律性。其中,最基本的规律有基因的质量结构遗传性规律、细胞的能量转化性规律、系统的质量能量代谢性规律和人的整体的时空环境物质分布性规律等。海克尔认为,有机体在其胚胎发育过程中要重映它的种族进化的主要阶段。这是因为,人体最初产生于自然界,它必须服从自然规律,因而在它的基因里携带了适应多种自然规律的信息;人体直接产生于生物界,它必须服从生物规律,因而在它的基因里也携带着适应多种生物规律的信息;人体本身仍在不断地进化发展中,它必须服从并适应自身的特殊生存规律和新的进化要求。因此,人体的规律属性是最复杂的。"实"属性是人的现实实际可以改变的客观性与能动实践、实证具体性的统一,具体表现为自然变化的实际性(自然人属性)和自觉变化的实践实证性(社会人属性)。

上述关于人体的九个物质属性的整体统一性可表述为:物质以人体特定的生命形态,遵循特定的生命规律,按照特定的生命周期在运动;生命形态表现为人体不同层次的结构组织形态;生命周期过程表现为人体对特定时空环境的占有过程;生命运动表现为人体生物能、智能对人的行为的支配运行;而从总体上看,人体的表相信息可以说是形形色色、变化万千,但本质上表现为构成人体这一"物"的物质的质量结构性与形态演化性、能量聚散性与生命运动性、时空环境物质分布性与进化发展周期通达性的整体统一性。用一句话来概括,就是生理人体是具有实在性、存在性和可知性的整体统一性的。因此,我们在感知人体的生理信息性、认识人体的生命规律性、把握人体的实际变化性时,一定要弄清两点:一是人体整体的物质存在性是不断与其物质实在性相适应的,而它的物质可知性是由存在性对实在性的适应程度决定的;二是人体整体的整体系统性是不断与其整体体系性相适应的,而它的整体过程性是由系统性对体系性的适应程度决定的。

这就是关于生理人体九个物质属性的整体统一性的基本内含。当然,人是一个多层次的复杂事物,其他层次的"人"(例如自然人、社会人等)也都具有九个物质属性的整体统一性,都能用整体统一性的方法进行分析。这些都是需要继续深入探讨才能弄清楚的。

第三节　人类对自身认识的局限性

通过前面的分析已经能够看出,人确实是迄今为止已知的最复杂的事物。人作为一个"物"的这种复杂性,主要在于它不仅具有自然属性,还具有社会属性和思维属性。而这种复杂性与目前人类认识方法中存在的形而上学局限性,却形成了很大的反差,使人类对自身复杂性的认识从总体上看,还受到许多限制。这一点从以下几方面可以得到说明:

(一)受科学技术水平的限制,人类对生命、特别是对智慧生命的认识水平还不高。我们知道,人体细胞结构、血液循环等的发现才几百年,而微观的基因理论的提出还不到百年,虽然说现在人类对基因图谱已经有了基本的认识,但我们至今还不能用化学的方法制造出一个看似寻常的细胞。其根本原因在于,我们现在对基因、蛋白质的构造的认识,以及对生命单元的基本结构和运动机理的认识,还不是十分清楚。这种状况表明,生命确实是很复杂的,智慧生命是更复杂的,人类关于生命的未知领域还是很多的,我们对生命的认识至今仍是很有限的。

因此,千万不能把生命、特别是不能把智慧生命简单化,不知就是不知,不懂就是不懂。那种简单地给生命、给精神下定义、做结论的做法,是违反科学规律的。

(二)人类对于生命认识的限制主要源于对整体世界认识的有限性。时至今日,生命科学没有解决遗传问题,思维科学没有解决迷信问题,经济科学没有解决贫穷和危机问题,社会科学没有解决可持续发展问题,环境科学没有解决污染问题,宇宙科学没有解决大统一问题……这其中的原因是什么呢? 是人们对客观世界的物质统一性的认识还不是很深刻,对物质属性之间的联系性的认识还不是很深刻,对人作为主体的感知、认知和践知性与客体的信息、规律和实际实践性的关系的认识还不是很深刻。总的看,就是对物质世界的整体统一性的认识还不是很深刻。量子科学、纳米科学、生命科学、宇宙科学等领域的发展,一方面说明人类认识能力的进步,同时也表明人类认识路程的漫长。的确,现有的关于微观世界和宏观世界的理论,都还没有达到能够弄清生命机理的水平,实际上正表明了人类目前对世界整体内涵理解的有限性。

因此,必须深化对物质世界整体统一性的认识。人类如果不能把握这种整体统一性的认识方法,就不可能弄清"世界的真正的统一性是在于它的物质性"的道理,也就很难突破对于生命认识的局限性。

(三)对于生命的科学性认识与对生命现象的感知是两回事情。这应当从三个层次来看待:一是从事物的表现层次看,我们只能面对事物的现象,包括自然界、生物界、智慧生物界及社会中的千变万化的大量现象。但面对这些现象时必须要弄清楚,知其然是一回事,知其所以然是另一回事;二是从事物存在层次看,我们对客观存在的事物的认识尽管说是永无止境的,也是非常艰难的。但必须要弄清楚,对于我们所要认识的具体事物,总是能够通过一个个循环往复的认识过程,透过现象最终认识其本质的;三是从事物的本质层次看,我们对客观事物的认识是指真正认识了它的本质内含。但必须要清楚,这种对本质内含的认识,是指认识了事物的以质量结构性为物质基础的形态存在性、以能量聚散性为物质基础的运动存在性和以时空环境物质分布性为物质基础的发展过程存在性的规律性,即认识了它的整体统一性。从以上三个认识层次可以看出,人类对客观事物的认识是一个长过程,对于认识智慧生命来说,这个过程会更长。由此可知,目前我们对于自身生命本质规律的认识和把握,确实还未达到很深刻的程度,可以说许多方面还处于必然王国之中。这可以举出许多例子来说明,如基因构造、生物能、智能、睡眠、记忆等,都是未知数;人体的许多疑难病症都是未知数;人类进步及人类社会发展过程中,也有大大小小的未知数。

因此,一定要首先承认这种未知领域的存在,这才是科学的态度。科学的态度是获得一切科学认识的必要前提。

第四节 正确认识人体的整体统一性本质

科学承认一切有可能产生的“有”,但不承认不可能产生的“有”;科学承认全部未知,但不承认愚昧无知。人类的科学发展史表明,认识一般事物需要科学的认识方法,认识人体生命更需要科学的认识方法。“九性太极”作为整体统一性的认识方法,就是一种有利于突破人类思维领域现存的形而上学局限性、有利于弄清人类对生命认识的局限性、有利于透过复杂的生命现象正确把握人体这一“物”的九个物质属性的整体统一规律性、有利于客观真实地分析人体的三种实在属性及其存在形式的认识方法。

人体的三种实在属性就是它的质量结构性、能量聚散性和时空环境物质分布性,它们的具体存在性就是形态演化性、运动行止性和发展过程通达性。这三种实在性和三种存在性有机地结合在一起,结合为人体的物理的、化学的、生理的、思维的生命运动过程,而这些生命运动过程都有各自的存在、转换、代谢渠道和信息调控系统。

基因是人体质量转换的载体。人体的基因按遗传信息和规律进行自我复制,决定着人的生命质量,因而,它是决定人体这一物区别于其他物的最根本的本质标志。人的基因是具有特定结构性的双螺旋结构体,它决定着人体的最基本的两个整体统一性规律,即新陈代谢规律和兴衰更替规律。人体的基因体是活的,是不断更新的,它控制着人的质量结构需求,形成了人体的质量流动系统。因而,人体的质量流表现为从微观的基因体复制到宏观的生命整体代谢的动态流动过程。

人体的质量结构性曾经是科学界最大的谜团。基因理论的创立才解开了这一谜底,使我们真正认识了它的本质。

细胞是人体能量转换的载体。细胞是构成人体生命的基本组织单位,也是生命的基本功能单位,它是人体完成各种生理活动、适应各种环境变化的基本单元。因而,细胞不仅体现了人体的物质转化性,而且体现了能量转化性,人体的每一个细胞都是能量转换的具体载体,每一个细胞就是一个"微电机"。人体细胞中的线粒体就是人体的"能量工厂",其基本功能是将细胞中的有机物当作燃料,使这些有机物与氧结合,转化成二氧化碳和水,同时,将有机物中的化学能释放出来,供细胞使用,为人体提供绝大多数能量。而人体的各种活动,包括思维活动所需的能量,都是由细胞线粒体的"工作"来提供。因而,人体的能量流是从微循环系统到整体循环系统的能量动态流动过程。

人体的能量流在中医理论中被认为是"气",由于细胞能量转换功能的发现,才使我们对它的真实性有了深入的理解。

那么,时空环境转换的载体又是什么呢?我们看到,人体科学至今未提到过时空环境转换的物质载体,而实际上人体每时每刻都在与环境进行着质量、能量和时空的转换。这就是说,没有这种时空转换,人体就不是生命物质意义的"人"了。因此,有必要着重讨论一下人体的时空环境物质分布性问题。

恩格斯在谈到这一点时曾经说过:"任何一个有机体,在每一瞬间都是它本身,又不是它本身;在每一瞬间,它同化着外界供给的物质,并排泄出其他物质;在每一瞬间,它的机体中都有细胞在死亡,也有新的细胞在形成;经过或长或短的一段时间,这个机体的物质便完全更新了,由其他物质的原子代替了,所以每个有机体永远是它本身,同时又是别的东西。"[62]

老子在《道德经》中也有过类似的描述:"惚兮恍兮,其中有象;恍兮惚兮,其中有物;窈兮冥兮,其中有精;其精甚真,其中有信。"说它是处于恍恍惚惚、窈窈冥冥的状态,以忽隐忽现的方式存在着的一种看不见、听不到、摸不着,且拥有能量、载有信息、流动着的物质现象。

从恩格斯和老子的描述中能够看到什么呢?看到的显然是无数的过程,是无数的质量、能量、时空环境的流动过程。过程是什么?它既不是质量,也不是能量,而是时空环境流动的物质分布表现形式。人们对质量、能量转换机制容易理解,是因为有了具体的科学证明;而对时空转换机制难以理解,原因在于对时空环境流动的物质表现形式还认识得不是很深刻。但是,整体统一性的认识方法告诉我们,"境"时空环境物质分布属性是客观世界的物质实在性,它当然也应是人体这一物的物质实在性。

时空环境转换是宇宙的普遍规律,人体这一物当然也应当存在着时空环境转换过程。这就是说,没有时空环境转换是不可能构成人体这一特殊物的,人的时空环境转换机能的停止,就是生命过程的停止,那就是人的生命的终结。

人体的时空分布有特定的转化渠道、调控系统和表现形式。我们知道,人们祛病保健的方法有多种:食(药)物疗法是通过增减肌体质量和调节机体能量来进行的;运动疗法是通过增减肌体能量和调节机体质量来进行的;基因疗法是通过恢复肌体微观结构,使生命组织健康、活力旺盛来进行的;而针灸、按摩和心理等疗法是什么呢? 如果用太极八卦和"九性太极"的认识方法来分析,只能是通过时空环境的物质分布实在性来实现的,就是说,只能是通过控制某些生理过程和生物钟,以改变肌体的活动空间和运动周期等时空环境物质分布状态,从而改善肌体质流、能流、信息流的流动性,达到增强生命活力的目的。因此可以认为,人体的时空转化功能正是针灸、按摩、心理等治疗方法的主要客观物质实在性前提,这种转化的物质载体恰好就是人的整个活肌体,而目前的最好实证依据就是中医的实践和理论。

第五节　中医是对人体的整体统一性认识

不能认为中医是无源之水、无本之木。中医是用整体统一性的认识方法认识人体的医学科学理论,其理论和实践的基石,是《易经》阴阳五行论。前面我们已经证明了,《易经》整体统一性认识方法对于事物"阴"物质属性的认识为"坤、艮、坎、巽",这四卦实际就是象征质量结构性、运动行止性、能量聚散性和实际实践实证性的;而对于"阳"物质属性的认识为"乾、震、离、兑",这四卦实际就是象征时空环境物质分布性、发展通达性、形态演化性和信息真相性的。所以,《易经》对客观事物的认识,是由八个阴阳物质属性构成的整体统一论。中医理论认为,这种阴阳物质统一性认识当然也适用于人体这一事物。

(一)中医理论的物质统一性依据。传统的中医理论认为,人体的生命活力可具体化为精、气、神,也就是人体之"三宝"。这其实是中医对人体物质实在统一性依据的认识。

所谓"精",就是人体质量结构体系产生的质量流。我们知道,肺主呼吸,大肠主排泄,这一对经脉开窍于鼻,是从天空大气中提取精微物质和排泄废物的器官;胃主饮食,脾主运化,这一对经脉开窍于口,是从地面水谷中提取精微物质的器官。这二对经脉相结合,成为为人体整体体系质量结构流动系统和能量聚散生发系统提供精微物质的源泉。所以就称由太阴和阳明二经连接在一起的两对脏腑经脉,为"精"系统。人体整体的"精"系统如果正常,人的形态器质体系就有了物质质量结构流的保证,否则,就会患上医学上所谓的"器质病"。

所谓"气",就是人体能量聚散流动系统产生的能量流。肝、胆二经是主能量生发的器官,它决定着人体能量流的生发和流动;心包、三焦二经是主内外、左右、上下协调运作的器官,它决定着人体能量流的运行转换。这两对经脉相结合,成为为人体整体能量聚散系统提供动力的源泉。所以,就称由厥阴和少阳二经连接在一起的两对脏腑经络,为"气"系统。人体整体的"气"系统如果正常,人的功能运行系统就有了能量聚散流的保证,否则,就会患上医学上所谓的"功能病";

所谓"神",就是人体的时空环境物质分布过程产生的时空流。心、小肠二经为神明之管,它主质、能流的分布,决定着人体质流、能流对体内外宏、微观生存环境的适应性;肾、膀胱二经为性命之根,它主质、能流的储藏承载,决定着人体宏、微观生命过程的寿命长度和生存广度。这两对经脉相结合,成为为人体整体时空环境物质分布过程提供适应性的源泉。所以就称由少阴和太阳二经连接在一起的两对经络,为"神"系统。心态决定神态,肾气决定神气,人体整体的"神"系统如果正常,人的生存发展过程就有了时空环境物质分布流的保证,否则,就会患上人们至今还被忽视的所谓"状态病"。

可见,中医对人体的认识,是从认识人的物质属性的整体统一性出发的,因而有着深厚的哲学根基。精、气、神"三宝"之说就是对人体这一事物的物质实在性本质的认识。这种实在本质属性,即人体的质量结构性、能量聚散性和时空环境物质分布性三种物质实在性的整体统一性。正是在这种整体统一性理论的指导下,经过长期大量的实践,才逐步创立了"五行"运行说和经络穴位说,找到了"五行"运行系统和经络穴位的物质载体,并运用相生相克的辩证方法来具体认识人体整体的质量、能量和时空环境物质流动系统的内在运行关系。

(二)中医"五行"说的科学性。中医"五行"说是一种关于人体的整体统一性认识方法,这一方法的科学性主要体现在,它是用"五行"相生相克规律性来认识人体整体的物质统一性系统运行关系的。实证科学已经初步证明了这种认识方法的科学性。

第一,人体医学理论的基石之一是体系"五行"说。整体统一性的认识方法表明,客观世界中的所有事物都是具有体系演化性的,而实证科学则证明,这种演化性表现为:人是动物衍生的结果,动物是生物衍生的结果,生物是有机物衍生的结果,有机物是无机物衍生的结果,无机物是宇宙大爆炸后星云衍生的结果。因此,人体是客观世界的自然产物,它与万事万物一样,具有客观世界的物质整体统一性。

人体作为一个具体物,它是如何从自然中衍生出来的呢? 这需要从整体和具体两个角度来认识。整体统一性的认识方法表明,人体的体系演化性同其他事物一样,也表现为"基、元、组、器、体"的演化周期性,这种周期性表明了人体体系的演化逻辑关系。实证科学表明,人体的体系演化性就体现在"基因、细胞、组织、器官、整体"五个层次体系的周期衍生过程之中(这种衍生性先天表现为婴儿在母体中的形成过程,后天表现为五个层次体系衍生过程)。而从本质上看,对人体的体系衍生过程起决定作用的层次,是基因层次。

什么是基因呢? 简单说,基因既是人体区别于生物体的基本物质结构单位,也是人体与生物体具有联系性的基本物质结构单位。应当说,实证科学的持续发展表明,当今的基因、核糖体理论已经把人体与自然物的鸿沟给填平了。最新的研究表明,核糖体是由 60% 核酸和 40% 蛋白质组成,科学界称它为蛋白质工厂,是专门生产蛋白质的。人体生命过程需要的两万多种蛋白质,都是由遍布生命体每个细胞中的核糖体工厂,以信使核酸 RNA 为直接模板,按基因核苷酸顺序合成的。2009 年诺贝尔化学奖颁给了核糖体结构和功能的发现者,这一伟大成就使我们认识到,核糖体是生命中最小的细胞器。这项关于核糖体结构和功能的研究成果,从原子水平证明了核酸是细胞的核心成分,它携带着生命活动中的所有遗传信息,控制、调节细胞分裂与生长,供给细胞营养与能量,主宰着生物体的生长、发育、繁殖、变异、衰老。

这项发现对于认识人体体系演化性具有十分重要的实证意义:一是它表明了"生命的起源必然是通过化学的途径实现的"[63],从而找到了人体体系衍生的源头,在于生物界,在于自然界;二是它表明了"生命是蛋白体的存在方式"[64],蛋白质控制着生命的化学过程,从而揭示了人体体系衍生的本质;三是它表明了人体体系的"基因、细胞、组织、器官、整体"的层次衍生性,从而证明了人体体系发展周期的物质实在性。这样就为认识人体的系统运化性、过程发展性,奠定了实证科学基础。

整体统一性的认识方法表明，人体体系的"五行"演化具有"基因、细胞、组织、器官、整体"的相生相克衍生关系，其中，相生关系为基因生细胞、细胞生组织、组织生器官、器官生整体、整体生基因；相克关系为基因克器官、器官克细胞、细胞克整体、整体克组织、组织克基因。弄清这种相生相克关系的辩证统一性是至关重要的，其重要性在于，它是人体医学的理论基石之一。

第二，人体医学理论的基石之二是系统"五行"说。系统论表明，宇宙间的事物都是具有系统性的，任何一个物质系统的运行，都表现为质量能量的"产生、储藏承载、流动、分布、转化再生"的周而复始的循环性。因此，人体与万事万物一样，它的整体系统运化性也表现为"源、藏、流、布、化"的"五行"运行周期性。

人体"精、气、神"的"源、藏、流、布、化""五行"运行周期性，表明了人体的系统运化逻辑关系。中医认为，这种系统运化逻辑关系具体表现为"肺经、肾经、肝经、心经、脾经"的循环运行。长期以来，关于人体的这种系统"五行"运行说一直是中医理论的基石，并得到了数千年医疗实践的检验。中医认为，症现于四肢百骸，病藏于五脏六腑，因此，与人体"五行"运行系统息息相关的经、脉、络和穴位遍布并通达人的全身，而经络和穴位的物质载体就是人体系统的整个活肌体。所以，人的肌体的每一个器管、组织、细胞，甚至每一个基因体，只要它是活的，就必须既与整体系统同步，又有自己的活动空间和运行周期，而这一切都要靠"五行"经络来支配。

中医的这种经络理论显然是从整体上认识人体的系统运化统一性的。这一点虽然现在还缺乏更多的实证科学的具体证明，但现在已经完全可以从系统运行的角度来整体地认识它。因为系统论是主张把有机体当作一个整体来对待的，要求考察系统整体的要素、结构、功能、链、协调、组织等，而对一个系统整体的控制则需要有调整它的物质要素和能量供给等；还可以从"克隆"的角度来整体地去理解它。因为世界上已经做过很多的动物"克隆"实验，而这种实验的科学机理表明，动物有机体是从父母基因的基础上生出来的，母体的每一个细胞实际上都含有整体的全部信息。这说明了一个道理，即遍布动物全身的每一个细胞，都应与整体的"五行"体系、"五行"系统、"五行"过程存在着内在联系，否则，就很难解释从一个普通细胞变为一个整体的原因。因此，尽管目前关于经络和穴位的具体物质载体的解释还有待实证科学来证明，但这并不影响我们从宏观上认识其物质性本质。这是因为，人体作为一个整体系统，它是物质的一种具体客观存在，而经络应是系统整体运行功能的"链"，这种"链"表明了系统整体的协调性，而经络上的穴位应是"链"上的控制点。所以，人体的质量流、能量流、时空环境物质分布流

(精、气、神)是物质的具体流动,这一点是客观存在的,而这种具体流动只能在"五行"相生相克的人体整体系统运行之中,来实现其整体性和统一性。

中医的"五行"理论,明确指出的主要是人体的肺经、肝经、脾经、肾经、心经五大功能系统之运行(请注意:体系"五行"、过程"五行"的相生相克关系也十分重要)。这五大功能系统分别是"收、生、化、藏、长",即"源、流、化、藏、布"(实际上应为源、藏、流、布、化),具体解释为:肺收气,大肠泄秽,故肺、大肠之"行"主收精、气、神流,气收为人体"三宝"之"源";肝生血,胆疏通,故肝、胆之"行"主生发、疏通精、气、神流,血生、疏为人体"三宝"之"流";脾化意,胃储运,故脾、胃之"行"主化精、气、神流,意化为人体"三宝"之"化";肾藏精,膀胱为藏精之腑,故肾、膀胱之"行"主藏精、气、神流,精藏为人体"三宝"之"藏";心长神,为气血流布之动力,小肠吸收精微物质,故心、小肠之"行"主长"精、气、神"流,神长为人体"三宝"之"布"。这就是传统的中医"五行"说的基本内含。但这里需要特别指出一点,就是传统中医"五行"的"收、生、化、藏、长",应改为"收、藏、生、长、化"。这是因为,按照整体统一性的认识方法,整体系统运行的"五行"顺序应为"源、藏、流、布、化",其中的"源、流、布",分别应为传统"五行"的"收,生,长",而其他两个是一样的。

人体整体系统运行的源、藏、流、布、化功能,主要在于实现人体的精、气、神"三宝"的畅通,其实现途径是通过人体的十二正经系统运行来完成的。通常情况下,在人体生命运行的"初、元、亨、利、贞"上升期,"三宝"运行表现旺盛;在人体生命运行的"吉、弊、阻、结、终"下降期,"三宝"运行表现衰滞。所以人生病的主要原因,就是由于五大运行系统功能失常而导致精、气、神不通畅造成的。古人把这五大功能系统运行分别用金、木、土、水、火五种物象来象征,以表明人体的"源、流、化、藏、布"(实际上应为源、藏、流、布、化)"五行"系统运行周期的相生相克关系。

其相生关系为:"源"生"藏","藏"生"流","流"生"布","布"生"化","化"生"源"。这种相生关系具有包容性,如果没有突破这种包容性,表现为:人体"三宝"源头"源"正常,促生其肾藏性命根本"藏",这样,人体的"三宝"储藏功能就好;人体肾藏性命根本"藏"正常,促生其肝生血流质量"流",这样,人体的"三宝"流动功能就好;人体血流质量"流"正常,促生其心长功能"布",使其内在体质健康、体力旺盛,外在精神焕发、活力无穷,这样,人体的"三宝"分布功能就好;人体心长功能"布"正常,促生其脾胃运化再生"化",这样,人体的"三宝"运化功能就好;人体脾胃转化运化再生功能"化"正常,促生其气源、食源"源"源源不断,这样,人体的"三宝"源头功能就好。

其相克关系为:"源"克"流","流"克"化","化"克"藏","藏"克"布","布"克"源"。这种相克关系具有制约性,如果突破了这种制约性,表现为:人体"三宝"源头反常,就会影响其血流质量,这样,人体"三宝"之流动功能就差;人体"三宝"的流动功能反常,就会影响其脾胃转化运行,这样,人体"三宝"之运化功能就差;人体"三宝"的转化运行功能反常,就会影响其肾藏性命根本,这样,人体"三宝"之肾藏功能就弱;人体"三宝"之肾藏功能反常,就会影响其心长功能,使其外在表现为无精打采、活动受限,内在表现为体质不好、体力不支,这样,人体"三宝"之分布功能降低;人体"三宝"之心长功能反常,就会影响其物质营养来源,这样,人体"三宝"之气、食源功能就受阻。

所以,人体系统"五行"的相生相克关系是一种包容与制约辩证统一的常态关系。这种常态关系是由心包和三焦二经协调统一来完成的,其作用在于精、气、神的运行合乎人体生存自然规律。而这种正常的"源、藏、流、布、化"系统运行相生相克关系一旦被打破,人体的生理活动就会进入相乘相侮的状态,导致生病。

第三,人体医学理论的基石之三,是过程"五行"说。人体生命过程具体表现为"胎、幼、少、青、强""壮、弱、老、衰、亡"的成长"五行"周期性。这一周期性表明了人体运动发展的过程进化相生相克逻辑关系,其相生关系是"胎生幼,幼生少,少生青,青生强,强生胎",相克关系是"胎克少,少克强,强克幼,幼克青,青克胎"。这种相生相克关系是不难理解的,它表明了人体生命过程的包容、制约规律性,包容性是生命周期过程五个阶段的发展趋势必然性,而制约性是生命周期过程五个发展阶段的物质条件规定性。

可见,中医"五行"运行表明的是人体之所以能够成为一个整体的一种机制,而从本质上看,它是客观世界的物质整体统一性在人体上的实现形式,是人体的质量流、能量流、时空流运行的具体物质载体形式。

(三)中医"五行"与"八纲"的关系。中医理论特别注重"通"这个概念,这种"通"的本质究竟是什么呢?中医所说的"通",主要应是指精、气、神要通,也就是人体的质量结构性、能量聚散性、时空环境物质分布性的"三宝"流要通。而质量、能量、时空环境"三宝"的流动是要有具体的物质载体的,这个物质载体就是人体整体的"五行"运行系统。就是说,只有通过人体整体"五行"的物质系统载体,"三宝"的流动才可能实现其畅通。那么,人体"五行"系统究竟如何具体运行才能实现"三宝"流之"通"呢?这就需要讨论一下"五行"与"八纲"的关系问题。

中医所说的"五行"运行,是指人体"三宝"的"源、藏、流、布、化"整体系统运行关系,而"八纲"辩证,则是指人体的八个阴阳属性的物质统一性关系。对于"五行"与"八纲"的具体关系,中医其实并没有更多的明确解释,它的唯一的理论依据就是阴阳关系。中医说不清楚的原因主要在于,作为中医理论基础的《易经》,实际上也没有明确地解释清楚过"五行"与"八卦"的关系。但是,《易经》的"八卦"确实指出了客观事物的八个阴阳物质属性,所以,中医的"八纲"应是指人体的八个阴阳物质属性;而《易经》在它的"爻卦"中确实用"六划卦"形式,象征了客观事物的"初、元、亨、利、贞"五行运行关系,所以,中医的"五行"也应是指人体的"源、藏、流、布、化"(金、水、木、火、土)整体系统运行关系。

那么,《易经》和中医为什么没有说清楚二者的关系呢? 这也是有客观原因的。因为这种关于物质统一性和整体体统性之间的关系的科学解释,是需要在哲学和自然科学的长期持续发展的基础上才能实现的,是需要实证科学证明了"八卦"及"道"的物质属性科学内含,需要整体统一性认识方法来说明了九个物质属性的整体统一性关系之后,才能说清楚的。今天,实证科学的材料已经能够表明,"八卦"和"道"所象征的,就是客观世界的质量、能量、时空、形态、运动、发展、真相、实践和规律物质属性;整体统一性的认识方法已经能够说明,由九个物质属性构成的整体统一性关系就是物质实在统一性、存在统一性和可知统一性三者之间的物质统一性关系和整体体系性、系统性和过程性三者之间的整体体统性关系。而正是这种关系,才能够真正解释清楚中医"五行"与"八纲"之间的辩证关系,也就是人体的整体系统运行与它的物质属性统一性之间的基本关系。

我们来具体地讨论一下这种关系。整体统一性的认识方法表明,事物的物质实在统一性由质量结构性、能量聚散性和时空环境物质分布性构成,物质存在统一性由形态演化性、运动行止性和发展通达性构成,物质可知统一性由信息真相性、规律规范性和实际实践实证性构成。所以,事物的本体性是它的物质实在统一性,客体性是它的物质存在统一性,表体性是它的物质可知统一性。就是说,质量结构性、能量聚散性和时空环境物质分布性三个物质实在性的统一性对丁客观事物的存在,是具有根本性意义的,它们分别是事物体系得以存在的质量基体产生源泉和再生归宿,是事物系统得以存在的能量摄入源泉和转化再生归宿,是事物周期过程得以存在的时空环境产生源泉和再生归宿;而形态演化性、运动行止性和发展通达性三个存在性的统一性,则表明客观事物的承载性,它们分别是事物体系得以存在的承载性、事物系统得以存在的承载性和事物周期过程得以存在的承载性。因此,从质量结构性的角度看,事物的存在必然会表现为整体体系的演化性;从能量聚散性的角度看,事物的存在必然会表现为整体系统的运化性;从时空环境物质分布性的角度看,事物的存在必然会表现为整体过程的进化性。而这种演化、运化、进化性都必然表现为周期性的"五行"运行过程,其中,体系演化表现为"基、元、组、器、体"的"五行"演化周期变化性;系统运化表现为"源、藏、流、布、化"的"五行"运化周期变化性;过程进化表现为"生、幼、少、青、强"的"五行"进化周期变化性。

这种周期变化性是怎样表现于人体的呢? 由于人体是具有生物属性的整体体系性的,因而对人体整体体系性起决定作用的,是人种的基因(质量结构)遗传方式,正是这种遗传方式,才使人体具有了"基因、细胞、组织、器官、整体"的体系演化周期变化性。而人种的这种基因遗传方式和生物的"基因、细胞、组织、器官、整体"体系演化周期性,已为实证科学所证明;由于人体又具有哺乳动物的整体系统性,对人体整体系统性起决定作用的,是人种的能量(营养)摄入方式,正是这种摄入方式,才使人体具有了"肺经、肾经、肝经、心经、脾经"的系统运化周期变化性。而人种的这种能量摄入方式和哺乳动物的"肺经、肾经、肝经、心经、脾经"整体系统运化周期性,已为实证科学所证明;由于人体还具有直立人的整体成长过程性,对人体成长过程性起决定作用的,是人种的时空占有方式,正是这种占有方式,才使人体具有了"胎年、幼年、少年、青年、强年"的过程进化周期变化。而人种的这种时空占有方式和直立人的"胎年、幼年、少年、青年、强年"的过程进化周期性,已为实证科学所证明。所以,要把握人体的体系、系统、过程"五行"运行规律性,就一定要认识它的物质属性统一性。这正是中医为什么要把"五行"与"八纲"统一起来认识的根本原因。

(四)中医的"八纲辨证",是关于人体八个阴阳属性的"阴阳、表里、寒热、虚实"的物质统一性关系。所谓"八纲辨证",其本质是在于把握人体这一事物的三个层次(两仪、四象、八卦)八个阴阳属性(八卦)的物质统一性盛衰关系。它是中医对人体的整体统一性辩证分析,是把"五行"思想应用于人体的认识前提。

什么是"八纲"呢? 按照太极八卦的阴阳层次论,"八纲"中的"阴"和"阳"应分三个层次:第一个层次是"两仪"整体阴阳论。"阴"即阴仪,是指人体的整体质量结构性,"阳"即阳仪,是指人体的整体时空环境物质分布性;第二个层次是"四相"主体阴阳论。"阴"包括太阴和少阴,太阴是指人体的主体质量结构实在性,少阴是指人体的主体能量聚散实在性。"阳"包括太阳和少阳,太阳是指人体的主体时空环境物质分布实在性,少阳是指人体的主体形态演化存在性;第三个层次是"八卦"具体阴阳论。"阴"包括人体的坤、坎、艮、巽四个具体阴属性,分别为:坤属性是指人体的具体质量结构性,坎属性是指人体的具体能量聚散性,艮属性是指人体的具体生命运行行止性,巽属性是指人体的具体实际实践实证性。"阳"包括人体的乾、离、震、兑四个具体阳属性,分别为:乾属性是指人体的具体时空环境物质分布性,离属性是指人体的具体形态演化性,震属性是指人体的具体周期发展通达性,兑属性是指人体的具体真相信息性。

什么是八纲辩证呢? 它是《易经》"爻卦"分析方法在中医中的应用。(1)"两仪"层次是阴阳论的总纲。这一总纲是把握人体的总体"否、泰"关系,即总体阴阳物质属性(质量结构性和时空环境物质分布性)的整体统一性辩证关系的;(2)"四相"层次是阴阳论的主纲。这一主纲是把握人体的主体"否、泰"关系,即主体阴阳关系(质量结构性和时空环境物质分布性的关系)和主体既济、未济关系(形态演化性和能量聚散性的关系)的整体统一性辩证关系的;(3)"八卦"层次是阴阳论的具纲。这一具纲是具体地把握人体的八个阴阳物质属性之间的四种整体统一性辩证关系的,其中,阴阳辩证是具体的"否、泰"关系(质量结构性和时空环境物质分布性的关系),寒、热辩证是具体的"既济、未济"关系(能量聚散性和形态演化性的关系),表、里辩证是具体的是"损、益"关系(信息真相性和运动行止性的关系),虚实辩证是具体的"咸、恒"关系(周期发展通达性和实际实践实证性的关系),这四种关系辩证统一于人体整体这一事物。因此,八纲辩证的应用应分为三个层次:

首先是"八卦"层次。该层次包括四种具体关系:阴、阳辩证,是指人体具体的质量结构性与时空环境物质分布性的辩证统一关系,即乾、坤属性的辩证统一关系;寒、热辩证,是指人体具体的能量聚散性和形态演化性的辩证统一关系,即坎、离属性的辩证统一关系;表、里辩证,是指人体具体的信息真相性和运动行止性的辩证统一关系,即兑、艮属性的辩证统一关系;虚、实辩证,是指人体具体的周期发展通达性和实际实践实证性的辩证统一关系,即震、巽属性辩证统一关系。

其次是"四象"层次。该层次包括四种基本关系:寒、热辩证是"能、体"基本关系,阴、阳辩证是"质、境"基本关系,阴、寒辩证是"质、能"基本关系,阳、热辩证是"境、体"基本关系;

再次是"两仪"层次。该层次包括四种整体状态(本质上也是关系):阴盛、阳盛是"新生态",阴衰、阳衰是"老死态",阴盛、阳衰是"贫阳态",阳盛、阴衰是"失阴态"。

在上述三个层次中,"八卦"层次属于可知论(认识论)范畴,它是通过感知生命运动信息,践知生命发展周期实际,进而认识人体的存在性规律的,因而是中医"八纲辩证"的具纲;"四象"层次进入到存在论范畴,它是在"八卦"层次的基础上,通过分析人体的寒热(能与体)关系、寒阴(能与质)关系、热阴(体与质)关系、热阳(体与境)关系,进而认识人体的实在性规律的,因而是中医"八纲辩证"的主纲;"两仪"层次深入到实在论范畴,它是在"八卦"和"四相"两个层次的基础上,通过认识人体整体阴阳的四种盛衰关系,进而把握生命的生、老、病、死规律的,因而是"八纲辩证"的总纲。

　　总起来看,中医的八纲辩证,就是通过认识人体三个层次八个阴阳物质属性之间的辩证统一关系,来整体把握精、气、神在人体"五行"载体系统中的运行关系的,目的在于使人体按照客观事物的整体统一性规律运行发展,实现生命之树常青。

　　第三,"八纲辩证"的关键在于对八个阴阳物质属性的把握。"八纲辩证"的具体辩证统一关系如下:"表"为阳,表现为人体的信息真相性,容易观察到,"里"为阴,表现为人体的运动行止性,不易观察到,所以,"表、里"辩证是从生命信息真相性的角度,来把握人体生命运行水平的;"热"为阳,表现为人体的形态演化性,容易测量到,"寒"为阴,表现为人体的能量聚散性(相对于形态演化性的是人体的能量聚散性),不易测量到,所以,"寒、热"辩证是从形态演化性的角度,来把握人体能量聚散水平的;"虚"为阳,表现为人体的周期发展通达性,容易了解到,而"实"为阴,表现为人体的实际实践实证性,不易了解到,所以,"虚、实"辩证是从生命周期通达性的角度来把握人体运动发展的实际变动水平的;"阳"为阳,表现为人体的时空环境物质分布性,容易认识到,而"阴"为阴,表现为人体的质量结构性,不易认识到,所以"阴阳"辩证是从生命时空环境物质分布性角度,来把握人体的质量结构性的。可见,具体的"八纲辩证"中,四个阳属性,即"表""阳""热""虚"易知;而四个阴属性,即"实""寒""里""阴"难知。这种难易关系在"八纲辩证"的具体应用中,是需要特别注意的。

　　我们知道,人体的生命运行是有规律的,人体的健康水平是有标准的。"八纲辩证"中的八个阴阳属性如果脱离了生命运行规律,超过了健康标准,人就要生病。因而,中医就是用"望、闻、问、切"等手段,通过把握"表""热""虚""阳"四个易知属性与"里""寒""实""阴"四个难知属性之间的辩证统一关系,分三个层次,由表及里、由浅入深、由现象到本质地把握人体生命"五行"运行规律的。

　　第四,脱离生命规律、偏离健康标准的基本情况有:(1)表症。病位浅,邪气留机肤,脏腑系统运行正常;(2)里症。病位深,邪气入脏腑、血液、骨髓,脏腑系统运行阻滞;(3)热症。阳热入侵,机体能量聚集过度,脏腑阳气亢盛,脏腑系统运行过头;(4)寒症。阴寒入侵,机体能量散失过度,脏腑阳气虚弱,脏腑系统运行不足;

(5)实症。体质壮实,因行为不当导致实邪入侵暴病,脏腑机能障碍,运行不畅;
(6)虚症。体质虚弱,出血、失精、大汗导致生命周期进展失常,伤正气,脏腑机能
损伤,运行不力;(7)阳症,正气未衰,体内阳气亢盛,时空环境物质分布性不好,脏
腑机能亢进,属初、新病;(8)阴症,阳气虚衰,阴气偏盛,质量结构性不好,脏腑功
能低下,机体系统运行衰减,属老、久病。以上这些情况都会使人体的"五行"系统
运行受到不同程度的影响,使人体质量流、能量流、时空流"三宝"运行发生异常,
从而导致人体生病。这种病态,就是人体的一种相乘相侮运行状态。

(五)正确认识中医、西医的科学性。一定要科学地认识中、西医的整体统一
性本质,这既是人类科学认识疾病与健康关系的需要,也是人类科学认识自我与
客观世界关系的需要。

中医的本质在于认识和把握人体的物质统一性和整体体统性之间的关系。
中医是从人体的整体出发的,它把人体看作一个由八个阴阳物质统一性构成的整
体经络穴位体系,看作一个承载着"精、气、神"(质量、能量、时空三个物质实在
性)的整体"五行"运行系统,看作一个生命整体的由产生到消失的变化过程。中
医治病,是通过观察人体整体运行系统的各种具体征候,而后执简驭繁,根据不同
性状把其归纳于八种纲要,辨证统一地认识人体精、气、神的整体"五行"运行规律
性。因此,它的"八纲辨证"就是对人体物质统一性的认知,"五行"运行就是对人
体整体体统性的认知,其科学性在于把二者结合起来,形成了对人体整体的"源、
藏、流、布、化"系统性规律性认知,而遍布人体全身的经络和穴位,则是它对人体
整体系统认知的具体化;中医的缺陷在于缺乏实证科学的支持,因而它对人体的
八个物质属性的本质,特别是对规律物质属性的本质,认识是很不够的。

西医的本质在于认识和把握人体整体体系的具体性。西医是从对人体的解
剖(分析)出发的,它把人体看作具体的基因、细胞、组织、器官、整体物体形态体
系,看作具体的消化、血液循环、内分泌、神经等系统(西医是具体系统,中医是整
体系统)的运动。西医治病,是通过观察人体整体体系的体系组织形态和构成整
体体系的具体运行系统,是否偏离了正常的经验实证性和具体规律性,而后有针
对性地治疗病患。因此,其治病的基本方法,是具体病症具体治疗。它的缺陷在
于就病论病,缺乏对人体整体体统性的认识,因而对于一些疑难杂症常常表现得
束手无策,对一些整体性病症的治疗,存在着治标不治本的问题。

可见,中医是整体医学,它的认识出发点是人体的整体性,是从人体整体的八
个阴阳物质属性的物质统一性及其"五行"系统载体运行的整体体统性出发,来认
识人的生命运行规律的,因而比较注重"道"的整体统一规律性的作用;西医是具

体医学,它的认识出发点是人体的具体性,是从人体具体的质量结构、形体组织、能量运动等物质属性的科学实证性出发,来认识人的生命运行规律的,因而比较注重"器"的具体实证规律性的作用。但是我们看到,二者实际上都是有整体统一性依据的:西医的依据是整体统一性的体系性,中医的依据是整体统一性的系统性。二者实际上又各有优缺点:中医有整体统一优势,它看到了人体的乾、坤阴阳物质统一性和整体系统"五行"运行关系,但缺乏科学实证;西医有科学实证优势,它看到了人体的体系、系统、过程具体存在性,但缺乏整体统一性优势,没有看到人体的乾、坤阴阳物质统一性和整体系统"五行"运行关系。不过总起来看,二者的出发点和归宿点,是同一的,都是为了探讨人体生命运动过程的规律性。

为了弄清中西医二者的这种区别和联系,我们不妨用"经济"的五行运行关系来说明之,因为客观世界的五行运行规律,是贯穿于"经济""人体"及万事万物的,事物之间的规律性是可以类比的。在讨论经济的五行运行关系时,我们已经明确了:它的体系五行,表现为"基、元、组、器、体",即表现为"生产要素之基、生产单元之元、经济组织之组、经济团体之器、经济整体之体";它的系统五行,表现为"源、藏、流、布、化",即表现为"产品和商品生产之源、所有制和金融机制之藏、价值交换和价格交换之流、资源配置和财富分配之布、产品再生产和商品消费之化"。而相较于经济,人体的"基、元、组、器、体"体系五行,具体表现为人体的"基因之基、细胞之元、组织之组、器官之器、整体之体",人体的"源、藏、流、布、化"系统五行,具体表现为中医的"肺大肠经之源、肾膀胱经之藏、肝胆经之流、心小肠经之布、脾胃经之化"。

对比二者,就可以发现:人体之"基因、细胞、组织、器官、整体",就类似于经济之"生产要素、生产单元、经济组织、经济团体、经济整体";人体之"肺、肾、肝、心、脾经",就类似于经济之"产品生产之源、所有制之藏、价值交换之流、资源配置之布、消费再生之化"。这是因为,按照《黄帝内经》之思想(这一思想是从"治理"之角度,用"治国理政"之象,来象征人体五行的),人体的肺经,为"宰相之官",主宣发,它接纳外部水谷、空气,生产出新的营养,并源源不断地把这些营养产品,宣发到全身,直到毛发。这就很像经济的产品商品生产之源头,因而是生命物质的生产基地;肾经,为"作强之官"(自身、自立、自强之官),主蛰、封藏,为先天之本,它内藏着人体的原始生机和精气,能够承载人体的生命营养,使人体筋骨强健、精力充沛。这就很像经济的先天之本——所有制和金融机制(因为所有制是人们的财产占有方式,也是社会生产目的决定机制,金融机制代表着价值流通,是所有制的实现形式,离开了它,所有制就失去了活力),因而是生命物质的承载根据;肝经,为"将军之官",主疏通,它促进消化、代谢、解毒、凝血、免疫、热量产生,能使人体气机通顺、情志畅达。这就很像经济的价值交换机制(市场机制),因而是人体生命物质的价值实现渠道;心经,为"君主之官",起着主宰生命的作用,它把生命营养物质(血液、能量)输布于全身。这就很像经济的资源配置和财富分配机制,因而是生命营养物质资源的调节分配中枢;脾经,为"仓廪之官",主运化,它具有纳受、运化水谷和空气,并满足生命物质再生的作用。这就很像经济的消费再生机制,因而是人体生命系统去旧迎新的再生转化机关,是新陈代谢的后天之本。

这就表明了,人体的肺、肾、肝、心、脾五经,同经济的生产之源、所有制之藏、价值交换之流、资源配置之布、消费再生之化五行,是遵循着同样的五行运行规律的,只是人体系统五行运行的物质载体,是生命营养(表现为代表人体必要活动价值的气血),而经济系统五行运行的物质载体,为社会财富(表现为代表社会必要劳动价值的产品、商品)。具体表现为:肺经是生产营养的,它把脾经再生系统提供的水谷与空气结合起来,变为新的生命营养,同时排出废料,并在心经调控系统的制约下,宣发到肾经;肾经是整个生命的营养承载系统,它把肺经生产的生命营养,转变为具有生命价值的气血,并按照脾经的消费需求,进入肝经;肝经是实现生命营养价值的,它把肾经的气血,转化为对人体有用的"材料"(精微物质),同时去除对人体不利的东西,并把这些"材料"交给心经;心经主调控分配,它把对人体有价值的精微物质和体能,调节配送到全身,以满足人体的新陈代谢和运动、思维"消费"需求,并为脾经提供新的生理周期的再生需求;脾经是主消费再生的,它依据新的生理需求,从外界吸纳水谷和空气,来满足人体整体系统运行的下一个周期需要。

这应是中医关于人体五行运行思想的基本内含,其本质在于对人体整体系统运行关系——"源、藏、流、布、化"的认识;而西医所关注的,应是人体整体体系性,其本质在于对人体的"基、源、组、器、体"体系的认识,也就是对基因、细胞、组织、器官、整体的认识。这就类似于:一个看到了经济的"产品生产之源、所有制之藏、价值交换之流、资源配置之布、消费再生之化"的系统运行关系;一个看到了经济的"生产力要素、生产单元、经济组织、经济团体、经济整体"的整体体系关系。二者看起来似乎很不相同,而实际上是统一人体的整体统一性的。

中西医结合为什么有难度呢?难点在于直到现在,医学科学的实证性还不够。很显然,中医是从整体系统"五行"的运行出发认识人体的,它具有数千年的中医实践性依据和整体统一性系统运行规律性依据;西医是从具体体系组织出发认识人体的,它具有数百年的西医实践性依据和整体统一性体系分析依据。但是我们看到,中医的"肺经、肾经、肝经、心经、脾经"整体系统性认识,和西医的"肺、肾、肝、心、脾"具体体系性认识,又是那样的泾渭分明:一个是"见物不见人",它从人体的具体存在性出发,看到的是人体具体的皮、肉、骨、血、细胞、基因、肺、肾、肝、心、脾等,而很少从整体上认识人体;一个是"见气不见物",它从人体的整体存在性出发,看到的是人体生命营养物质的肺经气血生产流、肾经储藏承载流、肝经交换疏通流、心经配置分布流、脾经再生转化流,而很少从具体上认识人体。但很显然,二者所看到的生命物质存在形式,是都有其客观性的:一个是生命物质的具体表现形式,是比较容易看到的形式:一个是生命物质的整体表现形式,是不太容易看到的形式。这一点其实是不难理解的,难道我们能够只承认人体的肉体存在形式,而否定人体的系统运行存在形式么? 不过需要指出的是:这种只注重事物的具体性而忽视整体性,或只注重事物的整体性而忽视具体性的认识,实际上不是只存在于医学领域,在经济领域及其他领域,它也是屡见不鲜的。

这是什么原因呢? 就医学来看,这种情况其实表明了两个方面的问题:一是在认识方法方面,时至今日,整体综合和具体分析相结合的科学认识方法,并没有在医学界得到确立,人们惯常的认识方法要么是整体感知,要么是具体分析;二是在科学实证方面,时至今日,中医的经络穴位与组织细胞的关系根本就不清楚,西医的神经甚至神经末梢与组织细胞的关系也不清楚。这就对医学科学提出了两大任务:一是要大力发展中医,真正把整体统一性的方法论运用于人体科学之中;二是要大力发展西医,深入破解人体科学中的各种具体规律性。这样,我们就能逐渐把中西医真正结合起来,推动人体医学科学的发展进步。我们欣喜地看到,今天,中医针灸疗法,已普及全球,得到了越来越多人的认可;中药青蒿素,经过现代技术的提纯后,已大面积地用于治疗疟疾,屠呦呦获得了诺贝尔奖。这表明了中医药中内含的科学性和中西医相结合的发展趋势。

所以,中西医应当也能够很好地结合起来,就是说,应当把中医的以"道""体"为主与西医的以"器""用"为主,很好地结合起来。这种结合的方法论依据,就是"九性太极"的整体统一性方法论。因为这种整体统一性认识方法是立足于实证科学基础的,同时又继承了太极八卦的阴阳整体统一认识论,它的最基本的特征就是整体寓于具体,就是把客观事物的整体性与具体性结合起来,把客观世界的整体统一规律性与具体实证科学性结合起来。这样就可能真正做到既从具体上认识人的宏、微观科学实证性,又从总体上把握人的宏、微观整体统一性,从而使中、西医的优势得到互补。这种优势互补将使人类更深刻地认识自身的生命运行规律性,从而促进医学科学的发展。

　　(六)讨论到这里,有一个问题需要特别提出来加以注意,那就是如何认识中医"八纲"中的"阳"属性,即,人体的时空环境物质分布性问题。对此,西医是没有涉及的,中医虽然指出了"阳"属性的重要性,但始终缺乏科学的解释。而这一问题却是把握整体统一性认识方法的关键点,所以需要深入地讨论一下。

　　应当说,我们中的许多人对人体的质量、能量流的存在是能够理解的,但对人体的时空流的存在还是难以认同的。主要原因有两个:一是从中医看,虽然"八纲"中的"阳"就是指人的乾属性,但长期以来,人们并不明确太极八卦中的"阳乾",就是人体的时空环境物质分布属性;二是从西医看,虽然基因、细胞、解剖学等已经精确地证明了人的质量、能量、结构、组织、运动等的具体性,但西医同样并不认同人体的时空环境物质分布属性。这就需要对人的时空环境物质分布性问题做一个较详细的讨论,否则,在对中医理论的认识理解时要打折扣,在中西医的结合过程中要碰到壁垒。

　　事实上,同任何事物一样,人体的时空环境转换功能如果受阻,就一定会使生命过程不通畅而导致生病。比如,生闷气、压力大等因素,会导致心律失常、血压升高,导致这种情况发生的根本原因,实际上是人的心脏、血管系统的时空环境物质分布秩序出现了紊乱和阻滞。再比如,忧伤、烦闷等因素会诱发癌症,其原因在于,这些情绪会减弱或破坏抑制癌细胞的正常环境。人体的许多病症,特别是一些疑难病,都是由种种原因造成的生命周期过程"不通"而得的。中医治疗的原理,就是运用针灸、按摩、心理、药物等方法,通过对人的经络和穴位的调整,使其时空环境物质分布秩序趋于正常,使人体生命周期过程保持畅通,这样,病症自然会减轻或去掉。其实所谓"通",首先应当是人体的时空环境物质分布机制通畅,其主要功能是通过疏通传递生命信息的经络系统,使人体的时空环境物质分布性符合整体体统性和物质统一性规律的需要,使人体的质流、能流、时空流"三宝"正常运行,为三种物质实在性辩证地统一于整个人体提供合适的内部环境。

　　由此可见,中医整体认识人的理论尽管还需要继续完善,但现在至少能够给我们一种十分重要的启示,那就是时空环境转换和质量、能量转换一样,都是人体这一物具有的系统运行表现形式,因为质流、能流、时空流,三者都是人体的实在本质属性。这是截至目前任何一种医学还未能做到的,也是研究中医理论时必须弄清的。

第六节　科学认识人体的时空环境物质分布性

科学地认识人体的时空环境物质分布性是十分重要的。作为一种物质实在属性,人体的时空环境转化是客观的,必须给予科学的认识和把握,这一点说清了,其他两个实在属性也就好理解了。

(一)人体的时空环境转换一般是一个本能的自然进行过程(生物的质量、能量、时空环境转换都是本能地进行)。人体内外环境的稳定状态是人体进行正常生命活动的必要条件。为了实现其生命过程,人必须不断地调节水和无机盐的平衡,调节血糖、体温的平衡,调节自身的生物钟,如心律、代谢律、呼吸频率、细胞更新率、睡眠、脑电波等等的平衡,否则,生命周期过程就会发生变化(短命)。我们举一些具体的人体时空环境转化实例,来说明这一点:

第一,最新的研究表明,微观的基因分裂次数很重要,决定这种分裂次数的是基因端区的状况,而对基因端区影响最大的是一种酶。这种微观的基因存活周期直接奠定了人体寿命周期的基础;

第二,人的睡眠表面看是个休息问题,但人为什么要定时休息,从本质上看是个时间周期问题。人必须适应地表时序,必须通过经络不断地调节自身的生物钟周期以占有地表时间,从而适应质、能流的需求,否则就会生病。具体表现为:在人体的健康的睡眠周期中,可使脏器合成体能物质,人体体温、心率、血压下降,基础代谢率降低,以恢复体力;能使大脑的耗氧量减少,利于人的脑细胞能量储存;能增强机体产生抗体能力,以增强人的抵抗力;能使人体组织器官自我修复;能促进人体生长发育,使儿童血浆生长激素增高,保证正常发育;能延缓衰老进程,促进老年人长寿;

第三,人必须不断地调整空间。其中最重要的有呼吸、摄入排泄、体液流动、情绪变化、运动等形成的空间变化。比如,人的呼吸实际上至少应有两个重要功能:一个是吸进有用气体、呼出废气;还有一个不为人们所注意,那就是改变肌体内、外体压,以吐纳空间,从而满足肌体组织、细胞、基因存活的需要,保证质流、能流渠道的畅通。因此,通过控制呼吸就可以调节人体与外界的空间交换,达到改善人体时空流的目的。例如,人在紧张的时候,呼吸变得急促,调整呼吸可以缓解紧张情绪。还有一个例子:医学界至今有一个难题,就是婴儿在母体羊水中为什么要进行呼吸(胎息)。其实道理很简单,就是为了满足婴儿自身的质能流动和快速生长的空间调节需要,以适应身体的快速增长(出生后人的细胞更新也需要这种调节)。这种情况下,婴儿的呼吸显然不存在吐纳空气的问题;

第四,人体的血压是体液流动的压差,实质上也是个空间问题,即人体空间调节性对血液流动的适应能力如何。高(低)血压病患者就是这种适应能力,因种种原因偏离了正常范围而导致生病;

第五,人的情绪不好,表面看反映的是人的精神状态问题,而实际上是人体某些组织的运动周期或空间调节发生了变化,偏离了正常范围。影响因素可能很多,如压力过大、精神刺激等。但从本质上看,是时空环境流出了问题。中医理论中有"怒伤肝、喜伤心、忧思伤脾……"等说法,其科学机理主要是超过生理限度的情绪波动会损伤相应的系统,这种损伤是通过破坏该系统的正常的生理周期和空间状态来实现的。

第六,人的外环境很重要,比如,缺氧,会使人窒息死亡;室内甲醛超标,会使人中毒,这些都是由于人的生存环境发生了变化而造成的。人的内环境也很重要,比如现代科学表明,人体内的细菌数要超过人的细胞数,重量相当于人的肝脏,数量级约为1013–14。要这么多的细菌干啥呢?因为它们大多数是对人有益的,作为一种时空环境物质分布性,对于人的生理健康是具有决定性作用的。假如没有细菌,或者细菌分布比例失调,对人来说是性命攸关的。

第七,困扰青少年的"网瘾"使今天的无数家长头痛不已,这实际也是个时空环境物质分布性问题。一些孩子长期困在网吧,逐渐地适应了虚拟时空环境物质分布属性,脱离了现实时空环境物质分布属性;适应了无序时空环境物质分布属性,脱离了有序时空环境物质分布属性;适应了封闭时空环境物质分布属性,脱离了开放时空环境物质分布属性;适应了昏夜时空环境物质分布属性,脱离了白昼时空环境物质分布属性。总的看,是适应了非物质的虚幻时空环境物质分布属性,而脱离了物质的实在性时空环境物质分布属性。而这种非正常的人体时空环境物质分布性是一定会通过损害青少年的生理周期和生理空间状态,进而损害他们的质量、能量、时空环境流"五行"系统运行的。

(二)人体的时空环境转化特性有些是可控的,有些是不可控的。所谓自然进行,就是不去控制它。理论上这种原本的自然状态是最佳的,而实际上由于各种各样因素的影响,人们总是处于直接或间接的受控状态。

受控的情况有两种:一种是负控制,如失眠、抑郁、烦躁、恐惧、嫉妒、贪求、放纵等等,这些都会干扰破坏人的正常时空环境占有状态而导致人生病;另一种是正控制,如体育锻炼、心理治疗、娱乐活动、旅游等等,这些十分有利于人体健康的正控制,可以通过一些可控的功能(如呼吸、运动、情绪等)能动地调节人体的时空环境占有状态,促进人体的质量结构性、能量聚散性、时空环境物质分布性的改善,使人体的三个实在属性的运行和谐协调,最终达到使生命回归自然的目的。例如,太极拳的持续发展和广泛传播就是一个很好的例证,这一运动方式就特别要求锻炼者尽量做到形神统一、动静协调,从本质上看正在于合理地调节人体的时空环境物质分布状态。

这是因为,肌体组织必须同时具备了质量、能量和时空环境属性的整体统一性,才可能按它的内在规律性完成其生命过程。人是通过饮食、排泄、运动、休眠、呼吸、思维等方式,来调节人体这一物的三个实在属性的有机结合水平而完成其生命过程的。所谓"病",就是由于生理或心理的原因,造成了这些物质属性在有机构成上出了问题。我们常讲一个"通"字,其含义不能只理解为质量和能量流动系统要畅通,还应包括时空环境流动系统。人类强身去病的三大途径中,药(食)物疗法,主要是通过满足和改善人体的质量结构需求来达到目的;运动疗法,主要是通过满足和改善人体的能量聚散需求来达到目的;而按摩、针灸、心理疗法等,则只能是通过满足和改善人体的时空环境物质分布需求来达到目的,其中按摩、针灸是通过外界作用来改善经络、穴位对时空环境物质分布性的调控状态;而心理治疗则是通过内在控制力来达到这一目的。

古人讲:"适者有寿"。人体肌体组织的生存运行,既要遵循新陈代谢和能量转化规律,又要遵循生物钟和吐纳张弛规律。只有真正做到了休养生息、动静和谐,使时空环境物质转换系统也真正达到了畅通,生命之树才可能常青。

(三)人们对人体质流和能流两个系统的认识相对来说较深刻一些,而对于人体时空环境流动系统的认识则不够深刻,这其中的主要原因,是人们对时间和空间的认识还不是很深刻。所以,有必要专门讨论一下时空环境物质分布性问题。实际上这也是认识所有事物的难点。

列宁说过:"人类的时空观念是相对的……正如关于物质的构造和运动形式的科学知识的可变性并没有推翻外部世界的客观实在性一样,人类的时空观念的可变性也没有推翻空间和时间的客观实在性。"[65]时空的客观性这一点是较容易理解的,而时空的实在性,也就是它的本质属性(物质属性)却并不是那么好理解。

长期生活在地球表面的人们,因为地表时序的一维性和空间的三维性比较容易直接或间接地感知,习惯了地表时空似乎不变的直观性。正是这种习惯,导致人们对地球及客观事物的直观性认识,而忽视了事物时空环境属性的复杂可变性和物质实在性。

实际上时空环境对地球这一物来说也是本质属性,它也是变化的、复杂的、物质的。试想,如果地球失去了太阳系的物质环境体系和轨道空间,失去了它的公转、自转、偏转等周期和各种震动,它还是地球吗？地球也是活的,它也要走向它的寿命的终点,实现它的周期过程。只是这种周期性很长,不易为人们察觉而容易被忽视罢了。和宇宙的其他星球相比,地球的生态、生命、生机其实是更具偶然性和脆弱性的。试想,假如去掉或改变它的一种很小的时空属性,如一年一度的回归偏转,虽然它的主体可能还是地球,但它的生机和文明肯定是不存在了。如果从特定的角度看,人类及人类社会的全部文明,都是地球的时空环境物质分布性赐予的,如果我们不去很好地认识这一点,那后果是不堪想象的。

我们知道,在进行地质勘探、气象预报、考古等活动时,主要需解决的是时空环境物质分布性问题;在对地震、冰川、气温、海温、大陆板块移动等研究时,更要解决时空环境物质分布性问题,这些都是需要下大功夫才能得出结论的。我们还知道,"温室效应"已经引起了全世界的关注,而"温室效应"给我们带来的当然不应当只是灾难,还应当有冷静的思考;思考什么呢？主要的一点就是地球的时空环境物质分布性问题。可以说,人类认识的直观性、简单性与地球时空环境物质分布的实在性、复杂性之间存在的反差,已到了不深入研究不行的时候了;人类活动的盲目性、贪婪性与地球时空环境物质分布的可变性、不可预测性之间形成的危机感,已到了不理智行事不行的时候了。

现在全球变暖已经成为事实。温度升高带来的能量分布的不确定性已经造成全球气候出现了异常,冰川、冰盖溶化带来的质量分布的不确定性会给地球这个大"陀螺"带来多少不可预知的麻烦,眼下还是个未知数。这还只是温室气体的无序排放一个因素造成的影响,更多的如资源滥采、环境污染、植被破坏、土地沙化、微生物入侵、动植物灭绝、人口盲目性生育、碳排放威胁、生产无节制、社会不公平等无序行为,带来的问题一定会更多。

什么是无序？无序就是事物时空环境物质分布属性的混乱状态。严峻的事实表明,正是这种对地表时空直观性的错觉,造成了人们对于物和时空、时间和空间在认识上的分离,造成了人们对待天、地、自然的态度上的两个极端:全然无知时,搞什么"天堂、地狱""天、地、君、亲、师"等的盲目崇拜;一知半解时,又变成"惊天动地、战天斗地、改天换地、翻天覆地"等盲目索取。这就是今天我们面临的许多无序行为产生的主要原因。人们总以为,地球的物质属性是永恒的,是可以无尽占有和随意折腾的。但折腾和占有的结果,使原本秩序自然的大气圈、地表圈、水圈、生物圈、资源圈、生活圈等的时空环境物质分布性越来越差,使整个世界今天就不得不应对严重的生存危机。

我们想想看，认识地球这么个星球的时空本质属性尚且这样难，认识人、人类社会一类复杂事物的时空环境属性，其难度当然会更大些。人是智慧小"宇宙"，社会是由人组成的大"宇宙"，所以，人及由人组成的社会比地球要复杂得多，认识它的时空本质属性是更不容易的。我们一定要明白：不能认为人类的时空环境物质分布性是可有可无的，以为人可以离开地球的具体物质环境到其他的星球上去生存，甚至可以离开宇宙的物质环境到"天国"上去享乐。那是幻想，是宗教思想。事实是，人类是一时一刻、一毫一厘也离不开地球的时空环境物质分布性的。试想，我们能够离开空气、水、光、温度、湿度、压力、重力、引力这些物质环境吗？我们能够离开高山、平原、河流、湖泊、大海、草原这些物质环境吗？我们能够离开动物、植物、菌物、微生物这些物质环境吗？我们能够离开家庭、社区、民族、国家这些物质环境吗？我们的"年月日时、春夏秋冬"是太阳、地球、月亮的旋转、偏转分布性赐予的，我们的"东南西北、上下左右"是地球的经、纬分布性赐予的。这些自然属性是有唯一性的，换个地方它就不存在或不一样了，它是我们的"肉、血、和头脑"及全部物质精神文明成果得以产生的根基，也就是老子所说的"万物之母"。

所以千万不能认为，我们只要有吃有喝有穿戴、有房有车有钱花，就可以无所顾忌地占有、甚至破坏人类唯一的生存环境了。这种认识完全不懂得人类"自身和自然界的一致"性，是"反自然的"、形而上学的，表明了对人类时空环境物质分布属性认知的浅薄。

产生这种形而上学认识的主要原因有两点：一是人们对时间的一维性、不变性的认识，只是一种理想抽象的直观感觉。但是，这种直观感觉并不是时间的真实本质，时间的真实性在于它因受物质具体分布的影响，不是绝对的均匀性，而是相对的可变性，具体表现为事物的周期发展过程。因此，完整的时间概念应当是物质环境分布性和具体周期过程性的辩证结合，离开了时间的物质性和具体性，就等于否定了时间的本质；二是人们对空间的三维性、直线性的认识，也只是一种理想抽象的直观感觉。但这种直观感觉也不是空间的真实本质。空间的真实性不是绝对的直线性、刚性，而是相对的可变性，具体表现为事物的物质环境分布情况。正如爱因斯坦所说："空间曲率是按照物质分布情况随时间和地点而变化的。"[66]因此，完整的空间概念也应当是物质环境分布性和具体空间的辩证结合，离开了空间的物质性和具体性，就等于否定了空间的本质。2016年2月1日美国科学家宣布，他们已经探测到了引力波的存在。据测算，两个质量分别为36和29个太阳质量的黑洞合并后，会有超过3个太阳质量的能量在合并过程中以引力波的形式释放。这种引力波是一种时空涟漪,如同石头被丢尽水里产生的波一样。这一发现证实了爱因斯坦的广义相对论预言,可以说从最基础端,表明了时空的物质分布性本质。

(四)所以一定要认识到,时空环境物质分布实在属性是客观事物的普遍性。时空相结合构成了物质整体统一性的实在属性之一,不仅人体拥有它,所有的事物都拥有它。每一个事物总是以一定的运动速度对应着特定的时空环境,但它在每一个时空点上又都不停地流动着。所以没有时空就没有事物,没有事物也没有时空。那种认为时间是孤立的、空间是空洞的认识,那种把时间与空间、时空与事物隔裂开来的认识,都是不对的,都是形而上学的。

时空环境是具体真实的。对于任何物,包括地球、人体、社会等,都不是身外的东西,而是内在要素。比如,在认识地球时,要想到它不仅是一个资源球、人球、社会球,还是具有时代特征的环境球;在认识人时,要想到它不仅是肉体人、自然人、生活人、社会人,还是具有时代地理特征的生态人;在认识社会时,要想到它不仅是人类社会、经济社会、政治社会、文化社会,还是具有时代空间环境特征的地球社会。诚如恩格斯在《反杜林论》一文中所说:"一切存在的基本形式是空间和时间,时间以外的存在和空间以外的存在,同样是非常荒诞的事情。"[67]

时空环境是相对的。我们所在的具体的家庭环境、集体环境、社会环境、地球环境、宇宙环境等,都是一种具有物质分布性的环境,都具有相对的时空环境物质分布性。因此,组织对于成分,整体对于个体,全局对于局部,这些都是具有时空环境本质意义的东西,离开了这些具体的物质环境,时空属性也就成了空洞的东西。

时空环境是可变的。这种可变性在理论上和实践上已经为科学界所证实,实际上是证明了时空环境的物质分布属性。我们来看一些实例:(1)人们在高原上会发生高原反应,而高原反应其实不只是缺氧,还有压力和重力问题,而压力、重力则直接与时空环境有关;(2)人体在不同的时空点上,比如在地表、深海和太空中对于时空环境的占有特征是不同的,这已为潜海和航天实践所证实;(3)生命是蛋白质的存在形式,而蛋白质的性状是直接与空间环境有关的;(4)胚胎经过冷冻可以延长存活期,证明了机体运动周期的长短是可改变的;(5)动植物的克隆,说明生物生存周期本身的更迭形式是可变的;(6)太空育种,表明了空间环境的改变对生命机体遗传性是至关重要的;(7)袁隆平等专家培育出了超级杂交水稻,这种水稻增产的关键是光合作用,而对增强光合作用具有决定意义的是稻谷的生长状态(即空间布局和时间次序);(8)我们知道,"序变"是生物界的一条普遍规律,调序治疗仪就是利用这一规律来治疗精神病等疾患的。所谓调序,其实就是通过调整大脑的紊乱的神经功能来调整人的整体时序和空序。(9)印度"狼孩"的事例表明,时空环境物质分布属性对于人的个体成长是具有本质意义的。(10)恐龙灭绝的原因,主要是由某种原因引起的地球时空环境物质分布性的巨大变化造成的。(11)"橘生淮南则为橘,生于淮北则为枳,叶徒相似,其实味不同,所以然者,水土异也。"这说明,同样的事物,由于物质分布环境的不同,其结果会有质的差异。(12)"风水学"的本质,应是关于事物的时空环境物质分布性的学问。人生存在什么样的物质分布环境中,自然是一门大学问,一方水土养一方人吗。所以,人们的居住环境、生活环境,当然都要讲究个科学性,这种科学性应当是"风水学"研究的对象,而用迷信的观点看待它是不对的。以上这些实例从现象上看是千差万别的,但从本质上看,都是有关事物的时空环境物质分布性的问题。

第八章

"以人为本"的整体统一性本质

上一章讨论了"人体"的整体统一性问题,本章简要地探讨一下"人类"的整体统一性问题。"人类"的整体统一性问题是一个很复杂的大题目,对此,《易经》提出了"天人合一"和"以人为本"思想。《易经》的这一思想是以古代整体统一性认识论为认识依据的,而这里我们将用"九性太极"整体统一性认识方法,来探讨一下"以人为本"的本质内含。

第一节　关于人类的整体统一性内含

人类是一个很大、很复杂的事物,它脱胎于动物,是自然界生物进化的结果;它生存于地球物质环境,表现为一个自然的运动发展过程;它与自然物相结合,呈现出人类的自然运动发展性、社会运动发展性和思维运动发展性。作为一个具体事物,人类现在还处于进化发展的上升期,它的有些属性已经表现出来,有些属性正在表现,有些属性还待今后的发展进程进一步表现。因此,人类是在自身的进步发展过程中,来逐步地认识、把握自身的整体统一性本质内含的。

当我们用"九性太极"认识方法来认识"人类"这一事物时,能看到它的九个物质属性分别为:(1)质量结构性,具体表现为人和人化自然物的体系结构性;(2)能量聚散性,具体表现为人类改造自然界的体力、智力、智能及生存、运动、发展的能力的聚散性;(3)时空环境物质分布性,具体表现为人类生存的自然、地理、空间、社会、时代环境物质分布性;(4)形态演化性,具体表现为人类的生理的、生物的、生活的、生存的、生态的形态变化性;(5)运动行止性,具体表现为人类及人化物的生产、储藏(承载)、流通、分布、再生的运动变化性;(6)发展通达性,具体表现为人类产生后所经过的类人猿、原始人、体力人、智力人、智能人的发展过程变化性;(7)信息真相性,具体表现为人口和人化自然物的整体体系存在、系统运动和过程发展所表现出来的信息可感知性;(8)规范规律性,具体表现为人类和人化自然物的运动发展规律规范性,这种规律规范性存在于"人类"这一事物的特定的体系、系统、过程变化中;(九)实际实践实证性,具体表现为人类特有的能动性。人类是最具实践性的事物,它是在自身运动发展的实际过程中,经过反复的实践,不断地发现并证实自身存在运动发展的规律性,不断地发现并证实客观世界的存在运动发展规律性。

由上述九个物质属性构成了"人类"的物质统一性和整体体统性。"人类"的物质实在统一性由质量结构性、能量聚散性和时空环境物质分布性三者构成,物质存在统一性由形态演化性、运动行止性和发展通达性三者构成,物质可知统一性由信息真相性、规范规律性和实际实践实证性三者构成。"人类"的整体体系性由质量结构性、形态演化性和信息真相性三者构成,整体系统性由能量聚散性、运动行止性和规范规律性三者构成,整体过程性由时空环境物质分布性、发展通达性和实际实践实证性三者构成。三个物质统一性之间的关系是:物质存在统一性总是与实在统一性相适应的,而可知统一性是由存在统一性对实在统一性的适应程度决定的。三个整体体统性之间的关系是:整体系统性总是与整体体系性相适应的,而整体过程性是由它的系统性对体系性的适应程度决定的。

按照整体统一性的认识方法的方法论,"人类"的九个物质属性及其相互关系是变化的,因而,它的物质统一性和整体体统性也是变化的。这种变化性表现为《易经》"初、元、亨、利、贞"的"五行"运行周期性。具体到"人类"的整体体统变化性,其"五行"运行周期性表现为,整体体系变化性的"肉体生理体系、自然生物体系、社区家庭生活体系、民族社会生存体系、宇宙地球生态体系"五个体系层次的演化周期性,整体系统变化性的"人及人化物的生产、储藏(积累)、流动、分布、消耗(再生)"五个系统要素的运化周期性,整体过程变化性的"类人猿、原始人、体力人、智力人、智能人"五个发展阶段的进化周期性。

我们知道,中医、西医都是研究"生理人体"的具体理论,以马克思主义政治经济学为代表的社会学是研究人类社会的具体理论,以达尔文进化论为代表的生物学是研究生物(包括人的生物性)的具体理论,人类学是研究人类进化性、人口动态变化的具体理论……这些具体理论,如果从"人类"的整体统一性的角度来看,它们在有些方面的认识是相对深刻全面的,而在有些方面则还不够深刻全面。这种情况除了表明人类的认识能力的有限性外,更主要的是表明了"人类"作为一个具体事物的发展性,因而对它的有些属性,特别是关于整体体统性和物质统一性方面的认识,是需要伴随其持续发展的周期过程来逐步实现的。

因此,我们对"人类"的认识是一个很大的命题。对于这个大命题,本章将只围绕"人类"的整体体系演化性,来粗略地探讨一下"以人为本"的内涵。

第二节　正确认识"以人为本"的内涵

"以人为本"是对人类与自然物质关系的本质的一种高度概括。完整准确地认识"以人为本"的科学内含,对于我们认识人,认识人类社会,认识人与自然的关系,认识人与社会的关系,都是非常重要的。

究竟该用什么方法来认识"以人为本"的科学内含呢? 从《易经》开始的人类数千年的认识史表明,一定要用整体统一性的认识方法。因为整体统一性的认识方法是真正科学地认识和把握"人类"整体体统性和物质统一性的方法,人们只有真正认识了"人类"的整体统一性关系,才有可能真正深入地把握"以人为本"的科学内涵。

前面已经用整体统一性的认识方法探讨过"人体"。我们在认识"人体"时,是把人的生理层次看作宇宙间的一个具体物、一个活的生命有机体整体的。用整体统一性的方法认识"人体",就要既看到"人体"的存在统一性层次的生命形态演化性、运动行止性和发展通达性,又看到实在统一性层次的生命质量结构性、能量聚散性和时空环境物质分布性,还看到可知统一性层次的生命信息真相性、规律规范性和实际实践实证性;既看到"人体"的整体体系层次的质量结构性、形态演化性和信息真相性,又看到整体系统性的能量聚散性、运动行止性和规律规范性,还看到整体过程层次的时空环境物质分布性、发展通达性和实际实践实证性;既看到"人体"的存在统一性对实在统一性的依存性和系统性对体系性的依存性,又看到存在统一性与实在统一性相结合对可知统一性的决定性和系统性与体系性相结合对过程性的决定性。因此,这种方法主要在于把握人的生理层次的九个物质属性的物质统一性关系,并在此基础上把握其整体体系性、系统性和过程性关系。

同样,在认识"人"的其余四个层次时,也要用整体统一性的认识方法。因为只有这种方法,是真正能够深刻理解"人类"本质、弄清"以人为本"内含的科学方法。

我们知道,千百年来曾经有无数的研究者想给"人"下一个科学的定义,但又很难做到,这是什么原因呢? 原因主要在于:在认识"人"的本质内涵时,是不能仅局限于一个或两个角度的,"人"的本质是需要多层次地来理解的。

"人"作为一个"物",它的物质性实际上是由九个方面构成的,九个物质属性构成了实在性、存在性和可知性三个层次的物质统一性。而"人"作为一个"物",它的整体体系性则是由生理的、生物的、生活的、生存的、生态的五个层次体系构成的。按照人的整体体系演化发展史来计算,生理层次意义上的"人"已有数亿年,生物层次意义上的"人"有数百万年,生活层次意义上的"人"有数万年,生存层次意义上的"人"有数千年,生态层次意义上的"人"则代表了未来的发展趋势。所以,在认识"人"的整体体系性时,应当首先把其理解为自我属性的肉体形态人、自然属性的动物形态人、自在属性的家庭社区形态人、自治属性的民族国家形态人、自觉属性的地球宇宙形态人五个层次构成的复杂体系,也就是把"人"作为一个发展着的事物,整体地理解为一个"初、元、亨、利、贞"的文明发展过程,具体地理解为一个"基、元、组、器、体"的体系演化过程、系统运行过程和进步发展过程。这不仅能够从人类的进化、发展史得到说明,同时也符合整体统一性认识方法的逻辑关系。这里主要讨论它的体系衍生性。

我们看到,宇宙间的任何事物的进化发展过程,都要经历一个"初、元、亨、利、贞"的螺旋上升的周期运行发展过程。无机物是这样,有机物也是这样;个体物是这样,群体物也是这样;自然物是这样,社会物也是这样。因此,人类的个体体系衍生过程,必然表现为"基因、细胞、组织、器官、整体"五个体系层次的周期变化性;人类的社会体系衍生过程,必然表现为"人与人化自然物、社会家庭、社会组织、社会团体、社会整体"五个体系层次的周期变化性;人类的整体体系衍生过程,必然表现为"人的生理性(基体)、生物性(元体)、生活性(组体)、生存性(团体)、生态性(整体)"五个体系层次的周期变化性。这种周期变化性表明了人类由生到兴的运行发展逻辑关系,而这种逻辑关系则是由事物的物质属性层级变化和发展周期程度变化规律决定的,也就是由整体统一性的太极螺旋变化趋势和十进制自然法则决定的。这是正确认识"以人为本"内含的基本逻辑依据。

我们知道,"人本"思想由来已久,但"人"的本质究竟是什么,至今并不是十分清楚,人们的许多错误认识都是由此引起的。历史表明,"以人为本"不是"天圆、地方"的"地人中心"论;不是"人定胜天"的"天人对立"论;不是"强势霸权"的"民族中心"论;也不是"自私自利"的"个人中心"论。它是什么呢? 是"天人合一"的整体统一论。这种"天人合一"思想的核心,在于对"人"这一物的整体体统性的理解和物质统一性的把握。因而无论是强生去病、修身养性、兴家创业,还是经世济民、治国安邦、促进人类和平发展进步,都要抓住这个核心。

如何具体认识"人类"的本质呢?马克思曾经这样说:"人的本质并不是单个人所固有的抽象物。在其现实性上,它是一切社会关系的总和。"[68]他还更具体地说:"历史并不是作为'产生于精神的精神'消融在'自我意识'中,历史的每一个阶段都遇到有一定的物质结果、一定数量的生产力总和,人和自然以及人与人之间在历史上形成的关系,都遇到有前一代传给后一代的大量的生产力、资金和环境,尽管一方面这些生产力、资金和环境为新的一代所改变,但另一方面,它们也预先规定新的一代的生活条件,使它得到一定的发展和具体特殊的性质。由此可见,这种观点表明:人创造环境,同样环境也创造人。每个个人和每一代当作现成的东西承受下来的生产力、资金和社会交往形式的总和,是哲学家们想象为'实体'和'人的本质'的东西的现实基础,是他们神话了的并与之做斗争的东西的现实基础,这种基础尽管遭到以'自我意识'和'唯一者'身份出现的哲学家们的反抗,但它对人们的发展所起的作用和影响却丝毫也不因此有所削弱。"[69]马克思阐明了"以人为本"思想的三种本质关系,即"人"的物质构成关系、历史进步关系和时代环境关系。

按照整体统一性认识方法的方法论,我们可以更具体地来认识"人类"的本质。由于任何事物都是整体寓于具体的统一,因而关于"人类"的本质的认识,也能够首先找到它的整体体系层次的具体存在关系,然后具体分析这些存在层次的物质属性。这些物质属性的实在性和存在性的统一性就是"人类"的本质。

第一,"人"作为一个事物,也是由它的物质实在性和进化发展性决定的。人类的进化史呈现给我们的,是一个由基因体(基因人)组成的个体人—由个体人组成的生物人群体—由家庭人组成的社区人群体—由民族人组成的国家人群体—由国家人组成的地球人群体这样一个进程。在这一进程中,人的每个进化阶段的本质特征并不因其进化发展而消失,而是物化为自身的复杂性,成为具体的现代人的复杂体系。

第二,这种复杂性可以从二方面来分析。一是它的整体体系性是一个由五个层次组成的复杂的具体存在体系。二是这一体系中的每一个层次都是"人"的一种具体存在形式,每一个层次都具有九个物质属性的整体统一性。因此,关于现代人的具体存在体系的整体本质的认识不是单一的,而应当从生理的、生物的、生活的、生存的、生态的五个层面来进行。

(1)生理层次是以人类的个体生理存在性为物质基础的生命存在形态体系。这个层面揭示生命自我意义的个体"人"的生理本质,反映在基因基础上人体的内在生理链关系。生理"人"的本质属性,由它的个体生理组织结构性、体能智能聚散性、生理周期和空间物质分布性构成,呈现出基因复制、排异性、生物钟等"自我"特征。这一点可以从医学理论找到依据,本文已做了较详细说明。

（2）生物层次是以人类的自然生物存在性为物质基础的生命存在形态体系。这个层面揭示自然进化意义的群体人的生物本质,反映在自然生物圈内"人"（生物人）的自然生物链关系。生物"人"的本质属性,由它的群体的组织结构性、体力智力聚散性、生命周期和空间物质分布性构成,呈现出物种结构、进化遗传、新陈代谢、环境适应性等"自然"特征。这一点可以从达尔文的进化论找到依据。

（3）生活层次是以人类的社区生活存在性为物质基础的生命存在形态体系。这个层面揭示自在意义的家庭社区"人"的生活本质,反映在家庭社区生活圈内"人"（生活人）的社区生活链关系。生活"人"的本质属性,由人群的家庭社区组织结构性、劳动力和技能聚散性、生活周期和空间物质分布性构成,呈现出史前人类超越动物属性的劳动、家庭、氏族、宗教等"自在"特征。这一点每个人都有切身体会。

（4）生存层次是以人类的社会生存性为物质基础的生命存在形态体系。这个层面揭示自治、统治（统治是自治的高级形式）意义的民族国家"人"的社会生存本质,反映在社会生存圈内"人"（生存人）的社会生存链关系。生存"人"的本质属性,由人群的社会组织结构性、整体劳动力和科学技术能力聚散性、生存周期和空间物质分布性构成,呈现出以国家为单位的经济、政治、文化、教育、社会等方面的"自治（统治）"特征。现代人正处于生存形态阶段。这一点马克思主义政治经济学理论有过深刻的论述。

（5）生态层次是以人类的地球生态文明性为物质基础的生命存在形态体系。这个层面揭示自觉意义的地球"人"的生态本质,反映在文明生态圈内"人"（生态人）的文明生态链关系。生态"人"的本质属性,由全人类的地球（宇宙）总体组织结构性、人类适应改造自然与创造文明的能力和智力聚散性、文明生态周期和空间物质分布性构成,其发展趋势会呈现出经济、文化、思想、制度等全方位的整体"文明""自由""和谐""一体"特征,也就是人类理想中的"大同"世界的特征。这是人类未来的理想生存状态。

以上五个层次的人类本质性特征,是由人类历史的发展规律和进步趋势决定的。各层次人类的每一个物质属性、每一个物质体系都有其特定的内涵,都体现着现代人的本质属性。各层次之间是密切联系的,高级范畴层次与低级范畴层次之间是一种文明发展程度的包容与基础关系,具体表现为:生理层是生物层的基础,生物层包容生理层;生物层是生活层的基础,生活层包容生物层;生活层是生存层的基础,生存层包容生活层;生存层是生态层的基础,生态层包容其他四个层次。

第三,这种文明程度包容关系表明,人类的本质是一个由必然王国向自由王国发展的漫长过程,地球生态文明则是全部人类文明、社会文明的本质属性,是人类的最高层次形态体系的一种本质属性。所谓高级形态体系是指,未来社会将在物质文明、精神文明、科技文明、环境文明高度发展的基础上,使人与人的关系、人与社会的关系、人与自然的关系会变得高度和谐。人们将不再以狭隘的个人利益、团体利益为出发点,而是从全人类的根本利益出发,以劳动和奉献为第一需要。社会也将不再以狭隘的社区利益、国家利益为出发点,而是以全人类的整体发展为目标,为实现全球"大同"而奋斗。整个世界将呈现出社会这一事物的九个物质属性的高度统一,人类和人类社会的物质实在性、存在性和可知性将实现高度的一体化、科学化、和谐化。

第四,人类应当为实现这一崇高目标不懈地去努力奋斗。人类奋斗的历史已经很长了,人类社会数千年的发展进步从本质上看,也正是为实现这一美好理想打基础。但遗憾的是,现在还有许多人对这一点认识得不是很清楚。我们看到,就是这个代表人类共同利益、最高利益、未来利益的生态文明层次,在不少现代人的眼中成了"众人的老子"——没人心疼。他们只会贪婪地占有它,不会精心地爱惜它;只会尽情地享用它,不会长远地发展它;只会盲目地伤害它,不会科学地保护它。他们不珍惜环境和资源,不珍惜和平和发展,不珍惜文明和文化。这种只顾眼前不顾长远、只顾自己不顾他人的状况不能继续下去了。

第五,其实,这种对"人"的本质进行整体多层次认识的方法不是现在才有的。古代的先哲们早就告诫人们,一定要从修身、养性、齐家、治国、平天下五个方面认识做人的道理(做到八德:格物、致知、诚意、正心、修身、齐家、治国、平天下,前四德应为养性)。古人为什么会有这样的境界,懂得从五个层次认识做人的道理呢?因为他们是站在整体统一性的高度认识人的本质的。"修身"就是修炼身体和心理,要处理好人的生理属性和心理属性之间的关系,使人的身体和心理达到健康统一;"养性"就是修养天性和人性,要处理好人的自然属性和自醒属性之间的关系,使人的天性和人性达到健全统一;"齐家"就是修整个人和家庭,要处理好人的独立属性和集体属性之间的关系,使人的个体与家庭达到和睦统一;"治国"就是修治家庭和国家,要处理好人的集体属性和社会属性之间的关系,使人的家庭和国家达到和顺统一;"平天下"就是修平整个人类社会,要处理好不同社会、不同国家之间的各种关系,处理好人与自然的关系,使全人类的生存达到和谐统一。很显然,古人是从人的人体生理、自然生物、家庭生活、社会生存和全球生态五个层次来认识做人的道理的。对于今天的人来说,自然更没有一点理由把自己"独立"起来,而应该完整准确地去把握整体人的本质,也就是"以人为本"的本质内涵。

当代哲学家冯友兰亦有类似的认识。冯先生是把"做人"的境界分为四个层次的,他认为:大体上人的境界可分为自然境界、功利境界、道德境界和天地境界,自然境界是人对他的行为没有自觉的境界;功利境界是自觉求利的境界;道德境界是自觉地行义的境界,义是指社会的道德和公义;天地境界是指人自觉到与整个宇宙合为一体的境界。[70]冯先生是从人的觉解程度的角度来解读做人的境界的层次性的,而实际上他也是讲人的自然属性与自省属性、自省属性与自觉属性、人的属性与社会属性、人的属性与天地属性等基本关系的,其最高境界是天地境界,即人与自然相一致的境界。这一点与古人讲的"修身、养性、齐家、治国、平天下",应在一个意境。

可见,人的本质属性是共通的。古往今来的人都是爱健康、爱自然、爱生活、爱社会、爱世界的,人类社会的发展不断地在证明这一点。我们看到,现代的地球人正朝着大一体趋势迈进,这是事物发展的客观规律使然,是任谁也没有办法改变的。因此,一个真正的地球人应当是五种本质齐备的,他们应当不断摈弃唯心主义和形而上学,真正掌握整体统一性的认识方法,切实弄懂"以人为本"的内涵,朝着"做人"的最高境界迈进。

第三节　科学把握"以人为本"的内涵

科学地把握"以人为本"的真实内含是十分重要的。从人类整体体系衍生性的角度看,要做到这一点需要从四个方面来认识:一是要认识到,人类的人体生理层和自然生物层相结合,表明了"人"的自然整体统一性;二是要认识到,人类的家庭生活层和社会生存层相结合,表明了"人"的社会整体统一性;三是要认识到,人类的自然整体统一性和社会整体统一性相结合,表明了"人的自然化和自然的人化"与"人的社会化和社会的人化"的整体统一性;四是要认识到,代表自然和社会整体统一性的,是人类的地球生态文明层次。

以上四点只是从整体体系性的角度简要地概括了一下"人"的整体统一性本质,而实际上,要完整地认识"人"的整体统一性,那就不仅要认识它的整体体系性,还要认识它的整体系统性、过程性,以及体系性、系统性、过程性三者之间的整体体统性关系和实在性、存在性、可知性三者之间的物质统一性关系。这是一个非常庞大的系统理论体系,需要进行持久的探索。可以相信,随着哲学和自然科学的持续发展和人类社会的不断进步,我们对"以人为本"真实内含的理解会越来越深刻,这个理论体系会逐渐呈现在人们面前的。

实际上今天,当我们真正地用整体统一性认识方法看待"人"和人类社会时,也会很自然地思考一系列的问题,如:为什么我们一定要善待健康、善待自然、善待生活、善待社会、善待世界? 为什么诸如"吃穿住行""医疗教育""婚姻家庭""劳动就业""休养生息""以农为本""生态环保"等等,被称作"民生"之本? 为什么诸如"民以食为天""人民的根本利益""国家核心利益""就业是民生之本""科技兴业教育为本""以民为本""经济建设""改革开放""综合国力""国泰民安"全国一盘棋"和平环境等等,被称作"国计"之本? 为什么"富强""民主""平等""自由""法制""文明""和谐""爱国""诚信""敬业"等等,都具有中国特色社会主义的核心价值? 显然是因为,这些都是从个人的、家庭的、社会的、国家的、世界的、自然的等不同的层面,反映了"人"这一事物的物质整体性和统一性本质,反映了"人"的五个体系层次的物质整体统一性本质,反映了"以人为本"的真实内含。

因此,科学地把握"以人为本"的本质内涵,关键在于要科学地认识"人"这一事物的整体统一性。首要的是必须确立科学的世界观,要真正弄清"人"的本质和人生的价值所在,正确地对待世界、社会、组织、家庭和个人,正确地对待学习、工作、生活、生存和生命,不断增加为人处事的科学性和自觉性,不断增强万变不离其宗、万事不离其本的能力。其次是要树立科学的人生观,要真正弄清"以人为本"的本质所在,正确地处理个人与家庭、组织、社会、世界的关系,正确地处理生命与学习、工作、生活、生存的关系,无论干什么工作、处什么岗位、负什么责任,都不能忘记:和平发展要"以人为本",治国安邦要"以人为本",治家兴业要"以人为本",修身养性也要"以人为本"。这也正是本文选择"人"为研究对象的一个初衷。

结　语

　　人类社会的文明程度是在不断提高的,人们对客观世界的认识水平也应当不断地提高。人类面对的是同一个的世界,这个"世界的真正的统一性是在于它的物质性"。因而,我们对客观世界的认识,归根结底在于认识世界的物质整体统一性。古代整体统一性认识方法是用太极八卦认识世界的物质整体统一性的,现代整体统一性认识方法是用"九性太极"认识世界的物质整体统一性的,数千年的哲学和实证科学的持续发展已经表明了这一点。我们看到:从星系到星球到物体到粒子,每一个无机物都是一个由生到灭、由盛到衰的整体统一运动发展过程;从细菌到植物到动物到人,每一个有机物都是一个由生到死、由盛到衰的整体统一运动发展过程;从国家到社区到家庭到个人,每一个社会物都是一个由生到灭、由盛到衰的整体统一运动发展过程。这所有的事物,它们无不具有由九个物质属性构成的整体统一性,因而都要服从两条最基本的规律:一是,事物的物质存在统一性是不断地适应它的物质实在性统一的,而物质可知统一性是由它的存在统一性对实在统一性的适应程度决定的;二是,事物的整体系统性是不断地适应它的整体体系性的,而整体过程性是由它的系统性对体系性的适应程度决定的。这就是整体统一性认识方法所得出的最基本的结论。

　　恩格斯说过:"一个民族想要站在科学的最高峰,就一刻也不能没有理论思维。"[71]今天的人类社会已经步入了飞速发展的时代,步入了一体化进步的时代,步入了一个需要全人类都站在科学高峰的时代。今天的人类社会,"各个相互影响的活动范围在这个发展进程中愈来愈扩大,各民族的原始闭关自守状态则由于日益完善的生产方式、交往以及因此自发地发展起来的各民族之间的分工而消灭得越来越彻底,历史就在愈来愈大的程度上成为全世界的历史。"[72]因而,每一个民族都应共享理论思维的力量,都应用整体统一性的科学认识方法来看待世界。我们有理由相信:未来的人类一定会拥有更健康的身体、更崇高的理性、更富裕的生活、更和谐的生存、更文明的生态;未来的社会一定会是一个共享理性与和平的美好社会;未来的世界也一定会是一个充分展示宇宙整体统一性的"大同"世界。

参考文献

[1][2][3]《马克思恩格斯选集》第三卷 第 556、60.61、61 页(人民出版社 1972 年)

[4]《马克思恩格斯全集》第 42 卷 第 126 页

[5]《风物长宜放眼量》(季羡林,重庆出版社 2015 年 1 月)

[6]《普里高津与耗散结构理论》第 203 页

[7]《马克思恩格斯选集》第三卷 第 63 页(人民出版社 1972 年)

[8]《马克思恩格斯选集》第四卷 第 224 页(人民出版社 1972 年)

[9][10]《马克思恩格斯选集》第三卷 第 492 页、第 83 页(人民出版社 1972 年)

[11]《人民日报》(1996 年 11 月 6 日)

[12]《列宁选集》第二卷 第 266 页(人民出版社)

[13]《列宁全集》第 28 卷 第 225 页

[14][15][16]《马克思恩格斯选集》第三卷 第 485 页、第 490 页、第 556 页(人民出版社 1972 年)

[17]《列宁选集》第二卷 第 176 页(人民出版社)

[18]《相对论原理》第 61 页(科学出版社)

[19]《自然科学发展简史》第 358 页(潘永年 北京大学出版社)

[20][21]《马克思恩格斯选集》第三卷 第 454、491 页(人民出版社 1972 年)

[22]《毛泽东选集》第一卷 第 323 页(1991 年)

[23]《马克思恩格斯选集》第三卷 第 558 页(人民出版社 1972 年)

[24]《列宁选集》第二卷 第 46 页(人民出版社)

[25][26][27]《马克思恩格斯选集》第三卷 第 554、484、551 页(人民出版社 1972 年)

[28]《马克思恩格斯选集》第一卷 第 16 页(人民出版社 1972 年)

[29]《马克思恩格斯选集》第二卷 第 217 页(人民出版社 1972 年)

[30][31][32]《马克思恩格斯选集》第三卷 第 462、469.470、528 页(人民出版 1972 年)

[33]《马克思恩格斯选集》第二卷 第 208 页(人民出版社 1972 年)

[34]《感觉的分析》第29页(列宁)

[35]《马克思恩格斯选集》第二卷 第103.104页(人民出版社1972年)

[36]《马克思恩格斯选集》第三卷 第553页(人民出版社1972年)

[37]《自然科学发展简史》第567页(潘永年 北京大学出版社)

[38]《自然科学发展简史》第300页(远得玉等 中央广播电视大学出版社2000年)

[39][40]《马克思恩格斯选集》第三卷第81、81页

[41]《列宁选集》第二卷 第607.608页(人民出版社1972年)

[42]《自然科学发展简史》第372页(潘永年 北京大学出版社)

[43]《列宁选集》第二卷 第586页(人民出版社1972年)

[44][45][46]《马克思恩格斯选集》第二卷 第83、208、208页(人民出版社1972年)

[47]《列宁选集》第一卷 第6、13页

[48]《列宁选集》第二卷 第585页(人民出版社)

[49]《马克思恩格斯选集》第四卷 第321页(人民出版社1972年)

[50][51][52]《马克思恩格斯选集》第二卷 第102、83、206页(人民出版社1972年)

[53]《列宁选集》第三卷 第62页

[54]《邓小平文选》第三卷 第373页

[55]《邓小平文选》第三卷 第382页

[56]《冯友兰学术文化随笔》"是几时孟光接了梁鸿案"

[57][58]《马克思恩格斯选集》第三卷 第468、569页(人民出版社1972年)

[59]《马克思恩格斯全集》第42卷 第167页

[60]《马克思恩格斯选集》第一卷 第24页(人民出版社1972年)

[61][62]《马克思恩格斯选集》第三卷 第518、61.62页(人民出版社1972年)

[63]《马克思恩格斯选集》第三卷 第112页(人民出版社1972年)

[64]《马克思恩格斯选集》第三卷 第120页(人民出版社1972年)

[65]《列宁选集》第二卷 第177页(人民出版社)

[66]《相对论原理》第160页(科学出版社)

[67]《马克思恩格斯选集》第三卷 第91页(人民出版社1972年)

[68][69]《马克思恩格斯选集》第一卷 第18、43页(人民出版社1972年)

[70]《冯友兰选集》第8页(吉林人民出版社)

[71]《马克思恩格斯选集》第三卷 第467页(人民出版社1972年)

[72]《马克思恩格斯选集》第一卷 第51页(人民出版社1972年)

02

|五行运行规律探讨|

长久以来,阴阳五行学说始终被笼罩着一层神秘的面纱,有的人说它是迷信,有的人用它打卦算命,还有的人用它来看风水,总之,很少有人认为它具有规律性和科学性。那么,流传了数千年的五行运行学说究竟反映了什么样的规律性,它所反映的规律性的科学依据又是什么呢?

第一章

传统五行观的基本内含

　　传统的阴阳五行观,原本应是一种关于客观世界的物质运行观。这种物质运行观点认为,客观世界中万事万物的变化,是由五种基本的物质运行要素构成的,这五种基本的物质运行要素,能够由"金、木、水、火、土"五个物象来象征,因而宇宙万物的各种运行变化,都可以通过"金、木、水、火、土"所象征的五种物质运行要素之间的相生相克关系来认识。而从认识论的总体发展过程来看,这种产生于数千年前的关于客观事物运行发展的阴阳五行物质运行观,实际上应是古代朴素的整体统一性认识方法的一个组成部分,是人类认识的初始发展阶段的产物。那么,它的真实的科学内含究竟是什么呢?

第一节　五行运行的科学性

　　在《试论整体统一性的认识方法》一文中,我们已经讨论过五行运行思想的科学性,这种科学性主要表现为太极八卦认识方法的三个方面的规律性:

　　一是在事物的物质属性结构的认识方面,表现为太极八卦认识结构的八个阴阳物质属性的变化规律性。这一规律性表明:客观世界中的每一个事物都具有坤、乾、艮、震、坎、离、巽、兑八个阴阳物质属性的统一性,用今天的物质属性概念说,即,每一个客观事物都具有质量结构性、时空环境物质分布性、运动行止性、发展通达性、能量聚散性、形态演化性、实际实践实证性和信息真相性的统一性。这八个阴阳物质属性是按一定规律变化的,其变化趋势遵循"太极线"变化规律性,变化法则遵循十进制法则。由于八个阴阳物质属性的"太极线"变化的具体排列顺序为,"艮(贰)—坎(叁)—巽(肆)—乾(伍)—坤(陆)—震(柒)—离(捌)—兑(玖)(自然还内含(壹)—对事物规律认识的出发点和(拾)—对事物整体认识的

181

整合点)"，因而《易经》中内含的十进制法则反映的，就是客观事物的阴阳五行运行规律性，具体表现为：阴五行变化由（壹）—（贰）—（叁）—（肆）—（伍）（阳极阴始）构成；阳五行变化由：（陆，阴极阳始）—（柒）—（捌）—（玖）—（拾）构成。

二是对事物的物质属性关系的认识方面，表现为八个阴阳物质属性（八卦）之间的两两关系的变化规律性，也就是 64 个"爻卦"的变化规律性。例如"乾卦"所表现的，就是事物的外部时空环境物质分布性（乾上）和内部时空环境物质分布性（乾下）两个物质属性之间的关系的变化规律性。"乾卦"表明，事物的内、外时空环境物质分布性不是孤立的，而是相互联系、相互影响的，二者结合，才能成为事物的整体时空环境物质分布性。这种整体时空环境物质分布性是变化的，其变化遵循五行运行的规律性。这种五行变化具体用"六划卦"形式来表示，用"初、元、亨、利、贞"做文字说明。"坤卦"所表现的，就是事物的内部质量结构性和外部质量结构性二者的关系的变化规律性。"坤卦"表明，事物的内、外质量结构性也不是孤立的，而是相互联系、相互影响的，二者结合，才成为事物的整体质量结构性。这种整体质量结构性是变化的，其变化遵循五行运行的规律性。这种五行变化具体用"六划卦"形式来表示，用"初、元、亨、利、贞"做文字说明。其他的 62 卦也是同样的，都是用"六划"卦的形式来表示阴阳物质属性之间关系的整体变化性，而内含表达也在于表明"初、元、亨、利、贞"的变化阶段性。

三是对事物的整体性认识方面，表现为系统运行的变化规律性。《易经》是用"金、木、水、火、土"的象征性形式，来表明这种整体系统的五行运行规律性及其相生相克关系的。这种规律性实际上被长期地应用于中医理论实践中。中医是用"肺金、肾水、肝木、心火、脾土"这样的五行形式，来表达人体"精、气、神"的"源、藏、流、布、化"整体系统运行关系的。数千年的医疗实践表明了中医理论的正确性，也表明了五行运行思想的科学性。

上述三个方面的规律性，表明了古老的阴阳五行认识方法的基本科学内含。但遗憾的是，这种传承了数千年的阴阳五行认识方法，至今并没有得到大多数人的认可。其中的主要原因，在于这种产生于远古时代的整体统一性象征性认识形式，它只是一种朴素的、还没有得到实证科学支持的认识形式，而正是这种朴素性特征，制约着它的科学性的传播，使其规律性很难得到充分的揭示和证明。那么，这种五行运行思想是如何产生的，又如何具体地来证明五行运行规律的科学性呢？我们先来看看它的产生过程。

第二节　五行运行思想的产生

五行运行思想产生于数千年前的远古时代。这种由"金、水、木、火、土"五个物象象征的整体统一性认识形式,不是凭空而产生的,它也有自身产生的历史前提和物质条件。

五行运行思想的产生说法很多。历代关于五行产生的说法大约有五种:一是"物质构成"说。这种说法认为,五行是指世界万物都由"金、木、水、火、土"五种基本物质要素构成的;二是"方位构成"说。这种说法认为,五行指的是"东、南、西、北、中"五个方位;三是"五星构成"说。这种说法认为,五行是指"金、木、水、火、土"五颗星球;四是"手指计数"说。这种说法认为,五行是源于古人对人体自身的观察;五是"气候物候"说。这种说法认为,五行产生于古人对中原气候"春、夏、长夏、秋、冬"的认识。以上五种说法虽然各有一定的道理,但从认识论的角度来看,它们都没有表明客观事物整体的体系演化、系统运化和过程发展进化的"初、元、亨、利、贞"五行变化内涵,所以,实际上并没有反映出《易经》关于事物的阴阳整体运行发展变化规律性。

五行运行思想产生的历史前提究竟是什么,它之所以能够产生的客观物质条件又是什么呢? 从历史唯物主义的观点看,这一思想应当产生于古代农业生产的实践过程。只要看看古代农业生产的实际情况,就不难明白这一点。

我们知道,人类只能在认识客观世界的过程中不断提高自身的认识能力,因而任何一种认识方法都不可能是凭空产生的,它的产生离不开人类发展的历史进程,离不开人类具体的物质生产过程。人类的赖以生存繁衍的物质生产过程已经历了数万年,而这一过程表明,远古农耕时代农业生产过程的基本生产要素,是工具(金、石)、水利(水、雨)、作物(木、禾苗)、养料(火、太阳)和土地(土、大地)。正是这五个基本生产要素,能够反映当时农业经济整体系统运行的"初、元、亨、利、贞"五行变化规律性。我们来具体分析一下它们之间的相生相克关系。

由于古代农耕经济的主体是农业,农业生产是古代人类最基本、最主要的实践活动,因而古人只能主要在长期的农业生产实践过程中来认识客观世界。他们正是因为有了长期的农业生产实践经验的积累,才逐步认识到了"金、水、木、火、土"五个生产要素之间的五行相生相克关系。这种五种关系分别是:

"金生水而克木"。这一关系指的是古代农业生产过程中,金属作为生产工具的两个主要功能：一是能用于打井、修渠、锄地；二是能用于收割、砍伐。前者"生"水，有利于灌溉涵养水分；后者"克"木，有利于收割；

"水生木而克火"。这一关系指的是水的两个主要功能：一是水能滋养禾、木；二是水能扑灭火灾。前者"生"木，有利于作物成长；后者"克"火，能防止火灾发生；

"木生火而克土"。这一关系指的是禾、木的两个主要功能：一是能用于燃烧；二是能植于土中。前者"生"火，有利于秸秆燃烧、清理田地；后者"克"土，有利于植物种植和生长；

"火生土而克金"。这一关系指的是刀耕火种年代火的两个主要功能：一是火能燃烧秸秆；二是火能熔炼金属。前者"生"土，有利于肥沃田地；后者"克"金，有利于制造工具；

"土生金而克水"。这一关系指的是土地的两个主要功能：一是土为金属产生之源泉；二是土可以用来屯水。前者"生"金，有利于工具生产；后者"克"水，有利于治河防洪。

由以上五种关系我们可以清楚地看出，在古代的农业经济运行过程中，"金、水、木、火、土"五个生产要素之间确实存在着相生相克关系。这种关系能够用如下的五行相生相克关系图来表示：

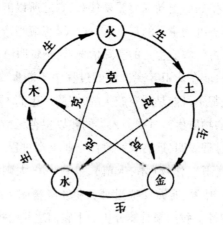

五行相生相克关系图

表明古人对这种相生相克关系的逐步认识，实际上应主要来源于农业生产过程的长期实践，离开了这种实践过程，是不可能认识到五行运行的相生相克基本关系的。这是由认识论的基本原理决定的。

　　这种认识的直接证明,就是北京中山公园"社稷坛"的"五色土"。"社稷坛"有什么用呢?原来在上古时代,人们把祭祀神农的活动称为"帝社""王社",至汉时即称"先农",后来又逐渐发展为"先农祭祀"和"社稷祭祀"。故"先农祭祀"制度以祭祀神农,而"社稷祭祀"制度以祭祀土神谷神。《白虎通》曾就"社稷"之问答云:"为天下求福报功。以'人非土不立,非谷不食'。土地广博,不可一一祭之也,故封土立'社','社'为土神;谷物众多,不可遍及祀,故封谷立'稷','稷'为谷神之长。"就是说,古人是十分重视农业生产、十分重视土地、谷物等农业生产要素的作用的,他们把农业生产过程中最重要的生产要素都当作神来祭祀,祈盼有个好收成。因而,这种祭祀"土神""谷神"的地方,就叫"社稷","社稷坛"就是皇家祭祀的地方,设立它是为了祭祀古代农业生产过程中的生产要素的。

　　"社稷坛"的最上层,用五种颜色的土做成了一个五行图案,表明了古人对刀耕火种时代的农业生产要素的这种祭祀,其祭祀对象实际上不只是"土"和"谷"两个生产要素,还应有"金""水""火"三个要素。这一方面表明"金""水""火"三个要素的作用,一点也不比"土"和"谷"两个要素的作用小,同时也说明古人对于五行运行关系的认识。

　　很显然,"社稷坛"的"五色土"就是为了祭祀古代的五个农业生产要素的,其五行图案是为了表明五个生产要素之间的相生相克关系的。仔细分析这个图案就能发现,它实际象征着五个农业生产要素的自然性和劳动性。具体为:白色土在西,象征金石、工具这一重要生产要素;黑色土在北,象征雨水、水利这一重要生产要素;青色土在东,象征禾木、作物这一重要生产要素;红色土在南,象征光照、火烧这一重要生产要素;黄色土在中,象征土地、收获这一重要生产要素。因为我国地处北半球,地形西高东低,所以五个生产要素的自然性表现为:西部多山,利于金属生产,故白色土在西,象征金;北部多云,利于雨水形成,故黑色土在北,象征水;东部平坦,利于禾木生长,故青色土在东,象征木;南部有阳光,利于光热使用,故红色土在南,象征火;中间为古人生活的黄土地,故黄色土在中,象征土。而五个生产要素的劳动属性表现为:用金属工具耕作过的农田呈白色,故西边的白色土象征金属工具对土地的耕作(刀耕);用水浇过的农田呈黑色,故北边的黑色土象征水对土地的浇灌;栽种着作物的农田呈青色,故东边的青色土象征禾木在农田中生长;阳光照射下的、燃烧秸秆时的农田呈红色,故南边的红色土象征火在农田中燃烧(火种);农田上的作物成熟后以及田土的本色呈黄色,故中间的黄色土象征收成从农田中得到。

　　这种自然性和劳动性表明,"社稷坛"这一祭祀物证,确实证明了一个历史事实,即,五行运行思想是产生于远古时代的农业生产实践过程的,这种思想是古人对人类财富源泉的一种认知。恩格斯在《劳动在从猿到人转变过程中的作用》一文中曾经说过:"政治经济学家说:劳动是一切财富的源泉。其实劳动和自然界一起才是一切财富的源泉,自然界为劳动提供材料,劳动把材料变为财富。但是劳动还远不止如此。它是整个人类生活的第一个基本条件,而且达到这样的程度,以至我们在某种意义上不得不说:劳动创造了人本身。"恩格斯的这一论断表明了"劳动和自然界才是一切财富的源泉",表明了正是劳动和自然界的结合,促进了人类手与脚的分工,促进了人类大脑的不断发达,因而才创造了物质文明、精神文明,也创造了人类本身,才成为人类一切真知灼见的实践前提。所以,由"金、水、木、火、土"象征的五行运行思想,只能产生于劳动与自然界的结合中,只能产生于古代农业生产过程劳动人民的劳动实践中。这一思想不仅证明了"劳动与自然界才是一切财富的源泉"这一论断的正确性,还表明了财富(人类必需的营养)生产过程的五行运行相生相克关系。这一关系的初始认识原型为:金属工具耕作有利于涵养水分(生),可以砍伐禾木(克);水有利于作物生长(生),可以消除火灾(克);禾木有利于燃烧(生),可以植入土中(克);阳光和火烧有利于土地增加肥力(生),火可以用来冶炼金属制造工具(克);土地有利于金属工具再生产(生),可以屯水(克)。这一关系表明了古代农业生产过程中最重要的五种生产要素之间的相生相克特性,而这种相生相克特性是一种具有自然性和劳动性的特性。很显然,这两种属性是紧密结合的:离开了自然属性,劳动过程无法实现;离开了农业生产劳动过程,自然属性也难以实现。

这种认识的另一个直接证明,是古人对"五方上帝"的祭祀。传统中华文化中,对五帝的祭祀是历代朝廷官方最高等级的祭祀仪式之一。这种祭祀活动表面看起来,似乎只具有宗教性,而实际上它是一种对为人类生产和生存做出杰出贡献的古代重要人物的一种崇拜和纪念,其崇拜和纪念的对象和内容,则是传统农耕文化中最重要的人物和生产要素。五帝中:

东郊上帝是青帝,配帝为伏羲,为东方祀春之神,又称苍帝、木帝。其子镇星,居东方,摄青龙,为春之神、百花之神。青帝的从祀官为勾芒,他是传说中掌管农事、草木的神祇。黄巢"题菊花"诗中说,"他年我若为青帝,报与桃花一处开。"郑玄注说:"勾芒,木正也。"意思是说,勾芒是远古主本之官,故又称为春神、木神。班固《白虎通义》则说:"其神勾芒者,物之始生,其精青龙。芒者为言萌也。"象征春天万物生长。这表明,"青帝"祭祀,其祭祀对象和内容是春季,是春季花草树木、农作物的生长。

南郊上帝是赤帝,配帝为神农氏,是位于南方的司夏之神。神农,即传说中的上古帝王炎帝,因以火德王,故称为炎帝。神农开发了原始农业,是农耕文化的创始人,传说他创造了木制耒耜,发现了中草药,并利用火为人类服务。赤帝的从祀官为祝融,即传说中的火神、南海神。据山海经记载,祝融的居住地是南方尽头衡山,也就是有火有热的地方,所以是他传下火种,教人们使用火的方法。这表明,"赤帝"祭祀,其对象和内容是夏季,是夏季太阳光照的作用,以及对火的利用。

中郊上帝是黄帝,配帝为轩辕。黄帝就是传说中的中华民族始祖,为轩辕氏。由于他崇尚土德,而土是黄色的,故称为黄帝。共工触不周山的神话中说,共工与他的一个名叫后土的儿子,父子两对农业都很精通。为了发展农业,把水利的事办好,他们就考察了部落的土地情况,发现了土地高低不平,高处难以浇灌,低处容易水淹,不利农业生产。于是就领着人们取高、垫低,使土地变得平整,有利于水利浇灌。但由于颛顼的反对,致使共工怒触不周山而亡。后来的历史证明,兴修水利、平整土地是有利于农业生产的。人们为了纪念之,就奉共工为水利之神,奉后土为社神,即土地之神。这表明,"黄帝"祭祀,其祭祀对象和内容是一年四季在土地上的劳作和收获,因为土地是农业生产活动的中心场所,而收获是农业生产活动的中心目的,所以,黄帝就被奉为中郊上帝。

西郊上帝是白帝,配帝为少昊。白帝,是位于西方的司秋之神,即少昊金天氏。其父为太白金星。其从祀官为蓐收,即白帝少昊的辅佐之神。据《淮南子·天文篇》载,"蓐收民曲尺掌管秋天",就是说,他是分管秋收科藏之事的神。李贺"相劝酒"诗中就有"蓐收既断翠柳,青帝又造红兰。"的诗句,说的就是蓐收管收割、青帝主作物的事。这表明,"白帝"祭祀,其对象和内容是秋季,是秋季用工具收割作物。

北郊上帝是黑帝,配帝为颛顼。黑帝,是位于北方的司冬之神。据《淮南子·天文训》载,"北方,水也,其帝颛顼,其佐玄冥,执权而治冬。"所以,玄冥是主管水利、雨雪、冬季的北方之神。杜预注:"玄冥,水神。"张衡《思玄赋》说:"前长离使拂羽兮,委水衡乎玄冥。"这表明,"黑帝"祭祀,其祭祀对象和内容是冬季,是冬季兴修水利。

从五帝祭祀的内容看,它实际上是对古代农业生产过程中五个生产要素的崇拜和认识,即对春天农作物的生长,夏天阳光的照射和火的应用,秋天用工具收割,冬天兴修水利和保墒,以及为了收获而以土地为中心从事农业生产的崇拜和认识。之所以采用了具有"崇拜"意义的宗教形式,是因为当时的人们还弄不清这些生产要素背后的科学道理。但把这些内容当神来祭拜,一方面表明了他们对这些生产要素的高度重视;同时也表明,与这种宗教"崇拜"相伴随的,实际上还有人们对这些生产要素以及要素之间的五行运行关系的深入思考。

这两个直接证据表明,前面提到的"物质""方位""五星""手指""气候"等五行构成说,不应是五行运行思想产生的主要客观原型。这些五行构成说的产生,其实也是与古代的农业生产过程密切相关的,它们也应是古代农业生产实践过程的相关产物。

那么,古代农业生产过程中产生的"金、水、木、火、土"相生相克关系,究竟说明了什么规律性呢? 就今天的常识来看,"金、水、木、火、土"五行之间的相生相克关系,其实是不难理解的。而实际上在古人看来,这种五行运行的相生相克关系也不是只限于指"金属工具可以砍伐木头""禾苗可以植入土中"等这些常识性关系,因为这些常识性关系其实仅仅具有象征性,它们是用来象征一种深刻的规律性的。象征一种什么规律性呢? 就是人类所必需的营养生产循环周期过程的整体系统运行规律性。

因为无论是古代农业还是现代农业,它的整体生产过程从本质上说,都是人类营养生产的周期运行过程。古人正是用"金属工具"来象征营养生产循环周期之生产源头,用"水利"来象征营养生产循环周期之命脉储藏,用"禾、木"来象征营养生产循环周期之流动交换,用"火烧"来象征营养生产循环周期之调控分布,用"土地"来象征营养生产循环周期之再生转化,进而揭示出了整个农业生产过程中内含的营养生产循环周期的"源、藏、流、布、化"整体系统运行关系的。

这种"源、藏、流、布、化"的整体系统运行关系,从农业生产实践过程的具体方面看,它能够反映农业经济整体的营养循环周期过程的系统运行规律性;而推而广之从整体方面看,它能够反映万事万物的整体系统周期运行规律性。这应是五行运行思想最基本的规律性科学内含,也是这一思想能够传承数千年的真正原因。

无数的事实表明,宇宙间所有客观事物的整体系统运行周期循环过程,都是由"产生之源头性、储藏之承载性、流通之交换性、配置之分布性、再生之转化性"五个运行环节构成的,并且,这种"源、藏、流、布、化"的五行运行要素之间,存在着两种基本关系:一是生产促生储藏,储藏促生流通,流通促生分布,分布促生转化,转化促生生产的相生关系;二是生产制约流通,储藏制约分布,流通制约转化,分布制约生产,转化制约储藏的相克关系。

必须看到,这种相生相克关系,它是客观事物运行发展的一种"常态"关系。其中:相生关系表现为事物整体运行的一种包容性,即两个相生环节之间的运行发展,具有变化趋势的包容适应性;相克关系表现为事物整体运行发展的一种制约性,即两个相克环节之间的运行发展,具有变化程度的制约规定性。

还要看到,这种"常态"关系不是永恒的。事物运行发展的相生包容性和相克制约性一旦被打破,就是说,事物的"源、藏、流、布、化"五行相生相克关系一旦出现了异常——其中的某些环节出现了"过"或"不及"的情况,那就一定会影响到整个系统的正常运行。这种"异态"运行具体表现为,发生了"过"或"不及"的某些环节,一定会对下行的两个环节产生"相乘"效应,对上行的两个环节产生"相侮"效应。而这种"相乘、相侮"效应的出现,表明事物的运行发展进入了一种反常状态。

通过以上的分析,我们应当能够看出,无论是从产生过程看,还是从思想内涵看,五行运行绝不是主观迷信,也不是为了打卦算命看风水,它反映的应是一种自然规律性。这种自然规律性主要揭示的是客观事物的整体统一性内在运行关系。这种整体统一性的内在运行关系,在古代是以两个阴阳物质属性为基础的太极八卦结构形式为认识前提的;在今天则是以三个物质实在性为基础的整体统一性物质属性结构形式为认识前提的。正是因为五行运行与太极八卦同属于古代的朴素整体统一性认识方法,所以才被统称为阴阳五行思想。

作为一种对客观事物的整体统一性认识方法,五行思想至少在战国时期就出现了(一说产生于夏朝)。这种整体统一性认识主要反映了客观事物周期运行过程中的"源、藏、流、布、化"五个物质运行要素之间的生、克、乘、侮的内在关系,体现的是客观事物的整体系统运行规律性。

这种体现整体系统运行规律性的五行思想,千百年来一直为中华民族的祖先所应用。古籍《内径》就已把这种五行运行思想运用于医学,形成了中医特有的理论体系,并指导医疗实践数千年。这一规律性在更早时还被应用于治水。古籍《洪范》记载:"鲧堙洪水,汨陈其五行;帝乃震怒,不畀洪范九畴……则鲧殛死,禹乃嗣兴,天乃锡洪范九畴,彝伦悠叙……"讲的就是古人应用五行运行规律性治河的事情。数千年来,大禹治水的故事名扬天下,一直流传至今,就充分表明了五行运行规律在水利实践中应用的史实。这一规律性还被用于军事,《孙子兵法》"虚实篇"云:"夫兵形象水,水之形,避高而趋下;兵之形,避实而击虚。水因地而制流,兵因敌而制胜。故兵无常势,水无常形,能因敌变化而取胜者,谓之神。故五行无常胜,四时无常位,日有短长,月有死生。"

对这种能够反映事物内在运行关系的五行运行规律性,古代先贤应当说已经感知得很清楚了。比如郑玄注中就有"行者,顺天行气也"的论述,表明了"行",

就是一种自然运行,是循着事物本身的固有规律而进行的规范运动,是由事物内在的自然规律性支配的。所以古代先贤们认为,当一个人违反了人体的生理整体系统五行运行规律性时,他就会生病,而能够顺应生理运行规律性的人,则健康长寿;当鲧治水违反了流域整体系统的五行运行规律性时,则归于失败,于是帝震怒,鲧被杀。而禹能够顺应这种规律性,因势利导,则治水取得了伟大成功;而治军能像治水一样,"因敌而变化",就能立于不败之地。当然,我们也能够看到,古人对事物运行规律性的认识,是仅限于整体性方面的;而在具体性方面,他们当时是不可能达到很深刻的程度的。这也是由认识论的发展规律决定的。

第三节　五行运行思想产生的认识前提

五行运行思想产生的历史前提,是物质生产的农业实践过程。但任何一种思想的产生,仅仅有了它得以产生的历史前提是不够的,还必须要有认识前提,五行运行思想的认识前提,应是《易经》的整体统一性的认识方法。

(一)《易经》本质上是一种传统的整体统一性认识方法,因而它被称为群经之首。作为一种古老的认识方法,《易经》大体可分为三个认识层次:一是太极八卦层次。该层次主要在于认识客观事物的八个阴阳物质属性之间的整体统一结构关系的变化规律性;二是六十四"爻卦"层次。该层次主要在于认识八卦中的两个阴阳物质属性之间关系的变化规律性;三是事物整体层次。该层次主要在于认识客观事物的整体体统运行的变化规律性。《易经》整体统一性认识方法的三个认识层次,实际上都内含五行运行规律性。让我们来看看五行运行规律在《易经》三个认识层次中的具体体现。

首先,在太极八卦层次,五行运行主要体现为八个阴阳物质属性按太极线变化的规律性。其中,"坤、艮、坎、巽"是四个阴属性;"乾、兑、离、震"是四个阳属性。这八个物质属性的阴、阳层级变化,是遵循太极线变化规律的,其具体变化为:"认识的出发点(壹)—艮(贰)—坎(叁)—巽(肆)—乾(伍)—坤(陆)—震(柒)—离(捌)—兑(玖)—认识的整合点(拾)"。我们已经证明了,这是一种十进制关系,它表明了《易经》阴阳物质统一性的五行变化规律性。

其次,在"爻卦"层次,五行运行主要体现为六十四个"爻卦"的周期变化性。如何认识"爻卦"的变化性呢?从"爻卦"的变化形式来看,每个"爻卦"的周期变化,都表现为由"初、二、三、四、五、上"组成的"六划卦"变化形式。其中,"初"为变化之始;"上"为变化之极;"二、三、四、五"为变化之阶段。因此,"爻卦"的这种"六划卦"形式,反映的是两个物质属性之间关系的从起始到高级的五个变化阶段;而从"爻卦"的卦辞来看,这五个变化阶段也有"初、元、亨、利、贞"的明确的内涵表示。可见,六十四"爻卦"的具体变化,是遵循五行运行基本规律的。此外还需要指出的一点是,卦辞"初、元、亨、利、贞"只是表明了"爻卦"变化的上行关系,与此上行关系相对应的,应该还有下行关系"吉、弊、阻、结、终",这样才能完整地表明客观事物的生灭、兴衰周期运行关系。这种下行关系在"乾""坤"两卦的"用九"中有表达,"泰""否"两卦则表明了这种向上、向下的发展趋势。

再次,在事物的整体层次,五行运行主要体现为客观事物的整体体统变化性。这种整体体统变化性主要表现在三个方面:一是事物的整体体系五行变化性;二是事物的整体系统五行变化性;三是事物的整体过程五行变化性。这三个方面的整体五行变化,都表现为事物的生灭、存亡规律性。而传统的五行运行则主要是指事物的整体系统变化,例如,中医关于人体的"肺(源)—肾(藏)—肝(流)—心(布)—脾(化)"的五行变化,就主要是针对人体的整体系统五行运行而言的。实际上,人体还存在着由"基因—细胞—组织—器官—整体"构成的体系五行变化,存在着由"胎—幼—少—青—强—壮—弱—老—衰—亡"构成的发展过程五行变化,这种过程变化古人也有一定的认识,把其分为"长生、沐浴、冠带、临官、帝旺、衰乡、病乡、死地、墓地、胎地、绝地"十二个阶段。

由于太极八卦主要反映了事物的八个阴阳物质属性要素的整体统一性结构关系,它所表明的是客观世界的根本联系性,因而,这种结构关系的阴阳五行变化性,就成为六十四"爻卦"五行变化性和整体五行变化性的认识前提和基础。

(二)太极八卦是反映阴阳物质属性结构关系五行变化的。孔子在《系辞下传》中,对八卦中的"乾、坤"两属性有过明确的解释,他说:"乾坤其易之门邪?乾阳物也,坤阴物也。"这句话表明了孔子对八卦性质的基本认识,那就是,"乾"是"阳"物质属性,"坤"是"阴"物质属性。很自然,由"乾""坤"两卦派生变化出的"艮""震""离""坎""兑""巽"六卦,也应当是客观事物不同层次的阴阳物质属性。这六卦的物质属性解释,我们也能在《易经》的卦辞中找到,如:"艮","艮其背","行其庭";"震","亨";"离","丽""附";"坎","陷也";"兑","说""泽";"巽","顺,入";等等。这些解释也是用象征性的方法表明了卦的阴阳物质属性特征的,其中:"艮"与"行"表明了运动属性的行止性(艮为阴属性);"亨"表明了发展过程属性的通达性(震为阳属性);"离"与"附"表明了形态属性的演化性(离为阳属性);"坎"与"陷"表明了能量属性的聚散、推阻性(坎为阴属性);"说"与

"泽"表明了真相属性的信息性(兑为阳属性);"顺,入"表明了实践属性的实际实证性(巽为阴属性)。而太极八卦图则表明,八个阴阳属性是按照"太极线"五行规律运行变化的,其具体变化为:"道"(壹,阴阳转化点,认识的出发点)、"艮"(贰,老阴)、"坎"(叁,少阴)、"巽"(肆,少阴)、"乾"(伍,老阳、阳极阴始)、"坤"(陆,老阴、阴极阳始)、"震"(柒,少阳)、"离"(捌,少阳)、"兑"(玖,老阳)、"道"(拾,阴阳转化点,认识的整合点,也就是高层次壹)。

　　关于太极八卦是反映阴阳物质属性要素之间的结构关系这一点,《试论整体统一性的认识方法》一文从理论分析和科学实证两个方面做了初步证明,证明了"坤"——阴、地属性,就是事物的质量结构性;"乾"——阳、天属性,就是事物的时空环境物质分布性;"坎"——坎、陷、水属性,就是事物的能量动力聚散性;"离"——离、附、火属性,就是事物的形态演化性;"艮"——行、艮、山属性,就是事物的运动行止性;"震"——震、通、雷属性,就是事物的过程发展通达性;"兑"——说、泽属性,就是事物的信息真相性;"巽"——顺、入、风属性,就是事物的实际实践实证性;"道"——太极、大道,就是事物的整体统一规律规范性。由上述九个物质属性构成的结构形式,能够表明客观世界万事万物的整体统一性。这就表明了,太极八卦的真实内含在于探讨世界万物的本质联系性,它从阴、阳二性出发,找到了事物的八个物质属性之间的结构关系和五行相生相克关系,为人们提供了一种认识和把握客观事物内在规律性的方法。

　　这一方法已经为数千年的实证科学的发展所证明。我们看到,客观世界中所有的事物,从无机物到有机物,从自然物到社会物,从动植物到人类,大到宇宙、小到粒子,每一个客观事物都无不是由太极八卦中的"八卦"与"道",也就是由现代认识科学中的质量结构性、能量聚散性、时空环境物质分布性三个物质实在性,形态演化性、运动行止性、发展通达性三个物质存在性,以及信息真相性、规律规范性、实际实践实证性三个物质可知性,共九个物质属性所构成。从而表明,太极八卦就是古代的整体统一性认识论,这种远古时代产生的整体统一性认识方法是具有科学性的。这也是它能够传承千古的主要原因。

　　(三)《易经》"爻卦"表明了八卦(八个阴阳物质属性)中两两相交关系的五行变化规律性,这种变化规律性,具体表现为事物的物质属性关系的上升变化和下降变化的五行周期运行关系。

　　以"乾卦"为例。在八卦中,"乾"为"天"属性,"天"就是所谓天时、天空。所以,"天"属性应是事物的时空环境物质分布性(类似于今天的"势")。由于事物的时空环境物质分布性是由它的内环境和外环境构成的,因而"乾卦"的"六划卦"，既表明了事物的"天上"（外环境）和"天下"（内环境）关系，又表明了事物的时空环境物质分布性的五个阶段的变化性。这种内外时空环境物质分布性，自然存在着"初、元、亨、利、贞"五个上升阶段：初为初创，元为自立，亨为通顺，利为利好，贞为理想。因而，"乾卦"五个发展阶段的理想阶段，是"九五"阶段，即内外和合的阶段。这一阶段，内部环境很好，外部环境也很好，所以表现为"飞龙在天，利见大人"，处于事物发展的"贞"期，即处于最美好的发展阶段；这种发展一旦到了"九六"，即达到事物的时空环境物质分布性运行周期的极点，那就开始走下坡路了，此时表现为"亢龙有悔"，即事物的内外时空环境物质分布性要向相反的方向变化，进入它的下降过程了。

再来看"坤卦"。"坤卦"反映的是事物的质量结构性变化。事物的内部结构和外部结构都很好，那么它就处于最优结构状态，表现为"六五，黄裳，元吉"，就像黄色的衣裙，非常吉祥；一旦发展到了"上六"，事物的内外结构走到了它的极点，则阴气盛极，物极必反，会表现为"龙战于野，气血玄黄"，事物就要向相反的方面发展了。

"坎""离""艮""震""巽""兑"等卦也一样。"坎卦"反映的是事物内、外能量聚散性的变化；"离卦"反映的是事物内、外形态演化性的变化；"艮卦"反映的是事物内、外运动行止性的变化；"震卦"反映的是事物内、外发展过程通达性的变化；"巽卦"反映的是事物内、外实际实践实证性的变化；"兑卦"反映的是事物内外信息真相性的变化。这些变化也都遵循着"初、元、亨、利、贞"的五行运行规律性。

《易经》"爻卦"中，"泰""否"两卦是最能说明这种变化的。我们知道，"泰""否"两卦是由"乾卦"和"坤卦"组成的，也就是由事物的时空环境物质分布性和质量结构性组成的。很显然，事物的"坤"属性——质量结构性合理又稳固，"乾"属性——时空环境物质分布性科学又和谐，那么，它就会向"泰"的方面发展；反之，它就会向"否"的方面发展。

我们以"国家"为例，来具体说明一下"爻卦"的五行运行内含。"国家"作为一个事物，它是有物质实在基础的，因而具有质量结构实在性（坤属性）、能量聚散实在性（坎属性）、时空环境物质分布实在性（乾属性）；它是客观存在的，因而具有形态演化存在性（离属性）、运动行止存在性（艮属性）、发展过程通达存在性（震属性）；它又是可知的，因而具有信息真相可知性（兑属性）、规律规范可知性（道属性）、实际实践实证可知性（巽属性）。"国家"的这九个物质属性不是孤立的，而是相互联系的；不是静止的，而是不断变化的。"爻卦"就是在于认识这种物质属性之间的联系性和变化性的。就拿"中国特色的社会主义国家"来说:国内的社会主义经济政治结构与国际的整体资本主义经济社会结构之间的关系的变化性,就是"坤"卦;国内的综合国力与国际的综合势力之间的关系的变化性,就是"坎"卦;国内的社会环境与国际的整体社会环境之间的关系的变化性,就是"乾"卦;国内的社会主义社会形态与国际的整体资本主义社会形态之间的关系的变化性,就是"离"卦;国内的社会主义社会运动性质与国际的整体资本主义社会运动性质之间的关系的变化性,就是"艮"卦;国内的社会主义初级发展阶段与国际的整体资本主义高级发展阶段之间的关系的变化性,就是"震"卦;国内的不发达国情真相与国际的整体发达世情真相之间的关系的变化性,就是"兑"卦;国内的社会主义初级阶段规律规范与国际整体资本主义高级阶段规律规范之间的关系的变化性,就是"道";国内的社会主义初级阶段实际实践与国际的整体资本主义高级阶段实际实践之间的关系的变化性,就是"巽"卦;而综合国力与国内外环境之间关系的变化性,就是"需""讼"卦;综合国力与经济政治结构之间的关系的变化性,就是"师""比"卦;经济政治结构与国内外环境之间的关系的变化性,就是"泰""否"卦;国内外环境与社会形态之间的关系的变化性,就是"同人""大有"卦;经济政治结构与社会形态之间的关系的变化性,就是"晋""明夷"卦;社会形态与综合国力之间的关系的变化性,就是"既济""未济"卦;等等。所有这些关系的变化性都不是孤立的,而是相互之间、内外之间存在联系;都不是无序的,而是按五行规律运行的。这种五行运行的规律性把握得好,它们就向"泰"的方面转化,具体表现为"初、元、亨、利、贞"的五行上升周期性;这种五行运行的规律性把握得不好,它们就向"否"的方面转化,具体表现为"吉、弊、阻、结、终"的五行下降周期性。所以,一定要慎之又慎。

(四)《易经》整体统一性认识方法的认识对象,主要是客观事物的整体五行变化性。通过前面的论述我们已经知道,《易经》的六十四"爻卦",反映的是客观事物阴阳属性之间关系的五行运行变化规律性,这种物质属性之间的关系并不是事物的整体变化的五行运行相生相克关系。通常人们所讲的阴阳五行运行关系,实际上主要是指客观事物的整体五行变化关系——事物的整体体系、系统和过程变化的存亡、兴衰相生相克关系。而在长期的具体应用中,则更侧重于事物的整体系统运行的五行相生相克关系。中医关于人体的整体统一性认识,就是应用整体系统五行运行规律的最好证明。

中医确实是以整体系统五行运行思想来指导医疗实践的。这种整体系统五行运行思想把人体看作一个精、气、神(或称元气)整体的运行过程,看作一个由

"源、藏、流、布、化"五个系统环节构成的整体系统运行周期循环过程,看作一个八纲辩证(八个阴阳物质属性的辩证关系)的整体统一性变化过程。

所谓"精、气、神",其实就是人体整体的物质实在统一性,即人体的质量结构性、能量聚散性和时空环境物质分布性的统一性。因为只有这三个物质实在性,才是人体整体作为一个具体存在的物质基础,而正是这种物质实在统一性基础,决定着人体整体的体系演化性、系统运行性和过程发展性。

所以,中医的整体统一性理论是系统科学。其科学性主要表现在,它是从整体系统运行的角度来认识人体五行运行的相生相克规律性,进而为人类强身健体、去除疾病服务的。

中医与西医的主要区别在于:西医是在解剖学的基础上,从整体体系结构的角度来认识人体变化的具体性;而中医则是从人体整体出发,从整体系统运行的角度来认识人体变化的具体性。所以,如果我们用整体统一性的认识方法来认识中医和西医,就能看到,二者在本质上是统一的;现在二者之所以有距离,其根本原因在于我们今天的认识水平,还处于分别从系统性和体系性两个角度来认识人体整体变化的认识阶段,当然,这是由人体科学现有的发展水平决定的。因而,我们应当相信,随着科学技术的发展,中医和西医最终必将统一起来,并必将统一于人体整体的体系、系统和发展过程物质统一性。

第四节　五行运行与太极八卦的内在联系

由于历史的原因,《易经》主要是用象征性的方法表明了五行运行和太极八卦之间的内在联系性,而在文字方面则缺乏明确的科学解读。其所以然,是因为这种明确的科学解读,需要建立在雄厚的实证科学基础之上,并在这种实证科学基础之上真正弄清"八卦"和"道"的物质属性整体统一性的科学内含之后,才可能真正实现的。如何认识这种科学内含呢?

人类数千年的自然科学、社会科学和哲学的持续发展表明,太极八卦确实是从阴阳物质统一性出发,来揭示客观事物的八个物质属性之间的内在结构关系的。不过,这种物质属性之间的八卦结构关系,虽然在一定程度上反映了客观事物的整体体系性和物质统一性,但因其并没有包括规律规范物质属性,而是把这一十分重要的物质属性排除在八卦结构之外,并以"道"代替之,这样,就使得《易经》作为一种整体统一性认识方法,具有了一种与生俱来的缺陷,而恰恰是这一先天的缺陷,使得它自身也长久地被陷入迷信氛围之中。人类数千年认识史的发展也确实证明了这一点。

那么,客观世界整体的规范规律性究竟是不是事物的一种物质属性呢?对此,古人无疑是很难给出答案的。原因在于,数千年前的人类生存于科学技术十分落后的时代,这种时代性决定了他们是没有办法摆脱"天圆、地方"宇宙观念的束缚的。虽然当时也能够感觉到自然规律的客观存在,却又无法真正做出科学的解释,所以只能以"道"象征之。但是,对于今人来说就完全不同了。今天的人类已经能够离开地球,进入太空;已经能够认识基因,掌控生命。所以,现代人要回答这个问题,是一点也不难的。无数的科学实验和社会实践都表明,自然规律是客观存在的;持久的自然科学、社会科学和思维科学的发展都表明,任何一种自然规律,都是不能离开客观事物的具体规范而独立存在的。因此,自然规律是从属于客观事物的,它只能是客观事物的物质属性之一。正是由于客观事物是具有信息真相性、实际实践实证性与规律规范性这三个可知物质属性,这三个物质属性相互结合才可能构成事物的可知统一性。

因此,科学的物质观应当是"八卦"象征的八个物质属性,再加上"道"象征的规律规范物质属性,也就是九个物质属性构成的整体统一。在九个物质属性的整体统一中:信息真相性(兑)、规范规律性(道)和实际实践实证性(巽)统一为事物的客观可知性;形态演化性(离)、运动行止性(艮)和发展过程通达性(震)统一为事物的客观存在性;质量结构性(坤)、能量聚散性(坎)和时空环境物质分布性(乾)统一为事物的客观实在性。也就是说,整体统一性的物质观,表现为物质属性的三个实在统一性、三个存在统一性和三个可知统一性构成的结构形式。这样,我们就把古代的《易经》太极八卦象征性认识形式与现代的整体统一性认识形式统一了起来,从而表明了人类认识形式的发展性。

整体统一性的认识结构形式揭示了客观事物的本质。这一结构形式告诉我们:物质实在统一性是客观事物的本体内容;物质存在统一性是客观事物的客体形式;物质可知统一性是客观事物的表体表现。在这一结构形式中,物质的实在统一性由质量结构性、能量聚散性、时空环境物质分布性构成;物质的存在统一性由形态演化性、运动行止性、发展过程通达性构成;物质的可知统一性由信息真相性、规范规律性、实际实践实证性构成。正是由于九个物质属性构成了事物的实在性内容、存在性形式和可知性表现的物质统一性,因而才有可能构成事物的体系性、系统性和过程性的整体体统性。

如何具体地认识客观事物的物质统一性呢?所谓物质实在统一性,就是世界万物存在的依据性。这种依据性表现为物质的质量结构性、能量聚散性和时空环境物质分布性的实在内容统一性。这种内容统一性属于客观事物的物质本体范畴。现代物理科学已经证明，物质的质量、能量和时空是统一的。从微观方面看，波粒二象性表明了物质的微观统一实在形式，这种微观实在形态既表现为物质的质量结构统一性——一定的质所构成的"粒"特性，又表现为物质的能量聚散统一性——一定的力作用下的"波"特性，还表现为物质的时空环境物质分布统一性，即，物质的空间性质决定了其微观实在形式表现为"粒"，而物质的时间性质决定了其微观实在形式表现为"波"。这就从微观上证明了物质的实在内容统一性，也就是质量、能量和时空的本体统一性。从宏观方面看，宇宙大爆炸理论表明了物质的宏观统一实在形式。这种宏观实在统一形式，既表现为物质的质量结构统一性——由一定的质所构成的星系结构性，又表现为物质的能量聚散统一性——由一定的力作用下的星系运动性，还表现为物质的时空环境物质分布统一性，即，物质的空间性质决定了其宏观实在形式为宇宙整体的结构统一性，物质的时间性质决定了其宏观实在形式为宇宙整体的运动统一性。这又从宏观上证明了物质的实在内容统一性。那么，处于宏观、微观两极之间的，是万事万物，而万事万物与宏、微两极的关系，就只能是一种流与源的关系，就是说，事物都是来源于宏观宇宙，又都是由微观粒子构成的。因此，宇宙之中，万物的存在、运动、发展形式尽管可以是千差万别的，但它们都是由物质的质量结构性、能量聚散性和时空环境物质分布性三个物质实在性内容构成的。换一句话说，物质的质量、能量、时空三个实在属性是所有客观存在的物质本体基础。

所谓物质存在统一性，就是世界万物存在的形式具体性。客观事物的存在形式是具体的，它表现为物质的形态演化性、运动行止性和发展过程通达性三者的形式统一性。这种形式统一性属于客观事物的物质客体范畴。我们知道，客观事物是有形态的，固态、液态、气态、离子态、粒子态、物态、自然形态、经济形态、社会形态等等，都是客观事物的形态存在。这些不同事物的形态不断地演化着；客观事物是不停运动的，宇宙、星系在运动，物体、粒子在运动，动物、植物在运动，人类、社会在运动。这些不同事物的运动是具有行止性的，而运行是绝对的，静止是相对的。每个事物都是如此；客观事物又是不断发展的，自然物发展着，社会物发展着，人类发展着，它们都表现为一个个周期发展过程。正是由于这种发展性，客观事物才呈现为一个个由生到死、由兴到衰的周期运行过程。这种周期运行过程是具有通达性的，"通"是绝对的、不可阻挡的，"达"是相对的、有条件的。事物的形态演化性、运动行止性和发展过程通达性三者，是具有统一性的，这是它的存在形式统一性。正是由于有了这种存在形式的统一性，我们才可能知道事物的物质客体形式，是真实存在的。

所谓物质可知统一性，就是世界万物可以被感知、认知和践知的可知属性。这种可知属性表现为物质的信息真相性、规范规律性和实际实践实证性三者的表现统一性。这种表现统一性属于客观事物的物质表体范畴。我们知道，人类对客观事物的感知、认知、践知，属于认识论范畴。而认识论的对象，即事物的信息真相性、规范规律性和实际实践实证性三者，属于物质性范畴，因而它们是物质属性的表体范畴。事物的信息是客观的。人类感知信息的目的，是为了去伪存真、得到事物的真相；事物的规范是客观的。人类认知规范的目的，是为了"通过规矩，认识方圆"，进而把握事物的规律性；事物的实际情况是客观的。人类践知实际的目的，是为了通过实践过程证实真理并指导行动。所以，信息真相、规范规律和实际实践实证三个物质属性是统一的，它们统一于事物的可知性。正是由于有了这种可知统一性，我们才可能认识并适应和改造客观世界。

如何认识客观事物的物质体统性呢？所谓整体体系性，是从事物的质量结构实在性出发，以事物的质量结构性、形态演化性和信息真相性为物质性基础，来认识客观事物的整体统一性的。比如，"人体"这一事物的整体体系性表现为：人体体系的基因质量结构性是其出发点，基因质量结构性、肉体形态演化性和相貌等信息真相性是其物质性基础，而人体整体体系的基因、细胞、组织、器官和整个人体，则表现为该事物的整体体系演化性。

所谓整体系统性，是从事物的能量聚散实在性出发，以事物的能量聚散性、运动行止性和规范规律性为物质性基础，来认识客观事物的整体统一性的。比如，"人体"这一事物的整体系统性表现为，人体系统的能量聚散性是其出发点，能量聚散性、生命运动行止性和生命运行规范规律性是其物质性基础，而人体整体系统的生命能量生产系统（肺、大肠经）、储藏系统（肾、膀胱经）、流通系统（肝、胆经）、调控系统（心、小肠经）和消化再生系统（脾、胃经），则表现为人体的整体系统运化性。

所谓整体过程性，是从事物的时空环境物质分布性出发，以事物的时空环境物质分布性、发展过程通达性、实际实践实证性为物质性基础，来认识客观事物的整体统一性的。比如，"人体"这一事物的整体过程性表现为，人体生命发展过程的时空环境物质分布性是其出发点，时空环境物质分布性、发展过程通达性和实际实践实证性是其物质性基础，而人体整体生命过程的生、幼、少、青、强、壮、弱、老、衰、亡，则表现为人体的整体过程发展进化性。

　　客观事物的整体五行运行关系,就存在于物质的三个统一性和三个体统性的辩证关系中。由于物质的实在统一性,是由质量结构性、能量聚散性和时空环境物质分布性,构成的,这是万事万物的存在统一性基础;物质的实在统一性和存在统一性相结合,又构成了可知统一性的感知、认知和践知前提;而相对论表明,宇宙间质量、能量和时空三者之间的相互作用是永恒的,这是客观事物存在、运动和发展的根本依据。因而,物质的实在统一性内容和存在统一性形式相结合,总是要不断地淘汰事物的旧体系、旧系统和旧过程,而催生事物的新体系、新系统和新过程,这些新体系、新系统和新过程的变化,总体上表现为"初、元、亨、利、贞"的五行运行规律性,具体则表现为体系性的"基、元、组、器、体"、系统性的"源、藏、流、布、化"和过程性的"生、幼、少、青、强"的五行运行规律性。这是宇宙间所有事物都必须遵循的客观规律,它所表明的,即是五行运行与太极八卦的内在联系性。

第二章

五行运行规律的客观依据

五行运行主要反映的是事物的物质属性整体统一性结构变化规律性和周期运行发展过程变化规律性。事物的整体体统变化性则表现为体系演化、系统运化和过程进化的"初、元、亨、利、贞"的周期运行规律性。这是上一章讨论的主要内容。

应该说，长期以来人们对事物的过程性的认识，其实是很模糊的。为什么这样说呢？因为许多人不明白，五行运行其实是对事物的存在运动发展过程的周期性内在关系的逻辑性认知。这种逻辑性认知的基本特征，就是事物运行发展过程的五个周期性运行环节之间的相生相克关系：相生关系表明了客观事物的体系演化、系统运化、过程进化的永恒变化性，这种永恒变化具有不可阻挡的包容趋势性；相克关系表明了事物的体系演化、系统运化、过程进化的具体变化性，这种具体变化具有物质条件的制约规定性。实证科学的持续发展表明，这种具有相生相克特征的五行运行规律，是存在于客观事物之中的。这可以从理论和实际两个方面找到依据。

第一节　理论方面的依据

用现代科学理论来证明五行运行规律的科学性，是比较难的。难在什么地方呢？难在直到现在，全世界比较通行的认识论，还没有完全认可《易经》整体统一性思想的科学性。

《易经》思想的核心实际上主要有两个基本点：一是它的阴阳物质属性结构的整体统一性；二是它的运行周期过程的整体统一性。《易经》的阴阳五行思想之所以得不到现代认识论的完全承认，主要在于它天然存在的两个无奈的缺陷：一是它所提出的整体统一性认识方法，从一开始就缺乏实证科学的支持；二是它所尊崇的所谓"道"（现代认识方法中的整体统一规律规范性），脱离了太极八卦的阴阳物质属性整体统一性结构形式。这两个天然缺陷当然都是由人类认识客观世界的历史局限性造成的，具有历史的必然性，但由此却造成了《易经》认识方法的无奈，使其始终难以摆脱唯心主义的困扰。这应是这一古老认识方法难以得到现代认识论完全承认的主要原因。

如何克服《易经》的两个天然缺陷呢？就是要把规范规律性（道）也作为一个物质属性，放到太极八卦之中，使其成为客观、完整的整体统一性认识结构形式，那样，《易经》的唯物主义整体统一性内含就明朗了，它就清晰地变成为由三个实在性、三个存在性和三个可知性，也就是由九个物质属性构成的认识结构形式，变成为现代整体统一性认识方法的物质属性结构形式了。

这种现代整体统一性的认识结构形式，从质量结构实在性的角度看，是事物的物质演化体系；从能量聚散实在性的角度看，是事物的物质运行系统；从时空环境物质分布实在性的角度看，是事物的物质发展过程，三者统一为客观事物的整体体统性。这样，在整体统一性的认识结构形式中，物质的三个实在性是统一的，所以体系、系统和过程也必然是统一的；物质的三个实在性的相互作用是永恒的，所以体系、系统和过程也必然都呈现为"初、元、亨、利、贞、吉、弊、阻、结、终"的五行运行历史变化进程。只是这种历史变化进程有的长些，有的短些；有的较完整，有的不完整；有的较复杂，有的较简单。这表明，整体统一性的认识结构形式，能够反映事物的整体体系、系统和过程五行运行规律性。

让我们来看看现代科学理论，包括自然科学、社会科学、数学和哲学等多个领域中的基本科学理论，是否都蕴含着五行运行规律性。这些有的已经在《试论整体统一性的认识方法》一文有过讨论，这里只做简要地说明。

自然科学中的代表性理论，如牛顿定律、质量作用定律、量子理论和相对论等。这些理论中，牛顿定律是描述物质低速运动的，它以数量关系的形式，确定了低速运动物质的质量、能量、速度的统一关系，从而揭示了物质的低速物理运动过程的本质；质量作用定律是描述化学运动过程的，它以数量关系的形式，确定了物质在化学变化中分子量（化学运动的量）、分子数量（质量）、化学运动速度的关系，从而揭示了物质的化学运动的本质；量子论是反映物质微观粒子结构及其运动的科学理论，薛定谔方程提供了系统地、定量地处理原子结构及其运动的理论，这个理论表述了粒子在场中的势能（运动的量）、粒子质量和波（速度）的关系，从而揭示了物质在微观结构下运动的本质；爱因斯坦的相对论则是确定了物质的质量(m)、能量(E)、速度(v)、空间(x、v、z)时间(t)之间的关系,并证明了牛顿定律、麦克斯韦电磁理论等也符合相对论原理,从而揭示了物质运动(低速、高速)的本质。以上四个理论有一个共同性,那就是,它们都是通过揭示物质的质量与物体、能量与运动、时空与速度的整体统一性关系,来认识客观世界的运动规律性。这种共同性表明,自然科学的基本理论所揭示的,是物质的整体统一性结构关系。我们已经论证过,这种整体统一性结构关系,蕴含着事物的阴阳五行规律性。

生物科学的代表性理论,是达尔文进化论。我们知道,目前生物分类学被广泛使用的,是生物"五界"分类系统,其分类依据是细胞的结构和营养类型。

所谓"五界"分类,就是把整个生物世界划分为原核生物界、原生生物界、植物界、菌物界和动物界。这种分类法实际上表明了生物细胞的进化和营养类型的进化过程。这一进化过程大体由五个大的阶段构成。这五个大的阶段,即原核细胞阶段、真核细胞阶段、真核细胞自养阶段、真核细胞分解自养阶段、真核细胞摄取异养阶段。由于生物细胞和营养类型的进化性,本质上反映了生物的质量结构性、能量聚散性、时空环境物质分布性、形态演化性、运动行止性和发展通达性等物质属性的变化过程,而这些物质属性构成了生物的整体统一结构性,因而,生物科学的基本理论,蕴含着事物的阴阳五行规律性和发展过程五行规律性。

社会科学的代表性理论,如马克思主义政治经济学理论。这一理论告诉我们,人类社会是一个十分复杂的统一整体,这个统一整体具有如下基本的物质属性:一是社会形态存在的质量结构属性。这一属性具体表现为社会物质生产的生产力结构和生产关系结构的统一。这个统一表明了物质资料生产方式,是人类进行生产活动的根本社会方式;二是社会形态运行的能量动力属性。这一属性具体表现为一种既得的力量,它是以往活动的产物。从经济关系方面看,它表现为生产力和生产关系的矛盾作用。从社会关系方面看,它表现为人民群众对社会发展的推动作用。从国家关系方面看,它表现为综合国力;三是社会形态发展的时空环境属性。这一属性本质上是一种物质分布性,从时间方面看,它表现为社会物质的时代分布性,从空间方面看,它表现为社会物质的自然环境分布性和社会环境分布性;四是社会的形态演化属性。社会形态不是固定不变的。从人类社会产生以来,社会形态已经经历了从原始社会到社会主义社会五种形态的演变;五是社会运动行止属性。社会作为一个客观事物,是不停运动的,这种运动有它自身的规律性,是不以人的意志为转移的,这是它的"行"属性。社会作为一个客观事物,其运动形式又具有相对的稳定性,这是它的"止"属性;六是社会发展通达性。社会发展是"硬道理",人类社会的发展一定会走向科学、进步、和谐、大同的目标,这是它的"通"属性。但人类社会的发展又只能分阶段来实现,这是它的"达"属性;七是社会信息真相属性。从感知的角度看,人类社会就是一个信息社会。但是,人类掌握信息是为了了解社会的真相,把握社会的特征,进而认识社会的运动发展规律性;八是规律规范属性。从认知的角度看,人类社会是有其自身运行发展规律性的。人类认识到的一些规律性,只能以法律和制度规范的形式,应用于社会实践过程;九是实际实践实证属性。从实践的角度看,人类社会又是一个从实际出发,经过循环往复的实践,不断证明社会发展规律的过程。

以上这九个物质属性,构成了人类社会这一事物的整体统一性,它的整体统一性结构中自然也蕴含着五行运行规律性。正是这种五行运行规律性,决定着人类社会的整体体系性、系统性和发展过程性,其中:整体体系性表现为由人和社会化物质相结合而成的社会要素性,由家庭、企业等结合而成的社会单元性,由经济组织、政治组织、文化组织等结合而成的社会组织性,由社区、区域、行业、民族等结合而成的地区(或国家)团体性,以及由不同地区(或国家)结合而成的国家(或世界)整体性,这五个层次的演化统一性;整体系统性表现为人和社会化物质的生产性、储藏性、流通性、分布性和消化再生性,这五个层次的运化统一性;整体过程性表现为人类必然要经历的原始社会、奴隶社会、封建社会、资本主义社会和共产主义社会(社会主义是初级阶段),这五个发展阶段的过程进化性。可见,社会科学基本理论,也蕴含着事物的阴阳五行运行规律性和发展过程五行规律性。

我们知道,管理学中的一个重要理论,是"木桶理论",这一理论所体现的,其实就是一种整体统一性的五行相生相克关系。

首先,"木桶"是一个系统整体,每一个客观事物的整体系统性,其实都可看作是一个"木桶"。就是说,"木桶理论"的认识对象,是具有整体系统性的。

其次,体现"木桶"整体系统性的,是它的全部"木板"的统一性。就是说,只有把构成"木桶"的每一块木板统一起来,才能使其成为一个"木桶"整体系统。

第三,构成"木桶"整体系统的"木板"之间,存在着相生相克关系。其中,相生关系是说,构成整体系统的"木板"之间是相互依存的,这种依存性表明了"木桶"结构的整体变化连续性。这种连续性表现为,有了第一块才有第二块,有了第二块才有第三块,直到其成为整体,否则,就不可能成为一个"木桶";相克关系是说,构成整体系统的"木板"之间是相互制约的,这种制约性表明了"木桶"结构的规定性。这种规定性是具体的,表现为具体的材料、尺寸、形状等,而这些是不能突破其物质的具体规定性的。

第四,一旦突破了"木桶"的相克制约规定性,就会出现相乘相侮的情况。所谓的"长板效应"或"短板效应",就是因为突破了这种制约规定性而发生的。这两种效应表明,任何一个"木桶"系统的构成要素,也就是"板",当其出现了"过"或"不及"的情况,都会因违背了相克关系的制约规定性,而"乘、侮"其他"板",并使整体系统受到影响。

我们司空见惯的五行相生相克关系图,其实就很像一个木桶,外边的圆形,表明了要素(板)之间的相生关系;内接的五角形,表明了要素(板)之间的相克关系。由于事物的整体系统运行通常都表现为运行能力的"源、藏、流、布、化"五个系统要素的相生相克关系,即表现为事物整体运行能力的产生、承载、交换、分布和转化五块"木板"的相生相克关系,因而,"木桶理论"所体现的,就是整体统一性的五行系统运行思想。

我们知道,十进制是数学的基石,这一数学基石所体现的,正是客观事物的整体统一性五行相生相克关系。

十进制不是数学游戏,也不是纯数学,它来源于客观事物的数理关系。十进制是伴随着《易经》认识方法的形成和发展过程而产生的。《易经》太极八卦表明,客观事物的整体统一结构性,总是由"乾、坤、艮、震、坎、离、巽、兑"象征的八个阴阳物质属性和"道"象征的整体统一规律规范性构成的,也就说,是由今天人们认识到的"时空环境物质分布性、质量结构性、运动行止性、发展通达性、能量聚散性、形态演化性、实际实践实证性、信息真相性和规律规范性"九个物质属性构成的。《易经》的"爻卦"还表明,客观事物的运行发展,总是呈现为"初、元、亨、利、贞、吉、弊、阻、结、终"的周期变化过程。这种由九个物质属性统一为事物的物质整体性的变化关系(逢九进一),由"初、元、亨、利、贞"上升期和"吉、弊、阻、结、终"下落期,统一为事物的整体过程性的变化关系(十进循环),实际上就是十进制所反映的客观世界的基本数理关系。

对这种数理关系的直接证明,就是产生于《易经》发展过程的大写自然数。大写自然数的意义,在于反映太极八卦的整体统一性思想,它对客观事物的物质属性整体统一结构性的反映,具体表现为"道生壹、艮阴贰、坎阴叁、巽阴肆、乾阳伍(阴极)、坤阴陆(阳极)、震阳柒、离阳捌、兑阳玖、道合拾";对客观事物的整体运行过程的反映,具体表现为"初一、元二、亨三、利四、贞五、吉六、弊七、离八、结九、终十"。例如一个人的生命整体运行过程,即表现为"阴阳相合的胎年—初一,幼年—元二,少年—亨三,青年—利四,强年—贞五,壮年—吉六,弱年—弊七,老年—离八,衰年—结九,阴阳相离的终年—终十"。

应该说,这种数理关系的五行变化特征是十分明显的,它表明的是由阴阳物质属性构成的事物的整体统一性结构五行变化现实关系,表明的是由"爻卦"的上升期和下落期组成的事物的整体统一性发展过程变化现实关系。

我们还知道,哲学理论中,辩证法三大规律是黑格尔唯心主义认识论和马克思唯物主义认识论的核心规律。这三大基本规律之中,实际上也蕴含着五行运行思想。下面着重讨论一下对立统一规律。

我们都承认对立统一(《易经》中是阴阳合一)是客观世界的一条基本规律。但是如果要问,对立统一规律为什么能成为一条基本规律?除了用无数的实例来证明之外,能不能从理论上进一步说明其中的道理呢?

其实,对立统一规律的思想源头就是阴阳合一思想,它是从《易经》的阴阳合一思想逐渐演变而来的。对立统一和阴阳合一的相同之处,都在于认识客观事物的两个物质属性要素之间的关系;二者的不同之处在哪呢?在于古代《易经》中的"合一"关系,是阴阳两个物质属性要素之间的变化关系,并且特别强调,这种变化关系是按照"初、元、亨、利、贞"五行规律运行的;而现代的对立统一关系,这种物质属性之间的变化关系被淡化了,只剩下一种矛盾双方的抽象统一关系。这种抽象统一关系突出强调的,是对立双方的斗争性和相互依存的同一性,但比较忽视矛盾转化过程中的整体统一变化性,特别是对于矛盾双方之间关系的五行周期变化规律性,体现得不明显。

那么,这是不是说,现代的对立统一规律就没有古代的阴阳合一思想更科学呢?当然不能这样认为。这是因为,认识论也是发展的,而认识论的这种发展性从整体上看,它呈现为一个从"整体感知性"—"具体分析性"—"整体综合性"的思维结构形式变化历程,表现为一种阶段性。

第一个阶段是整体感知阶段。这一阶段的代表性思想,就是《易经》的阴阳合一思想。所以,《易经》作为古代的一种具有象征性的整体统一性思维结构形式,它的科学性主要表现在对事物整体变化的认识方面,且特别强调事物整体变化的五行运行关系;而不足之处在于,它只具有感知性而缺乏具体分析和实践证明。《易经》的阴阳合一五行思想主要反映在它的"爻卦"变化之中,这种"爻卦"变化,反映的是事物的两个阴阳物质属性之间的关系的变化性。商朝的姬昌依据当时的社会物质条件和科学认识水平,对六十四"爻卦"的变化做了具体的解释。这些解释的核心,就是关于事物的物质属性关系变化的"初、元、亨、利、贞"五行运行规律性。比如,"乾"卦中的"元、亨、利、贞",就是对事物的时空环境物质分布性(所谓"龙",它所象征的,类似于现代的"形势、趋势、大势"等)总体变化趋势的认识;"坤"卦中的"元、亨、利、牝马之贞",就是对事物的质量结构性(所谓"马",它所象征的,类似于现代的质量结构、本质结构)的总体变化趋势的认识。并且,他还分别对每一卦的由"初、元、亨、利、贞、极"六个标志构成的五个阶段,进行了相关的具体解释。

第二个阶段是具体分析阶段。这是人类认识方法的发展进程必然要经历的一个历史阶段。在这一阶段,以"两点论"为代表的唯物辩证认识方法,是最基本的具体分析思维形式。从认识论的整体发展过程看,"两点论"的初始形式就是"阴阳合一",发展到今天为"对立统一",它应是一种以客观事物的两个物质属性之间的关系(即矛盾关系)为认识对象的具体分析思维形式。这种具体分析的"两点论"思维形式,对于古代整体性感知性思维形式来说,当然是一种巨大进步。其进步性主要表现在,它能够深入到事物内部对其进行具体分析,能够对这种具体分析进行科学实证,并能够在反复的实践中得出规律性的认识。认识论的发展史表明,科学实证推动了人类科学事业的发展,具体分析促进了人类认识能力的提高,对客观世界规律性的认识把握则促进了人类社会的巨大进步。这是符合认识论的发展规律的,因为人类认识世界的目的,并不只是为了感知它,而是为了适应和改造它;人类要适应和改造世界,就要面对一个个具体事物,就必须具体地分析客观世界中的对立统一关系,科学地把握这些事物存在、运动和发展的规律性,真正按自然规律办事,进而证实自然规律的正确性。

但认识论的发展史同时也表明,"具体问题具体分析,具体事物具体证实"的分析思维,也有一定的历史局限性。这种认识方法最突出的局限性,就是容易陷入事物内部的具体矛盾之中,而忽视对事物的整体把握和综合统一,特别是忽视对事物整体的体系性、系统性和过程性认识,看不到反映事物矛盾运行发展过程的五行规律性。这种情况告诉我们:现代人类的认识能力,还有待继续向前发展,特别是传统的"两点论"思维方法,还有待向前发展。其发展方向,就是走向整体统一性的、分析与综合相结合的认识新阶段。

第三个阶段是整体统一阶段。很显然,阴阳合一的古代"两点论"的缺陷,在当时的历史条件下是不可克服的;而以对立统一为标志的现代"两点论"的不足,在今天应当是能够克服的。克服的办法,就是把具体分析思维和整体统一思维结合起来,既要看到对立统一规律中的矛盾斗争关系(斗争性),又要看到对立统一规律中的矛盾依存关系(同一性),还要看到矛盾双方的这种斗争和依存关系,是同处于事物的整体统一变化过程之中的(统一性),而事物的这种整体统一变化过程是有规律可循的,最基本的一条规律就是五行相生相克的周期运行规律。

我们知道,矛盾的斗争关系是绝对的,依存关系是相对的,而变化关系则表现为事物存在运行发展的周期循环过程。矛盾之间的对立关系、依存关系都不是孤立的,它只能存在于客观事物的周期运行发展过程——整体统一性变化关系之中。所以,矛盾本质上反映的是客观事物的物质属性之间的变化关系,而这种物质属性之间的变化关系,则是依赖于事物整体变化性的,也是随着事物整体的变化而变化的。就是说,矛盾双方及其矛盾关系,一定会随着整体的变化而变化,并且都表现为"初、元、亨、利、贞、吉、弊、阻、结、终"的五行运行规律性。这应是关于对立统一关系之"统一"的基本内含。

例如,生产力和生产关系是一对矛盾,二者相互对立,又相互依存。这对矛盾反映的是"经济"这一事物的对立统一关系。如何认识这一矛盾关系呢?我们只能把它放到经济发展变化的周期运行过程之中,从经济整体运行发展的生产(源)、储藏(藏)、流通(流)、调控(布)和消费(化)五个运行环节的系统周期循环过程,来认识这一对立统一关系的具体变化性,否则就会脱离实际。生产力的变化是一个周期循环过程,生产关系的变化是一个周期循环过程,生产力与生产关系的矛盾运动又是一个周期循环过程过程。这种矛盾关系支配着、又从属于经济整体的运行发展过程,而这些变化过程都表现为"源、藏、流、布、化"的五行运行规律性;再如,经济基础和上层建筑是一对矛盾,二者相互对立,又相互依存。这对矛盾反映的是"社会"这一事物的对立统一关系。认识这一矛盾关系,我们也只能把它放到社会运行发展的周期循环过程之中,从社会整体的"源、藏、流、布、化"的系统周期运行过程,来认识这一对立统一关系的具体变化性,否则就会脱离实际。经济基础的发展是一个周期循环过程,上层建筑的发展是一个周期循环过程,二者的矛盾关系又是一个周期循环过程。这种矛盾关系支配着社会运行发展过程,又从属于社会整体的运行发展过程,而这些过程都表现为"源、藏、流、布、化"的五行运行规律性。这表明,对立统一规律与五行运行规律是相统一的。

弄清了对立统一规律的五行内涵,对质量互变规律和否定之否定规律的五行内涵的理解就不难了。对于质量互变规律来说,它本身就是讲事物的质和量的变化关系的,因而,一个事物由量变到质变或由质变到量变的过程,其实就是事物的兴衰变化过程。对于否定之否定规律来说,它反映的是事物的过程发展变化关系,因而,一个事物否定另一个事物的循环发展过程,以及事物内在的自我否定过程,其实就是事物的新旧、生灭替代过程。所以,事物的兴衰变化过程和生灭变化过程,也都表现为"初、元、亨、利、贞、吉、弊、阻、结、终"的运行周期性。

以上,我们讨论了物理、化学、社会、生物、管理、数学科学以及哲学基本理论与五行运行规律的整体统一联系性。可以说,这是从理论层面对五行运行规律的客观依据的一些粗略探讨。

第二节　实际方面的依据

五行运行之所以是客观世界的一条普遍规律,是因为它适用于万事万物,并且越是在复杂的事物中,这种规律性体现得越明显。然而目前人们对这种规律性的认识,却并不是很深刻。所以,在一系列较复杂的问题面前,如中西医不统一、经济危机、环境污染、两极分化、房地产等问题面前,往往表现得束手无策。让我们通过一些具体事例,从实际方面来认识五行运行的规律性。

从人类认识史的整个发展过程来看,用阴阳五行思想来认识实际事物,可以分三个认识层次来看。

第一,整体感知层次。如果我们只是笼统地来看世界万物的整体性,比如,一座山、一潭水、一棵树、一个人、一辆汽车、一台电脑等,应当说也能够感知到,这些具体的物从整体上看,它们都是变化的,其变化都表现为从生到死、由兴到衰的发展过程。这种笼统地感知事物整体变化的方法,就是古人最早使用过的五行运行方法。这一点我们已经详细探讨过了。

第二,具体分析层次。如果我们要问,事物的整体变化的具体表现如何呢?这就需要近现代的实证科学来回答了。今天的实际情况是,实证科学事实上已经证明了事物的物质统一性关系,证明了事物都是具有体系性、系统性和过程性的。事物的体系性变化,都表现为质量结构性的五行变化关系,如,山和水的变化表现为"原子—分子—组分—部分—整体"的体系演化关系,树和人的变化表现为"基因—细胞—组织—器官—整体"的体系演化关系,汽车和电脑的变化表现为"材料—零件—组件—器件—整件"的体系演化关系;事物的系统变化,都表现为能量(能力)聚散性的五行变化关系,如,山和水的变化表现为自然力的"源头—承载—交换—分布—转化"的运化关系,树和人的变化表现为生命力的"源头—储藏承载—流通交换—调控分布—再生转化"的运化关系,汽车和电脑的变化表现为人工控制力的"源头—储藏承载—流通交换—调控分布—再生转化"的运化关系;事物的过程性变化,都表现为时空环境物质分布性五行变化关系,如,"沧海桑田"表明了山和水的生存过程发展变化关系,"生死兴衰"表明了树和鸟的生命过程发展变化关系,"更新换代"表明了汽车和电脑的寿命过程发展变化关系。而人们的认识方法又如何呢？实际情况是,现行人们认识事物的方法,应当说主要还仍然是既有的、一个一个地孤立地认识事物的运行发展变化关系的方法,仍然是只看到两个物质属性要素之间的对立统一关系的方法,这也就是近现代的具体分析方法。

第三,整体统一层次。如果我们进一步问,世界是一个个具体物体的简单堆积吗？如果不是,那是什么呢？马克思主义的物质统一观告诉我们,客观世界是无数具体事物相互联系而构成的统一整体。这种整体联系性表明,世界中的每一个事物,它既是一个具体,又是一个整体,因而整体寓于具体是客观事物的最基本的特性。所以,我们认识客观事物,要用整体寓于具体的方法。比如,认识"人"这个事物,就要看到,它不只是一个个肉体的人,还是宇宙人、地球人、自然人、社会人、国家人、民族人、社区人、家庭人、男人、女人等,这些都是整体"人"中的具体;同时还要看到,每一个具体的"人"又是一个相对整体,就"肉体人"这一层次来看,它也是一个十分复杂的整体,因为构成它的部分,甚至每一个细胞、每一个基因,又是一个个具体。所以,客观世界中,每一个具体都是相对的整体,原因在于世界的物质整体统一规律性是寓于每一个具体的。

这就表明,我们对客观世界的认识,光有整体笼统的方法,那是远远不够的;有了具体分析性的方法,还是不够的;还需要有整体统一的分析与综合相结合的方法。特别是对复杂事物的认识,一定要用整体寓于具体的分析与综合相结合的方法,因为这是真正反映五行运行规律普遍性和科学性的方法。下面来看几个复杂事物的整体系统五行运行实例。

(一)关于经济的整体系统五行运行。经济无疑是个复杂事物。这一事物的系统五行,是由"生产、储藏、流通、调控、消费"五个系统运行环节构成的,呈现为五个系统环节整体统一运行的相生相克规律性。

我们都知道,经济危机是经济整体运行发展过程中的一个大问题,时下,全球性的经济危机大爆发,搞的整个世界都不得安宁。那么,这种经济危机的根源究竟在哪里？为什么总是找不到应对它的良策呢？原因应该说很多,但其中一个真正根本性的原因,是我们没有从整体角度来认识世界经济运行的规律性,没有认识到世界经济整体运行的五行相生相克关系。

世界经济是一个整体,这是容易理解的,经济全球化的发展趋势已给出了答案。但是,世界经济为什么是一个整体,这个整体又是如何运行的,它是不是按照五行相生相克规律运行的呢？这一点恐怕是许多人难以回答,或给以否定的。

实际上,和世界万物中的任何事物都一样,经济的整体运行发展也是有它自身的规律性的,其中一条最重要的运行规律,就是反映经济整体系统运行的、由"源、藏、流、布、化"五个系统环节构成的五行运行规律。这一规律具体表现为经济整体的由产品生产和商品生产(源)、财富所有和金融承载(藏)、价值转换和价格交换(流)、资源配置和财富分配(布)、商品消费和产品再生(化)五个系统运行环节构成的相生相克关系。经济危机之所以会周期性地发生,最主要的原因,就在于经济整体的系统运行违背了这一五行运行规律性。

对于经济系统五行运行规律的认识,承认它的运行发展具有系统性这一点是容易的,但只承认这一点又是远远不够的。这是因为,对于经济整体系统性的认识,其真正的难点,在于必须弄清它的运行环节有哪些? 环节之间的关系是什么? 又是如何运行的? 这些基本问题如果弄不清楚,单从整体上承认经济的系统性,没有实际意义。

整体统一性的五行运行规律告诉我们:经济整体的系统运行,就是由生产、储藏、流通、调控和消费五个系统运行环节构成的。五个系统环节之中,生产系统环节由产品生产系统和商品生产系统构成,它生产财富,是社会财富产生的源头环节;储藏系统环节由财产所有系统和金融系统构成,它储藏财富,是社会财富的承载环节;流通系统环节由价值转换系统和价格交换系统构成,它交换财富,是社会财富的流动环节;调控系统环节由资源配置系统和财富分配系统构成,它调控财富,是社会财富的分布环节;消费系统环节由商品消费系统和产品再生系统构成,它消化再生财富,是社会财富的转化环节。由此五个系统运行环节构成了经济整体运行的系统循环周期,每一个经济形态都是这样。

经济整体的五个系统运行环节之间的基本关系,就是相生相克关系。其相生关系表现为:社会财富的生产系统促生储藏系统,它使国家和人民富有、金融承载能力增强;社会财富的储藏系统促生流通系统,它使价值转换通畅、价格市场繁荣;社会财富的流通系统促生调控系统,它使资源配置合理、财富分配公平;社会财富的调控系统促生消费系统,它使商品消费旺盛、产品再生能力增强;社会财富的消费系统促生生产系统,它使产品生产科学、商品生产合理。这种相生关系表明了经济整体的发展性,这种发展性是一种不可阻挡的包容趋势性。其相克关系表现为:社会财富的生产系统制约流通系统,它规定着价值转换通畅和价格交换繁荣的水平;社会财富的储藏系统制约调控系统,它规定着资源合理配置和财富分配公平的水平;社会财富的流通系统制约消费系统,它规定着商品合理消费和产品科学再生的水平;社会财富的调控系统制约生产系统,它规定着产品生产和商品生产的水平;社会财富的消费系统制约储藏系统,它规定着国民富有和金融兴旺的水平。这种相克关系表明了经济整体的具体性,这种具体性具有由物质条件和科学技术水平决定的制约规定性。

所以,经济的相生性表明了经济整体的运行发展是一种不可阻挡的趋势,这一趋势表现为五个系统运行环节之间的推动性和包容性,其中,推动性促进经济整体向前发展;包容性维系经济整体正常运行。而经济的相克性表明了经济整体的运行发展又是有条件的,这一条件表现为经济整体的五个系统运行环节之间的制约性和规定性,其中,制约性表明经济整体的运行是一个历史过程,是不能超越的;规定性表明经济整体的发展是具体的,是受具体物质条件限定的。

由此可见,五行相生相克确实是经济整体正常运行发展的一条基本规律。实践表明,这一规律是不能违背的,违背了就会使经济运行进入五行相乘相侮的状态,从而导致经济危机发生。

什么是五行的相乘相侮性呢? 它是经济整体系统运行的一种反常状态,简单地说,就是整体系统的五行运行环节中,其中任何一个运行环节一旦发生了"过"或"不及"的情况,就会对下行的两个运行环节产生相乘效应,对上行的两个运行环节会产生相侮效应。这种相乘相侮效应一旦发生,就必然会减弱相邻的两个相生环节的相生性,增强相隔的两个相克环节的相克性,并最终导致经济整体系统周期运行的失常。

现在正肆虐全球的经济危机,就是因某些环节的"过"造成的。我们看到,2008 年由美国引发的全球性经济危机,就是由美国长期实行的高消费之"过"引起的。这种高消费其实就是一种典型的"过"——五行中的消费环节大大超过了经济整体系统运行的相克规定性。这种情况下,消费系统环节对下行的生产和储藏两个运行环节要产生相乘效应,使商品生产艰难、金融风险加大;而对上行的调控和流通两个运行环节要产生相侮效应,使宏观调控艰难、市场风险加大。

由于美国具有特殊的国际地位,使美国高消费引起的一国经济危机很快波及全球,变成了全球性的金融危机和债务危机。全球性金融危机主要表现为经济系统运行的储藏环节之"过"。储藏环节"过"了,一方面会压迫相邻的两个相生环节,使生产环节和流通环节出现萎缩;同时会冲击相隔的两个相克环节,使调控环节和消费环节风险增大。全球性债务危机则主要表现为经济系统运行的调控环节之"过"。债务是政府调控行为,调控环节一旦"过"了,会使资源和财富分布不合理,一方面会压迫相邻的两个相生环节,使流通环节和消费环节出现萎缩;同时会冲击相隔的两个相克环节,使储藏环节和生产环节风险增大。

所以,2008 年开始的世界性经济危机,是一次由多环节连锁之"过"造成的复杂危机。它不同于以往发生过的任何一次经济危机,历史上曾经发生过的多次世界性经济危机,绝大多数都是由系统运行的生产环节之"过"一个因素引起的。这种不同表明:经济全球化的整体性越高,经济五行运行的规律性体现得就越明显,而经济危机一旦发生后,其影响就越大、牵扯因素越多。这一点,全世界的人们都需要高度注意。

因此,对经济整体性的认识,特别是对全球性经济危机的认识,不能只在一个系统运行环节上找原因(例如主张"完全市场化"),或者只在两个运行环节上找原因(例如主张"市场与调控相结合"),而是要有整体系统运行思想,要学会用整体统一性的认识方法,特别是要学会应用五行相生相克的规律性,从"源、藏、流、布、化"五个环节周期运行的相生相克规律性中找原因。这是我们克服世界经济危机、推动世界经济发展的要着。

(二)关于社会财富的整体系统五行运行。社会财富不是静止的,而是运动发展的。作为一个系统整体,社会财富的五行运行规律性,主要表现为它的生产(源)、承载(藏)、流通(流)、调控(布)和再生(化)五个系统环节运行能力的相生相克关系。这五个运行环节中,财富生产环节表现为产品生产和商品生产的辩证统一;财富承载环节表现为所有制关系和货币金融机制的辩证统一;财富流通环节表现为价值交换和价格交换的辩证统一;财富调控环节表现为资源配置和财富分配的辩证统一;财富再生环节表现为生产性消费和生活性消费的辩证统一。社会财富的这五个系统环节之间存在着相生相克关系,正是这种相生相克关系,决定着社会财富系统的整体统一运行规律性。

因此,我们在研究生产与分配的关系时,只讨论"先做大蛋糕,还是先分好蛋糕"这样的命题,是很难得出科学结论的。原因在于:这种只局限于两个环节之间辩证关系的讨论,虽然也确实能够认识生产与分配两个环节之间的对立统一关系,但却忽略了社会财富的承载、流通、再生三个环节的作用,因而不具有整体统一性。而实际上,社会经济的发展过程表明,社会财富的所有体制和货币金融机制、价值转换体制和价格交换机制、生产消费体制和生活消费机制不仅时刻影响着社会财富的产品生产和商品生产环节,还时刻影响着社会财富的资源配置和财富分配环节。这是因为,社会财富的整体系统运行本来就是由五个运行环节构成的,并且,五个环节之间存在着相生相克的周期运行基本关系;而这种周期运行基本关系是不能分割的,必须整体统一地来把握,并且,它对于任何财富系统的周期运行都是实用的,不管是一个小小的家庭整体,还是一个大大的国家整体,都是一样的。

我们以家庭为例来说明这一点。可以想见,对于一个家庭的财富管理运行来说,如果只是停留在"挣了钱就花,花光了再去挣"或"收了粮就吃,吃完了再去种"这种自给自足的简单水平上,那是永远也富不起来的。一个家庭要想走向发展并实现富裕,其财富系统的运行环节不是两个,而是五个,并且这五个环节是要服从相生相克运行规律的:首先是生产环节。家庭成员必须会劳动、有收入,要源源不断地为家庭经济系统补充新财富,这是家庭财富之源泉;其次是储藏环节。所谓储藏,一是财富要有明确的归属,不能变成无人管或管不了的状态;二是要有适当的载体来承载财富,或办产业,或置物业,或育人才等;第三是流通环节。要使家庭财富流动起来,进入社会经济交换的大环境,不能当守财奴;第四是调控环节。要根据实际情况把财富配置到最有利于家庭经济发展的载体位置上;第五是消费环节。家庭消费是财富运行周期的消费终端环节,也是财富运行的再生环节,没有消费就没有再生产,没有消费就没有财富的再循环。很显然,以上五个运行环节之间是存在着相生相克关系的,这种相生相克关系是一个发展中的家庭经济小系统必然要遵循的基本规律性,也是一个发展中的国家经济大系统必然要遵循的基本规律性。人们常说的"家国一理",其中一条指的就是这条大道理。

(三)关于人体的整体系统五行运行。中医是从整体上认识人体的,它把人体看作一个由"金、水、木、火、土"五个环节构成的系统运行统一体。这种具有古代象征特征的认识形式道理何在呢? 从中医持久的实践过程方面看,应该说是有科学性的;否则,它怎么会传承数千年呢? 但是,如果从中医理论的科学实证方面看,它还是需要继续深入探索的。

整体统一性的认识方法表明,中医对人体的认识,是建立在人体的整体系统运行基础上的,它的"金、水、木、火、土"五个环节之间的运行关系,象征的是人体"精、气、神"的系统运行相生相克关系,反映的是人体系统运行的规律性。人体的"精、气、神"不是固有的,也不是静止的,而是来源于客观世界、运行于人体整体的,具体表现为客观世界中的食物、水、氧气和物质分布环境有规律地作用于人体的生命循环机制,源源不断地满足人体的器质、功能和状态需求的质量结构流、能量聚散流和时空环境流。其中:质量结构流的物质基础为基因、细胞,能量聚散流的物质基础为体能、活力,时空环境流的物质基础为基因、细胞与体能、活力相结合的物质分布性。这就是人体"精、气、神"的科学的物质属性内含,本质是人体这一事物的物质实在统一性,是人体整体系统运行的物质基础,中医有时也把它称作"元气"。

中医关于人体"精、气、神"的元气载体运行于哪里呢? 它就运行于由"金、木、水、火、土"象征的"肺—大肠经、肾—膀胱经、肝—胆经、心—小肠经、脾—胃经"五大系统构成的整体周期运行循环之中。

这一元气载体是如何运行的呢？它是按照客观事物整体系统运行周期的"源、藏、流、布、化"五行规律运行的。由于宇宙间的每一个事物都具有系统性，越是复杂的事物，这种系统性表现得越明显，而这种系统性又总是表现为"生产之源头性—储藏之载体性—流通之交换性—调控之分布性—再生之转化性"五个运行环节构成的相生相克关系，因而对于人体来说，肺—大肠经是主元气之吸纳的，它即是系统五行运行之"源"；肾—膀胱经是主元气之承载的，它即是系统五行运行之"藏"；肝—胆经主是元气之交换的，它即是系统五行运行之"流"；心—小肠经是主元气之调控的，它即是系统五行运行之"布"；脾—胃经是主元气之转化再生的，它即是系统五行运行之"化"。

所以，人体系统周期运行的五个环节缺一不可，五个环节之间存在着密切的相生相克关系。其相生相克关系具体表现为，肺—大肠经的吸纳能力促生承载性，肾—膀胱经的承载能力促生流通性，肝—胆经的流通能力促生调控性，心—小肠经的调控能力促生转化性，脾—胃经的转化能力促生吸纳性；其相克关系具体表现为，肺—大肠经的吸纳能力制约流通性，肝—胆经的流通能力制约转化性，脾—胃经的转化再生能力制约承载性，肾—膀胱经的承载能力制约调控性，心—小肠经的调控能力制约吸纳性。

正是这种相生相克关系维系着人体生命形态的存在，实现着"源、藏、流、布、化"五个运行环节之间的动态平衡，它是保持人体健康的关键。五个环节中的任何环节一旦出现了"过"或"不及"的情况，人体的整体系统运行就会失常，其运行周期就会发生环节之间的相乘、相侮效应。在这种相乘相侮的运行状态下人体就会生病。例如，肺—大肠经（源）出现了营养过剩的情况，就会造成肾—膀胱经（藏）"精、气、神"失衡和脾—胃经（化）失调（消化不良），进而冲击肝 胆经（流）的流通性和心—小肠经（布）的调控性；肾—膀胱经（藏）出现了元气不足的情况，就会造成肝—胆经（流）"精、气、神"失衡和肺—大肠经（源）失调（茶饭不香），进而冲击心—小肠经（布）的调控性和脾—胃经（化）的转化性。

这表明，中医的科学性和规律性在于它的整体性，在于认识人体整体的系统五行运行规律性。这是正确认识中医的关键所在。

（四）关于河流流域的整体系统五行运行。大禹治水的故事流传千古，他成功治水的妙诀，在于"顺水性"，就是顺从水流的规律性。水流的基本特征是"就下"。大禹就是按照这种特征，高处凿通，低处疏导，引水入海，用十三年时间，终于完成了名垂千古的治水大业。那么,大禹治水遵循的"就下"特征,反映的是什么规律性呢?

按照整体统一性的认识方法,河流作为一个流域水系,其整体运行应当是由"源、藏、流、布、化"五个系统运行环节构成的,而水流是其运行的物质载体。在河流的整体运行系统之中:"源"为水系的源头,它表现为流域系统的生成性;"藏"为水系的承载,它表现为流域系统的储容性;"流"为水系的流动,它表现为流域系统的交换性;"布"为水系的配置、分布,它表现为流域系统的调控性;"化"为水系的转化,它表现为流域系统的再生性。因此,每一个河流水系的流域整体系统,都是由以上五个运行环节构成的,并且,五个运行环节之间存在着相生相克的关系。这种相生相克关系表现为河流的整体系统五行运行规律性。

大禹治水成功,正是因为遵循了河流整体系统的五行运行规律性。他从当时的客观物质条件出发,按照因势利导的原则,找到了洪水泛滥的主要症结,在于水系运行的"流通"环节。据此,采用了高处凿通、低处疏导的方法,使"源头"之大水储容得下,流动得通,控制得住,最后化归大海。

而大禹的父亲鲧治水为什么失败了呢?鲧所犯的致命错误,在于脱离了当时的实际而找错了洪水泛滥的症结,只是在"储容"环节做文章。鲧以为,把堤坝修高修结实,就能逼迫水流归入大海,结果违背了水流"就下"的基本原则,违背了河流水系整体的五行运行基本规律性,最终招致失败而被杀。

当今举世闻名的三峡工程,堪比当年的大禹治水。这一工程从长江水系整体运行的实际出发,找到了长江流域水系整体安全运行的症结,在于"调控"环节。因而,三峡水库的修建,牵住了长江流域水流配置环节的牛鼻子,它从长江水系整体运行的"分布性"入手,从根本上解决了"源头"性的增减问题、"储容"性的风险问题、"流通"性的多少问题及"再生"性的时序问题,体现了河流水系整体运行系统五个环节之间的相生相克关系。所以,三峡工程是一个成功、伟大的工程,而这一工程的成功、伟大之处,就在于体现了河流水系的整体系统五行运行思想。

(五)关于大气环境的整体系统五行运行。包围地球的空气,称为大气。像鱼活在水中一样,人类生存于地球大气的底部,须臾也不能离开大气这一环境。但可悲的是,今天的地球大气环境,已经到了危机的边缘,并且是地球人自己造成了这种危机。如果要问,人类为什么会自毁家园,无端地破坏自身唯一的生存环境呢?答案就是两个字:无知。而这种"无知"从总体上看,主要是许多人还没有认识到地球大气环境的整体系统五行运行规律性。

地球大气环境也有它存在运行发展的内在规律性。大气环境的许多规律性已经为人类所认识,如表明大气成分的质量结构变化规律性、表明大气运行的能量聚散规律性、表明大气状态的时空环境物质分布规律性等等。但是有一条最基本的规律,则至今为人们所忽视,那就是地球大气环境的整体系统运行规律性。

大气环境也是一个复杂的系统整体,它的整体系统运行,主要表现为"源、藏、流、布、化"的五行运行规律性。大气的整体系统的五个运行环节之间存在着相生相克关系,正是这种"源、藏、流、布、化"的五行相生相克关系,揭示了大气环境的整体统一运行规律性,表明了大气环境运行的整体性、系统性和动态性。五个运行环节中:"源"是整体系统动态之源头,表明了大气环境的生成性;"藏"是整体系统动态之储蓄,表明了大气环境的承载性;"流"是整体系统动态之交换,表明了大气环境的流动性;"布"是整体系统动态之调节,表明了大气环境的分布性;"化"是整体系统动态之再生,表明了大气环境的转化性。这五个系统运行环节之间存在着的相生相克关系,是大气实现整体系统动态平衡的根本。让我们具体分析一下大气环境的五个运行环节要素。

第一、大气的源头生成环节。地球大气的主要成分由氧气、氮气、氩气、臭氧、二氧化碳气、水蒸气等组成。这些成分及其大气成分结构,是由地球本身的环境决定的。其中:氧气和二氧化碳由植物环境决定;水蒸气由温度环境决定。所以,地球环境的这种决定作用,就是大气的生成源头。

第二、大气的储蓄承载环节。大气环境的储蓄承载标准,决定于人类和生物的生存要求。正是由于地球大气环境具有稳定的储蓄承载性,而这种稳定的储蓄承载性原本是满足人类和生物的生存要求的,才使地球上的生物链蓬勃兴旺,进而诞生了人类。所以,这种满足人类和生物生存的大气环境目标值,在学术上被称为大气环境容量,它表明了大气环境能够承载的最大污染能力,或所能允许储蓄的排放污染物总量。

第三、大气的交换流动环节。大气是流动的,这是人们的常识。正是这种流动性,形成了风霜雨雪,形成了四季交替,表明了大气的流动具有能量交换性。大气的流动还具有质量和时空交换性,水蒸气会从海上进入陆地,污染物会从低空进入高空,四季时序会发生紊乱,生存空间会变得恶劣。这些表明了大气环境的质量、时空动态性。

第四、大气的调节分布环节。大气的一个十分突出的特征,就是具有扩散性、传播性和自我调节性。大气源头不断地产生新成分,自我更新,自我净化,自我调节。这种自我调节功能,就是通过扩散性和传播性来实现其规律性分布的。

第五、大气的再生转化环节。植物吸纳二氧化碳而产生氧气,动物和人类吸纳氧气而产生二氧化碳气。所以,大气的再生转化性,主要是指地球生物和人类对氧气、二氧化碳气、水蒸气等的消耗及再生的循环利用关系。但是,这种消耗利用关系是有条件的,不是无节制的,对于有些气体来说,例如臭氧,其生成周期是十分漫长的,所以更不能无节制地进行伤害。

通过对大气五行系统运行环节的分析,可以使我们清楚地看到,大气环境的整体系统运行,是由"源、藏、流、布、化"五个运行环节构成的。其运行规律性可简单地表述如下:大气环境的源头生产性促生储蓄承载性而制约交换流动性;储蓄承载性促生交换流动性而制约调节分布性;交换流动性促生调节分布性而制约再生转化性;调节分布性促生再生转化性而制约源头生产性;再生转化性促生源头生产性而制约储蓄承载性。这种运行规律性表明了地球大气环境整体系统运行的常态。

大气环境的这种整体系统五行运行常态一旦被打破,就会进入到一种相乘相侮的状态。这种情况下,整个系统的正常运行就会被破坏,进入到非正常、甚至反常的状态。

当今的地球人已经意识到了大气环境的这种非正常状态的存在,认识到了人类数百年的盲目蛮干行为,是造成这种非正常状态的根本原因。这一根本原因就是:大规模的工业化污染物无节制地排入大气环境之中,使大气的源头生产规律性被打破,使整个系统进入相乘相侮的状态,对相邻的储蓄承载环节和再生转化环节产生挤压效应,使其变得作用减弱;对相隔的交换流动环节和调节分布环节产生激化效应,使其变得不堪重负。具体表现为:空气质量变差,大气流动紊乱,温室效应增强,生物灭绝加速,等等。

以上讨论了经济、财富、人体、水系和大气这几个较复杂事物的整体系统五行运行规律性,下面再看几个经济行业的整体系统五行运行实例。(经济的五行运行后面还要专门讨论)

(一)关于银行业的整体系统五行运行。银行业的运行载体是特殊商品——货币,这个整体系统的五行运行规律性,主要表现为货币的用户存入(源)、承载供应(藏)、流通交换(流)、宏观控制(布)和用户贷出(化)五个系统环节的相生相克关系。银行业的五个系统运行环节的这种相生相克关系,我们能够由它的各环节运行能力的调控率来说明。其中:存款利率调控货币存入能力;准备金率调控货币承载供应能力;通货膨胀率调控货币流通交换能力;物价稳定和收支平衡率调控货币宏观控制能力;贷款利率调控货币贷出能力。显然,银行业的五个运行环节之间存在着如下基本关系:货币的存入能力,促生承载供应能力而制约流通交换能力;货币的承载供应能力,促生流通交换能力而制约宏观控制能力;货币的流通交换能力,促生宏观控制能力而制约贷出能力;货币的宏观控制能力,促生贷出能力而制约存入能力;货币的贷出能力,促生存入能力而制约承载供应能力。这些关系表明,银行业的五个运行环节之间存在着相生相克关系,正是这种相生相克关系,决定着该系统的整体统一运行规律性。

(二)关于房地产业的整体系统五行运行。房地产业对国民经济的影响是巨大的。20世纪90年代初,日本房地产泡沫破裂,直接导致了日本经济的大萧条。2008年美国的"次贷危机",引发了美国金融危机和世界金融、债务危机。中国的房地产业近年的房价也居高不下,需要引起高度警惕并及时采取适当的应对措施。

房地产行业之所以会引发一个国家的经济整体发生危机,主要原因在于该行业在整个国民经济内部所占比重很大,因而其影响作用也很大。所以,科学地认识房地产行业的整体系统运行问题,对一个国家乃至整个世界经济的稳定健康运行发展,具有十分重要的意义。

房地产行业整体系统运行的核心规律,是价值规律和五行运行规律。该行业的价值载体主要是房产,具体运行规律主要表现为房产的生产(源)、承载(藏)、交换(流)、配置(布)、再生(化)五个系统环节之间的相生相克关系,因而其价值规律就体现在五个系统环节的周期运行过程中。其中:房产生产源头环节具有产品生产和商品生产二重性;房产承载储藏环节具有财产权属和货币金融二重性;房产交换流通环节具有价值转换和价格交换二重性;房产配置分布环节具有资源配置和财富分配二重性;房产消费再生环节具有生产性消费和生活性消费二重性。

房地产行业的这种二重性,是由经济运行环节的体制和机制决定的。从房地产行业的整体运行看,房产的产品生产体制决定产品的质和量,故形成房产的生产价值,而商品生产机制形成产品的商品形态,故决定房产生产价格;房产的商品承载体制(所有制体制)决定资产储藏度和社会购买力,故形成房产储藏价值,而商品承载机制(金融机制)形成金融承载度和货币(资本)流量,故决定房产储藏价格;房产的商品流通体制(价值交换体制)决定房产价值的转换,故形成房产交换价值(由社会必要劳动支配),而商品流通机制(价格交换机制)形成房产商品流,故决定房产交换价格(由市场规则支配);房产的商品分布体制(资源配置体制)决定资源的配置,特别是土地资源的配置,故形成房产的分布价值,而商品分布机制(财富分配机制)形成与财富分配相适应的房产分布流,故决定分布价格;

房产的商品消费体制(生产性消费体制)决定生产性消费,故形成房产再生价值,而商品的消费机制(生活性消费机制)形成房产消费流,故决定房产消费价格。

可见,房地产行业是存在着五行运行规律性的,正是这一规律,决定了该行业五个系统运行环节之间的相生相克关系。因而正确把握房地产行业的整体系统运行规律性,就要科学认识它的五个系统运行环节之间的相生相克关系和系统环节内部的价值与价格关系。

五个系统运行环节之间的相生关系表现为:有消费才有生产,所以,由社会的消费性需求促生系统运行的第一个环节——生产环节。系统的生产环节形成房产的产品形态,并以商品的实用性和销售性形式,进入下一个环节;商品的实用性和销售性,是以千家万户的所有形式承载的,所以,生产环节促生系统运行的第二个环节——承载环节。系统的承载环节形成房产的储藏形态,并以商品的资产权属性和资本融通性形式,进入下一个环节;商品的资产权属性和资本融通性,是通过市场流通的方式实现的,所以,承载环节促生系统运行的第三个环节——交换环节。系统的交换环节形成房产的流通形态,并以商品的价值社会必要劳动属性和价格市场波动属性的形式,进入下一个环节;商品的价值社会必要劳动属性和价格市场波动属性,是对资源配置和财富分配起基础性决定作用的,所以,交换环节促生系统的第四个环节——配置环节。系统的配置环节形成房产的分布形态,并以商品的社会资源调控性和货币财富分配性的形式,进入下一个环节;商品的社会资源调控性和货币财富分配性,是生产性消费和生活性消费的前提,所以,配置环节促生系统的第五个环节——消费环节。系统的消费环节形成房产的转化形态,并以商品的消化性和产品的再生性的形式,进入下一个环节——新的周期运行的生产环节。

五个系统运行环节的相克关系决定于系统运行环节的具体性。由于房地产行业的任一系统运行环节都不可能脱离社会的具体性——包括社会的生产力、生产关系、科学技术、城乡差别、国际影响等因素的具体性,因而环节之间必然存在着具体的相互制约关系。突破了这种具体性,就会导致系统运行不畅或经济危机发生。

系统运行的这种相克关系表现为:生产环节的具体性制约着交换环节。房地产行业的产品生产不足会导致市场流通环节商品短缺,而商品生产过剩会导致市场流通环节商品滞销,甚至引发过剩性危机;承载环节的具体性制约配置环节。房地产的所有体制不科学会导致资源分布性差,而金融机制的过度投资投机性会加速财富分配的两极分化,甚至会引发金融投机性危机;交换环节的具体性制约消费环节。反映社会必要劳动的商品价值的主导性制约生产性消费,而反映市场活力的商品价格的波动性制约生活性消费。因而要尽量做到物有所值,房价不能偏离其价值过多,否则,有可能引发市场萎缩性危机;配置环节的具体性制约生产环节。资源配置的科学性制约着房地产的产品生产,而财富分配的合理性制约着房地产的商品生产。例如所谓的债务危机,其实就是由政府对资源(债务资源)的调控失当而引发的生产性危机;消费环节的具体性制约承载环节。生产性消费的科学性制约着房产需求者的资产所有性,而生活性消费的合理性制约着房产需求者的资本转化性。例如美国的"次贷危机",就是由生活性消费过度而引发的金融危机。

　　系统环节内部的价值与价格关系表现为:生产环节形成房产的产品生产价值和商品生产价格。产品生产价值是由社会经济的房产行业生产体制决定的,这种决定性具体表现为由社会生产力制约的房产产品生产能力和社会刚性需求。而商品生产价格则是由社会经济的房产行业生产机制决定的,这种决定性具体表现为由市场的购买源头促生的房产商品生产能力和市场弹性需求;承载环节形成房产的商品储藏价值和价格。商品储藏价值是由社会经济的所有制体制决定的,这种决定性具体表现为由社会承载力制约的房产商品储藏能力和社会容纳需求。而商品储藏价格则是由社会经济的金融机制决定的,这种决定性具体表现为由市场的资本融通规模促生的房产商品储藏能力和市场占有需求;交换环节形成房产的商品流通价值和价格。商品流通价值是由社会的体现社会必要劳动的劳动体制决定的,这种决定性具体表现为由社会必要劳动力制约的房产商品交换能力和社会交换需求。而流通价格则是由经济的市场交换机制决定的,这种决定性具体表现为由市场的商品流运行周期促生的房产商品交换能力和市场交换需求;配置环节形成房产的商品分布价值和价格。商品分布价值是由社会的资源配置体制决定的,这种决定性具体表现为由社会资源调控力制约的房产商品分布能力和社会、自然布局需求。而商品的分布价格则是由经济的财富分配机制决定的,这种决定性具体表现为由市场的财富分配过程决定的房产商品分布能力和市场布局需求;消费环节形成房产的产品再生价值和商品再生价格。产品再生价值是由社会经济的产品再生产体制决定的,这种决定性具体表现为由社会消费能力决定的房产商品消化能力和社会再生需求。而商品的再生价格则是由经济的市场消费性机制决定的,这种决定性具体表现为由市场的商品消费水平决定的房产商品消化能力和市场再生需求。

　　所以,房地产行业是受五行运行规律和价值规律支配的。它的五个系统运行环节分别是:生产(源)、承载(藏)、交换(流)、配置(布)和消费(化)。其环节之间的相生相克关系为:生产促生承载而制约交换,承载促生交换而制约配置,交换促生配置而制约消费,配置促生消费而制约生产,消费促生生产而制约承载。其中,体现环节价值运行的体制性具有相克性。原因在于,五个环节的体制性主要表现为社会性,它们是受具体的社会物质条件制约的;而体现环节价格运行的机制性具有相生性。原因在于,五个环节的机制性主要表现为经济性,它们是受市场经济的普遍规律支配的。

所以,一定要用社会的和经济的眼光来认识房地产行业的系统运行:要用社会的眼光来认识它的各个环节的体制性和价值性。正是这种体制性和价值性之间的五行运行关系,维系着房地产行业的稳定运行和正常发展;要用经济的眼光认识它的各个环节的机制性和价格性。正是这种机制性和价格性之间的五行运行关系,促进着房地产行业的运行活力和发展生机。

房地产行业的这种正常的相生相克关系一旦被打破,就背离它的五行运行规律性。这种情况下,会因系统的某些环节出现的"过"或"不及",而造成整个系统的反常运行,呈现出相乘相侮的运行状态。所以,对于形成房地产价值的环节体制性,要切忌僵化之"过"和制约之"不及",僵化之"过"会导致系统整体的萎缩性危机,而制约性"不及"会导致系统整体运行和发展失去稳定性;对于形成房地产价格的环节机制性,要切忌泡沫之"过"和促生之"不及",泡沫之"过"会导致系统整体的扩张性危机,而促生之"不及"会导致系统整体的运行发展没有活力、缺乏生机。

无数的事实表明,房地产行业的五个系统运行环节中,任一个环节一旦出现了严重的"过"或"不及"的情况,就必然会导致"危机"出现。例如,美国的"次贷危机",是由过度消费引发的储藏环节之"过"引发的;欧洲的债务危机,是由政府过度举债引发的配置环节之"过"引起的;而日本的房地产泡沫危机,是由高地价、高需求、高债务引发的储藏环节之"过"造成的。

很显然,体现"源、藏、流、布、化"相生相克关系的五行运行规律性,它实际上把人们常说的一些具体经济关系,如"生产与消费""生产与流通""生产与供给""生产与分配""供给与需求""市场与配置""分配与消费""价值与价格"等关系,统一为一个整体。这样就使我们能够用整体统一性的系统认识方法,来认识房地产行业整体运行发展过程中出现的一些问题。

例如认识中国目前的房地产行业,就应主要处理好两个最基本的关系:一是价值与价格的关系;二是五个系统运行环节的相生相克关系。

价值与价格之间的关系处理得科学与否,关系到房地产行业乃至整个国民经济的健康发展。这是因为,社会经济的价值性主要具有社会性,它体现的是国家和人民的根本利益,而市场经济的价格性主要具有经济性,它体现的是市场交换规律。所以,市场经济的价格性只有围绕社会经济的价值性而波动,整个国民经济(包括房地产行业)的运行发展才是正常而健康的;相反,如果出现了价格严重脱离价值主导性的情况,如房价严重虚高这样的情况,弄得不好,就可能导致经济危机。这样势必危及国家经济安全和人民大众利益。

科学处理价值与价格的关系,又在于把握好房地产系统五个运行环节之间的相生相克关系。这是因为,价值与价格之间的关系是具体的,它们具体地存在于房地产行业的生产、承载、交换、配置、消费五个系统运行环节之中。价值,即体现一个国家经济的产品生产能力的生产价值、体现商品权属关系的承载价值、体现社会必要劳动流通能力的交换价值、体现资源调控能力和分布性的配置价值及体现产品再生能力的消费价值,这些都是房地产经济运行发展的命脉所在;价格,即生产、承载、交换、配置、消费价值的实现形式。在市场经济条件下,产品的价值实现形式只能取商品的价格的形式,这种价格的形式又只能以生产环节的商品价格、承载环节的资产价格、交换环节的市场流通价格、配置环节的分布价格和消费环节的再生产价格的形式,在相生相克的周期运行过程中而存在。

所以,正确认识中国目前的房地产行业,一定要有系统化思想。要把行业运行过程中出现的一些问题,放在系统整体的五行周期运行的相生相克关系之中来认识。

如对"保障房"问题,就要认识到,它的本质主要在于具有房产生产环节的产品生产性,在于为满足社会消费的基本价值需求(为满足"居者有其屋"的社会需求)。所以,它类似于对农民的种粮补贴(为满足"民以食为天"的社会需求),并不是为了进入市场销售赚钱。这是"保障房"与商品房的根本区别。

对房价过高的问题,则要认识到,它的本质主要在于,虚高的房价脱离了房屋流通环节的价值转换性而抬高了价格交换性,致使普通劳动者靠劳动收入买不起房子。造成房价虚高的原因也不是单一的,而是要从行业整体系统五个运行环节的具体情况来认识,可能的情况有:房子生产环节生产的商品房量少而购买者多,满足不了社会消费需求;房子生产环节生产的商品房虽然能够满足市场需求,但金融机制供应的货币超量,导致一部分超量货币聚集于房地产市场;市场交换机制不健全,导致房地产价值与价格扭曲;宏观调控不科学或力度不够,如土地资源配置不当、金融机制调控不力、市场监管不严、宏观布局缺乏科学性、财富分配两极分化严重等,会造成局部或整体房价走高;生产性消费与生活性消费不协调,致使商品流通受阻,消费心理失衡。房价虚高就会推动泡沫产生。泡沫过大的结果,会使房产生产环节的生产能力,超越房产承载环节的财产所有体制的储藏能力,去片面追逐货币金融机制的虚拟性,进而阻塞流通环节,使系统整体的运行发展由相生相克的正常状态进入到相乘相侮的恶性竞争状态。这是绝大多数人不愿看到的情况,其恶果是显而易见的。

(三)关于蔬菜产业的整体系统五行运行。蔬菜产业作为一个经济子系统,它的整体运作是有内在规律性的,如果违背了这一内在规律性,就会出现要么"卖不了"、要么"买不起"的情况;"卖不了"菜贱伤农,"买不起"菜贵伤民。那么,蔬菜产业的整体系统运行为什么会出现这样两种极端的情况呢?

出现这种情况的原因主要在于,蔬菜产业的整体运作,不只是一种简单的生产与消费之间的关系,它不是生产系统供给得多就需求得多、消费系统需求得多就供给得多这样简单的关系。是一种什么关系呢? 它其实是一种很复杂的整体系统运行关系,是一种由蔬菜产业整体的商品生产、储藏承载、市场流通、配置分布和消费再生五个系统环节构成的整体系统运作关系。

我们知道,与任何其他产业一样,蔬菜生产的最终目的也是为了消费,这是没有疑问的。但是,在现代社会的大市场经济环境下,蔬菜产业也是不可能采取小农经济的自给自足分散模式的,而只能采取规模经济的商品生产整体系统运作模式。因此,它的运作每时每刻都会受到市场运行规律的影响,其中,价值规律发挥着十分重要的作用。

让我们从价值规律的角度来分析一下蔬菜产业系统的整体运作关系,看看价值规律究竟是如何对蔬菜产业的五个系统环节发生作用的,进而认识它的整体系统五行运行规律性。

首先,商品生产环节形成商品菜的基础价值。为了人们的生活需求,蔬菜产业的生产环节必然要生产出产品菜,这是由蔬菜产业系统中生产和消费两个环节之间的供求基本关系决定的。但是,光有这种供求基本关系并不能形成蔬菜产业的供求循环。原因在于,生产环节生产出来的产品菜是不可能直接进入人们餐桌的,它必须首先变成商品菜进入市场,然后才能通过储藏、流通、配置环节,最终进入消费环节。这就是说,蔬菜产业系统的运作关系,要由供求整体关系来决定,而商品菜是系统运行的价值载体。

这样,在蔬菜产业系统的生产环节的商品菜就具有了两个形态:一是由生产环节的具体生产成本决定的价值形态;二是由整体系统运行的市场机制决定的价格形态。所以,市场经济条件下的蔬菜产业系统,其生产环节形成了商品菜的基础价值,并以基础价格的形态进入整体系统运行的下一个环节——储藏承载环节。而基础价格与价值之差,即为生产环节的利润。

其次,储藏承载环节形成商品菜的承载价值。具有了基础价值的商品菜要想实现其价值转换,就必须进入整体系统运行的储藏承载环节。

整体系统运行的储藏承载环节有两个作用:一是形成商品菜的承载价值形态。这种承载价值是具体的,具体表现为储藏承载环节对商品菜进行的品质保护或加工的各种具体投入,包括分拣、包装、冷藏等及运输工作中的投入等。这些投入总合起来,形成该环节的储藏成本,并与生产环节的基础价值相加后,成为储藏环节的商品价值形态;二是形成商品菜的承载价格形态。这种承载价格具有整体性,它以储藏环节的商品价值为基础,由蔬菜产业的整体系统运作情况而决定其波动性,并最终以承载价格的形态进入下一个环节——市场流通环节。而承载价格与价值之差,为储藏环节利润。

第三,流通交换环节形成商品菜的交换价值。具有了承载价值的商品菜要想实现其价值转换,就必须进入整体系统运行的流通交换环节。

流通交换环节有两个作用:一是形成商品菜的交换价值形态。这种交换价值是具体的,具体表现为流通交换环节交易过程中的各种具体投入,包括人工、车工、场地、租金、损耗等。这些投入形成该环节的流通成本,并与储藏环节的商品价值相加后成为流通环节的商品价值形态;二是形成商品菜的交换价格形态。这种交换价格具有整体性,它以流通环节的商品价值为基础,由蔬菜产业的整体系统运作情况而决定其波动性,并最终以流通价格的形态进入下一个环节——配置分布环节。而交换价格与价值之差,为流通环节利润。

第四,配置分布环节形成商品菜的分布价值。具有了交换价值的商品菜,要想实现其价值转换,还需要进入配置分布环节,以适应各类消费群体的需求。

配置分布环节有两个作用:一是形成商品菜的分布价值形态。这种分布价值是具体的,具体表现为配置分布过程中的各种具体投入,包括对生产场地、储藏运输、交易市场、消费群体等空间布局,季节、时差等时间布局,以及品种类型布局进行配置的人力物力财力投入(例如:蔬菜基地、南菜北消、批零差价、大棚菜、反季节菜等投入,都是为了解决配置分布性问题)。这些投入形成了该环节的分布成本。它与交换环节的商品价值相加后,形成配置分布环节的商品价值形态;二是形成商品菜的分布价格形态。这种分布价格具有整体性,它以配置分布环节的商品价值为基础,由蔬菜产业的整体系统运作情况而决定其波动性,并最终以分布价格的形态进入下一个环节——消费再生环节。而分布价格与价值之差，为调控环节利润。

第五，消费环节形成商品菜的再生价值。消费再生环节是蔬菜产业整体系统周期循环运作的最后环节，是一个不可或缺的环节。

消费再生环节也有两个作用：一是形成商品菜的消费再生价值形态。这种消费再生价值是具体的，具体表现为商品菜消化过程中的人力物力财力投入，比如，饭店（或工厂、家庭等）在把商品菜变成食品菜的加工过程中的投入、损耗等等。这些投入无疑也是必需的，它形成了该环节的消费成本，并与分布环节的商品价值相加后，形成消费再生环节的商品价值形态；二是形成商品菜的消费再生价格形态。这种消费再生价格形态具有整体性。它以消费再生环节的商品价值为基础，由蔬菜产业系统的整体运作情况而决定其波动性，并最终以消费价格的形态进入新周期循环过程，特别是对下一周期的生产环节影响很大。而消费价格与价值之差，为消费再生环节利润。

以上对商品菜在生产、储藏、流通、分布和消费过程中价值与价格关系的形成进行了分析。可以看出，在市场经济条件下，价值规律是通过蔬菜产业整体系统的五个周期运行环节而发生作用的，是通过整体统一性的五行运行规律发生作用的。

这就表明，对于蔬菜产业的整体运行来说，也一定要遵循"源、藏、流、布、化"五行运行的客观规律性，一定要按生产、储藏、流通、配置和消费五个环节之间的相生相克关系办事，否则，就有可能出现整个运行系统的相乘相侮的反常情况。近几年，这种反常情况时有发生，所谓的"豆你玩""姜你军""蒜你狠"（2008 年金融危机以来，在中国出现的部分蔬菜商品的反常涨价现象），以及"土豆卖不了""白菜没人要"等等现象，实际上就是因违背了五行运行的相生相克关系而导致的相乘相侮反常表现。

我们从哲学、自然、社会科学基本理论的六个方面论证了五行运行思想的科学性，又用八个具体实例证实了五行运行思想的科学性。尽管这些分析和论证是简要的，但从中能够发现，它确实是客观世界的一种规律性。所以，笼罩在阴阳五行思想上的神秘面纱应当被揭去了，我们应当还这一古老认识形式的本来面目，真正把它当作一种科学思想来对待。这将十分有助于认识论的持续发展。

03

浅析老子哲学的整体统一规律性

　　老子是中国历史上最伟大的哲学家和思想家之一，他的代表作就是流传千古的《道德经》。《道德经》是一部具有完整哲学体系的著作，短短五千言，内容涵盖哲学、文学、美学、医学、政治、军事、养生等很多方面，其中蕴含的哲学道理十分深刻，历朝历代的学者不停地研究它，无数的中外人士不停地诠释它，以致被历代学者称为玄学。老子哲学思想的影响力十分巨大，不仅影响了两千年来中国的思想史，还被翻译成百种语言流传于世界，成为一种超越国界、普及全球的重要思想。那么，老子哲学为什么会被称为玄学，又为什么会有如此巨大的影响力呢？其中一个十分重要的原因，就在于这一哲学思想反映了客观世界的整体统一规律性。

第一章

老子哲学思想产生的历史渊源

同任何哲学思想一样,老子《道德经》也不是凭空产生的,它的产生有其客观的历史渊源。这一历史渊源可以从两个方面来认识。

一个方面,是老子所处的历史时代,这是《道德经》能够产生的客观现实基础。老子是在深入观察和研究了现实世界中"曲与全、枉与直、洼与盈、弊与新、少与得、多与惑"等辩证关系之后,才提出了"是以圣人抱一,为天下式"的观点;是在深入观察和研究了现实社会中"美与恶、善与不善、有与无、难与易、长与短、高与下、音与声、前与后"等辩证关系之后,才提出了"圣人处无为之事,行不言之教"的观点;是在深入观察和研究了现实人生中"五色令人目盲,五音令人耳聋,五味令人口爽,驰骋畋猎令人心发狂,难得之货令人心妨"这些真实社会现象之后,才提出了"圣人为腹不为目"的观点;是在深入观察和研究了现实变化中"歙与固、弱与强、废与兴、夺与与、鱼与水、柔与坚"等辩证关系之后,才提出了"柔弱胜刚强"的观点。所以,老子哲学思想的产生,离不开他所处时代的现实基础,他是在观察和研究了这种现实的辩证关系的基础之上,经过缜密地思考后,才写出了《道德经》。

另一个方面,是老子对前人思想的继承,这是《道德经》能够产生的客观认识基础。老子哲学思想是中国哲学思想发展过程中的一个里程碑,他是在继承了已流行数千年的《易经》基本思想的基础上,才成就了《道德经》。对于这一点,老子说得很明白:"执古之道,以御今之有,能知古始,是谓道纪。"这种"执古御今"的观点,表明了他继承古人科学认识成果为今之用的思想;而《道德经》中关于"道生一,一生二,二生三,三生万物。万物负阴而抱阳,冲气以为和"的认识,则清楚地表明了他的整体阴阳观——《易经》太极八卦的整体统一性观点。当然,老子在《道德经》中并没有深入到太极八卦中去研究,他只是整体地把《易经》的阴阳合一思想,作为《道德经》哲学的基本认识前提,而这是有其历史原因的。因为老子所处的时代的社会发展条件,决定了他不可能具体地解释清楚太极八卦,而只能整体地继承《易经》的整体统一性哲学思想。这也是《道德经》难学、难解、难懂的真正原因。但无论如何，老子是把《易经》作为他的哲学思想的认识基础的。

第一节 《道德经》的认识基础

老子《道德经》为什么被称为玄学而难学又难懂呢？一个十分重要的原因，在于《道德经》对于《易经》来说，虽然是一种发展，但其认识基础仍然没有超越《易经》，它还是建立在《易经》的阴阳合一基础之上的；而众所周知的是，《易经》太极八卦至今仍没有得到很准确的科学解释。所以，要弄清《道德经》难学难懂的原因，弄清老子哲学思想的内涵，就先要弄清楚《易经》哲学思想的基本内含，以及二者之间的承继发展关系。

《易经》哲学的核心是太极八卦，这个流传千古的太极八卦结构形式，它所象征的真实的科学内含究竟是什么呢？答案应当是客观世界的整体统一性认识结构形式。对于这一点的探讨，见《试论整体统一性的认识方法》(副标题："易经太极八卦探析")一文。该文初步证明：《易经》太极八卦是以结构图形式，用象征性方法，来认识客观世界的整体体统性和物质统一性的。这个结构图形式从客观世界的阴阳物质属性出发，用"地"来象征事物的质量结构属性，名之曰"坤"；用"天"来象征事物的时空环境物质分布属性，名之曰"乾"；用"水"来象征事物的能量聚散属性，名之曰"坎"；用"火"来象征事物的形态演化属性，名之曰"离"；用"山"来象征事物的运动行止属性，名之曰"艮"；用"雷"来象征事物的发展过程通达属性，名之曰"震"；用"风"来象征事物的实际实践实证属性，名之曰"巽"；用"泽"来象征事物的信息真相属性，名之曰"兑"。八个阴阳物质属性中，"坤""坎""艮""巽"为阴属性；"乾""离""震""兑"为阳属性，由它们构成了客观物质世界的整体统一性结构形式。这一关于客观世界物质属性整体统一性的认识结构，就是《易经》太极八卦的真实科学内含的形式表达。

对于老子来说，由于他所处的时代是实证科学还很不发达的古代，因而是不可能认识到八卦的阴阳物质属性具体科学内含的，这应是他没有深入探究《易经》的主要原因。但是，老子又确实继承了《易经》的阴阳合一思想，他的"道生一，一生二，二生三，三生万物。万物负阴而抱阳，冲气以为和。"的基本观点，就充分表明了《易经》的"太极生两仪，两仪生四象，四象生八卦，八卦生万物"的基本思想。所以，老子哲学的认识基础，是《易经》的整体统一性思想。

《易经》的太极八卦认识结构形式其实是不很完整的。其所以不完整,主要是缺失了一个物质属性,这个被缺失的物质属性,就是老子哲学思想的核心——整体统一规律性。数千年的实证科学表明,规律性确实是客观世界中一个十分重要的物质属性,但在《易经》认识方法中,它却并没有被包含在八卦之内。那么,这个十分重要的规律物质属性去哪里了呢? 它实际上被隐藏在了太极八卦的整体统一性变化之中。这应是《易经》难学难懂的真正原因,也是老子以"道"为核心,专门研究整体统一规律性的真正原因。因此,"道"就成为《道德经》对《易经》的发展点和突破点。

为什么说规律性是一种物质属性呢? 这种认识主要源自《易经》之后数千年自然科学、社会科学和哲学的持续发展。这种持续发展证明,自然规律存在于自然物的运动发展过程中,社会规律存在于社会事物的运动发展过程中,就是说,客观世界的规律性是客观事物的一种内在的物质属性,它不在事物的整体统一性之外,而是以规范的形式存在于事物的整体统一性之内。这表明,规律规范性和质量结构性、时空环境物质分布性、能量聚散性、形态演化性、运动行止性、发展过程通达性、实际实践实证性和信息真相性,共九个物质属性一起,才真正构成了客观世界的整体统一性结构形式。这应是真正科学的整体统一性结构形式。

这种科学的整体统一性结构形式,是老子"道"的真实内含。《道德经》中的许多概念和观点,都可以用这种整体统一性思想来诠释。

这一整体统一性结构形式表明,客观事物的本体性就是质量结构性、能量聚散性和时空环境物质分布性三个物质实在性的统一;客体性就是形态演化性、运动行止性和发展过程通达性三个物质存在性的统一;表体性就是信息真相性、规律规范性和实际实践实证性三个可知性(知在性)的统一。这三个统一的基本关系是:物质的实在统一性决定存在统一性;实在统一性与存在统一性相结合,决定可知统一性。这一基本关系应是老子描述的"道生一,一生二,二生三,三生万物"真实内含,它表明了,"世界的真正的统一性是在于它的物质性"。而正是因为世界的物质属性是具有统一性的,因而万事万物才有可能构成它的体系性、系统性和过程性。

规律规范性为什么在《易经》中没有被明确为事物的物质属性呢? 这是有客观原因的,这种原因在于当时科学技术水平的制约。由于在科学技术十分落后的远古时代,人们是没有可能用现代的实证方法,通过大量的科学实验过程,来认识并证实客观世界的自然规律具体性的,他们只能用象征的方法,从整体上来认识客观事物。这种情况下,自然规律性就会成为一种很神秘的东西,以至像老子这样的古代唯物主义哲学大家,在《易经》问世数千年后,也只能以"道"勉强"字"之,以"大"勉强"名"之。而《易经》产生于五千多年前,那时候人们对规律性的认知无疑会更难,他们没有办法科学地解释今天看来最简单的自然现象,只能用象征的、卜筮的办法认识世界。当然,老子所处的时代毕竟比伏羲时代有了巨大的进步,这样,他才有可能在一定程度上认识到"道"的规律物质性本质,写出了《道德经》。所以,老子的《道德经》实际上应被看作是人类认识客观世界整体统一性的规律规范经,也正是在这一点上,他真正继承并发展了《易经》的基本思想。

第二节 对易经的继承与发展

老子是如何继承并发展《易经》的呢? 在继承方面,他主要是继承了《易经》关于客观事物的整体性和统一性思想;在发展方面,他主要发展了《易经》关于客观事物的规律性和规范性思想。所以,老子的道德观是整体性、统一性、规律性、规范性的"混一",我们可把其称作关于客观世界的整体统一规律规范观。

在统一性方面,老子继承了《易经》的物质统一性思想。《易经》太极八卦是迄今已知的人类关于客观世界物质统一性的最早认识。老子继承了这种物质统一性思想,但由于时代的局限性,他又不可能真正弄清太极八卦的科学内含,因而这种继承是笼统的。老子为什么不可能弄清太极八卦的物质属性内含呢? 其中的原因,两千多年后的恩格斯说得很明白:"虽然世界的存在是它的统一性的前提,因为世界必须先存在,然后才能够是统一的,但是世界的统一性并不在于它的存在。在我们的视眼的范围内之外,存在甚至完全是一个悬而未决的问题。世界的真正的统一性是在于它的物质性,而这种物质性不是魔术师的三两句话所能够证明的,而是由哲学和自然科学的长期的和持续的发展来证明的。"[1] 恩格斯认为,人类对客观世界物质属性整体统一性的认识,那是一个十分漫长的哲学和自然科学持续发展的证明过程。所以,老子对《易经》的继承只能是笼统的,老子哲学思想只能说是代表了他所处的历史阶段的最高认识水平,而老子以后的人类认识路程还很漫长。

那么,《易经》是如何认识客观世界的物质整体统一性的呢?《易经》的认识出发点是客观世界整体的阴阳物质统一性,在此基础上,它认识到了阴阳物质统一性的变化性和层次性,并用象征性的方法,来说明万事万物的八个阴阳物质属性之间的关系,从而创立了太极八卦。所以,《易经》关于客观世界的物质统一性认识,是八卦统一论。在八个阴阳物质属性中,"阴"属性为"坤""坎""艮""巽","阳"属性为"乾""离""震""兑",它们按太极线变化规律,构成了万事万物的整体统一性结构形式。

老子又是如何继承《易经》阴阳物质统一性思想的呢?老子说:"有物混成,先天地生。寂兮寥兮,独立而不改,周行而不殆,可以为天下母。吾不知其名,强字之曰道,强为之名曰大。"他认为,"道"是物质属性的混成结构形式,这个混成结构形式先于天地就有了,它独立不变、运行不停,是万事万物生存的源泉。老子说:"道生之,德蓄之,物形之,势成之,是以万物无不尊道而贵德。""孔德之容,惟道是从。道之为物,惟恍惟忽。忽兮恍兮,其中有象;恍兮忽兮,其中有物。窈兮冥兮,其中有精;其精甚真,其中有信。"他认为,世界的规范性是服从规律性的,构成"道"的混成结构形式的物质属性中,有规律,有规范,有形态,有趋势,有现象,有物体,有真精,有信息。老子还说:"道生一,一生二,二生三,三生万物。万物负阴而抱阳,冲气以为和。""昔之得一者:天得一以清;地得一以宁;神得一以灵;谷得一以生;侯王得一以为天下正。"他认为,"道"的混成结构形式表现为太极八卦的阴阳物质属性整体统一性结构形式,而这一结构形式表明了客观世界的一条根本规律性,即,"道"生阴阳,阴阳生四象,四象生八卦,八卦生万物,所以,万事万物都是阴阳物质属性构成的统一体。

老子的这些论述表明了两个基本点:第一,他"强字之曰"的"道",就是"有物混成"的阴阳物质统一性,也就是由八卦所象征的质量结构性、时空环境物质分布性、能量聚散性、形态演化性、运动行止性、发展通达性、实际实践实证性和信息真相性,这八个阴阳物质属性构成的统一性。而由这八个物质属性构成的整体统一性"先天地生""独立而不改、周行而不怠",因而,它是万事万物生生不息的源泉;第二,他认为,是《易经》把八个阴阳物质属性分为三个层次:一是由客观世界的整体统一性"道"生"乾、坤"的层次,称为阴阳两仪"一";二是由"乾、坤"生"乾、离、坎、坤"的层次,称为四象"二";三是由"乾、离、坎、坤"生"乾、兑、离、震、巽、坎、艮、坤"的层次,称为八卦"三";由"乾、兑、离、震、巽、坎、艮、坤"生万事万物,所以"万物负阴而抱阳,冲气以为和"。

这两个基本点表明,老子确实继承了《易经》的阴阳八卦物质统一性思想,同时在继承中又有了很大的发展。这种发展主要表现在,他认识到了"道"之中,也就是在物质整体统一性中,规律规范性是十分重要的,它是人们认识客观事物的出发点和归宿点。所以,老子的《道德经》实际上主要是探讨客观世界的规律性和规范性的。但是,由于历史条件的限制,他当时又很难清楚地认识到客观世界的这种规律规范性的物质属性本质,很难认识到规律规范性实际上只是整体统一性结构形式的物质属性之一,因而只能"强字之曰道",只能把规律规范物质属性与整体统一结构性"混"为一谈。这应当说也符合认识论发展的历史规律。

二、在整体性方面,老子继承了《易经》的整体寓于具体思想,同时发展了《易经》的整体体统性思想。

人类对客观世界的整体性的认识,同样经历了一个漫长的过程。现在我们已经认识到,宇宙间的事物都具有体系性、系统性和过程性,正是这种体系性、系统性和过程性表明了客观世界的整体体统性。恩格斯认为:黑格尔已经把整个自然的、历史的和精神的描写为一个过程,即把它描写为处在不断地运动、变化、转变和发展中,并企图揭示这种运动和发展的内在联系。人类的历史是人类本身的发展过程,而思维的任务现在就在于通过一切迂回曲折的道路去探索这一过程的依次发展的阶段,并且透过一切表面的偶然性揭示这一过程的内在规律性。[2] 他还说过:"我们面对着的整体自然界形成一个体系,即各种物体相互联系的总体,而我们在这里所说的物体,是指所有的物质存在,从星球到原子……这些物体是互相联系的,这就是说,它们是相互作用的,并且正是这种相互作用构成了运动。"[3] 这表明了马克思主义理论家对客观世界整体体统性的认知。而实证科学也从多个领域证明了这些论断的正确性,证明了客观世界中所有事物,确实都是以体系的形式存在、以系统的形式运行、以过程的形式发展的。

由于时代性的原因,五千年前的《易经》是不可能认识到客观世界的这种体系性、系统性和过程性的,当然更不可能认识到"从星球到原子……这些物体"的具体联系性。但是,《易经》确实认识到了客观世界的整体性,认识到世界这个整体是具有规律性的,并认为这种规律性是寓于客观世界中每一个具体事物的。所以,《易经》把客观世界中的每一个具体事物,都看作是一个相对整体,就是说,每一个具体事物都具有由八个阴阳物质属性构成的整体统一性,每一个具体事物都能够用太极八卦的整体统一性认识方法来认识。老子继承发展了《易经》的这种整体思想,继承了《易经》的整体寓于具体思想,发展了《易经》的整体体统性思想。

老子如何继承《易经》的整体寓于具体思想的呢?这可以通过他的三段话来说明:一是"大曰逝,逝曰远,远曰返。故道大,天大,地大,人亦大。域中有四大,而人居其一也。人法地,地法天,天法道,道法自然。"二是"天下有始,以为天下母。既得其母,以知其子,复守其母,没身不殆。"三是"治大国若烹小鲜。"这三段话表明,老子所说的"道"的整体统一规律性,是寓于"天"(宇宙)、"地"

（地球）、"人"（人类）这些大的具体事物的，也是寓于"万物"这些小的具体事物的；是寓于万物之始这一"天下母"具体的，也是寓于万物这些天下"子"具体的；是寓于"治大国"这样的大过程的，也是寓于"烹小鲜"这样的小过程的。可见，老子把《易经》的整体寓于具体思想具体化了，使其成为"无为而无所不为"思想的认识基础。他认为，只有在整体上尊重自然规律真正做到"无为"，才能在具体上尊重客观规律做到"无不为"，因为整体统一性规律是寓于每一个具体事物的。

老子在继承《易经》整体寓于具体思想的同时，发展了《易经》的整体体统性思想。这种发展主要表现为，他提出了"无名，天下之始；有名，万物之母"的基本观点。应该说，《易经》已具有了整体体统性思想，《易经》的这种整体体统性思想主要反映在它的"爻卦"的卦形变化过程中，所以是具有感性特征的。老子发展了《易经》的整体体统性思想，他提出了"名"这个观念，使他对客观世界的整体体统性认识，突破了感性阶段，进入了理性思考。老子所说的"名"，不是单指事物的名称。他在《道德经》的开篇，就提出来"无名"和"有名"这两个概念："无名"实际上就是指"道"的物质统一性，所以它是宇宙的源头；"有名"实际上就是指"道"的整体体统性，所以它是万物的母体。因而，对于"常无"来说，只能认识它的奥妙；对于"常有"来说，可以认识它的界限。

这是因为，老子认为客观世界的整体体统性表现为一种"制"。他在《道德经》第28章说："知其雄，守其雌，为天下溪。为天下溪，常德不离，复归于婴儿。知其白，守其黑，为天下式。为天下式，常德不忒，复归于无极。知其荣，守其辱，为天下谷。为天下谷，常德乃足，复归于朴。朴散则为器，圣人用之，则为官长，故大制不割。"老子的这段话实际上就是在探讨世界的整体体统性的，他是从三个角度来认识的：一是认为，阴阳相合是生出无穷新生事物的源泉；二是认为，明暗相合是形成无限运行变化的模式；三是认为，荣辱相合是导致具体的新陈代谢过程的渠道。他所说的"朴"应当是指具体，因为只有具体才是最具有朴素特征的，并表现为无数的有形无形事物，也就是"散则为器"。这表明，老子对客观世界整体体统性的认识，已经具有了体系性、系统性、过程性的雏形。他同时认为，这三者是不可分割的整体统一，所以得出了"大制不割"的结论。

老子认为，这种"制"是"名"的前提。他在《道德经》第32章说："道常无名，朴虽小，天下莫能臣。侯王若能守之，万物将自宾。天地相合，以降甘露，民莫之命而自均。始制有名，名亦既有，夫亦将知止，知止可以不殆。譬道之在天下，犹川谷之于江海。"老子的这段话主要讲"无名"和"有名"的关系:"道"是"无名"的,这一"无名之道"的物质统一性是寓于每一个具体"朴"的,所以,这种具体"朴"虽然很"小"、很普通,但没有谁能左右它,它像雨露"自均"一样只服从自然规律;而"制"是"有名"的,它从一开始就成为"名"的前提,这种"制"其实并不是单指社会制度,而主要是指客观事物的体系体制、系统机制和发展周期制式的体统性,所以,有"制"才"有名","有名"才被称为"万物之母",才能够认识它的界限,进而做到"知止可以不殆"。

三、在规律性方面,老子继承并发展了《易经》的阴阳整体统一性思想。《易经》的阴阳整体统一性思想所反映的规律性,主要表现为阴阳互存、阴阳互变、阴阳互生和五行运行规律性。老子继承了《易经》的这些规律性思想,他说:"有物而混成,先天地生。寂兮寥兮,独立而不改,周行而不殆,可以为天下母","万物负阴而抱阳,冲气以为和。"老子认为,客观世界具有由多个阴阳物质属性构成的整体统一性,这种整体统一性先于天地就有了,它是万事万物得以产生的唯一的、永恒的、运行不停的母体,所以,万事万物都是由这些阴阳物质属性构成的。他把太极八卦象征的这种阴阳整体统一规律性,称其为"大道"。

在继承的同时,老子发展了《易经》的阴阳整体统一规律性认识,这应是《道德经》最主要的闪光之处。老子认为,客观世界是具有阴阳整体统一规律性的,这种整体统一规律性的整体性像是一个用之不竭的虚空器物(象征的是整体统一性结构形式的体系性、系统性、过程性),它不停、反复地运动发展着;这种整体统一性的统一性像是一个永恒无穷的深渊(象征的是整体统一性结构形式的实在性、存在性、可知性),它不停、反复地产生出万事万物。老子认为,在整体统一性的世界中,万物都是由"道"的规律性生出,由"德"的规范性蓄养,具有"物"的形态,在能量聚散性和时空环境物质分布性的"势"中成之。老子认为,"道"的整体统一规律性使万物成"长"、发"育","亭"立、"毒"害,"养"护、倾"覆"(生存、破立、存灭)。老子认为,"道"的整体统一规律性决定了客观事物惚恍之中有"象",恍惚之中有"物",窈冥之中有"精",其精甚真,其中有"信";决定了客观事物是运"动"的,是有"用"的;决定了客观事物的"有"限性和"无"限性。以上这些基本观点表明,老子已经认识到世界万物所共同具有的形态演化性(形)、运动行止性(动)、循环往复的发展过程性(反、复)、质量结构性(精、势、无)、能量聚散性(气、势、无)、时空环境分布性(神、势、无)、实际实践性(用、为)和规律规范性(道、德),都是客观世界的普遍属性,即物质属性,而只有由这些物质属性构成的整体统一规律性,才是万物之源、万物之根、万物之母。因而他认为,由整体统一性的物质属性构成的阴阳对立统一关系,如"道与德""道与名""有与无""大与小""朴与素""物与气""多与少""曲与全""枉与直""洼与盈""弊与新""重与轻""静与燥""荣与辱""明与暗""雄与雌""母与子""强与弱""富与贫""利与害""损与益""得与失""行与止""奇与正""动与静""进与退""始与终""生与存""生与死""虚与实""刚与柔""治与乱""善与恶""祸与福""存与亡""为与无为""争与不争""肖与不肖"等关系,都要受到"道"这一整体统一规律性的支配。就是说,在认识客观事物的阴阳对立统一关系时,一定要看到它的物质统一性、整体体统性和整体统一规律性,这样,在变革客观事物时才能做到"无为而无所不为"。这是因为,物质统一性是"天地之始",整体体统性是"万物之母",整体统一规律规范性是万物之"道德",所以要想做到"无为",就要求人们科学地对待整体统一规律规范性,真正尊重客观规律而不能为所欲为;要做到"无所不为",就要求人们正确应用整体统一规律规范性,真正按客观规律办事而为所为。

由此可见,老子《道德经》的核心思想——"道"所表示的真实内含,应是客观世界的整体统一性和规律规范性两种属性的结合。显然,他把二者结合在一起,是勉强的。老子之所以自己也认为很勉强,原因就在于物质的整体统一性才是客观世界的唯一本源,而规律规范性应是构成整体统一性本源的物质属性之一,而他把二者勉强地结合起来,"强字之曰道",主要为了在认识客观事物时突出规律性在整体统一性中的地位。

为什么说只有物质的整体统一性才是客观世界的本源呢?因为世界的物质整体统一性结构形式,是由万事万物的九个物质属性构成的,其中:质量结构性(坤)、能量聚散性(坎)和时空环境物质分布性(乾),构成了世界的物质实在统一性;形态演化性(离)、运动行止性(艮)和发展过程通达性(震),构成了世界的物质存在统一性;信息真相性(兑)、规律规范性(道)和实际实践实证性(巽),构成了世界的物质可知统一性(知在统一性)。实证科学表明,这些物质属性最基本的特征就是"无",即具有无限性:作为物质实在属性的质量结构性、能量聚散性、时空环境物质分布性是无限的;作为物质存在属性的形态演化性、运动行止性、发展过程通达性是无限的;作为物质可知属性的信息真相性、规律规范性、实际实践实证性也是无限的。而宇宙间的所有具体事物,也就是"有",又都是由这些具有"无"特征的物质属性构成的整体统一性结构形式中产生的。这表明了老子关于"有物混成,先天地生。寂兮寥兮,独立而不改,周行而不殆,可以为天下母"及"天下万物生于有,有生于无"的唯物主义论断,是十分正确的。所以,天地间既没有鬼神,也没有上帝,但确实存在着由质量结构性、能量聚散性、时空环境分布性所构成的物质实在性本体,存在着由形态演化性、运动行止性、发展过程通达性所构成的物质存在性客体,而实在性本体与存在性客体相结合,则确实又结合为人类可以感知的信息真相性、可以认知的规律规范性、可以践知(通过实践而证明)的实际实践实证性所构成的可知性表体。

客观世界的物质整体统一性,已经为数千年实证科学和哲学的持续发展所证明。在自然科学领域,爱因斯坦相对论、牛顿定律、质量作用定律、量子理论、进化论、生命科学等已经从多个角度证明,自然物(包括人)的运动发展是一个历史过程,每一个具体事物都具有由九个物质属性构成的整体统一性。在社会科学领域,以马克思主义为代表的社会经济学理论也已经证明,人类社会的运动发展是一个历史过程,每一个具体事物都具有由九个物质属性构成的整体统一性。在哲学领域,黑格尔把客观世界描绘为一个过程;恩格斯指出了世界的整体体系性,并认为世界真正的统一性是在于它的物质性;列宁指出了物质的实在性;整个哲学的发展过程已经表明,自然界、社会和人类的发展变化都是一个历史过程,客观世界的每一个事物都具有由九个物质属性构成的整体统一性。而这一点,《易经》在五千年前就已经用太极八卦的整体统一性结构形式表达了。由此可见,客观世界的物质属性整体统一性,也就是老子说的"天地之始""万物之母",是一种客观实在,是一种客观存在,是一种客观知在,正是由于它具有这种实在性、存在性和知在性,客观世界才可能表现为万事万物的整体体系性、系统性和过程性。

老子关于"道"的描述很多,如,"道大""道冲,而用之或不盈,渊兮,似万物之宗""象帝之先""无名,天地之始,有名,万物之母""谷神不死,是谓玄牝。玄牝之门,是谓天地根""道之为物,惟恍惟惚""有物混成,先天地生。寂兮寥兮,独立而不给,周行而不殆,可以为天地母""大道氾兮,其可左右""道常无为而无不为""道生一,一生二,二生三,三生万物",等等。这些都表明,老子确实是在探索客观世界的整体统一性,并且已经感觉到了它的实在性和存在性。他甚至把"道"比喻为"橐龠",认为宇宙就像一个既空虚又实在且无限运动的大风箱。但是,由于历史条件的制约,老子当时缺乏实证科学的支持,因而他的探索总体上还只能说是一种感知性认识。因为老子当时既不可能破解太极八卦的物质属性真实内含,也不能得出整体性、统一性、实在性、存在性、可知性、体系性、系统性、过程性这些科学认识,所以,他只能从整个世界的规律性和规范性出发,勉强地用"道"来阐释物质的整体统一性内含。这应是老子把物质整体统一本源性和规律规范物质属性混为一谈的主要原因。

今天来探讨老子思想时,情况就完全不同了。当我们真正弄清了《易经》太极八卦的物质属性科学内含之后,当我们真正用实证科学的成果证明了客观世界的整体统一性科学内含之后,老子哲学思想的基本内含就容易弄清了,《道德经》中一些十分难懂的基本概念也就不难理解了。

第二章

老子哲学思想中的基本概念

老子哲学涵盖了政治、经济、社会、文化、军事、人生、修身等诸多方面,这一哲学思想的核心——客观世界的物质整体统一规律性,集中表现在《道德经》提出的一些基本概念上。因此,弄清楚这些基本概念,对于深入理解老子哲学思想的整体性、统一性和规律规范性,是十分必要的。这些基本概念中,"道"是核心,而"德""名""物""势""有""无""朴""气""生""为",等,则是"道"这一核心思想的组成部分,是对世界整体统一规律性的理解和解读。

第一节　关于"道"

对于老子提出的"道",历代学者有过多种不同的解释。这个概念在《易经》中其实就已经出现过,但《易经》中的"道",其含义主要是指道路,是用道路来象征,如,"复自道,何其咎"(《小蓄》)、"履道坦坦"(《履》)、"反复其道,七日来复"(《复》)等,都是道路的意思,是用道路象征事物的运行发展过程的。"道"在《尚书·洪范》中主要是象征法律、法规的,如,"无有作好,遵王之道;无有作恶,遵王之路。无偏无党,王道荡荡;无党无偏,王道平平;无反无侧,王道正直",就是表示法律、法规的意思。而在春秋《左传》中有"臣闻小之能敌大也,小道大淫。所谓道,忠于民而信于神也"及"王禄尽矣,盈而荡,天之道也"之说,这里的"道"就有了规律性的意思。到了春秋后期,老子才最先把"道"看作世界的本源,看作普遍的规律,成为道家的创始人。老子之后,对于他提出的"道"历来说法不一:有的学者认为,"道"是精神性的本体,是脱离物质实体而独自存在的最高原理,主张客观唯心主义;有的学者认为,"道"是宇宙处于原始状态中的混沌未分统一体,主张唯物主义。例如,范蠡认为,道就是事物发展变化的规律;齐国稷下道家认为,"道"

是精气;庄子认为,"道"是世界的终极根源;韩非认为,"道"是物质世界的普遍规律,是万事万物存在发展的总根据;战国儒家学者则认为,"道"是阴阳转化规律;宋代张载认为,"道"是气,而陈颐、朱熹则以"道"为理。

总之,对于"道"这一哲学范畴虽然存在着不同的解释,但其指向是基本相同的,都是在探索世界的本源,都是在寻找它的真实科学内含。这恰恰说明,"道"的世界本源真实内含是具有客观性的,这一点应该是没有人否定的。

但问题在于,这一真实内含究竟是什么? 只有弄清了这一点,才有可能解决多种答案、各执一词的问题。按照整体统一性认识的方法论,客观世界的本源,它应该是物质的质量、能量、时空三个实在性的统一;是物质的形态、运动、过程三个存在性的统一;是物质的信息、规律、实际三个可知性(知在性)的统一,也就是说,是物质的实在性、存在性和可知性的整体统一。自然科学、社会科学和人类科学的发展都表明,舍此,是没有什么能够成为万事万物的本源的,离开这些物质的基本属性的整体统一性,客观世界就失去了物质实在性基础、存在性前提和可知性依据,因而是不可能存在的。

然而,要弄清这一本源的物质整体统一性的科学性,却不是一件容易的事情。按照恩格斯的观点,世界的物质统一性并不是一个轻易可以弄清的问题,它是需要哲学和自然科学的长期持续地发展才能得到证明的。其原因主要在于:质量结构性、能量聚散性和时空环境物质分布性三个物质实在性的统一性,是需要"相对论"等理论的持续发展来证明的;形态演化性、运动行止性和发展过程通达性三个物质存在属性的统一性,是需要"系统论"等理论的持续发展来证明的;信息真相性、规律规范性和实际实践实证性三个物质可知属性的统一性,是需要"认识论"等理论的持续发展来证明的。这种情况表明,对客观世界整体统一性本源的认识,不仅有赖于自然科学、社会科学的发展,也有赖于认识科学的发展。

所以,老子才认为,"道可道,非常道"。就是说,老子当时是确实没有办法把"道"的科学内含说得很清楚的,他只能把这种物质世界的整体性、统一性和规律性,看作是"视之不见,听之不闻,博之不得""恍惚""混成""先天地生"的万物之源;看作是"微妙玄通,深不可识""寂兮寥兮,独立而不改,周行而不殆,可以为天下母"的万物之根,并勉强地给它冠以一个"道"的名称。而历代学者对于"道"的真实内含,能够感知,却难以理解;能够指出,却难以说清,那也是再正常不过的事情。

那么,哲学和自然科学的发展已经持续到了今天,"道"的真实内含能不能得到证实呢? 回答是肯定的,这个真实的科学内含就是物质世界的整体统一性。应当说,这种整体统一性在《易经》中已经有所表达,这种表达是由太极八卦来象征的;而今天,它的科学内含则是由整体统一性的认识结构形式来表达的。实证科学的发展已经能够证明,客观世界的物质统一性就是由八卦所象征的八个物质属性和"道"所象征的规律规范物质属性构成的,就是说,它实际上不是仅由太极八卦所象征的八个阴阳物质属性所构成,而是一个由九个物质属性构成的很复杂的结构形式。

在这一结构形式中,质量结构性(坤)、能量聚散性(坎)和时空环境物质分布性(乾)三者,构成了世界的物质实在统一性。这种物质实在统一性已经被爱因斯坦"相对论"中质量、能量、时空三者的关系所证明;形态演化性(离)、运动行止性(艮)和发展过程通达性(震)三者,构成了世界的物质存在统一性。这种存在统一性已经被"系统论"中体系结构关系、动态运行关系、过程时序关系所证明;信息真相性(兑)、规律规范性(道)和实际实践实证性(巽)三者,构成了世界的物质可知(知在)统一性。这种可知统一性已经由"认识论"中信息感知、规律认知、实践实证三者的关系所证明。

所以,物质的实在性、存在性和可知性构成的整体统一性结构形式,才是真正的"天地之始"和"天地之根"。老子当时确实已经感知到了这一点,所以,在他所认识到的由"道"字之曰的整体统一性结构形式里边,有"道"、有"德","有象""有物""有精""有信",还有"动""复""势""为"。其中:"精"与"势"指的,应当就类似于物质的实在统一性;"物""动""复"指的,应当就类似于物质的存在统一性;"道""德""象""信""为"指的,应当就类似于物质的可知统一性。老子虽然没有、当然也不可能找到由这些物质属性构成的整体统一性结构形式,但是他确实是认识到了客观世界的整体性和统一性,并认为,这是天地之间最根本的规律性,所以,他在《道德经》中把世界的本源性和规律性统一起来了。

(一)老子对客观世界的整体性认识主要有以下几点:第一,老子认为,"道"是具有整体体统性的,固"有名",可为"万物之母"。这一点是不难理解的。我们知道,客观世界的整体性只能具体体现为万事万物的体系性、系统性和发展过程性,换一句话说,万事万物的体系性、系统性和发展过程性的统一,反映的就应是客观世界的整体体统性,否则,世界将变得不成体统。因此,世界的整体体统性,是万事万物有"名"的物质基础,每一个事物都只能产生于这一整体体统性中;第二,老子认为世界的整体性是有包容性的,所以,"道冲,而用之或不盈"。就是说,这种整体包容性是具有无限性的,因而,宇宙间的全部事物及其变化发展,都在其间;第三,老子认为世界的整体性是动态的,所以,"天地之间,其犹橐籥乎! 虚而不屈,动而愈出"。就是说,世界的整体性像一个无限大的风箱,这个大风箱处在无尽的动态中,其能量用之不竭、无穷无尽;第四,老子认为世界的整体性好比"谷神"一样,具有生生不息的特性,所以,"谷神不死,是谓玄牝"。就是说,这种整体性犹如一个永恒生育的母性,生万物,存万物,育万物,养万物;第五,老子认为"道"的整体性是一种最伟大的属性,所以,"吾不知其名,强字之曰道,强为名曰大。大曰逝,逝曰远,远曰返。故道大,天大,地大,人亦大。"就是说,只有这种伟大的整体性,才能使万物周流不息,才能使这种周流不息延伸到无限远,又能返回到整体性本源,而最能体现这种整体伟大性的,是"道""天""地""人类";第六,老子认为世界的整体性是一种普遍性,所以,"大道氾兮,其可左右。万物恃之以生而不辞。功成而不有,衣养万物而不为主。"就是说,"道"具有无所不至的普遍性,万物依靠其生存,它却对万物不干涉,不占有,不主宰;第七,老子认为世界的整体性表现为一种过程变化性,所以,"道生之,德蓄之,长之育之,亭之毒之,养之复之","物壮则老"。就是说,万事万物无不都是按"道"所固有的规律性产生,按"德"所具有的规范性蓄存,它们生之、蓄之、长之、育之、立之、害之、养之、覆之,呈现为一个由生到长、由长到强、由强到弱、由弱到老、由老到亡、由亡再到生的螺旋发展变化过程。

(二)老子对客观世界的统一性认识主要有以下几点:第一,老子认为"道"的统一性是万事万物的源头,固"无名",为"天下之始"。由于客观世界的真正的统一性是物质性,这种物质统一性表现为由九个物质属性构成的整体统一性结构形式,而这九个物质属性的基本特征就是"无",因而,由这些物质属性构成的整体统一性结构形式当然是无名的,但它却是万事万物生生不息的源头。老子把这一源头比作"渊",比作"玄牝之门",说,"渊兮,似万物之宗""玄牝之门,是谓天地根",他以这种比喻的形式来表明"道"的物质统一性结构形式,既像万物的宗祖,又像天地的根本;第二,老子认为构成"道"的统一性的,是客观世界的物质属性。他形容这些物质属性,"视之不见,名曰夷。听之不闻,名曰希。博之不得,名曰微。此三者不可致诘,固混而为一",是一种"混一"(统一)状态。他觉得这些物质属性,"其上不皦,其下不昧,绳绳兮不可名,复归于无物。是谓无状之状,无物之象,是为惚恍。迎之不见其首,随之不见其尾",又是一种"惚恍"状态。他所以这样讲,其实是因为客观世界物质属性的这种"混一""惚恍"特征,即便是对于今天的我们,也不是轻易地能够理解的,因为那是需要通过对"相对论"中的质量、能量、时空这三个物质实在性之间的关系,才能认识清楚的;第三,老子认为构成"道"的统一性的物质属性,不是一个,而是多个,因而,"道之为物,惟恍惟忽。忽兮恍兮,其中有象;恍兮忽兮,其中有精。其精甚真,其中有信","道生之,德蓄之,物形之,势成之","有物混成,先天地生。寂兮寥兮,独立而不改,周行而不殆,可以为天下母"。他确实是认识到了物质属性统一性的多元性,这种多元性中有"象"、有"精"、有"生"、有"蓄"、有"物形"、有"势成"、有"周行",而由这些物质属性构成的整体统一性,既具有具体的独立性、又具有整体的永恒性,因而是万事万物的总根源;第四,老子认为"道"的物质统一性表现为一个结构形式,而"道生一,一生二,二生三,三生万物。万物负阴而抱阳,冲气以为和",就是这一结构形式的具体表达。在这一结构形式中,"一"为"乾、坤"——两仪,"二"为"乾、坤、坎、离"——四象,"三"为"乾、坤、坎、离、艮、震、巽、兑"——八卦。所以,老子所指的"道"的物质整体统一性结构形式,就是《易经》的阴阳八卦结构形式。老子在《道德经》中虽然没有具体地解释太极八卦内含,但他承认,"道"就是太极八卦的"负阴而抱阳"的物质属性整体统一性结构形式;第五,老子认为"道"的物质整体统一性结构形式是永恒的,因而,"万物并作,吾以观复。夫物芸芸,各复归其根。归根曰静,是曰复命。复命曰常,知常曰明。"就是说,客观世界的物质整体统一性结构形式作为万事万物的根本,它是具有永恒性的,这种永恒性表现为一种"静"态,即"不变"态;而万事万物按照它的规律性,又处在不停地、反复地运动发展变化中,这种运动发展变化则表现为一种恒定的"常"态。

(三)老子对客观世界的规律性认识是《道德经》阐述的主要内容,因而,规律性是老子哲学思想的主体。这种规律性认识主要包括两个方面:一是整体统一规律性认识;二是对立统一规律性认识。

客观世界的整体统一性规律就是万事万物的总体规律,或叫根本规律。老子认识到了这一总体规律是真实存在于客观世界的,并用"道"来象征它。在老子的认识中,客观世界的总体规律大体上表现为两点:

一是客观世界的整体变化性规律。老子认为,作为客观世界的总体规律是具有永恒的变化性的,它"独立而不改,周行而不殆,可以为天下母。吾不知其名,强字之曰道,强为名曰大。大曰逝,逝曰远,远曰返",因而,万事万物都是按照这一总体规律变化着,表现为永恒的产生、存在、运动、发展过程。

二是客观世界的物质"混一"性规律。老子认为,作为客观世界的总体规律是具有永恒的"混一"性的,它"有物混成,先天地生",似万物的宗主、像万物的根本;它"生之蓄之","长之育之,亭之毒之,养之覆之","物形之,势成之",其中"有象""有物""有精""有信",所以表现为一个由多种物质属性构成的"混一"结构形式。而这个结构形式的内在结构关系,即为"道生一,一生二,二生三,三生万物。万物负阴而抱阳,冲气以为和"。所以,万事万物的产生、存在、运动、发展,都是由客观世界的"物质混一性"规律决定的。

今天,我们已经能够清楚地看到,老子在《道德经》中认识到的总体规律,应当就是客观世界的整体体统性规律和物质统一性规律。

客观世界的整体体统性规律主要反映的,是事物的整体"五行"变化关系。这种整体"五行"变化关系,在《易经》中就已经有了明确的文字表述,即,"初、元、亨、利、贞",同时还用64"爻卦"的"六划卦"形式,形象地反映这种变化关系。很显然,"初、元、亨、利、贞"的文字表述,实际反映的是客观事物周期变化的上升阶段,与其相对应的,还应有下降阶段的"吉、弊、阻、结、终"表述。《易经》虽然没有明确事物周期变化的下降阶段,但它用"用卦"说明这种周期变化性,用"否""泰"反映这种周期变化性。所以,事物整体体统性规律的完整表达形式,应当是"初、元、亨、利、贞、吉、弊、阻、结、终"。这一规律的具体表现有三条:一是整体体系演化规律,反映的是客观事物的体系周期变化性,具体表现为"基(初)、元(元)、组(亨)、器(利)、体(贞)、体(吉)、器(弊)、组(阻)、元(结)、基(终)"的体系"五行"变化关系;二是整体系统运化规律,反映的是客观事物的系统变化性,具体表现为"源(初)、藏(元)、流(亨)、布(利)、化(贞)、化(吉)、布(弊)、流(阻)、藏(结)、源(终)"的系统"五行"变化关系;三是整体发展过程进化规律,反映的是客观事物的发展过程变化规律性,具体表现为"生(初)、幼(元)、少(亨)、青(利)、强(贞)、壮(吉)、弱(弊)、老(阻)、衰(结)、亡(终)"的周期过程"五行"变化关系。很显然,老子是认识到了这些整体变化规律性的,他说的"生之蓄之","长之育之,亭之毒之,养之覆之","万物并作,吾以观复。夫物芸芸,各复归其根。归根曰静,是曰复名","物壮则老"等,就是讲事物的生灭、兴衰变化过程的。

客观世界的物质统一性规律主要反映的是事物的整体统一性结构的物质统一性关系。整体统一性结构是由物质的实在统一性、存在统一性和可知统一性构成的。其中:物质的实在统一性由质量结构性、能量聚散性和时空环境物质分布性构成,物质的存在统一性由形态演化性、运动行止性和发展过程通达性构成,物质的可知统一性由信息真相性、规律规范性和实际实践实证性构成。这三个统一性的基本关系是:物质的实在统一性决定存在统一性,实在统一性与存在统一性相结合,决定可知统一性。这是客观世界最基本的一条规律。这条规律表明:客观世界是物质的,物质世界实在的,是存在的,是可知的。很显然,老子感知到了这种物质统一规律性的存在,他关于"有物混成"及"道生一,一生二,二生三,三生万物"的观点,实际上就是讲关于物质统一性规律的。

客观世界的对立统一规律是适用于万事万物的,它既是基本规律,也是具体规律,这一规律在《道德经》中应被称为阴阳统一规律。老子认识到了这一阴阳对立统一规律的普遍性,他把这一规律看作天下之基本模式,说:"曲则全,枉则直,洼则盈,敝则新,少则得,多则惑。是以圣人抱一为天下式。"可以说,《道德经》的主体部分实际上都是阐述这一"天下式"的。

但有一点需要特别指出,那就是,老子哲学思想中的阴阳对立统一规律性是从属于整体统一规律性的,也就是从属于"道"的。老子认为"万物负阴而抱阳,冲气以为和",认为所有的对立统一关系都是阴阳关系,而这种阴阳关系既是整体统一性规律的物质属性基础,同时也是对立统一性规律的物质属性基础。所以,老子关于阴阳对立统一规律性的论述涉及的领域是很广的。他在认识方面,提出了"有无相生,难易相成""信言不美,美言不信;善者不辩,辩者不善;知者不博,博者不知""自见者不明,自是者不彰,自伐者无功,自矜者不长""知不知,上;不知知,病""知人者智,自知者明,知足者富,自胜者强""将欲歙之,必固张之;将欲弱之,必固强之;将欲废之,必故兴之;将欲夺之,必固与之""大成若缺,大盈若冲,大直若屈,大巧若拙,大辩若纳,大智若愚""祸兮福所倚,福兮祸所伏""天之道,损有余而补不足。人之道则不然,损不足而奉有余""天网恢恢,疏而不失""强大处下,柔弱处上"的基本观点。这些观点体现了老子阴阳"抱一"的基本思想。他在实践方面,提出了"为者败之,执者失之""柔弱胜刚强""治大国如烹小鲜""其安易持,其未兆易谋;其脆易泮,其微易散。为之于未有,治之于未乱,合抱之木,生于毫末;九层之台,起于垒土;千里之行,始于足下""民不畏威,则大威至"等基本观点。这些观点体现了老子"无为无所不为"的基本思想。

总之,老子提出的"道"是无所不包的,它既具有世界的本源性,又具有处世的原则性;既具有事物的整体统一规律性,又具有事物的阴阳对立统一规律性;既具有人类的认知性,又具有人类的实践性。因此,"道"是老子哲学思想的核心,弄清了这一核心概念,讨论这一哲学思想中的其他概念就比较容易了。

第二节 关于"道"与"德"

"道生之,德蓄之,物形之,势成之。是以万物尊道而贵德。"这是老子关于"道""德"与客观事物的关系的基本认识。"道"为什么能生出万事万物,"德"为什么能蓄养万事万物,这需要从"道"与"德"的统一性谈起。

由于"道"就是客观世界的整体统一性,这种整体统一性是由质量结构性、能量聚散性、时空环境物质分布性、形态演化性、运动行止性、发展过程通达性、信息真相性、规律规范性和实际实践实证性,共九个物质属性构成的,因而,它是无所不包的。所以,老子所说的"生"和"蓄",自然也是整体统一性的属性,其中"生",表现为整体统一性的物质属性本源性,老子把它喻为"始""渊""谷神""根"等等;"蓄",则表现为整体统一性的物质属性蓄养性,老子把它喻为"母""玄牝之门""橐籥"等等,而这两种属性统一于整体统一性的物质属性结构形式中。

整体统一性的物质属性结构形式表明,"道"的"生"本源性,来源于由质量、能量、时空、形态、运动、发展、真相、规律和实际九个物质属性的"在"性统一性;而"德"的"蓄"蓄养性,来源于质量的结构性、能量的聚散性、时空环境的物质分布性、形态的演化性、运动的行止性、发展过程的通达性、信息的真相性、规律的规范性和实际的实践实证性九个物质属性的"禀"性统一性。这是因为,物质统一性的"在"性,它反映的是客观世界万事万物的实在性、存在性和知在性三者的统一关系,这种统一关系表明了客观世界的根本规律性,即,物质属性的实在统一性决定存在统一性,而实在统一性与存在统一性相结合,决定知在统一性;而物质统一性的"禀"性,它反映的是客观世界万事万物的实在性的规定性、存在性的范式性和知在(可知)性的真实性三者的统一关系,这种统一关系表明了客观世界的根本规范性,即,物质属性的实在规定性决定存在范式性,实在规定性与存在范式性相结合,决定知在真实性。所以,"道"作为源头性,它表现为整体的统一、永恒的"在"性、至"尊"的规律,是生生不息的"根";"德"作为承载性,它是统一的整体、永恒的"禀"性、至"贵"的规范,是蓄养万物的"干"。

让我们以"人"为例来说明这一点。"人"作为客观世界中的一个具体事物,它来源于物质世界。因而,"人"首先必须具有的,是物质的实在性,即,要具有质量、能量和时空环境三个物质实在属性。离开了这些物质属性的实在性,"人"就没有存在基础;其次必须具有的,是物质的存在性,即,要具有形态、运动和发展过程三个物质存在属性。离开了这些物质属性的存在性,"人"就没有存在形式;再次必须具有的,是物质的知在性(可知性),即,要具有信息、规律和实际三个物质可知性。离开了这些物质属性的知在性,"人"就没有具体表现。这就说明,"人"的九个物质属性的"在"性的统一,是这一物的产生源泉。

但很显然的是,只有这些"在"性还是不够的。这是因为,事物的"在"性是依赖于"禀"性而存在的。"人"作为一个客观事物也不例外:人的质量"在"性依赖于结构"禀"性,表现为人的基因微观结构和宏观结构的规定性;能量"在"性依赖于聚散"禀"性,表现为人的生命力系统运行的聚、散规定性;时空环境"在"性依赖于物质分布"禀"性,表现为人体的内环境和外环境的物质分布规定性;形态"在"性依赖于演化"禀"性,表现为人的个体形体和整体形体的变化范式性;运动"在"性依赖于行止"禀"性,表现为人体生命的绝对运动和相对静止范式性;发展过程"在"性依赖于通达"禀"性,表现为人的生命历程的"通"的绝对性(生死关系)和"达"的相对性(寿命长短)的范式性;信息"在"性依赖于真相"禀"性,表现为人的生命现象的真实具体性;规律"在"性依赖于规范"禀"性,表现为人的生命规律的真实具体性;实际"在"性依赖于实践实证"禀"性,表现为人的生存过程的真实具体性。这表明,构成"人"这一事物的九个"在"性,是以九个"禀"性为存在前提的。这一点是世界万物都要服从的,这就是老子"万物尊道而贵德"的真实内含。

第三节　关于"道"与"名"

老子在《道德经》开篇,就直指"道"与"名"的关系,他说:"道可道,非常道。名可名,非常名。无名天地之始;有名万物之母。"如何理解这一关系呢?

"道"与"名"的关系,应当是指客观世界的物质统一性和体统整体性之间的关系,即,实与名的关系。整体统一性的认识方法告诉我们:世界的物质统一性是客观的、真实的,它表现为物质的实在性、存在性和可知性的统一性,是万事万物的"本"——本源性;世界的体统整体性是整体的、形式的,它表现为物质的体系性、系统性和过程性的整体性,是万事万物的"体"——体统性。这种"道"的本源性和"名"的体统性是须臾不能分离的,二者结合为万事万物的整体统一性。老子之所以说,"道"是可以认识的,但不是普通、平常的道理;"名"是可以把握的,但也不是普通、一般的名称,其原因就在于此。

正是由于"道"体现着万事万物九个物质属性构成的物质统一性,"名"体现着万事万物的体系、系统、过程的整体体统性,因而老子才进一步认为,作为物质统一性的"道",当然是"无名"的;而作为整体体统性的"名",自然是"有名"的。原因在于,实证科学表明,九个物质属性"在"性的实在、存在、知在物质统一性是处于"常无"状态的,它无边无界,只能"观其妙",但却是客观世界生生不息的源头;而九个物质属性"禀"性的体系、系统、过程体统整体性处于"常有"状态,它有边有界,可以"观其徼",它应是万事万物的生生不息的承载。所以,"道"与"名"

"同出而异名,同胃之玄"。也就是说,世界的物质统一性和整体体统性,二者的
"名"虽不同却同出于物质世界,它们共同构成了客观世界的整体统一性——
"玄",因而,它应是万事万物的根本之"门"。

第四节 关于"道"与"朴"

什么是"朴"呢?"道"象征的是客观世界的整体统一性,老子认为"道"是大
的;而"朴"就是朴素、朴实,老子认为"朴"是小的。什么才是最朴素、朴实的"小"
呢? 只有最平常一般的具体事物,是人们心目中的朴素朴实的小事物。因而,老
子讲的"道"与"朴"的关系,应是"整体"与"具体"之间的关系,就是说,"朴"象征
的应是客观世界的具体性。这一关系表明,整体寓于具体,是"道"的整体统一性
与现实具体性相结合的唯一实现形式。

老子在《道德经》第28章具体论述了这种实现形式,他说:"知其雄,守其雌,
为天下溪。为天下溪,常德不离,复归于婴儿。知其白,守其黑,为天下式。为天
下式,常德不忒,复归于无极。知其荣,守其辱,为天下谷。为天下谷,常德乃足,
复归于朴。朴散则为器,圣人用之,则为官长。故大智不割。"在这里,老子讲的
"雄、雌"关系,是讲"道"的物质统一性关系的。他认为,客观世界物质统一性的
基本构成是"阳"与"阴"二属性,其中"阳"属性应为"雄";"阴"属性应为"雌",因
而,只有真正弄清了"道"的物质统一性的"阴阳"关系,才能明白"雌、雄"二者所
以能结合为"天下溪",就像长存不离、生生不息的"玄牝之门"的道理;老子讲的
"白、黑"关系,是讲"道"的规律规范性关系的。他认为,客观世界的规律性只可
以观其"妙"(规律性是一种清晰明白的道理,故具有美妙奥妙性,所以,老子把它
比作"白"),而规范性却可以观其"徼"(规范性是一种复杂变化的承载,故具有边
界性,所以老子把它比作"黑")。所以,对"白"的规律性之美妙奥妙性,要能明
白;而对"黑"的规范性之边界性,要能守住。真正明白了"道"的规律性之"妙",
把握住了"道"的规范性之"徼",就明白了"白、黑"二者所以能结合为"天下之
式",并且长存不改、变化无穷的道理;老子讲的"荣、辱"关系,是讲"道"的发展过
程"兴、衰"关系的。他认为,客观世界整体的发展过程"兴、衰"规律,表现为万事
万物具体的"荣、辱"关系,事物的发展过程上升期"兴",表现为"荣",发展过程下
降期"衰",表现为"辱"。所以,真正弄清了"道"的整体"兴、衰"规律,把握住了具
体事物发展过程的"荣、辱"关系,就能明白客观世界的整体性是寓于具体性的,就

明白了"荣、辱"二者所以能结合为"天下之谷",且"谷神不死",使客观世界整体性与具体性(朴)相结合成为事物(器)的道理。

老子认为,"道"的物质统一性"阴、阳"关系、规律规范性"妙、徼"关系和整体寓于具体"兴、衰"关系,三者是统一的、不可分割的,所以他才说"大制不割"。也正是因为这种整体统一性的"大制",是寓于万事万物中的每一个具体"朴"的,所以老子认为"朴散则为器,侯王用之,则为官长。"认为"道常无名,朴虽小,天下莫能臣。侯王若能守之,万物将自宾。"还认为"侯王若能守之,万物将自化。化而欲作,吾将镇之以无名之朴。无名之朴,夫亦将无欲。不欲以静,天下将自定。"就是说,"朴"作为具体虽"小",但"大道"寓于其中;"大道"常无名,"小朴"亦无名,所以,"无名之朴"即是"道"的具体实现形式。这种寓"大道"于具体"朴"的"大制",万物是都要遵守的,"侯王"如果把它作为指导思想,即便是在"万物自化"的过程中出现了"欲作"的情况,也能够用它来"镇之"。因为这种整体寓于具体的"无名之朴",它体现着"大道"的规律性,它能使事物的变化发展进入整体统一性的规范状态。

老子还指出了"朴"的两个基本特征:一是"散";二是"小"。这两个特征表明,"朴"具有整体寓于具体的表现形式的"素"性,或者说,客观事物的具体性是具有朴素性的。所谓"朴散则为器",是说"道"作为客观世界的整体统一规律性,是寓于万事万物的,但其实现形式只能是整体寓于具体的形式。所以,"道"这一客观世界的整体本源,是不能离开"朴"的普遍性——"散"的,它寓于每一个具体"朴",因而"朴"应是客观世界的普遍本源。所谓"虽小,天下莫能臣",则是说"道"大"朴"小,也就是整体大、具体小。但是,整体寓于具体是具有相对性的,整体中包含着具体,而每一个具体又是相对的整体,每一个具体都体现着整体统一规律性。所以,作为整体寓于具体的"朴",相对于整体"虽小",但它又是万事万物的具体本源。

第五节　关于"物"与"势"

老子说:"道生之,德蓄之,物形之,势成之。是以万物莫不尊道而贵德。"这表明了老子的唯物主义世界观,即,客观世界中的事物都是依据整体统一规律性产生的,由整体统一规范性蓄养的,具有"物"的体统形式,而最终由"势"成就。

老子"物形之"这句话中,"物"这个概念是动态的,它是指万事万物的"形"的变化性。由于世界上任何事物的"物形"的变化性只有三种,即,形体形式变化性、运动形式变化性和发展形式变化性,因而,老子实际上是在阐述事物的形态演化性、运动行止性和发展过程通达性三个物质属性的存在性,既指出了这三个物质存在性的形式性,也指出了这三个物质存在性的变化性,而这种变化性是由"势"形成的。老子对"物形之"还有一些具体论述,如,"故物或行或随,或歔或吹,或强或羸,或挫或隳""物壮则老,是谓不道,不道早矣"等,讲的是事物形体形态、运动形态和发展形态的具体变化性。

老子"势成之"这句话中,"势"这个概念是指事物的形态演化性、运动行止性、发展过程通达性的变化情势。其中:形态演化性情势通常被称为形势,而决定形态演化性的演化形势的,是质量结构性的优势;运动行止性情势通常被称为动势,而决定运动行止性的行止动势的,是能量聚散性的能势(势力);发展过程通达性情势通常被称为趋势,而决定发展过程通达性的通达趋势的,是时空环境物质分布性的态势。所以,客观事物的"势",它在本质上表现为质量的结构性、能量的聚散性和时空环境的物质分布性的变化性:事物的质量结构性好则势强,质量结构性不好则势弱;事物的能量聚散性好则势强,能量聚散性不好则势弱;事物的时空环境物质分布性好则势强,时空环境物质分布性不好则势弱,而在现象上则表现为无穷的对立统一矛盾关系。老子用"势成之"这句话,概括了事物的三种物质实在属性的变化性,并列举了大量的阴阳对立统一实例,来说明"势"所具有的相辅相成特征。

《道德经》中关于"形"与"势"的变化的论述很多。如,"天地之间,其犹橐龠乎! 虚而不屈,动而愈出""故有之以为利,无之用",是讲时空环境物质分布性变化态势的;"反者道之动,弱者道之用""知足不辱,知止不殆,可以长久",是讲事物的运动行止趋势的;"故物或行或随,或歔或吹,或强或羸,或挫或隳",是讲事物的多种形式变化趋势的;"贵以贱为本,高以下为基",是讲事物的"形"与"势"的关系的;"出生入死。生之徒,十有三;死之徒,十有三;人之生,动之于死地,亦十有三。夫何故,以其生生之厚",是讲"人"这一物的生存趋势的;"物壮则老,是谓不道,不道早已""其安易持,其未兆易谋,其微易散。为之与未有,治之于未乱。合抱之木,生于毫末;九层之台,起于垒土;千里之行,始于足下""民不畏威,则大威至",是讲事物的发展过程趋势的;"天之道,犹张弓与? 高者抑之,下者举之;有余者损之,不足者补之""祸兮福所倚,福兮祸所伏",是讲事物的对立统一趋势的;"上善若水。水利万物而不争,处众人之所恶,故几于道""天下之至柔,驰骋天下之至坚",是讲事物的包容趋势的;等等。

第六节　关于"有"与"无"

《道德经》中,"有"与"无"是成对出现的,强调的是"有无相生"。其中:"有",应是指具体的客观存在;而"无",却不是指什么也没有,否则,怎么能由"无"中生出"有"来呢? 所以,对"无"的理解是一个难点。

《道德经》中的"无",应该主要是针对客观世界的整体统一性而言的,因为"无"首先是构成客观世界整体统一性结构形式的物质属性的基本特征。客观世界的物质统一性是由九个物质属性构成的,从整体上看,这九个物质属性都表现为"无":质量结构性、能量聚散性和时空环境物质分布性是无限的;形态演化性、运动行止性和发展过程通达性是无限的;信息真相性、规律规范性和实际实践实证性也是无限的,而由这九个物质属性构成的整体统一性当然是更具有无限性的。

然而,客观世界的全部有限,却都是源源不断地从这个无限之中产生、又源源不断地回归到这个无限之中的。这是为什么呢? 原因就在于构成客观世界整体统一性的九个物质属性本身,它们都是"无"和"有"的统一。由于构成整体统一性的九个物质属性都表现为一种"在"性,即表现为物质统一性的实在性、存在性和知在性(可知性),而实证科学表明,这种实在、存在、知在属性是既具有事物真实性、又具有世界无限性的,因而,事物的真实性应是一种具体之"有",世界的无限性应是一种整体之"无"。就是说,对于质量、能量、时空、形态、运动、发展过程、信息、规律和实际这九个物质属性的"在"性来说,从事物的角度看,它们都表现为具体的有限性;而从世界的角度看,它们又都表现为整体的无限性。由于构成整体统一性的九个物质属性又都表现为一种"禀"性,即表现为物质统一性的实在规范性、存在规范性和知在(可知)规范性,而实证科学表明,这种实在、存在、知在规范性都是既具有整体真实性,又具有具体无限性的,因而,世界的真实性应是一种整体之"有",事物的无限性应是一种具体之"无"。就是说,对于质量的结构性、能量的聚散性、时空环境的物质分布性、形态的演化性、运动的行止性、发展过程的通达性、信息的真相性、规律的规范性和实际的实践实证性这九个物质属性的"禀"性来说,从世界的角度看,它们都表现为整体的有限性;而从事物的角度看,它们又都表现为具体的无限性。

这就是"有无相生""道法自然"的基本内含。这一基本内含表明,老子所说的"天地之始"和"万物之母",只能是一个相对概念。因为就算是"宇宙大爆炸"这样的理论,也是具有相对性的,原因在于,宇宙大爆炸这一理论也只能解释为对现实宇宙的形成起点的认识,而不可能解决宇宙大爆炸之前的问题。所以,"天、地"无绝对之始终,它每时每刻都产生着新的"天、地";而万物却有相对之"母",它每天每日都养育着新的"万物"。这也就是老子所说"万物作而弗始,生而弗有,为而弗恃,功成而不居。夫唯弗居,是以不去","是以圣人处无为之事,行不言之教"的道理。

第七节　关于"为"与"无为"

老子关于"为"的科学内含是什么呢?简单地说,应该是作为。但是,这种作为不是一种孤立的行为,而是一种对"道"的整体统一规律性的认知——实践过程,这一过程大略相当于今天的理论指导实践的循环往复过程。

老子的基本观点是,"道常无为,而无不为。侯王若能守之,万物将自化。"就是说,作为客观世界整体统一规律性的"道",它是不以人的意志为转移的,万事万物无不都遵循着这一规律性而存在、运行和发展。人们如果能够遵循这种规律性,特别是当领导的人能做到这一点,那么,世界上的事物就会按照自身的规律性运行发展。而这种运行发展的规律性会作用到各个事物之具体("无名之朴"),使其正常变化而不越规范("不欲")。这样,世界上各个事物的正常变化,会导致"天下将自正"。

弄清了老子的这一基本观点,就很容易明白他关于"为"与"无为"的科学内含了。老子所强调的"无为",主要是指要"尊道而贵德",也就是要尊重客观世界的整体统一规律性,珍视万事万物的整体统一规范性,不要无视和破坏事物的规律规范性。这一点老子在《道德经》中有明确的阐述,他在第43章说:"天下之至柔,驰骋天下之至坚。无有入于无间。吾是以知无为之有益。不言之教,无为之益,天下希及之。"他在第47章说:"不出户,知天下;不窥牖,见天道。其出弥远,其见弥少。是以圣人不行而知,不见而明,不为而成。"他在第57章说:"以正治国,以奇用兵,以无事取天下。吾何以知其然哉?以此:天下多忌讳,而民弥贫;民多利器,国家滋昏;人多伎巧,奇物滋起;法令滋彰,盗贼多有。故圣人云:我无为而民自化,我好静而民自正;我无事而民自富,我无欲而民自朴。"这些论述明确地指出了"至柔""无有""天道"的作用,也就是客观世界的整体统一规律规范性对于事物运行发展的决定作用。因此,在这一点上一定要做到"无为",不能想怎么干就怎么干。

老子在强调"无为"的同时,也丝毫没有否定"为"的意思,这一点也是非常明确的。老子在第 48 章说:"为学日益,为道日损。损之又损,以至于无为。无为而无不为矣!取天下常以无事。及其有事,不足以取天下。"他认为,只要在整体上做到了"无为",真正做到了"尊道贵德",真正做到了按客观规律办事,那么在具体上就能做到"无不为"。老子在第 63 章说:"为无为,事无事,味无味。大小多少,抱怨以德。图难于其易,为大于其细。天下难事,必作于易。天下大事,必作于细。是以圣人终不为大,故能成其大。夫轻诺必寡信,多易必多难。是以圣人犹难之,故终无难矣。"他认为,一定要"尊道贵德",要按客观规律办事,不能为所欲为、无事生非。要做到从小处着眼、从易处着手,这样就能积小成大、积易成难。老子在第 77 章说:"天之道,其犹张弓者欤? 高者仰之,下者举之,有余者损之,不足者补之。天之道,损有余而补不足;人之道则不然,损不足而奉有余。孰能有余而奉天下,唯有道者。是以圣人为而不恃,功成而不处,其不欲见贤也。"他认为,一定要弄清"天之道"和"人之道"的不同,懂得了这种不同的人,就能真正按客观规律办事,做起事情来就不恃强,干成事业也不据为己有。

由此可见,老子提出"无为"与"为"的观点,并不是有些人理解的什么也不干。这一观点真正的科学性,在于把握"无为"与"为"的辩证统一关系,在于要真正把尊重客观规律与按客观规律办事二者辩证地统一起来:在尊重客观规律这一点上要做到"无为",做到"无为而无不为";在按客观规律办事这一点上要做到"有为",做到"治大国"像"烹小鲜"一样踏实而认真,细心而负责。

第三章

老子哲学的基本观点及局限性

老子在《道德经》中,提出了"人法地,地法天,天法道,道法自然"的根本观点。这一根本观点,表明了"道"作为老子哲学思想的核心,是包罗万象的,是象征客观世界的整体统一规律性的。围绕这一核心思想,老子提出了"德""名""朴""为""阴""阳""有""无""母""子"等概念,从多个角度地阐述了世界的整体统一规律性,及整体统一规律性与阴阳对立统一性的关系。

所以,我们在学习老子哲学思想时,不仅要弄清老子提出的一些基本概念,也要弄清他关于整体统一规律性和阴阳对立统一性的一些基本关系。这些基本关系主要表现为《道德经》的九个基本观点:(1)"尊道而贵德",这一观点表明的是整体统一规律性与规范性的关系;(2)"尊道"而"重名",这一观点表明的是物质统一性与整体体统性的关系;(3)"知其子"而"守其母",这一观点表明的是整体统一性与新生事物的关系;(4)寓"道"于"朴",这一观点表明的是整体统一性与具体性的关系;(5)"有无相生",这一观点表明的是物质实在性的内在统一关系;(6)"圣人抱一",这一观点表明的是整体统一性中的阴、阳属性的统一关系;(7)"闻道而勤行",这一观点表明的是学习整体统一规律规范性与把握整体统一规律规范性的关系;(8)"无为而无所不为",这一观点表明的是把握整体统一规律规范性与实践性的关系;(9)"上善若水",这一观点表明的是"道"的整体统一规律规范性与实践标准的关系。在认识上述关系的同时,还一定要注意到老子哲学思想的历史局限性,这种局限性主要表现为老子在认识客观世界过程中遇到的两个历史"无奈"。

《道德经》的九个基本观点是老子哲学思想的精华所在,而老子在认识客观世界过程中遇到的两个"无奈":一个是面对《易经》太极八卦的无可奈何,再一个是面对当时社会现实的无可奈何。如果我们能把以上十点弄清楚,那是十分有益于科学把握老子哲学思想的。

第一节　"尊道而贵德"

老子在《道德经》中提出了"尊道而贵德"的基本观点,这一观点阐述的是世界的整体统一规律性和规范性的关系问题。老子认为,作为客观世界的根本规律性的"道",是不能孤立存在的,它只能存在于万事万物的规范性"德"之中。就是说,客观事物都是规律性和规范性的统一体。所以,人们在认识事物时,一定要尊重客观世界的整体统一规律性,珍视客观世界的整体统一规范性,并把二者统一起来。

老子说:"道生之,德蓄之,物形之,势成之,是以万物莫不尊道而贵德。"他认为,世界万物都是按"道"的整体统一规律性产生的,是由"德"的整体统一规范性承载的,是以"物"的形态存在的,并依"势"的具体情况成就的。所以,万事万物都是整体统一规律性和规范性的统一,而作为整体统一规律性的"道",则是客观世界生生不息的本源,每一个事物都要尊重它。

那么,究竟如何具体地认识"道"这一世界本源呢? 数千年的实证科学和哲学的持续发展已经表明,万事万物的本源构成,只能是质量、能量、时空、形态、运动、过程、信息、规律和实际这九个物质属性的"在"性的物质统一性,应该说,舍此再没有其他可以称为本源的东西了。那种"神源"说、"理源"说等脱离物质统一性的说法,都是缺乏科学实证依据的。

这一点,五千年前的《易经》就已经给出了初步答案。按照《易经》的整体统一性认识论,世界的本源表现为八个阴阳物质属性(八卦)的"在"性的整体统一性。其中:乾、兑、离、震,为阳"在"性;坤、艮、坎、巽,为阴"在"性,其阴阳整体统一性的基本规律,是大"道"生两仪,两仪生四象,四象生八卦,八卦生万物。所以,《易经》的八卦整体统一性认识,比现代的九性整体统一性认识,少了一个物质属性——规律性。

我们已经知道,世界的物质属性的"在"性,表现为事物的物质实在性、存在性和知在性(可知性)。物质实在性,是由质量、能量和时空环境三个物质属性构成的,它是世界的本体统一性;物质存在性,是由形态、运动、发展过程三个物质属性构成的,它是世界的客体统一性;物质知在性(可知性),是由信息、规律、实际三个物质属性构成的,它是世界的表体统一性。这三种统一性的基本关系是:世界的本体统一性决定("生")客体统一性,世界的本体统一性与客体统一性相结合,又决定（"生"）表体统一性。这表明了，现代的物质整体统一性认识，不仅仅只是《易经》的阴阳八卦统一论，还应是九个物质属性的整体统一论。

那么，《易经》把规律物质属性弄到哪里去了呢？它实际上把规律性隐藏在了太极八卦的整体变化中。《易经》之所以这样做，主要在于它的认识形式的象征性和原始性。《易经》用太极八卦的形式认识世界，目的当然也在于认识世界的规律性，这是没有疑问的。但是由于时代的局限性，古人只能使用太极八卦这样的象征性认识形式——一种缺乏实证科学支持的最原始的形式——这种最原始认识形式，是难以建立在对客观事物具体规律的科学认识基础之上的。在不得不面对的自然规律面前，它只能以感性认识为认识前提，以卜卦、卜筮为认识方法，因而会表现为极高的神秘性，而正是这种神秘性，迫使古人把规律性放到了太极八卦整体统一性的变化之中。老子也正是看清了这一点，才把《道德经》的认识出发点确定为世界的整体统一规律性，并"强字之曰道"。

弄清了"道"的内涵，就容易明白，作为"蓄"养万事万物的"德"，它只能是承载"道"的规范性了。这种规范性是由客观世界的九个物质属性的"禀"性所构成，具体表现为质量的结构性、能量的聚散性、时空环境的物质分布性、形态的演化性、运动的行止性、发展过程的通达性、信息的真相性、规律的规范性和实际的实践实证性，这九个物质属性的规范性的统一。应该说，舍此，再没有任何可以称为事物"禀"性的东西了。

这一点，在《易经》中是由八卦的阴、阳属性表示的。具体为：乾，行、健也，由"天"象征；坤，柔、顺也，由"地"象征；离，离、附也，由"火"象征；坎，坎、陷也，由"水"象征；震，震、动也，由"雷"象征；艮，行、止也，由"山"象征；兑，悦、丽也，由"泽"象征；巽，顺、入也，由"风"象征。八卦的这些"禀"性，表明了客观世界物质属性的规范性：由"天"象征的行、健属性，就是时空环境的物质分布性；由"地"象征的柔、顺属性，就是质量的结构性；由"火"象征的离、附属性，就是形态的演化性；由"水"象征的坎、陷属性，就是能量的聚散性；由"雷"象征的震、动属性，就是发展过程的通达性；由"山"象征的行、止属性，就是运动的行止性；由"泽"象征的悦、丽属性，就是信息的真相性；由"风"象征的顺、入属性，就是实际的实践实证性。

实证科学的发展也确实证实了八卦的物质属性规范内含：（1）时间的物质流动性具有不可逆转的偕行性，空间的物质布局性具有十分稳定的刚健性。所以，时空环境的规范性是物质分布（行、健）性；（2）质量的物质结构性是可变的，它是构成万事万物体系演化的基础。所以，质量的规范性是结构（柔顺）性；（3）形态演化表明的是事物体系的变化性,附则为形,表明变化的相对性,离则为化,表明变化的绝对性。所以,形态的规范性是演化(附、离)性;(4)能量的聚散性是推动事物系统运化的动力,凝聚为坎,分散为陷。所以,能量的规范性是聚散(坎、陷)性;(5)发展过程的通达性表明了客观事物的周期变化性和阶段变化性,这种变化性表现为:周期性变化为震,震则通;阶段性变化为动,动则达。所以,发展过程的规范性是通达(震、动)性;(6)运动的行止性是表明事物运动变化的,《易经》解释艮卦就是"行其庭,艮其背",即又行又止。所以,运动的规范性是行止(行、艮)性;(7)信息的真相性是表明事物特征特色的。《易经》用"泽"(光泽、水泽)来象征信息的物质属性,用"悦、丽"来表达真相的内涵,而事物的信息特征、特色真相,它应该是很和悦、很美丽的。所以,信息的规范性是真相(悦、丽)性;(8)实际的实践实证性是表明事物的能动变化的,这种能动变化是人的实践活动的结果。《易经》用"风"来象征实践活动的"顺、入"特征,而人的实践活动当然要顺从自然规律,深入实际之中。所以,实际的规范性是实践实证(顺、入)性。

可见,八卦的阴阳"禀"性就是象征客观世界的八个物质属性的规范性的。老子也看出了这一点,他认为,客观世界的整体统一规律性不是神秘孤立的,而是具有一定的承载性的,因而,万事万物产生、运行、发展的规律性,都必然要服从整体统一规范性的制约。

弄清了"道"与"德"的内涵,就明白了"道"与"德"的统一性,这种统一性实际上表明的是客观事物的物质属性的"在"性和"禀"性的统一性。老子的这种规律性与规范性的整体统一观,是老子思想最重要的观点之一。这一观点告诉我们:在认识客观世界的过程中,一定不能把规律性孤立起来,而要把规律性与规范性统一起来。

"道"的规律性所表明的"在"性的统一性,是客观世界的物质统一性的根本性。这种根本性表现为事物的质量、能量和时空三个实在属性构成的实在本体本源统一性,表现为形态、运动和发展三个存在属性构成的存在客体本源统一性,表现为信息、规律和实际三个知在属性构成的可知表体本源统一性,总体上表现为事物的物质本体、客体和表体本源的整体统一性。而由"道"表明的整体统一性规律为:实在本体性决定存在客体性,而实在本体性与存在客体性相结合,决定知在表体性。所以,只有这种"在"性的统一性,才是事物生生不息的源泉。老子关于"道生一,一生二,二生三,三生万物","道""可为天下母","万物恃之以生","人法地,地法天,天法道,道法自然"的论述,正是讲这种"在"性根本性的。

"德"的规范性所表明的"禀"性统一性,是客观世界的物质统一性的承载性。

这种承载性表现为事物的质量的结构性、能量的聚散性、时空环境的物质分布性、形态的演化性、运动的行止性、发展过程的通达性、信息的真相性、规律的规范性和实际的实践实证性，即表现为事物的物质实在承载性、存在承载性和知在承载性的统一性。实证科学表明，离开了结构性，质量是不现实的；离开了聚散性，能量是不现实的；离开了物质分布性，时空环境是不现实的；没有了演化性，形态是不存在的；没有了行止性，运动是不存在的；没有了通达性，发展过程是不存在的；去掉了真相性，信息就不能感知；去掉了规范性，规律就不能认知；去掉了实践实证性，实际就不能践知（通过实践过程而证实实际中的规律性）。所以，只有这种物质统一性的承载性，才是事物能够存在运行发展的前提。老子关于"上德不德是以有德。下德不失德是以无德。上德无为而无以为。下德无为而有以为。""治人事天莫若啬。夫唯啬是谓早服。早服谓之重积德。重积德则无不克。无不克则莫知其极。莫知其极可以有国。有国之母可以长久。是谓深根固柢，长生久视之地"的论述，正是讲这种"禀"性承载性的。

所以，老子关于"在"性与"禀"性相统一的观点，表明了客观世界的"生""蓄"关系。这种关系告诉我们：客观世界中，没有"生"，就没有事物的出现和产生；没有"蓄"，就没有事物的存在、运行和发展。就是说，客观事物的整体统一规律性和规范性永远是统一的。因此，我们一定要老老实实地学"道"，以弄清客观事物的规律性；要老老实实地积"德"，以把握客观事物的规范性；要老老实实地把二者结合起来，以使客观事物按其自身规律和规范运行发展。

第二节　尊"道"而重"名"

"道"是可以探讨的，但不是一般的道理；"名"是可以认识的，但不是普通的名称。老子为什么这样认为呢？原因在于，老子所说的"道"，它处于一种"常无"状态，所以是没有名称根据的，它是天地之肇始，因而其中的道理是非常奥妙的；而老子所说的"名"，它处于一种"常有"状态，所以是有名称根据的，它是万物的母亲，因而其中的界限是非常清楚的。这两个概念，称谓不同，但它们是统一的。这就是《道德经》第一章的基本内容。

老子为什么说"道"是一种"常无"状态，是"天地之始"呢？因为他所说的"道"，其实是一个由万事万物的九个物质属性构成的结构形式，这一结构形式表现为客观世界的物质统一性。这九个物质属性不是具体事物，它们自然是"无名"

的,而由这些"无名"的物质属性构成的物质统一性结构形式,当然更是"无名"的。然而,这一物质统一性结构形式却是客观事物唯一的产生源泉。

老子为什么说"名"是一种"常有"状态,是"万物之母"呢? 因为他所说的"名",其实就是物质统一性的整体存在形式,这一整体存在形式表现为万事万物的体系性、系统性和过程性,而体系性、系统性、过程性三者相结合,就是客观世界的整体体统性。由于客观世界中,任何一个事物都是具有体系性、系统性和过程性的,就是说,任何一个事物都是具有整体体统性的,因而,客观世界的整体体统性自然就是万物生生不息的母体,同时也成为客观事物的名称根据了。

老子为什么说"道"与"名""同出而异名"呢? 原因在于,"道"所象征的物质统一性和"名"所象征的整体体统性,它们是由九个物质属性构成的整体统一性结构的两种属性表现形式,其中,物质统一性,是整体统一性结构的物质属性表现形式,即物质的实在性、存在性和可知性统一性形式;而整体体统性,是整体统一性结构的整体属性的表现形式,即整体的体系性、系统性和过程性体统性形式。因而,万事万物是既具有物质统一性又具有整体体统性的,二者是相统一于客观世界的。

这种统一性要求我们,既要尊"道",又要重"名"。尊"道",就是要尊重客观世界的物质统一性,这里的"道",主要是指客观事物的九个物质属性的统一性;重"名",就是要重视客观世界的整体体统性,这里的"名",主要是指客观事物的体系性、系统性和过程性的体统性;而尊"道"重"名",就是要把客观世界的物质统一性与整体体统性结合起来,处理好"实"与"名"的关系:其一,要认识到客观世界的存在基础,是它的物质统一性,而认识客观世界的物质统一性,则主要在于认识它的由九个物质属性构成的实在性、存在性和可知性的统一性;其二,要认识到客观世界的存在形式,是整体体统性,而认识客观世界的整体体统性,则主要在于认识它的由九个物质属性构成的体系性、系统性和过程性的体统性。

例如,认识人体。首先,要认识到它的物质统一性,即要认识到:人体是具有由质量结构性、能量聚散性、时空环境物质分布性、形态演化性、运动行止性、发展过程通达性、信息真相性、规律规范性和实际实践实证性,九个物质属性构成的物质统一性的。具体说,人体是具有以基因为核心的质量结构性、以体能为核心的能量聚散性和以内外生存条件为核心的时空环境物质分布性,三者构成的物质实在统一性的;人体是具有以身体体系为载体的形态演化性、以生命系统为载体的运动行止性和以寿命过程为载体的发展过程通达性,三者构成的物质存在统一性的;人体又是具有以人的生命特征为标志的信息真相性、以人的生死兴衰为核心的规律规范性和以人的社会活动为主的实际实践实证性,三者构成的物质知在(可知)统一性的。其次,要认识到人体的整体体统性,即要认识到:人体是一个体系演化性、系统运化性和发展过程进化性,三者构成的体统性整体,具体说,人体是一个由基因到细胞、由细胞到组织、由组织到器官、由器官到整体、由整体再到基因,五个体系层次(基、元、组、器、体)构成的体系演化整体;是一个由肺经到肾经、由肾经到肝经、由肝经到心经、由心经到脾经、由脾经再到肺经,五个系统层次(源、藏、流、布、化)构成的系统运化整体;是一个由胎年到幼年、由幼年到少年、由少年到青年、由青年到强年、由强年再到胎年,五个发展阶段(生、幼、少、青、强)构成的生存过程整体。

所以,真正确立"道"与"名"的统一观,就是要确立物质统一性与整体体统性相统一的观点,而不能简单地把"道"理解为普通的道理,把"名"理解为一般的名称。

第三节 "知其子"而"守其母"

老子说:"天下有始,以为天下母。既知其母,以知其子;既知其子,复守其母,没身不殆。"他认为,天地万物都有本始,即天地万物产生的根源。知道了万物产生的这种根源性,就知道了万物的产生性;知道了万物的产生性,就懂得了万物之所以能产生的道理,使自身不会犯错误。老子的这段话是在阐述什么意思呢?很显然,是在阐述作为整体统一性的"道"的世界本源性与新生事物的生产性二者之间的关系的,他认为二者是统一的。那么,如何具体地理解这种"母、子"关系呢?

首先,老子认为,天下是"有始"的,这里的"有始",并不是说世界万物的产生存在着绝对的开始,而是一种相对性的开始。就是说,事物的出现在时间上没有绝对的开头,而只有相对的开始,每一个具体事物都是有生有灭的,但宇宙整体是无始无终的。老子之所以这样认为,是因为他有一个基本观点,即,体现宇宙整体统一性的"道",其最基本的属性就是"无",尽管万事万物这些"有"都是从这个"无"中产生的,但"道"的整体统一性是无始无终的。因而客观事物的产生,从具体上看,是有始有终的,但从整体上看,是无始无终的。这一点,我们也可以从现代实证科学的质量不灭定律、能量守恒定律和时空无限理论,得到证明。

其次,老子认为,客观世界中所有的事物,无一例外都是"道"这一母体的"子",因而,"天""地""人""大国""小鲜"等等,都是"道"的产物,每一个产物又都蕴含着客观世界的整体统一规律性。所以,"天"有天"道","地"有地"道","人"有人"道","大国"有大国之"道","小鲜"有小鲜之"道",而这些产物之间,存在着"人法地,地法天,天法道,道法自然"的基本关系。就是说,人类是产生于地球的,它要服从地球的整体统一规律性;地球是产生于星系的,它要服从星系的整体统一规律性;星系是产生于整个宇宙的,它要服从整个宇宙的整体统一规律性,而宇宙的整体统一规律性是自然的。所以,宇宙星系、地球、人类,以及人类社会中的一切事物,都无不是"道"的整体统一规律性的产物。老子为什么说"治大国若烹小鲜"呢? 就在于"道"的整体统一规律性,是贯穿于一切事物的。老子认为,"母、子"同"道",因而,治理大国与烹调小鲜,二者的物质表现形式虽然不同,但其中的道理是相通的,就是要遵循客观规律,不能为所欲为。老子还列举了大、小国家相处的例子来说明这一道理,他说:"大国者下流,天下之牝,天下之交也。牝常以静胜牡,以静为下。固大国以下小国,则取小国;小国以下大国,则取大国。固或下以取,或下而取。大国不过欲兼蓄人,小国不过欲入事人。夫两者各得其所,大者宜为下。"老子认为,国家大小尽管是有差别的,但相处的根本原则是一样的,它们都应以"静""下"为"道",大国对小国谦让,能取得小国的信任;小国对大国谦恭,能取得大国的理解,这样,双方就能和睦相处、各得其所。所以,大国、小国都应遵循一个道理,即,"以静为下",而大国更应该带头"为下"。

再次,老子认为,客观事物的存在运动发展,是一个无始无终的生灭过程接力赛,所以,他所说的"母"与"子"又是具有相对统一性的:宇宙是地球的母亲,地球是人类的母亲,人类是国家的母亲,国家是家庭的母亲,家庭是"烹小鲜"的母亲。所以,万事万物都有它的相对产生源头。这种生与被生之间的关系,就是一种"母、子"关系,而这种"母、子"关系是具有相对性的。唯一具有绝对性的是什么呢? 就是"道"这个"天下母",它支配着所有事物的产生,是万事万物的总源头。

所以,老子所说的"母、子"关系,是统一的。作为万事万物之根源的"母",是寓于每一个具体事物的;而作为万事万物的"子",其产生、存在、运动和发展,都是由"母"的整体统一性决定的。

第四节 寓"道"于"朴"

老子十分重视"朴"这一概念,他认为,"道"这一"万物之源"是寓于每一个"朴"的。就是说,客观世界的整体统一规律性是寓于万事万物的每一个具体的。

所以,"朴"指的就是客观世界中的具体,而寓"道"于"朴",应是老子哲学思想的一个基本观点。

这一观点认为,"朴散则为器"。就是说,"朴"表现为无数的具体事物,但是,这无数的具体事物,都是天下"大制"这一整体性的产物。老子深入地探讨了具体性与整体性二者的关系,他说:"知其雄,守其雌,为天下溪。为天下溪,常德不离,复归于婴儿。知其白,守其黑,为天下式。为天下式,常德不忒,复归于无极。知其荣,守其辱,为天下谷。为天下谷,常德乃足,复归于朴。朴散则为器,圣人用之,则为官长,固大制不割。"这里老子把阴阳、明暗和荣辱三种关系,看作是万物得以产生的源泉、得以存在的模式和得以成长的环境,也就是看作万物得以产生、存在、成长的一种根本规范。他认为,这种根本规范是一种恒久"不割"的"大制",也就是万事万物的整体统一运作机制,而这种整体统一运作机制又是具体("朴")的,具体表现为无数的客观事物"器"。老子是把这一观点作为领导人的一种指导思想来看待的,告诫人们,做事要明道守德,并认为,这种思想"圣人用之,则为官长"。

这一观点认为,"朴"具有"小"的特征。老子说:"道常无名,朴虽小,天下莫能臣。侯王若能守之,万物将自宾。""道常无名",显然是表现为"大"的;而"朴"亦是"无名"的("无名之朴"),却表现为"小"。"朴"虽然表现为"小",但"天下莫能臣",没有谁能对它为所欲为。这是为什么呢?是因为"道"与"朴"之间的关系,是"道"中有"朴""朴"中亦有"道"的根本关系。这种根本关系表明,事物的具体性是表现为"朴"和"小"的,但每一个具体事物又都是具有整体性的,是体现世界的整体性之"大"的,所以客观世界的整体性之中包含着具体性,具体性中也包含着整体性。老子是把这一观点作为领导人的指导思想来看待的,告诫人们,一定要从整体着眼,从具体做起,并认为,这种思想"侯王若能守之,万物将自宾。"

这一观点认为,"朴"具有"素"的特征。老子说:"绝圣弃智,民利百倍;绝仁弃义,民复孝慈;绝巧弃利,盗贼无有。此三者以为文不足。固令有所属:见素抱朴,少私寡欲,绝学无忧。"他认为,人们应当看到最平常、普通的实际情况,从事最具体、一般的实际工作;应当少一点私心,去掉不合情理的欲念;应当抛弃那些机巧杂学而回归"大道",这样,人们的生活就有保障了,思想也端正了,犯罪也减少了。老子在这里提出了"见素抱朴"的观点。他认为,"素"是可"见"的,而"朴"是可"抱"的,就是说,"素"是"朴"的特征,"素"就是具体事物的实际情况和平常表现。老子同时认为,"朴"的具体性是很重要的,"素"的实际表现性也是很重要的,二者是具有统一性的。据此,他提出了"三宝"说:"一曰慈,二曰俭,三曰不敢为天下先。慈固能勇,俭固能广;不敢为天下先,固能成器长。"这三条,从思想、作风和行事三个方面,对如何能做到不脱离实际进行了诠释:思想慈善,才能勇于面对实际;作风俭朴,才能广泛深入实际;行动不敢为天下先,才能积小成大、积少成多、干成一番大事业。须知,天下最难做到的其实也就这三条:真正勇于向下难;广泛深入实际难;积小成大干事难。所以,这种"见素抱朴"的观点,也是老子为领导人提供的指导思想,并认为,这种思想是真正的宝贝。

由于"朴"表现为无数的具体事物,它具有"小"和"素"两个基本特征,因而老子认为:"大小多少。报怨以德。图难于其易,为大于其细。天下难事必作于易,天下大事必作于细。是以圣人终不为大,固能成其大。"他是说,不要看不起"小",看不起"素",看不起"小"和"素",就是看不起"朴",这样就会脱离实际、轻视具体,产生抱怨失德的欲望。他进一步提醒人们:"祸莫大于不知足,咎莫大于欲得","是以圣人欲不欲,不贵难得之货;学不学,复众人之所过,以辅万物之自然而不敢为。"对于如何才能做到这一点,他给出的方法是:"道常无为而无不为。侯王若能守之,万物将自化。化而欲作,吾将镇之以无名之朴。无名之朴,夫亦将无欲。不欲以静,天下将自定。"简单地说,这一方法就是"镇之以无名之朴",即应用整体寓于具体的方法,真正做到:从大处着眼,从小处做起;从整体着眼,从具体做起;不要产生脱离实际的非分想法,而要踏踏实实地多干实事。这样,社会就自然安定了。

因此,寓"道"于"朴"的基本观点,也就是整体统一规律性寓于万事万物具体性的观点,是一种具有普遍性的观点。我们看到,世界上无数的事物,它们确实都具有司空见惯的"朴"性,但就是这些朴素的具体事物,又是属于宇宙的,它们都是宇宙整体中的具体。我们看到,世界上无数的事物,它们确实都具有习以为常的"素"性,但就是这些平常的事物中,却蕴含着宇宙的大道理。而人类数千年的认识史表明,我们要科学地认识客观事物的这种整体性寓于具体性的大道理,那是十分困难的。所以,一定要乔清老子提出的"道"和"朴"的科学内含,真正把二者结合起来,确立起整体统一性与具体普遍性相统一的观点。

第五节 "有无相生"

"有无相生"是老子哲学思想的一个十分重要的观点。这一观点表明了客观世界的整体无限性与具体有限性的辩证统一关系。这种辩证统一关系是具有相

对性的,它可以从三个层次来认识:

一是"无名"与"有名"的辩证统一关系。这一关系,表明了客观世界的物质统一无限性和整体体统有限性的"有无相生"关系。客观世界的整体统一性是由九个物质属性构成的,九个物质属性的"在"性是具有无限性的,由它们构成的物质统一性,当然也表现为无限性;作为规范性的九个物质属性的"禀"性,相对于"在"性,是表现为有限性的,由它们构成的整体体统性,即,客观事物的体系性、系统性和发展过程性,当然也表现为有限性。所以,物质统一性的无限性表现为"无名",但它是万物的"在"性源泉;整体体统性的有限性表现为"有名",它是万物的"禀"性母体,而客观世界就是在这种物质统一性和整体体统性的"有无相生"关系中存在的。

二是"母"与"子"的辩证统一关系。这一关系表明了客观世界的整体体统无限性与万事万物有限性之间的"有无相生"关系。作为"万物之母"的整体体统性,它的生产性是无限的,可以说是无始无终、无边无际,而这种无限性主要表现为万事万物整体体统性的体系演化的无限性、系统运化的无限性和发展过程的无限性;而作为万物之"子"的具体存在性是有限的,这种有限性主要表现为客观世界的每一个具体事物,它们都是一个具有有限质量的结构体系、有限能量的运行系统、有限时空环境的发展过程的客观存在统一体。所以,体系性、系统性和发展过程性这一整体体统性,是事物无限产生之"母";每一个事物之"子",又都体现着客观世界的整体体统性,而万事万物就是在这种整体体统性与事物具体性的"有无相生"关系中生存着。

三是作为具体事物的"子"的从无到有的辩证统一关系。这一关系表明了客观事物的生存与发展之间的"有无相生"关系。客观世界的具体事物,它们都是具有必然性和偶然性的,每一个事物都会经历一个从产生到成长、从发展到消亡的历史过程。因此,任何一个事物,当其产生之前,它自然是不存在的,即表现为"无";当其产生之后,它就会表现为一个具体的成长发展过程,即表现为"有";而当其消亡之后,它会被新生事物所替代。所以,每一个具体事物都是在这种从无到有、从有到无的"有无相生"关系中循环不停的。老子把这种循环不停的运行发展关系,称之为"往""复""反"。

由此,老子认为,具体的"有",是生于无限整体之"道"的;而具体的"无",是生于有限整体之"有"的。他说的"反者道之动,弱者道之用。天下万物生于有,有生于无",实际上就是指循环往复是"道"的运动性,相对静止是"道"的实用性;而万事万物都是生于"名"这个整体体统性之"有"的,整体体统性则是来自于"道"

的物质统一性这个"无"的。他举例说:"三十辐,共一毂,当其无,有车之用。埏埴以为器,当其无,有器之用。凿户牖以为室,当其无,有室之用。固有之以为利,无之用。"这三个实例都是说:具体的"无",也就是老子说的可用之"无",它的产生前提是器物这个"有";而这个"有",则是具有整体体统性之"利"的。

可见,老子"有无相生"是一种唯物主义观点,是一种运动发展观点,是一种关于时空环境的物质分布性观点。

第六节　"圣人抱一"

老子在《道德经》中提出了"圣人抱一"的基本观点。他说:"曲则全,枉则直,洼则盈,敝则新,少则得,多则惑。是以圣人抱一为天下式。不自见故明,不自是故彰,不自伐故有功,不自矜故长。夫唯不争,故天下莫能与之争。"这表明了老子对客观世界的基本看法:万事万物都是由"阴、阳"两个基本物质属性构成的,而这种"阴、阳"对立统一关系是万事万物的基本存在形式。对于这种基本存在形式,人们只要真正弄懂它、始终坚持它、努力应用它,不要自我标榜,不要自以为是,不要自高自大,不要争强好胜,就能成就大事业。

老子认为,客观世界中所有"阴、阳"对立统一关系都不是孤立的,它们都是"道"的整体统一规律性的具体表现形式。他说:"重为轻根,静为躁君","贵以贱为本,高以下为基。""天下皆知美之为美,斯恶已;皆知善之为善,斯不善已。故有无相生,难易相成,长短相较,高下相倾,音声相和,前后相随。是以圣人处无为之事,行不言之教;万物作焉而不辞,生而不有,为而不恃,功成而弗居。"老子把所有的"阴、阳"对立统一关系都看成是既相辅相成、又不离开客观事物之"道"的根本。所以,人们在认识和处理阴阳对立统一关系时,绝不能违背整体统一规律性,而是要切实尊重客观事物的运行发展规律,真正做到:让事物按自身规律性运作而不去主宰之,让事物按自身规律性产生而不去占有之,按事物的规律性培育事物而不要自恃自己的能力,促进事物成功之后也不要夸耀自己的成绩。

老子认为,如果能真正做到这一点,就达到了所谓"得一"的境界,也就是"天得一以清,地得一以宁,神得一以灵,谷得一以盈;万物得一以生,侯王得一以为天下贞"的境界。那样,就能避免天地不宁,万物凋零,国家破败,民不聊生的局面。所以他告诉人们,特别是告诉国家的领导人,一定要谦虚谨慎,"以贱为本";一定要不骄不躁,"以下为基"。

　　老子的这种"圣人抱一"观点,给我们两点十分重要的启示:一是在看待事物时必须学会"两点论",要用对立统一规律去辩证地认识事物的变化发展关系;二是不能孤立地看待"两点论",要认识到客观世界中的任何一组对立统一关系,它只是事物的"道"的整体统一性的内在关系之一。所以,绝不能离开事物的整体统一性而简单孤立地认识对立统一关系。

　　以"贫富差距"这一关系为例:认识贫富差距这样的问题,当然要看到它是一对典型的对立统一关系,同时也不能把它孤立起来看,而是要依据一个国家现实的社会经济基础,整体统一地认识它。因为如果离开了一个国家社会经济的整体统一性,去孤立地认识贫富差距问题,那就不仅解决不好贫富差距问题,还有可能导致两极分化或绝对平均主义,会使整个国家社会经济的运行发展出现异常,甚至爆发经济危机。

第七节　"闻道"而"勤行"

　　"上士闻道,勤而行之。"这是老子关于学"道"的一个基本观点。老子认为,学"道",首先要做到"勤",要勤奋地学习和把握客观世界的整体统一规律性,使自身的思想认识水准真正达到"道德"标准的要求;其次要见于"行",就是要善于把客观世界的整体统一规律性运用于实际行动中,使自身的言行符合"道德"标准的要求。所以,老子实际上是一个知、行统一论者。

　　老子把学"道"的情况大体分为三种:一种是真学。这种学者对待"道"的态度,是"勤而行之",最终要达到"不出户,知天下"的水平;一种是假学。这种学者对待"道"的态度,是"若即若离",学得不深透,用得不彻底;还有一种是不学。这种学者对待"道"的态度,是"大笑之",实际上并不懂得什么是"道"。

　　老子认为,一个真正的学"道"者,必须懂得"无为"的道理,而想要弄懂这一点,不勤奋学习是不行的。他说:"为学日益,为道日损。损之又损,以至于无为。无为而无不为。"他还说:"执古之道,以御今之有。能知古始,是谓道纪。"就是说,在学"道"的过程中,一定要从三个方面下功夫:一是要学好一般的学问;二是要学好古代"道"学;三是要真正弄清客观世界的根本道理。对于一般的学问,需要每天刻苦用功地学习,这样才能逐步增加多种知识;对于古代"道"学,需要每天刻苦用功地把握,这样才能了解大"道"的来龙去脉;而对于世界的根本道理,则更要每天刻苦用功地理解,这样才能逐步去掉自身的错误观念。只有真正把自身思想中的错误观念排除得差不多了,才不会再去干违背大道理的事情,那样,就没有干不成的事情。

老子认为,一个真正的学"道"者,必须懂得"不争"的道理,而想要弄懂得这一点,不勤奋努力是不行的。他说:"信言不美,美言不信;善者不辩,辩者不善;知者不博,博者不知。圣人不积,既以为人,己愈有;既以与人,己愈多。天之道,利而不害;人之道,为而不争。"就是说,在学"道"的过程中,一定要下功夫,以提高自身辨别真假、美丑、善恶、有知与无知的能力。这样才能够真正弄清"圣人不积"的道理,真正做到"为而不争",真正做到甘于奉献别人、乐于帮助别人,却认为自己更富有。

老子认为,一个真正的学"道"者,必须懂得"为腹不为目"的道理,而想要做到这一点,不修炼自己的行为是不行的。他说:"五色令人目盲,五音令人耳聋,五味令人口爽,驰骋畋猎令人心发狂,难得之货令人行妨。"老子把这些眼花缭乱的东西看作是一种"表",认为"表壮不如里壮",所以,"圣人为腹不为目。"就是说,一个真正的有"道"者,是不会被眼前的表现所迷惑的,他们真正注重的,是自身内在素质的修炼;一个真正的有"道"者,"被褐怀玉",他们怀中"有三宝":一是"慈";二是"俭";三是"不敢为天下先",因而,他们的行为,其审慎好像冬天过河,其警惕好像畏惧四邻,其庄重严肃好像做客,其潇洒疏脱如同化冰,其敦厚质朴好像未经雕琢,其豁达开阔好像高山空谷,其浑朴厚道好像混沌不清;一个真正的有"道"者,"慎终如始",他们为人行事的过程,"如婴儿之未孩",不管"众人熙熙,如享太牢,如登春台",也不管"俗人昭昭""俗人察察"。这种境界,其实就是一种规律性与实践性紧密结合的"不争""无为"的境界,而这种境界不是与生俱来的,而是靠"勤而行之"学来修来的。

第八节 "无为而无所不为"

有一种观点认为,老子所说的"无为",就是主张坐而论道,主张什么事情也不干而让事物自生自灭,这种观点是对老子思想的曲解。老子提出的,是"无为而无所不为"的观点,他主张的是要把客观世界的规律规范性与实践实证性统一起来,也就是把"行道"与"作为"统一起来。要求人们:不仅要学懂弄清"道"的整体统一规律性,还要规范修炼自身的品行,真正做到按客观规律性行事,这样,无论干什么事情都能干好。正因为此,老子才在《道德经》中提出了"以正治国,以奇用兵,以无事取天下"的实践观,并从治国、治军、行事等方面,阐述了他的"无为而无所不为"的基本思想。

在治国方面,老子提出了"以正治国""治大国,若烹小鲜"的观点。这一观点的核心,在于治理国家也要按客观规律办事。老子强调的所谓"正",其实就是指"治大国"与"烹小鲜"过程中都存在着的规律相似性,即,要尊重人民意愿,遵守规律规范,掌握好节奏,把握好火候,而不能为所欲为、瞎折腾。很显然,一个厨师"烹小鲜",要达到这样的水平是不容易的;而一个统治者"治大国",要达到这样的水平则更不容易。所以,"以正治国"的观点,是要告诉那些国家的统治者:治理一个国家是一件十分不易的事情,一定要加倍小心,一定要认真实践,万万不敢随心所欲,万万不敢胡作非为。因为"天下神器,不可为也,不可执也。为者败之,执者失之。"作为一个有水平、有作为的领导人,他们应当懂得"去甚,去奢,去泰"的道理。因为他们只有既不违背客观规律而为所欲为,也不违背人民意愿强取把持,才能得到人民的信赖和尊敬。而那些胡作非为者,最终必定失败;那些强取把持者,最终必定失掉;那些好走极端、爱搞奢侈、喜欢超越规范的领导者,最终会被人民抛弃。为此,老子提出了治理国家的几条衡量标准:"太上下知有之,其次亲而誉之,其次畏之,其次侮之。"即,最好的领导,人民不知道他的存在;较好的,人民亲近、赞扬他;较次的,人民畏惧、害怕他;最坏的,人民轻侮憎恨他。而人民不知道领导之存在的原因,是因为人民认为,最好的领导者,他们为人民服务所做的任何事情,都是"本来就应该如此的"。所以,一个什么也不干的领导者,他是不可能成为最好领导的,他是不可能"去甚,去奢、去泰"的,他是不可能像"烹小鲜"那样认真管理好国家的。

在治军方面,老子提出了"不以兵强天下"和"以奇用兵"的观点。老子的这一观点,是建立在治国之"道"基础之上的。他说:"师之所处,荆棘生焉。大军之后,必有凶年。"所以,"以道佐人主者,不以兵强天下。"可见,老子是明确地反对穷兵黩武、用战争来逞强天下的。他认为,懂得治国之"道"的领导者,他们成就了功业就会适可而止,而决不会凭借功业逞强霸道,决不会凭借功业张扬夸耀,决不会凭借功业傲慢无礼。这些有"道"者知道:取得战争的功业,那是迫不得已的事情;而战争不仅会使田园荒芜、灾荒连年、民不聊生,还有可能促使战胜者变得骄横自大、耀武扬威,最终会落得自取灭亡的下场。所以,这些懂得治国规律的领导人认为,"兵者,不祥之物,物或恶之,故有道者不处。"因而,他们是反对战争、爱好和平的。但是,在不得不面对战争的情况下,他们也会采用"以奇用兵"的方略来对付敌人。对付敌人的办法:上策为"不战而屈人之兵",尽可能采用非战争的办法来解决冲突;在不得已的情况下,则采用"以退为进,以守为攻,哀兵必胜"的策略,尽可能做到"行无行,攘无臂,仍无敌,执无兵",做到不轻敌而无敌于天下。这就表明,老子"以奇用兵"的治军观点,是服从于"以正治国"的整体治国之"道"的。

在行事方面,老子提出了"早服""以无事取天下"的观点。所谓"早服",就是要有准备。老子说:"治人事天,莫若啬。夫唯啬,是谓早服;早服是谓重积德;重积德则无不克,无不克则莫知其极;莫知其极,可以有国;有国之母,可以长久。是谓深根固柢,长生久视之道。"他在这里,强调了治国过程中,平常就要注重保养爱惜、提前做好道德建设的重要性。老子认为,一个有建树者,他的根基是很深的;一个会保持者,他是不会轻易丢失的,这个基本道理是应该传承下去的。这个道理无论是用于自身、家庭,还是用于社区、国家、普天之下,都是十分有用的,它非常有利于健全事物的行为规范,修持事物的优良禀性。所以,老子特别要求人们,要做到"慎终如始"。他告诫说:人心安定的时候容易保持平稳,没有显露出不稳定的时候容易设法预防,脆弱的东西容易破碎,微小的苗头容易化解,当事情还没有发生的时候就要去操作,当动乱还没有出现的时候就要去治理,一定要十分谨慎地处理好最后阶段的问题,就像刚开始那样,那样就不会出现失败的结局了。因此,一定要坚持"为无为,事无事,味无味"的原则:要以"无为"的态度去有所作为,以不滋事的方法去对待事物,以恬淡无味的精神去品味世界。要把小事看作大事,把稀少看作众多,用恩德回报怨恨。处理问题时要从容易的地方入手,远大的目标要从细小的地方实现。天下的难事要从易处做起,天下的大事要从小处开端。千万不要好大喜功,千万不要把事情看得很容易。一定要清楚,那些真正有道德的人总是把困难看得很多很到位,所以他们最终就不感到难了。

可见,老子"以无事取天下"的观点绝不是什么也不干,他是要人们从国家整体利益出发,踏实认真地办好人民的事情,不要没事找事、无事生非。

第九节 "上善若水"

老子的学习、认知观是"闻"和"知",实践观是"行"和"为",实践标准是"善",而实践的最高标准则是"上善",他是倡导"真""美""善"的。

老子倡导的"真",就是关于事物信息真相属性的感知标准。对此,他提出了"质真若渝"的观点,认为本质上真实的东西好像是浑浊不真的,所以,"大成若缺,其用不弊;大盈若冲,其用不穷。大直若屈,大巧若拙,大辩若讷","大方无隅,大器晚成,大音希声,大象无形,道隐无名"。就是说,最完美的东西好像有缺陷一样,但它的作用不会衰竭;最充盈的东西好像是虚空一样,但它的作用是不会穷尽的;最正直的东西好像是弯曲的;最灵巧的东西好像是笨拙的;最雄辩的口才好像不善言辞;最洁白的东西反而含有污垢;最方正的东西似乎没有棱角;最大的器物往往最后完成;最大的声音找不到声源;最大的形状反而看不清它的形状。老子的这些认识,表明了客观事物的现象和本质的辩证统一性,他认为,只有从整体上认识事物的现象,才能真正看清事物的本质。他把这种方法称作"执大象",认为"执大象,天下往,往而不害,安平太。"就是说,只有真正从整体上把握住事物的循环往复的运行发展真相,不要让事物的这种整体运行发展规律性受到伤害破坏,事物就会处于安全、稳定、太平的状态。

老子倡导的"美",就是关于事物规律性的认知标准,而"善",则是事物实践性的行为标准。老子说:"天下皆知美之为美,斯恶已;皆知善之为善,斯不善已。故有无相生,难易相成,长短相较,高下相倾,音声相和,前后相随。是以圣人处无为之事,行不言之教。万物作焉不辞,生而不有,为而不恃,功成而弗居。"他认为,人们知道什么是"美",是因为有违反"道"的自然规律性的"恶"存在;人们知道什么是"善",是因为有违反"德"的禀性规范的"不善"行为存在。由于圣人懂得"有无相生,难易相成,长短相较,高下相倾,音声相和,前后相随"这种"道"的规律性之"美",因而他们的行为是"善"的,他们的言论、行事都会遵从"道"的规律性,能够做到:万物生长不去强行主宰,养育万物不去据为己有,促进事物不会自恃有功,功成业就不会自我夸耀。

可见,老子为人们提出了感知、认知和实践过程的三个标准,即:"真",这一关于客观事物真相性的感知标准;"美",这一关于客观事物规律性的认知标准;"善",这一关于客观事物实践过程的行为标准。

老子是如何具体地认识"善"这一行为标准呢?他说:"善行无辙迹;善言无瑕谪;善数不用筹策;善闭无关楗而不可开;善结无绳约而不可解。是以圣人常善救人,故无弃人;常善救物,故无弃物。是谓袭明。故善人者,不善人之师;不善人者,善人之资。不贵其师,不爱其资,虽智大迷,是谓要妙。"这里,老子用五种具体的行为,来象征行动、言论、计划、禁止和组织这五种抽象的社会行为,来说明圣人"常善救人、救物"的大道理。他认为,善良的行动是不留痕迹的,善良的言论是没有瑕疵的,善良的计划是不用计算工具的,善良的禁止是没有机关但又打不破的,善良的组织是不用强制却难以破解的。他认为,有道德的人总是善于挽救、救助人,因而世界上就没有被遗弃之人;总是善于物尽其用,因而世界上就没有废弃的物品。他认为,善良的人是不善者的老师;不善良的人是善者的借鉴,如果不尊重这样的老师,不爱惜这样的借鉴,即使是很聪明的人,也是会迷失方向的。所以,学会把握"善"这个行为标准,是一种大智慧。应当说,老子提出的这个行为标准,也是今天的社会大力倡导的,我们提出了"以人为本"的科学发展理念和"五位一体"的科学发展布局,实际上就体现着老子"常善救人,常善救物"的整体实践观。

老子是如何具体认识"上善若水"这一最高行为标准呢?老子首先把"善"作为人们的行为标准,同时还提出了"上善"这样的最高标准。他认为,一个道德高尚的人,其行为标准应该是很高的,应当具有"水"一样的高标准。他很具体地阐述了这一最高标准,说:"上善若水。水善利万物而不争,处众人之所恶,故几于道。居善地,心善渊,与善仁,言善信,政善治,事善能,动善时。夫唯不争,故无尤。"这一最高标准主要是针对那些道德高尚者的,要求他们要像水一样经常处于不利的环境,又要有利万物而做到不争,这样就几乎同于"道"的要求了;而具体要求是:居住地的选择要适当,思想认识水平要深刻,要交仁爱的朋友,言谈要守信用,为政能达到大治,办事能发挥能动性,行动能把握好时机。这些要求,都是做到"不争"的具体表现,能做到这些,就不用担忧达不到"上善若水"的高标准了。老子提出这种最高标准的依据有三点:一是,他认为水是最柔弱的东西,但"天下之至柔,驰骋天下之至坚",所以,柔弱的东西能够克化刚强的东西;二是,他认为水是生物的命脉,"人之生也柔弱,其死也坚强;万物草木之生也柔脆,其死也枯槁。故坚强者死之徒,柔弱者生之徒。"所以,坚强的东西走向死亡,柔弱的东西走向生存;三是,他认为水是江海之源泉,"江海所以能为百谷王者,以其善下之,故能为百谷王。"所以,事物的包容性是以"善下"为前提的,作为一个领导者,只有真正做到"言下之""身后之",他才有可能真正得到人民的尊敬和信任。

第十节 老子的两个"无奈"

《道德经》的九个基本观点是老子哲学思想的主要内容,其核心在于阐述客观世界的整体统一规律性,这是老子哲学思想的科学性所在。当然,同历史上任何一位思想家一样,老子在认识客观世界的过程中也会遇到过不去的"坎",这个"坎",就是他当时遇到的两个历史"无奈"。正是这两个"无奈",导致了老子哲学思想的局限性。

第一个"无奈",是老子面对《易经》时的无可奈何。老子生存于科学技术很不发达的古代,当时,他的哲学思想无疑是缺乏实证科学有力支持的,因而,他没有办法科学地解释太极八卦所象征的客观世界的阴阳物质属性的具体性,更没有办法科学地解释由八个阴阳物质属性构成的客观事物的整体统一性结构性。在这种情况下,虽然老子能够意识到《易经》的阴阳八卦,是象征客观世界的物质整体统一性本源的,但是,他要真正明确地说明这一世界本源的科学内涵,又是十分困难的。这一点对老子来说,应该说是一个认识史的"无奈"。老子是很清楚这一点的,所以他才说:"吾不知其名,强字之曰道,强为名曰大。"他其实是很勉强地把这种"天地母"称之为"道"的,并认为,"道",就是"天地之始",就是"万物之母",就是万事万物都要服从的根本规律。

这种"无奈"导致了老子哲学思想的一种局限性。正是这种局限性造成了两个直接的后果:一是造成老子自己对"道"与"仁""义"等概念在认识上的对立,认为"大道废,有仁义,智慧出,有大伪","绝圣弃智,民利百倍;绝仁弃义,民复孝慈;绝巧弃利,盗贼无有";二是给他的继承者造成了一种认识上的迷茫,使他们在对"道"这一世界本源的认识过程中,长期处于概念的混乱状态。比如,把"无名""有名""天地之始""万物之母""万物之宗""玄牝之门""橐龠""谷神""大""渊""一""大象""无名之朴"等,都当成了"道"的代名词。实际上,老子提出的"道"这个概念,就是用来象征世界的物质本源规律性的,这种本源规律性与"仁""义""礼""智"等认知人类社会这一事物的具体概念,是一点也不矛盾的,它们属于不同的认识范畴;而老子围绕"道"提出的一系列概念,是他从客观实际出发,通过分析大量的自然、社会和人文现象,从多个角度来论证"道"这一世界根本规律的客观性的,这一系列概念实际上都有特定的哲学内含,是不能一概而论的。

老子用"道"来象征客观世界的整体统一规律性,在当时来说可以说是既形象又科学的,而他从多个角度来论证"道"的科学性,则是他真正的伟大贡献,是他对《易经》的一种具有实证性意义的发展。应该说,老子是第一个真正把《易经》从象征、卜筮性认识,转入到系统实证性认识的人。但是我们看到,老子确实没有、当时也确实不可能找到世界的物质属性本源构成,这一点他自己当时是心知肚明的。所以,他在《道德经》中并没有去深入具体地论证"乾、坤、坎、离、艮、震、巽、兑"的阴阳八卦结构内含,而只是笼统地将其解释为"道生一,一生二,二生三,三生万物。万物负阴而抱阳,冲气以为和。"当然,老子当时也只能这样做。这是因为,之后数千年的实证科学表明,老子提出的"道"的规律性,实际上是客观世界的一种物质属性,它与质量(坤)、能量(坎)、时空环境(乾)、形态(离)、运动(艮)、发展过程(震)、信息(兑)、实践(巽)一起,才真正构成了客观世界的物质属性本源结构性。这应是造成老子第一个"无奈"的根本原因。

老子遇到的第二个"无奈",是他所处的时代背景。老子生活在春秋末期一个战乱纷争的年代,面对的是诸侯争霸、民不聊生的残破局面。这个生存年代,使老子难以认识到社会发展变迁的本质;这种生存经历,使老子从感情上向往和平而反感战争,同情弱小而反感强权。因此,老子在社会的发展史面前表现出了第二个"无奈"。

正是这种"无奈",使老子提出了"非以明民,将以愚之"的愚民理念和"小国寡民"的政治主张。他认为,人民之所以难以治理,是因为他们的"智"太多了,所以,"以智治国,国之贼;不以智治国,国之福"。他认为,一个理想的国家,应是国土很小,人民很少,没有冲突纠纷,没有苛刑暴政,即使有很多兵器也用不着,人们不用冒着生命危险迁移远方。在这样的国家,有车有船也没有乘坐机会,有盔甲兵器也没有机会展示,人们都回到结绳记事的年代,大家恬淡寡欲,吃的虽是粗粮但觉得很甘美,穿得虽是很破旧但觉得很漂亮,住得虽是很简陋但觉得很安逸,风俗习惯虽是很简朴但觉得很快乐。这样的国家与邻国之间,彼此能听到犬吠鸡叫,但人们从生到死也不相往来。

然而,老子提出的这种治国理念和政治主张,是与他的哲学思想的核心背道而驰的。按照"道"的根本规律性,万事万物都应是有生有灭的,都会表现为一个不断的发展过程。所以,人类会变得越来越聪明,社会也会变得越来越进步,这些怎么能够停滞不前,又怎么能够倒退到远古时代呢?显然是不可能的。这其实只能表明一点,即,老子在社会历史观方面是有局限性的。这种局限性突出地表现在两个方面:一是他把"道"的不老性与"物"的不老性混为一谈,认为"物壮则老,是为不道,不道早矣。"而我们知道,真正科学的认识应是"沧海桑田,适者有寿",事物总是在各自的生存环境中有生有长、有壮有老的;二是他把"为道"的不老性与"为人"的不老性混为一谈,认为人的进步是可以停止的(愚之)、人类社会是能够倒退的。而我们知道,人类整体是不断进步的,人类社会是不断发展的,人们对客观世界的规律性的认识是永无止境的,但是,具体的个人是不能长生不老的,具体的社会形态也是要新旧更替的。

老子的这种认识局限性,对他的思想科学性的传播产生了消极影响。这种消极影响,甚至使历史上的许多道家人物产生过"长生不老"的妄想;也使老子自己难以为当时的战乱社会开出合适的"药方",而无奈地提出了"非以明民,将以愚之"的治人理念和"小国寡民"的治国理念。应该说,老子提出的这两个理念的本意,是为了"行道",就是告诉人们要回归自然,按客观规律办事,不要干那些违反人的天性和破坏自然规律的事情。但实际上,客观世界中,物有物"道",人有人"道",物行的是"自发"之道,物是不知道这一点的;而人行的是"自觉"之道,人是要知道这一点的,即便是暂时不知而迟早会知的。因此,物"道"和人"道"的根源尽管是同一的,都要遵循客观规律,但又各有其特殊性:物"道"的变化只体现为实际性;而人"道"的变化不仅会体现实际性,还会体现实践、实证性。这种实践、实证性是一种人类特有的能动性和理性,它表现为人类要在实践过程中逐步认识自身发展的规律性(明道),表现为一个漫长的人类社会物质和精神文明的发展过程(行道)。这一发展过程将会使越来越多的人懂得客观规律,并按客观规律办事,最终促使整个人类社会走向"大同"世界。所以,老子的认识局限性是历史造成的。

但从认识论发展的历史唯物主义角度看,也正是这种历史局限性才成就了两千年前社会大转型时代的《道德经》,使老子的哲学思想光照千秋、光耀全球。因此,老子是伟大的,老子哲学思想是伟大的,我们把老子的《道德经》称作是一部具有完整哲学体系的著作,是一点也不为过的。老子的这种伟大之处,不仅在于它的思想地位,更在于它的历史地位。可以说,是老子真正继承了《易经》的物质整体统一性思想,并第一次把流行了几千年的太极八卦象征性认识形式,发展为整体分析与具体实证相结合的形式。他告诫人们:一定要从"学""闻""知""行""损""执""见""积""抱""得""用""归""为""善"等方面下功夫。"学",即"为学日益",对于各类知识要博学多闻,日有所进;"闻",即"闻道勤行",要做到,了解了道就要行动起来;"知",即"能知古始",要真正弄清道的来龙去脉;"行",即"使我介然有知,行于大道",要做到,一当认识了道的规律性,就遵循道的规律性而行动;"损",即为道日损,要持续不断地去掉自身的错误观念和不良习惯;"见",即"不出户,知天下;不窥牖,见天道",也就是真正认识和把握了道的真谛;"积",即"重积德",要使自身的行为规范符合道的规范性;"抱",即"载营魄抱一",要像婴儿一样"专气致柔",使自身的思想境界能和客观世界统一起来;"得",即"得一",要真正把握道的整体统一规律性;"用",即"用制",要学会运用阴阳、明暗、兴衰规律规范和变化机制;"归",即"归朴",要把道的整体统一规律性落实到"朴"的具体普遍性中;"为",即"为无为",要做到不干违背道的规律性的事情;"善",即"上善",要像水一样利人利物、处下向柔。数千年来,老子的这些哲学思想推动了人类思想的进步,推动了人类社会政治、经济、文化的发展,使其成为人类共同的精神财富。因而,我们应当继承学习它,研究发展它,发扬光大它。

参考文献

[1]《马克思恩格斯选集》第三卷 第83页(人民出版社1972年)

[2]《马克思恩格斯选集》第三卷 第63页(人民出版社1972年)

[3]《马克思恩格斯选集》第三卷 第492页(人民出版社1972年)

04

经济五行规律性研究

　　社会经济是一个大而复杂的事物。在当今经济全球化的复杂背景下，面对经济危机、经济一体化等问题的挑战性，我们能不能用古老的五行运行思想，探讨一下经济的五行运行规律性，来认识并解决社会经济中的一些重大问题呢？这是一种新思路，可能是有一定意义的。

第一章

五行运行规律的基本内含

在《五行运行规律探讨》一文中,我们已经讨论了五行运行思想。这种思想作为一种认识方法,是以"金、水、木、火、土"五种物象,来象征客观事物周期运行相生相克规律性的。这种古老的整体统一性认识方法的形成,最早源自五千多年前的《易经》,其产生的社会时代背景,是一种生产力水平极低的原始状态。由于刀耕火种是那个时代农业生产的基本特征,因而金属工具、水利、作物、火(太阳)和土地,就成为当时社会经济运行过程中最基本的五种生产要素。中华民族的先哲们在长期的农业生产实践中,发现了这五种生产要素之间,存在着相生相克的基本关系,并认识到这种相生相克关系,不仅能表明农业经济生产运行的规律性,也能够表明一般事物的运行发展规律性。他们用"金、水、木、火、土"五个物象,来象征这种规律性的五个构成要素,以表明要素之间的相生相克关系。千百年来,这种五行运行思想被古人应用于治水、治病等实践中,但究其源头,它应是产生于远古时代的农业生产实践过程,是一种古代的经济运行思想。

最初的五行运行思想的确是从有了金属工具以后的农业生产过程中发现的:"金",主要是指金属工具。由于金属工具主要是用来从事农业生产的,它理所当然地成为当时生产力中最重要的要素。此外,水利是农业经济的命脉;禾木是农业经济的载体;火(太阳)是农业经济的光源、热源和肥源;土地是农业经济的根本,所以,这四项也都是最重要的生产力要素。

在"金、水、木、火、土"五个物相之间,存在着一种相生关系。这种相生关系表明:"金生水",是指金属工具的耕作能够涵养水分、养分。这样的认识事实上一直流传了数千年,至今,不少农村仍然流传着"锄头有水"的说法;"水生木",是指充足的水分、养分有利于农作物生长;"木生火",是指禾、木生长有利于增加燃料;"火生土",是指草木燃烧有利于土壤肥沃;"土生金",是指土地是金属工具的源泉和生产对象。这五种关系是一种相生关系,也就是说,是一种具有包容趋势性的关系。这种包容趋势性是说,"金、水、木、火、土"五行之间的运行关系是依次相生的,而这种相生性是一种自然存在的发展性。显然,"金、水、木、火、土"五行之间的这种相生发展性,对于今天的人们来说,应是常识。

在"金、水、木、火、土"五个物相之间,还存在着一种相克关系。这种相克关系表明:"金克木",是指金属工具能够用来砍伐草木,生产燃料;"木克土",是指草木能够植入土壤,生产果实;"土克水",是指土地能够阻挡水的流动和蒸发,涵养水利;"水克火",是指水能够扑灭火的燃烧,防止火灾;"火克金",是指用火能够熔化金属,制造工具。显然,这五种关系是一种间隔相克的具有制约规定性的关系。这种相克性是由古代农业经济的生产力水平决定的,也就是农业经济的生产力要素结构性、生产能力聚散性和当时的时代环境物质分布性,三个物质实在性的具体性决定的,而这三个物质实在性的具体性,又主要是受当时的科学技术水平制约的。例如,我们熟知的所谓"石器时代""铜器时代""铁器时代"等等,就是以生产工具的时代规定性来标明历史制约性的。

由于对远古时期的农业经济来说,其经济运行的本质,实际上是人类营养生产的循环周期过程,因而,金属工具象征的,是营养生产循环之起始源头;水利象征的,是营养生产循环之命脉储藏;禾、木象征的,是营养生产循环之交换流通载体;火象征的,是营养生产循环之光照和肥料分布;土地象征的,是营养生产循环之再生转化,而整个农业生产循环周期过程呈现出的,是"源、藏、流、布、化"的系统五行运行规律性。这种"源、藏、流、布、化"的系统五行运行规律性,不仅反映了农业经济的运行发展规律性,也能反映一般事物的运行发展规律性。所以,它应是古人的一种系统运行观念。经过数千年来的发展,这种系统运行观念逐步成为一种具有普遍性的哲学思想和认识方法,并在一些领域、特别是在中医等领域得到持久应用。

自然科学、社会科学和思维科学的持续发展已经证明,五行运行相生相克规律对于客观世界中所有的事物来说都是普遍适用的,它能够真实地反映客观事物的体系演化、系统运化和过程进化的整体统一运行规律性,因而是一种科学的整体统一性认识方法。

这种古老的整体统一性认识方法当然也有其思想认识渊源,它的思想认识渊源来自《易经》。这一点详见《试论整体统一性的认识方法》一文。

在事物的阴阳物质属性构成变化方面,《易经》提出了"大道生两仪,两仪生四象,四象生八卦,八卦生万物"的阴阳八卦变化思想。这种八卦变化思想具体表现为"道壹、艮贰、坎叁、巽肆、乾伍、坤陆、震柒、离捌、兑玖、道拾"的十进制关系。这一十进制关系是由阴属性变化(坤、艮、坎、巽)和阳属性变化(乾、兑、离、震)两种五行变化关系构成的。

在阴阳物质属性关系变化性方面,《易经》认为,事物具有"初、元、亨、利、贞"的五行周期上升变化性;与"初、元、亨、利、贞"相对应的,实际上还有"吉、弊、阻、结、终"的五行下降变化性。这种阴阳物质属性关系的五行周期运行变化性,具体由"爻卦"的"六划卦"形式来象征。

所以,《易经》的阴阳五行思想,反映的是客观事物的阴阳物质属性统一性和整体运行规律性,表明了《易经》在五千年前,实际上就已经提出了关于世界的统一性问题,而这个问题至今仍没有得到真正的解决。这其中的原因在于恩格斯讲的,"虽然世界的存在是它的统一性的前提,因为世界必须先存在,然后才能够是统一的,但是世界的统一性并不在于它的存在。在我们的视野的范围之外,存在甚至是一个悬而未决的问题。世界的真正的统一性是在于它的物质性,而这种物质性不是魔术师的三两句话所能证明的,而是由哲学和自然科学的长期的和持久的发展来证明的。"[1]恩格斯实际上明确了三个基本观点:一是客观世界的整体存在,是它的统一性的前提;二是整体客观世界的真正的统一性,是物质性;三是整体客观世界的物质统一性,是要经过哲学和自然科学的长期持续地发展才能证明的。这三个基本观点表明:我们即便是认识到了世界是个整体,认识到了整体世界的统一性是物质性,但要证明它,还需要哲学和自然科学的持续发展。

《易经》能够提出但未能解决世界的物质统一性问题,原因在于,它的阴阳八卦思想是有缺陷的。其主要缺陷之一,是没有把客观世界的规律规范性看作事物的物质属性之一,而是把这一十分重要的物质属性放到"道"里边;主要缺陷之二,是它所使用的"象、数、理"认识方法难以理解。当然,这两个缺陷也是有其产生的历史根源的。而要弄清这种历史根源,需要在哲学和自然科学发展的基础上,真正弄清阴阳八卦和五行运行的本质,即,要弄清整体统一性认识方法的科学内含。

实证科学和哲学的持续发展表明,世界万物的物质属性整体统一性结构形式,应当是由九个基本的物质属性构成的。这九个物质属性分别是:构成实在统一性层次的质量结构性、能量聚散性和时空环境物质分布性;构成存在统一性层次的形态演化性、运动行止性和发展通达性;构成可知统一性层次的信息真相性、规律规范性和实际实践实证性。由此九个物质属性构成了整体统一性认识方法的认识结构形式,它与由"坤、坎、乾、离、艮、震、兑、巽"及"道"构成的太极八卦结构形式,存在着对应和传承关系。

这种对应和传承关系告诉我们:客观世界的本质,是它的物质统一性和整体体统性,因而世界万物的整体统一性规律性,才是哲学的认识论所反映的基本规律性。因为这种基本规律性不仅表明了"两点论"的对立统一规律性,还表明了"三点论"的整体体统规律性和物质统一规律性;不仅表明了"五点论"的整体体系、系统、过程五行运行规律性,还表明了太极八卦结构形式的太极线趋势和"十进制"法则;不仅表明了"初、元、亨、利、贞"的五行运行核心思想,还表明了这一核心思想的具体化,即整体体统性五行运行的三个基本规律:一是"基、元、组、器、体"构成的体系演化规律;二是"源、藏、流、布、化"构成的系统运化规律;三是"生、幼、少、青、强"构成的发展进化规律。

这种反映事物体系演化、系统运化和过程进化规律的五行运行思想,无疑是有科学性的。数千年来,这一思想实际上长期被应用于对"人体"的认识过程中,特别是长期被应用于中医的行医实践过程中。可以说,中医理论的博大精深及数千年的实际经验积累,就是对五行思想的科学性做出的有力证明。

我们简单地介绍一下中医理论,以便了解五行思想的实用性。中医理论认为,人体是一个统一的整体。这个整体从适合人体生存的物质环境中得到质量和能量(源),并把这些质量和能量转变有力成为人体的元气储藏起来(藏)。这些元气是动态的(流),它分布于人体全身(布),最终转化为人体的生命力(化)。因此,人体总体上表现为一个源源不断的"精、气、神"的系统运行过程。这一运行过程由人体具体的"源、藏、流、布、化"五大经络系统来完成。其中:"肺—大肠"经主吸纳和生发质量、能量,故为整体系统之"源";"肾—膀胱"经主储藏和承载质量、能量,故为整体系统之"藏";"肝—胆"经主交换和流通质量、能量,故为整体系统之"流";"心—小肠"经主分布和调控质量、能量,故为整体系统之"布";"脾—胃"经主消化和再生质量、能量,故为整体系统之"化"。由此五大经络系统构成了人体生命运行的"源、藏、流、布、化"整体系统性。这一整体系统的代际承接形式,为"源(初)—藏(元)—流(亨)—布(利)—化(贞)—化(吉)—布(弊)—流(阻)—藏(结)—源(终)",表明了人体系统整体的兴衰存亡关系。

中医就是用这种整体统一性的系统运行规律,来指导医疗实践的。数千年的医疗实践证明了它的科学性。但是由于历史的局限性,这一理论始终没有得到实证科学的具体支持,因而它对五行运行规律的应用实际上并不是很完善。主要表现在:缺乏现代解剖学、基因理论和生命科学的实证基础,只是感性地认识到了人体整体系统五行运行的相生相克规律性,而对人体的"基、元、组、器、体"整体体系性和"生、幼、少、青、强"整体过程性,还缺乏明确的认识。这也是它与西医难以统一起来的主要原因。

但无论如何,中医是第一个展示了人体整体五行运行相生相克规律科学性的领域。从认识论的高度看,这种展示无疑是具有重大理论意义和实践意义的。这是因为,中医对五行相生相克规律性的应用,不仅仅只是在医学领域得到了具体的验证,同时也为人们用整体统一性的认识方法认识经济、社会等复杂事物,开辟了道路。那么,我们究竟如何用这一产生于古代农业经济实践中的认识方法,来认识当代社会经济的五行运行规律性呢?

第二章

经济五行运行规律的基本内含

老子说:"治大国如烹小鲜。"他讲的是,治理国家的道理好像烹饪小鱼一样,二者遵循着共同的规律性。其实,治理国家、特别是治理一个国家的经济,更像调治一个人的身体,它们都需要健康地运行、平稳地发展,都需要尊重客观规律。这其中,最重要的一条规律,就是经济的五行运行规律。人体是一个十分复杂的事物,经济也是一个十分复杂的事物,五行运行规律是如何寓于"经济"这一十分复杂的事物呢? 经济五行运行相生相克规律的具体内含又是什么呢? 这需要从现有的认识方法谈起。

第一节 关于方法论

(一)长久以来,我们对经济的惯常的认识方法,基本上是"两点论"分析法。这种"两点论"的分析方法,是以经济的两个主要要素之间的对立统一关系为研究对象的。比如,对生产力与生产关系、经济基础与上层建筑、宏观调控与市场机制、生产与分配、生产与交换、消费与供给、公有制与私有制、价值与价格等的对立统一关系的研究,用的就是"两点论"分析方法。实践表明,这种"两点论"认识方法,对于深入分析具体经济的两个要素之间的关系是十分有效的,因而是必不可少的。但是,经济不是一个简单的客观事物,而是一个非常复杂的有机整体,它的构成因素很多,运行又非常复杂,因而当需要多因素地、综合性地认识经济的运行复杂性和整体统一性时,这种"两点论"的分析方法就不够用了。

例如,人们热烈争论的所谓"先做大蛋糕、还是分好蛋糕"问题,就是一个很典型的"不够用"的例子。因为这种关于"先做还是先分"的议论,不管多么"热",它始终只局限于主要讨论生产与分配两个环节之间的关系,却永远说不清生产、储藏、流通、配置、消费这五个运行环节之间的内在联系性,因而是很难从经济系统运行的高度说清其本质的。这样的讨论,自然也很容易陷入"公说公有理、婆说婆有理"的怪圈。

(二)单纯用"两点论"方法来认识经济,为什么不够用呢?其原因主要在于,经济作为一个十分复杂的客观事物,它不仅仅是一个只有两个具体系统要素之间关系的矛盾统一整体,而是一个客观存在着的体系演化、系统运化和发展过程进化相统一的整体,是一个实实在在的质量结构性、能量聚散性和时空环境物质分布性相统一的整体,是一个人类可知的信息真相性、规律规范性和实际实践实证性相统一的整体。就是说,它还是一个"多点论"的统一整体。因而,对社会经济的认识和把握,既需要"两点论"的具体分析方法,也需要"多点论"的整体综合方法。

我们知道,马克思主义的经济理论其实就不是单一的对立统一"两点论",而是辩证唯物主义和历史唯物主义相统一的包括"两点论"在内的"多点论"。

马克思主义经济理论的基础,是它的哲学思想,这一哲学思想的核心,是唯物主义的辩证法和历史观,而体现这一核心的,又是三个基本规律,即对立统一规律、质量作用规律和否定之否定规律。因而,就马克思主义辩证法和历史观的最基本的三个规律看,也绝不是单靠"两点论"的对立统一规律就能解决全部认识论问题的,还要靠质量作用规律和否定之否定规律。

因此,在用马克思主义哲学认识客观事物时,真正做到对三大规律的完整认识和把握,应当是指认识和把握了该事物的整体性和统一性。这是因为,对于一个复杂事物来说,只有真正认识和把握了它的体系性、系统性、过程性三个体统整体性,真正认识和把握了它的实在性、存在性和可知性三个物质统一性,才有可能完整准确地认识和把握其三大规律的科学联系性。

客观事物原本是由多个要素、多种属性构成的统一整体。如果不能认识它的整体性和统一性本质联系,就很难科学把握其物质属性要素之间的对立统一关系,很难科学把握其质量结构性、能量聚散性与时空环境物质分布性之间的质量作用关系,很难科学把握其运行周期的兴衰、生灭过程之间的否定之否定关系。

那么,如何正确地认识三大规律的科学内含呢?首先来看对立统一规律。对立统一规律主要反映了事物的两个物质属性要素之间的内在联系性,这一关系本质上揭示的是事物的两个物质属性之间的矛盾运动规律性,故表现为"两点论"。《易经》的 64 个"爻卦",就是以两个阴阳物质属性之间的关系的变化性为研究对象的,而现实中的具体矛盾关系则多得数不胜数。

而质量作用规律主要反映了事物的质量结构规定性、能量(动力)聚散作用规定性和时空环境物质分布规定性(物质分布的量)三者之间的关系。关于这一点，恩格斯曾做过深入的分析，他说："在自然界中，质的变化——以对于每一个别场合都是严格地确定的方式进行——只有通过物质或运动(所谓能)的量的增加或减少才能发生。自然界中一切质的差别，或是基于不同的化学成分，或是基于运动(能)的不同的量或是别的形式，或是——差不多总是这样——同时基于这两者。"[2]他还说，质量作用定律"第一次把自然界、社会和思维发展的一般规律以普遍适用的形式表述出来"[3]。这里，恩格斯把质的变化与能量的变化联了起来，把质的变化与物质分布量的变化联系了起来。这种联系揭示了质量作用定律的本质，是因为量的变化的本质，实际上并不是抽象的数量的变化性，而是能量(力)和物质的时空环境物质分布量的变化性。因此，质量作用定律本质上揭示了客观事物三个物质实在属性之间的统一规律性，故表现为"三点论"。

在整体统一性的认识论中，除了实在性统一规律外，基本的"三点论"规律还有：反映事物形态演化性、运动行止性、发展过程通达性三者关系的存在性统一规律；反映事物信息真相性、规律规范性、实际实践实证性三者关系的可知性统一规律；反映事物质量结构性、形态演化性、信息真相性三者关系的体系性统一规律；反映事物能量动力聚散性、运动行止性、规律规范性三者关系的系统性统一规律；反映事物时空环境分布性、发展通达性、实际实践实证性三者关系的过程性统一规律。比如，我们研究认识过程的感性感知、理性认识和实践实证三者辩证关系的马克思主义认识论，就是关于事物可知性统一规律的"三点论"。

否定之否定规律则主要反映了事物的体系、系统和过程的新陈代谢整体运行关系，它本质上揭示了客观事物的整体体系、系统、过程螺旋运行发展规律性。这种螺旋运行发展规律性主要表现为事物的"生、兴"上升期五行和"衰、灭"下降期五行的运行周期性。事物的"生、兴"上升期和"衰、灭"下降期的运行发展，并不是直线变化关系，而是螺旋变化关系。这种螺旋式运行发展的上升期表现为"初、元、亨、利、贞"的螺旋上升性，下降期表现为"吉、弊、阻、结、终"的螺旋下降性。所以，这种规律性实际上表现为"五点论"。比如关于中国特色社会主义经济的"初级阶段"理论，就是建立在对社会主义经济发展周期过程的"生、幼、少、青、强"阶段性认识基础之上的，具体表现为中国特色社会主义经济的"经济基础产生—不发达阶段—中等发达阶段—比较发达阶段—发达阶段"五个阶段的螺旋上升性，这一理论就表明了中国特色社会主义经济发展过程的否定之否定五行运行规律性。

从思维的基本表现形式来看,"两点论"表现为线性思维,其思维运行轨迹是一条曲线;"三点论"表现为面性思维,其思维运行轨迹是一个曲面;"五点论"表现为体性思维,其思维运行轨迹是一个螺旋体。所以,唯物辩证法的三大规律本身已经告诉我们:线性、面性和体性三种思维形式,对于一个完整的认识过程来说都是必需的,去掉了其中的一个或两个,是很难做到多角度地认识事物的,是很难把事物的多个要素综合起来的,因而,也就很难把马克思主义辩证法的三大规律完整地应用于对事物认识的全过程,很难正确反映经济一类复杂事物的整体统一性科学内含。

(三)经济是一个十分复杂的事物,科学地认识经济的复杂内含,从总体上看,需要应用整体统一性的认识方法。这就要求我们,在认识经济的过程中,不仅要认识它的物质属性要素性以及两要素之间的对立统一关系,也要认识它的三要素之间的整体体统性和物质统一性关系,还要认识它的体系、系统和过程的五行运行相生相克关系。这是正确认识和准确把握经济规律复杂性的关键所在。

按照整体统一性认识方法的方法论,科学地认识社会经济的复杂性,需要首先认识它的整体统一性结构中的九个物质属性。这九个物质属性分别是:(1)经济的质量结构实在性。其核心是生产要素性,具体表现为由劳动力、劳动工具、劳动对象和科学技术水平等要素构成的生产力要素质量结构性;(2)经济的能量聚散实在性。其核心是生产力的推动性,具体表现为一定生产关系中劳动力、财力、物力、科学技术能力等的综合经济实力的聚散性;(3)经济的时空环境物质分布实在性。其核心是生产关系的时代性,具体表现为一定生产方式的自然、社会、人文等时空环境的物质分布性;(4)经济的形态演化存在性。其核心是经济资源和产品的储藏、承载性,具体表现为由财富所有制关系决定的经济体系演化性;(5)经济的运动行止存在性。其核心是由经济规律支配的交换、流通性,具体表现为经济的系统运化性;(6)经济的发展过程通达存在性。其核心是经济的布局、配置及其对社会自然环境的适应性,具体表现为经济过程的发展进化性;(7)经济的信息真相可知性。其核心是经济的国情真相性,具体表现为人们对经济信息感知的真实性;(8)经济的规律规范可知性。其核心是经济规律性,具体表现为经济体制和机制等法律制度规范的适应性;(9)经济的实际实践实证可知性。其核心是经济实践性,具体表现为从经济实际出发,经过实践和实验,最后得到科学实证的循环往复经济运行过程性。

以上九个物质属性要素,构成了经济这一事物的整体统一性认识结构形式。这一结构形式把经济最基本的物质属性要素统一于一个整体中,它是认识经济整体体统复杂性,把握经济物质统一性的基础。依据这一结构形式,我们就能够比较容易地认识经济的整体性和统一性。

什么是经济的整体性呢? 经济整体性的具体表现是它的体统性,这种整体体统性是由经济的体系性、系统性和过程性所构成。在经济的整体体统性中:体系性主要表现为经济的质量结构性、形态演化性和信息真相性的统一;系统性主要表现为经济的能量聚散性、运动行止性和规律规范性的统一;过程性主要表现为经济的时空环境物质分布性、发展通达性和实际实践实证性的统一。

什么是经济的统一性呢? 经济统一性的具体表现是它的物质性,这种物质统一性是由经济的实在性、存在性、可知性所构成。在经济的物质统一性中,实在性主要表现为经济的质量结构性、能量聚散性和时空环境物质分布性的统一,这是经济这一事物的本体性;存在性主要表现为经济的形态演化性、运动行止性和发展通达性的统一,这是经济这一事物的客体性;可知性主要表现为经济的信息真相性、规律规范性和实际实践实证性的统一,这是经济这一事物的表体性。

所以,经济的整体性和统一性表现为"三点论"。这种整体统一性的"三点论"认识方法,是认识和把握经济五行运行规律的认识论前提。

(四)依据经济的整体性和统一性之间的关系,我们就能够得出经济的五行运行规律。

从质量结构性角度看,经济五行运行是经济体系内容的形成和消失周期过程。经济体系内容的五行运行,具体表现为经济体系构成的"基、元、组、器、体"的相生相克性。其中:"基"是经济基本要素构成,"元"是经济单元构成,"组"是经济组织构成,"器"是经济团体构成,"体"是经济整体构成。经济的这种体系五行运行规律性表明,经济体系的运行过程,具体呈现为由因素构成的生产性到单元构成的承载性、到组织构成的流通性、到团体构成的配置性、到整体构成的消化再生性的演化特征,而经济体系内容五行的相生相克规律性就体现在这种演化过程中。因此,因素构成、单元构成、组织构成、团体构成、整体构成五个坏节之间,是一种演化逻辑关系。这种演化逻辑关系遵循否定之否定的五行运行规律性,它既具有相生的包容趋势性(否定),又具有相克的制约规定性(否定之否定)。在这种相生相克关系中,决定性的因素是经济的生产要素结构性。

从经济的能量聚散性角度看,经济五行运行是经济系统内容的进入和退出周期过程。经济系统内容的五行运行,具体表现为经济系统运行能力的"源、藏、流、布、化"的相生相克性。其中:"源"是生产能力,"藏"是储藏、承载能力,"流"是交换、流通能力,"布"是布局、配置能力,"化"是消化、再生能力。经济的这种系统运化规律表明,经济系统内容的运行过程,表现为由生产能力到储藏能力、到流通能力、到配置能力、到消费能力的运化特性,而经济系统内容五行的相生相克性就体现在这种运化过程中。因此,生产能力、储藏能力、流通能力、配置能力和消费能力五个环节之间,是一种运化逻辑关系。这种运化逻辑关系遵循否定之否定规律性,它既具有相生的包容趋势性(否定),又具有相克的制约规定性(否定之否定)。在这种关系中,决定性的因素是经济的生产能力聚散性。

从经济的时空环境物质分布性看,经济五行运行是经济发展过程内容的兴盛和衰落周期过程。经济过程内容的五行运行,具体表现为它的自然和社会环境物质分布性的"生、幼、少、青、强"的相生相克性,经济的整体发展过程是如此,经济的具体发展过程也是如此。其中:"生"是生产环境物质分布性,它最早产生于原始社会的生产型经济;"幼"是生产、储藏环境物质分布性,它最早产生于奴隶社会的储藏型经济;"少"是生产、储藏、流通环境物质分布性,它最早产生于封建社会的流通型经济;"青"是生产、储藏、流通、配置环境物质分布性,它最早产生于资本主义社会的配置型经济;"强"是生产、储藏、流通、配置、消费环境物质分布性,它将产生于共产主义社会的消费型经济。经济的这种过程内容五行运行规律,表明了经济过程的由生产型环境到生产储藏型环境、到生产储藏流通型环境、到生产储藏流通配置型环境、到生产储藏流通配置消费型环境的从产生到成熟的进化特性,经济周期运行的五行相生相克性就体现在这种进化过程中。因此,生产环境、储藏环境、流通环境、配置环境和消费环境五个环节之间,是一种进化逻辑关系。这种进化逻辑关系遵循否定之否定的五行运行规律性,它既具有相生的包容趋势性(否定);又具有相克的制约规定性(否定之否定)。在这种关系中,决定性的因素是经济的生产环境物质分布性。

从经济的形态演化性看,经济五行运行是经济体系形式的运行过程。经济体系形式的五行运行,具体表现为生产体系、储藏体系、流通体系、配置体系、消费体系形式的相生相克性。其中:生产体系的主体是企业体系,功能是产品生产;储藏体系的主体是所有制体系,功能是财富承载;流通体系的主体是市场体系,功能是价值交换;配置体系的主体是政府调控体系,功能是资源配置;消费体系的主体是国民消费体系,功能是生产性消费。这种体系形式五行运行规律,表明了经济体系形式的由生产体系到储藏体系、到流通体系、到配置体系、到消费体系的运行演化特性,它的相生相克性就体现在这种演化过程中。因此,生产体系、储藏体系、流通体系、配置体系和消费体系五个环节之间,是一种演化逻辑关系,这种演化逻辑关系遵循否定之否定五行运行规律性,它既具有相生的包容趋势性(否定),又具有相克的制约规定性(否定之否定)。在这一相生相克关系中,决定性的因素是经济的生产体系演化性。

从经济的运动行止性看,经济五行运行是经济系统形式的运行过程。经济系统形式的五行运行,具体表现为生产系统、储藏系统、流通系统、配置系统、消费系统的相生相克性。其中:生产系统的主体是企业系统,功能是商品生产;储藏系统的主体是金融系统,功能是资本承载;流通系统的主体是市场系统,功能是商品(价格)交换;配置系统的主体是市场调控系统,功能是财富分配;消费系统的主体是国民消费系统,功能是生活性消费。这种系统形式五行运行规律,表明了经济系统形式的由生产系统到储藏系统、到流通系统、到配置系统、到消费系统的运化特性,它的相生相克性就体现在运化过程中。生产系统、储藏系统、流通系统、配置系统和消费系统五个环节之间,是一种运化逻辑关系。这种运化逻辑关系遵循否定之否定五行运行规律性,它既具有相生的包容趋势性(否定),又具有相克的制约规定性(否定之否定)。在这一相生相克关系中,决定性的要素是经济的生产系统的行止性。

从经济的发展通达性看,经济五行运行是经济过程形式的运行过程。经济过程形式的五行运行,具体表现为生产过程、储藏过程、流通过程、配置过程、消费过程的相生相克性。其中:生产过程的主体是企业生产过程,功能是产品生产过程和商品生产过程的结合统一;储藏过程的主体是财富承载过程,功能是所有制实现过程和金融运行过程的结合统一;流通过程的主体是市场交换过程,功能是价值交换过程和价格交换过程的结合统一;配置过程的主体是政府与市场结合调控过程,功能是资源配置过程和财富分配过程的结合统一;消费过程的主体是国民消费过程,功能是生产性消费过程和生活性消费过程的结合统一。这种过程形式五行运行规律,表明了经济过程运行形式的由生产过程到储藏过程、到流通过程、到配置过程、到消费过程的进化特性,它的相生相克性就体现在进化过程中。生产过程、储藏过程、流通过程、配置过程和消费过程之间,是一种进化逻辑关系,这种进化逻辑关系遵循否定之否定五行运行规律性,它既具有相生的包容趋势性(否定),又具有相克的制约规定性(否定之否定)。在这一相生相克关系中,决定性的因素是经济的生产过程通达性。

可见,经济五行的运行规律,能够把十分复杂的经济内容和经济形式统一起来,能够把十分复杂的经济体系演化性、经济系统运化性、经济过程进化性统一起来,能够把十分复杂的经济体系形式运行、经济系统形式运行、经济过程形式运行统一起来。这应是经济的一种内在统一性。

经济的这种内在统一性告诉我们:社会经济的运行发展如同一个巨人走路,经济的体系演化是一条"腿";经济的系统运化是又一条"腿",体系演化和系统运化两条"腿"协调运作,经济才能走过其整体运行发展的进化过程。

经济的这种内在统一性还告诉我们:经济体系的生产力要素结构性是经济体制的物质基础,而经济体制是经济体系形态的制度表现形式;经济系统的综合实力聚散性是经济机制的物质基础,而经济机制是经济系统运行的制度表现形式。由于经济的体系性对系统性是具有决定作用的,而这种决定作用使得经济体制必然会进入经济系统的运行过程,并对经济系统运行起支配作用,因而,在经济系统的具体运行过程中,必然表现为经济体制的支配作用是一条"腿",经济机制的具体运作是一条"腿",而只有体制和机制这两条"腿"协调运作,经济才能走过其健康的整体系统运行发展过程。

因此,在认识经济的体系性时,一定要认清它的国情、世情真相;在认识经济的系统性时,一定要认准它的运行规律;在认识经济的发展过程性时,一定要做到从国情、世情实际出发,按经济运行规律办事,并在实践中找到最适合的经济发展道路。这样,在我们对社会经济运行发展的认识和把握时,就会由惯常的单一分析方法,转变为整体统一性的分析与综合相结合的方法。

第二节　关于规律性

依据整体性和统一性的基本关系,就能够得出经济五行的相生相克运行规律性。经济整体统一性结构的整体性,是它的体统性形式,这种整体体统性的表现形式有三种,即体系性形式、系统性形式和过程性形式。经济整体统一性结构的统一性,是它的物质性内容,这种物质性内容也有三种,即实在性内容、存在性内容和可知性内容。二者的基本关系是:物质统一性内容决定整体体统性形式。这就是说,经济的整体体统性表现形式是不能孤立存在的,体系、系统和过程三个表现形式,是由物质统一性的实在性、存在性和可知性内容决定的,而物质统一性内容中,具有根本性决定作用的,又是物质实在统一性。这种根本性决定作用表明,经济作为一个客观事物,它的形式存在性总是与其内容实在性相适应的,而形式与内容相适应的可知性,又是由存在性对实在性的适应程度决定的。经济整体统一性的这一基本关系,是经济运行发展的一条根本规律,它从经济理论角度,证明了恩格斯关于"世界的真正的统一性是在于它的物质性"的论断是正确的。

(一)经济五行运行规律的由来。按照整体统一性的认识方法,构成经济这一事物的物质属性整体统一性结构形式,是由三个物质实在性、三个物质存在性和三个物质可知性所构成,而经济五行运行的规律性就产生于物质实在性和物质存在性的辩证关系之中。下面从两个方面来说明其中的原因。

其一,物质实在性对物质存在性的决定作用。经济这一事物的决定性层次,是它的物质实在性内容,即经济的生产要素结构性、综合实力聚散性和自然、社会时代环境的物质分布性。这三个实在性不是孤立的,三者统一于具体的经济运行发展过程之中,构成了经济的物质实在统一性内容层次。正是这个实在统一性层次,决定着经济的存在形态、运动机制和发展程度,即,决定着经济的存在统一性层次,因而,经济的物质实在统一性内容必然决定着它的整体体统形式的体系、系统和过程性。这种实在性内容对存在性形式的决定性作用,表明了经济的本质关系。

其二,物质存在性内部的决定作用。经济这一事物的形式存在性,即经济形态演化性、经济运动行止性和经济发展通达性,这三个物质存在性也不是孤立存在的,三者相互结合为具体经济形态的整体运动发展性。这种结合表明了经济存在形式的内部关系,这一关系是:经济的形态演化形式决定运动行止形式,经济的形态演化形式与运动行止形式相结合,又决定其发展通达形式。因而,这种关系决定了一定的经济形态体系,必然存在着相应的经济系统机制下的运动性,并表现为一个经济发展的长过程。这表明,经济的形态体系对其运行发展,是具有决定作用的,这种决定作用表明了经济的三个存在形式之间的内在关系。

上述两种决定作用,是经济五行运行规律得以产生的根本原因。这两种作用决定了经济五行运行规律的具体形成机理,决定了经济五行运行的相生相克关系。这种具体形成机理即:在特定的自然和社会时代环境物质分布实在性条件下,经济的生产要素结构实在性与经济生产实力聚散实在性相结合(相互作用),必然导致新经济体系的生产结构要素(基)、新经济系统的生产能力(源)和新经济过程的生产型时代环境(生)的产生,这就是经济五行之"初";以上三个"初",必然导致新经济体系的生产单元(元)、经济系统的储藏机制(藏)和经济过程的储藏型时代环境(幼)的产生,这是经济五行之"元";以上三个"元",必然导致新经济体系的经济组织(组)、经济系统的交换机制(流)和经济过程的交换型时代环境(少)的产生,这是经济五行之"亨";以上三个"亨",必然导致新经济体系的经济团体(器)、经济系统的配置机制(布)和经济过程的配置型时代环境(青)的产生,这是经济五行之"利";以上三个"利",必然导致新经济体系的经济整体

(体)、经济系统的消费机制(化)和经济过程的消费型时代环境(强)的产生,这是经济五行之"贞";以上三个"贞"又回复到经济的高一级实在性之中。这就是经济五行运行规律产生的机理,它清楚地表明了经济的循环往复运行、包容螺旋式发展的基本关系。

经济的螺旋包容发展性就是经济的相生性,这种相生性是一种否定关系,是经济运行发展的总趋势。这种趋势性表明,经济的包容发展性是不可阻挡的,是具有必然性的。

但是,经济的包容发展必然性又是通过可能性来实现的。就是说,经济的这种具有相生包容总趋势的体系、系统、过程五行运行,又是现实具体的,它的每一个运行环节都不能超越历史物质条件的限制,因而又必然具有相互之间的制约性,即具有新陈代谢的制约规定性。这种新陈代谢制约规定性就是经济的相克性,它是一种否定之否定关系。

(二)五行运行相生相克关系是否定之否定规律的具体表现形式,这是经济体系、系统和过程的五行相生相克规律产生的理论依据。让我们看看整个人类社会的经济发展史,就更容易看清这一点了。

人类社会的经济发展过程表明,社会经济的生产和消费是相辅相成的。生产环节是第一位的,过程总是从生产开始。生产是为了消费,但又制约着消费;消费促进着生产,但生产又总是不能满足消费。生产不能满足消费的原因在于,完善的消费运行应当能满足人类的生理健康性、生物延续性、生活美好性、生存社会性、生态自然性五个方面的需要,而这五种满足,要求社会生产力的极大提高。因此,消费总是最后的环节。这种生产水平决定消费水平、消费需求促进生产发展的关系,决定了经济发展是一个很漫长的历史过程。在这个历史过程中,经济本身,即具体的经济体系、经济系统、经济过程的运行发展,虽然始终主要表现为生产和消费的矛盾运动,但又绝不是仅由生产和消费两个环节的对立统一关系能够完成的,而是一个由生产、储藏、流通、配置、消费五个环节构成的五行螺旋运行关系,并且,五个环节在运行中是相生相克的。而经济的这种相生趋势性和相克制约性,是由经济的实在统一性和存在统一性的辩证关系决定的,是由经济的体系、系统和过程的五行运行规律性决定的。所谓"经济发展是一个自然历史过程",其中内含的规律性就是这种规律性。正是这种五行相生相克规律性的作用,促进着不同历史阶段的经济不断向前发展,并使其运行过程由初级阶段到高级阶段,逐步走向完善。

人类社会的认识史表明,经济这一事物,从过程方面看,它是一个不断发展进步的自然历史过程;从行为方面看,它是一种不断运动变化的社会历史行为;从形式方面看,它是一种不断趋于完善的物质存在方式;而从本质方面看,它是人类为自身生存而创造物质条件的发展进步过程。人类的物质需求大体有生理、生物、生活、生存和生态五个层次。正是这些需求,引导着人类社会经济价值的创造性生产的进行,但生产总是要受到生产条件的历史限制,只能一步一步分阶段地逐渐满足上述五个层次的需求,而这种阶段性又是在一定的社会物质条件下,以一定的生产方式实现的。

所以,以原始生产力为基础、以原始消费为目的的生产型经济形态,最初产生于原始社会,经过了数万年的漫长发展过程,这种原始公有制时代环境下的经济体系及系统才逐渐成熟;当这种公有制的原始生产型经济体系及系统,有可能生产出剩余产品,进行部落之间的交换,并能满足极少数人的消费需要时,以私有承载体制为核心的奴隶制时代环境下的储藏型经济形态产生了。随着科学技术和社会文化的进步,这一经济体系及系统逐步走向成熟完善;经过数千年的发展过程,当这种私有制的生产、储藏型经济体系及系统能够生产出较多剩余产品,有可能进行商品的一国社会交换,并能满足少数人的消费需要时,以市场交换体制为核心的封建时代环境下的流通型经济形态产生了。随着科学技术和社会文化的进步,这一经济体系及系统逐步走向成熟完善;经过数千多年的发展过程,当这种私有制的生产、储藏、流通型经济体系及系统能够生产出更多剩余产品,有可能进行商品的跨国社会交换,并能满足较多人的消费需要时,以资源配置体制为核心的资本主义时代环境下的配置型经济形态产生了。随着科学技术和社会文化的进步,这一经济体系及系统逐步走向成熟完善;经过数百年乃至更长时间的发展过程,当这种私有制的生产、储藏、流通、配置型经济体系及系统能够生产出大量剩余产品,有可能进行商品的全球社会交换,并能满足大多数人的消费需要时,以一体性消费体制为标志的公有制环境下的消费型经济形态将必然产生。这是一种高级公有制的生产、储藏、流通、配置、消费五型完备的经济体系及系统,它的初级形式就是社会主义经济形态。因此,社会主义经济是由资本主义经济过程走向共产主义经济过程的必经历史阶段,在这一阶段,人类将最终真正实现社会经济的体系、系统、过程五行运行的科学性和完善性。

(三)经济的自然发展过程告诉我们,经济五行的每一个环节都是一个历史发展过程。其中:生产环节表现为"原始生产—简单生产—小农生产—大工业生产—全球知识化生产"的发展进程。这一进程具有产品生产的源、始目的性和商品生产的自发盲目性;储藏环节表现为"低级公有—极端私有—自然私有—公私混合所有—高级公有"的发展进程。这一进程具有财富储蓄聚集性和积累投资私有性;流通环节表现为"原始交换—简单交换—自然交换—自由交换—自律交换"的发展进程。这一进程具有价值交换自然性和价格交换自由性;配置环节表现为资源的"原始配置—简单配置—自然配置—垄断配置—调控配置"的发展进程和财富分配的"按人口分配—按权力分配—按资产分配—按劳动分配—按需要分配"的发展进程。这一进程具有财富分配的分布广泛性和资源配置的垄断扩张性;消费环节表现为"原始消费—简单消费—自然消费—自由消费—自觉消费"的发展进程。这一进程具有生产性消费的一体终端性和生活性消费的增长无限性。

以上五个环节的这些自然属性,分别产生于特定的经济发展阶段,并随着经济的发展历程物化于不同经济发展阶段的具体经济形态之中,决定着它们之间的相生相克关系。这一关系是:生产的产品生产源、始目的性促生储藏性,储藏的财富储蓄聚集性促生流通性,流通的价值交换自然性促生配置性,配置的资源、财富分布广泛性促生消费性,消费的生产消费一体终端性促生生产性;生产的商品生产自发盲目性克制流通性,流通的价格交换自由性克制消费性,消费的生活消费增长无限性克制储藏性,储藏的积累投资私有性克制配置性,配置的资源配置垄断性和财富分配不公性克制生产性。

经济的这种相生相克关系,决定着经济表现形式的五行运行规律性,即,决定着经济整体的体系演化规律性、系统运化规律性和过程进化规律性。

第三节　关于运行形式

(一)经济五行相生相克的运行规律必然要取一定的形式。如何认识这一形式呢? 我们知道,五行相生是由事物运动发展的螺旋包容趋势性决定的,其普遍性的形式是"初生元,元生亨,亨生利,利生贞,贞生初";五行相克是由事物运动发展的新陈代谢制约规定性决定的,其普遍性的形式是"初克亨,亨克贞,贞克元,元克利,利克初"。这一普遍形式可分解为事物的三种整体性运行形式:整体体系运行形式是质量结构实在性的承载,其五行运行的相生形式是"基生元,元生组,组生器,器生体,体生基",相克形式是"基克组,组克体,体克元,元克器,器克基";整体系统运行形式是能量聚散实在性的承载,其五行运行的相生形式是"源生藏,藏生流,流生布,布生化,化生源",相克形式是"源克流,流克化,化克藏,藏克布,布克源";整体过程运行形式是时空环境物质分布实在性的承载,其五行运行的相生形式是"生生幼,幼生少,少生青,青生强,强生生",相克形式是"生克少,少克强,强克幼,幼克青,青克生"。如果把事物的三种相生相克运行形式应用到经济上,那么,经济的整体统一性运行形式的具体表现分别是:

经济整体体系五行的相生相克运行形式表现为:经济生产要素结构体系促生生产单元体系,经济生产单元体系促生经济组织体系,经济组织体系促生经济团体体系,经济团体体系促生经济整体体系,经济整体体系促生生产力结构要素体系;经济生产要素结构体系克制经济组织体系,经济组织体系克制经济整体体系,经济整体体系克制生产单元体系,经济生产单元体系克制经济团体体系,经济团体体系克制生产力要素结构体系。

经济系统五行的相生相克运行形式表现为:生产机制的综合生产能力促生储藏机制的储蓄承载能力,储藏机制的储蓄承载能力促生市场机制的交换流通能力,市场机制的交换流通能力促生配置机制的调控分布能力,配置机制的调控分布能力促生消费机制的消化再生能力,消费机制的消化再生能力促生生产机制的综合生产能力;生产机制的综合生产能力克制市场机制的交换流通能力,市场机制的交换流通能力克制消费机制的消化再生能力,消费机制的消化再生能力克制储藏机制的储蓄承载能力,储藏机制的储蓄承载能力克制配置机制的调控分布能力,配置机制的调控分布能力克制生产机制的综合生产能力。

经济过程的五行相生相克运行形式表现为:生产过程的产品生产源、始目的性促生储藏过程,储藏过程的所有制积累投入性促生流通过程,流通过程的价值转换自然性促生配置过程,配置过程的资源、财富分布广泛性促生消费过程,消费过程的生产消费终端性促生生产过程;生产过程的商品生产自发盲目性克制流通过程,流通过程的价格交换自由性克制消费过程,消费过程的生活性消费增长无限性克制储藏过程,储藏过程的金融储蓄私有性克制配置过程,配置过程的资源配置垄断性和财富分配不公性克制生产过程。

经济整体的体系、系统、过程相生相克运行形式,表明了经济的体系演化规律性、系统运化规律性和过程进化规律性,它把社会经济运行发展的基本规律性具体化了。因此,经济的五行相生相克规律是具有普遍性的,社会经济的整体运行发展要服从这一规律,社会经济的具体运行发展也要服从这一规律。它同中医五行相生相克规律的具体表现形式,都是客观事物五行运行相生相克规律的具体表现形式,都表明了客观事物的整体体系、系统和过程的新陈代谢逻辑关系。

我们知道,所有的新陈代谢过程,都总是表现为一代又一代事物的由产生到兴旺的周期发展过程,而这个周期发展过程又是由产生到新旺的上升期和衰落到灭亡的下降期构成。其中:"生—兴—盛"阶段表现为"初、元、亨、利、贞"的上升变化性;"盛—衰—灭"阶段表现为"吉、弊、阻、结、终"的下降变化性。如果用三种不同的数字,来表示不同代别的事物生命发展周期,那么,事物的整体体系、系统和过程的新陈代谢变化性,其具体实现形式可表示如下:

代别　初、元、亨、利、贞、吉、弊、阻、结、终

一代　壹、贰、叁、肆、伍、陆、柒、捌、玖、拾

二代　一、二、三、四、五、六、七、八、九、十

三代　1、2、3、4、5、6、7、8、9、10

其代际的新陈代谢承接运行形式,可表示如下:

壹—贰—叁—肆—伍—陆—柒—捌—玖—拾

　　一—二—三—四—五—六—七—八—九—十

　　　　1—2—3—4—5—6—7—8—9—10

这一代际承接运行形式表明:事物(包括经济、人体)的第二代总是产生于第一代的"贞、吉"期,第三代总是产生于第二代的"贞、吉"期,如此类推,运行无穷。这一运行形式告诉我们:事物的生死、源流和基体(基因与整体)关系是统一的,不存在哪个先哪个后的问题。例如,"是先有鸡,还是先有蛋"的问题,"是先有河的源头,还是先有河的流域"的问题,"是先有人体的基因,还是先有人体的整体"的问题等,这些其实都是统一的,不存在谁先谁后的问题。因为它们本来就不是孤立的,而是统一于事物的整体体系、系统运行发展的五行过程之中的。这其中蕴含着事物运行发展的四条基本规律性:

一是事物的个体运行规律性。事物的个体性总是具有相对性的,相对于包容它的是个体;相对于它包容的是整体。因此,认识事物的个体性时,要把个体看作一个个体系演化、系统运化、过程进化的"初生元,元生亨,亨生利,利生贞,贞生吉,吉生弊,弊生阻,阻生结,结生终"的、由初到贞、由吉到终的生灭过程,每一个事物的个体都在力争完成这一生灭过程。这是每个事物的个体运行过程都必须遵守的自然规律。

二是事物的整体运行规律性。事物的整体性也是具有相对性的,相对于它包容的是整体;相对于包容它的是具体。因此,认识事物的整体性时,要把整体看作一个个新陈代谢的代际交替过程,并且,新的一代总是产生于老一代发展过程的"贞、吉"阶段,即,产生于事物生命运动发展的高潮期。这是每个事物的整体运行过程都必须遵守的自然规律。

三是事物运行的相生相克规律性。事物的个体运行和整体运行两个规律性

表明,事物运行发展的相生性,主要表现在一代事物生灭过程的五行运行周期性中;事物运行发展的相克性,主要表现在代际事物交替过程的五行运行周期性中。这种相生相克的运行发展规律性,是由事物的否定之否定规律本性决定的。

四是事物运行发展的相生性和相克性是相辅相成的。事物运行发展的相生性,主要表明了事物的体系演化、系统运化和过程进化的包容趋势性,这种包容趋势性是不可阻挡的;事物运行发展的相克性,主要表明了事物的体系演化、系统运化和过程进化的制约规定性,这种制约规定性是不可避免的。因此,包容趋势性和制约规定性是相辅相成的,二者统一于一个具体事物的运行发展过程中。这种相辅相成的发展统一规律性,也是由事物的否定之否定规律本性决定的。

实证科学的长期发展充分证明了五行相生相克规律的科学性。我们看到,自然科学证明了整个宇宙是一个体系、一个系统、一个由诞生到兴盛再到消亡的历史过程,证明了宇宙间所有的客观存在——星系、星球、物体、直到粒子——都是一个个体系、一个个系统、一个个由诞生到兴盛再到消亡的历史过程;生物科学证明了整个生物圈是一个体系、一个系统、一个由诞生到兴盛再到消亡的历史过程,证明了生物界所有的客观存在——群体、个体、细胞、基因——都是一个个体系、一个个系统、一个个由诞生到兴盛再到消亡的历史过程;社会科学证明了整个人类社会是一个体系、一个系统、一个由诞生到兴盛再到消亡的历史过程,证明了人类社会中所有的客观存在——经济的、政治的、文化的、思维的——都是一个个体系、一个个系统、一个个由诞生到兴盛再到消亡的历史过程。

很显然,事物发展的历史过程是相对的,这种相对性有两个最基本的特征:一是对整体过程来说,它具有体系、系统、过程的传宗接代的相生包容趋势性,这种趋势性是不可抗拒的;二是对具体过程来说,它具有体系、系统、过程的物质条件的相克制约规定性,这种规定性是不可避免的。

由此可见,五行相生相克是科学的,它应是一种具有普遍适用性的基本规律。但是,由于对客观世界物质整体性和统一性证明的持久性,人们至今对它的应用并不广泛,特别是在经济方面应用得更少。那么,我们如何来认识它对经济的适用性呢?

第三章

经济五行运行规律的作用

经济五行相生相克规律对于科学认识经济运行发展的意义,主要在于认识方法的整体统一性,这种整体统一性的认识方法十分有助于科学把握社会经济的本质。因此,我们应当重视它,学习它,把握它,应用它。

真正从理论上弄清经济的整体统一性本质,具有四个方面的重要意义:一是能够从经济的实在性、存在性和可知性层面,认识经济的物质统一性;二是能够从经济的体系性、系统性和过程性层面,认识经济的整体体统性;三是能够从体系、系统和过程的"初、元、亨、利、贞"环节五行运行层面,认识经济整体的相生相克运行发展性;四是能够从经济的物质属性要素层面,认识经济的整体统一性。

显然,这种对经济的整体统一性认识,不是只停留在认识论的感觉层次,而是深入到了经济整体的物质属性本质层次,因而,它能够使我们比较清晰地从理论上解读一些重要的经济课题。

第一节   关于经济理论性问题

我们列举四个问题,来说明经济五行相生相克规律在经济理论分析方面的作用。

(一)马克思主义的经济理论中有没有五行运行思想呢? 让我们看看马克思是如何研究社会经济的。

马克思主义的政治经济学从最广的意义上说,是研究人类社会中支配物质资料的生产和交换的规律的科学。马克思认为,生产和交换是两种不同的职能,没有生产,交换不能发生,没有交换,生产也不能进行。生产、交换的目的是为了生活,生活就要消费,而物质生活资料的生产和交换,又是一个不断地再生产、再交换的循环往复过程。

马克思说:"一切生产都是个人在一定的社会形式中并借这种社会形式而进行的对自然的占有。在这个意义上说,说所有制(占有)是生产的一个条件,那是同义反复。"[4]他认为,随着历史上一定的社会的生产和交换的方式和方法的产生,随着这一社会的历史前提的产生,同时也产生了产品分配的方式和方法。随着分配上的差别的出现,储藏方式(占有方式、所有制关系——具体表现为私有制关系)出现了,产生了贫富对立、阶级差别和阶级压迫。因此,分配不仅仅是生产和交换的消极的产物,它又反过来影响生产和交换,旧的分配方式总是要影响新的生产方式和交换方式,新的生产方式和交换方式必须经过长期的斗争才能取得和自己相适应的分配方式和储藏方式。而某种生产方式和交换方式愈活跃,愈是具有成长和发展的能力,分配方式和储藏方式也就愈快地达到超过它的母体的阶段,达到同到现在为止的生产方式和交换方式发生冲突的阶段。这是因为,生产方式和交换方式的活跃,将导致社会物质资料的不断积累,不公平的储藏、分配方式会导致储藏和分配上的持续对立,这种对立必然最终导致冲突的发生。

马克思是把交换、分配、消费和占有方式,都看作是社会化生产的运行环节要素的,他认为,这里得到的结论并不是说,生产、(占有)、交换、分配、消费是同一的东西,而是说,它们构成一个整体的各个环节,一个统一体内部的差别。生产既支配着生产的对立规定上的自身,也支配着其他要素。过程总是从生产重新开始。(占有)、交换、分配和消费是不能起支配作用的东西,那是自明之理。因此,一定的生产决定一定的消费、分配、交换、(占有)和这些要素相互间的一定关系。当然,生产就其片面形式来说也决定于其他要素。例如,当市场扩大,即交换范围扩大时,生产的规模也就增大,生产也就分得更细。随着分配的变动,例如,随着资本的集中,随着城乡人口的不同的分配的变动,生产也就发生变动。最后,消费的需要决定着生产。不同要素之间存在着相互作用。每一个有机整体都是这样。[5]

马克思主义经济理论关于经济系统运行的这些最基本的分析显然表明了,经济的系统运行是从生产开始的,其运行过程是由生产、储藏(占有)、交换、分配、消费五个不具同一性而又相互制约的环节要素构成的。马克思主义经济理论关于经济环节之间相互作用的分析,尽管还没有明确指出环节之间的相生相克具体关系,但却明确地指出了社会经济中生产环节的"源、始"性,指出了社会经济中生产、储藏、流通、配置、消费五个环节相互作用的普遍性,指出了社会经济发展过程的由原始社会低级经济形态向共产主义社会高级经济形态发展进化的自然规律性。这些都表明了它的经济五行运行的基本思想。

　　此外,还有十分重要的一点需要强调,那就是马克思在分析了经济的五个环节的运行规律之后,特别指出"每一个有机整体都是这样",这句话实际上表明了马克思对整个客观世界认识的整体统一性科学思想,体现了五行运行科学规律对于整个世界有机整体的普遍适用性。

　　(二)如何认识经济危机的根源。经济危机目前正肆虐全球,已经成为真正的世界难题。那么,社会经济在运行过程中为什么会发生危机?我们又如何应对它呢?

　　如果用经济五行运行规律来分析,就会看到,如同人体在运行过程中违背了相生相克规律性要生病一样,经济运行如果违背了相生相克的规律性,也是要"得病"的。其实所谓经济危机,就是经济的体系演化性、系统运化性和过程发展进化性因违背相生相克规律而发生的典型的"病变"表现。

　　现在一般较流行的经济学观点认为,经济危机指的是一个或多个国民经济或整个世界经济在一段比较长的时间内不断收缩(负的经济增长率)的经济过程,它是资本主义经济发展过程中周期爆发的生产相对过剩的危机产生过程,是资本主义经济体制的必然结果,其爆发具有明显的周期规律性。资本主义经济危机的这种周期规律性已经为资本主义经济的发展过程所证明。从1825年英国爆发普遍的经济危机以来,资本主义经济从未摆脱经济危机的冲击。在资本主义自由竞争阶段以及向垄断资本主义阶段过渡时期,差不多每隔十年发生一次经济危机。在进入20世纪至二次世界大战前,差不多每隔七八年发生一次经济危机。此后,资本主义经济进行了调整,但危机仍不断发生,亚洲金融危机以及现在正肆虐全球的世界金融危机就是证据。

　　所以,经济危机就是经济运行过程中的一种"病态"。这种"病态"的主要症状表现,是生产的相对过剩和负增长,而本质是经济体系、系统和过程的五行运行,脱离了正常的运行轨道,违背了相生相克的规律性。

　　我们知道,现行世界经济体的主体是资本主义经济体系。在这一经济体中,体系五行运行主要表现为,生产结构要素(基)的发达性—生产单元(元)的私有制竞争性—经济组织(组)的价值转换无序性—经济团体(器)的配置体制垄断扩张性—世界经济整体(体)的消费体制全球化一体性,这五个环节的相生相克演化性。显然,现行世界经济体的体系五行演化的相克制约规定性,存在着不相适应的问题,而生产要素发达性和经济组织无序性之间不相适应的问题最突出。

　　现行的世界经济体的系统机制主要是资本主义系统机制。在这一系统机制中,五行运行主要表现为,商品生产机制生产能力(源)的膨胀性—储藏金融机制私有承载能力(藏)的有限性—流通机制商品交换能力(流)的自由性—配置机制财富分配能力(布)的不公性—消费机制财富消费能力的两极分化不均性,这五个环节的相生相克运化性。显然,现行世界经济体的系统五行运化的相生包容趋势性,存在着不相适应的问题,而财富消费能力不均性与产品生产能力膨胀性之间不相适应的问题最突出。

现行的世界经济体的发展阶段仍然是资本主义经济占主导地位。在这一发展阶段中,过程五行运行主要表现为,代表不同历史阶段经济基础特征的生产型经济(生)生产过程的源、始扩张性—储藏型经济(幼)承载过程的私有性—流通型经济(少)交换过程的自由性—配置型经济(青)调控过程的垄断性—消费型经济(强)消费过程的两极分化性,这五个环节的相生相克进化性。显然,现行世界经济体的发展过程五行的相生包容趋势性和相克制约规定性,都存在着不相适应的问题,而消费过程两极分化性与生产过程源、始扩张性之间的相生包容性,及储藏承载过程私有性与配置调控过程垄断性之间的相克制约性的问题最突出。

是什么原因导致这些问题的存在呢?这要从三个方面来具体分析其原因:一是以科学技术为标志的生产要素的高度发达,提出了经济的全球一体化要求,但现行经济体的组织无序性与此要求越来越不相适应,阻碍着经济全球一体化的进程。就是说,经济体的体系运行方面存在着相克方面的不协调问题;二是生产能力的不断提高,提出了财富消费能力趋同化的要求,但现行经济的私有储藏机制、自由市场机制、垄断分配机制与此要求越来越不相适应,阻碍着科学消费机制的实现进程。就是说,经济体的系统运行方面存在着相生方面的不协调问题;三是发达的社会生产过程的源、始性,提出了社会消费过程公共性要求,但现行经济的资本主义发展阶段与此要求越来越不相适应,制约着经济储藏、流通、配置过程的发展,阻碍着人民群众根本利益的实现进程。就是说,经济体的过程运行方面存在着相生、相克两方面的不协调问题。以上三个方面的不协调,是现在世界经济危机周期性发生的最主要的原因。

(三)如何认识宏观调控的依据。应对经济危机的主要办法是对经济进行宏观调控,而进行宏观调控的理论依据应是五行运行的相生相克规律性。当我们用五行运行规律来认识经济时,就能够清楚地看到,想要使一个经济健康地发展,就如同想使一个人保持健康而必须对自身内在机制运行进行科学调控一样,也必须要对其内在机制运行进行科学的宏观调控,否则,经济的健康发展是没有保证的。

就整个经济来看,它的宏观变革大体有三种类型:一是标志经济整体形态演化变革的革命型。当生产关系完全不适应生产力发展的要求时,正是这种革命型变革,依次催生了奴隶主义经济、封建主义经济、资本主义经济和社会主义经济体系;二是标志经济整体系统运化变革的改革型。当一定的经济形态形成后,正是这种改革型变革,促进了不同发展过程的经济形态体系的成熟及完善;三是标志经济整体过程发展变革的调控型。当一定的经济体系系统机制形成后,正是这种调控型变革,适时地对其经济系统机制的具体运行进行合理的宏观调控,才使经济体系系统更加稳定,经济运行机制更加完善,经济发展进程更加科学。因而,宏观调控对保证经济系统健康发展,具有十分重要的作用。

　　所谓宏观调控,其核心在于科学地把握经济系统五行运行的相生相克规律性,使以企业为主体的产品生产体制和商品生产机制的生产能力、以生产资料(资本)为主体的财富所有体制和货币金融机制的承载能力、以市场为主体的价值交换体制和价格交换机制的流通能力、以政府主导为主体的资源配置体制和财富分配机制的分布能力以及以人民根本利益为主体的生产性消费体制和生活性消费机制的消化能力,五者相互协调、科学运作,尽可能做到既保持经济持续发展的包容趋势性,又保持经济健康运行的制约规定性。

　　那么,什么是经济持续发展的包容趋势性呢?所谓持续发展,就是要保持经济系统运行的相生适应性。这种相生适应性实质上就是经济生产在自然规律支配下的历史包容发展性。经济运行的相生性表明,经济是历史发展的产物,经济持续发展的动力源是生产机制的生产能力。这种生产能力一定会产生出承载机制的储藏能力,储藏能力一定会产生出交换机制的流通能力,流通能力一定会产生出配置机制的分布能力,分布能力一定会产生出消费机制的消化能力,消化能力一定会产生出生产机制新的生产能力。这五个机制环节是次第包容相生的,每一个经济循环过程都是如此,经济的整体发展过程是如此,经济的具体发展过程也是如此。宏观调控的任务就在于使这种相生循环运行保持协调;如果出现了运行不协调的情况,经济就会出现弊病、阻碍,就不能顺利发展;一旦运行出现了阻滞、僵化、凝结的情况,就必然会发生相生性危机,使经济整体的运行进入到相乘相侮的状态。例如,生产环节产品短缺,会导致储藏环节危机,使人民贫困、金融乏力;流通环节机制僵化,会导致分布环节危机,使资源配置基础不稳、财富分配源泉不继。

　　什么是健康运行的制约规定性呢?所谓健康运行,就是要保持经济系统运行的相克适应性。这种相克适应性实质上就是一种历史条件的制约规定性。经济运行的相克性表明,经济是历史发展的特定产物,其健康运行的制约源是生产机制的生产能力。生产能力制约着交换机制的流通能力,流通能力制约着消费机制的消化能力,消化能力制约着承载机制的储藏能力,储藏能力制约着配置机制的分布能力,分布能力制约着生产机制的生产能力。这五个环节是隔次相克制约的,每一个经济循环过程都是如此,经济的整体发展过程是如此,具体发展过程也是如此。宏观调控的任务就在于使这种相克循环运行保持协调;如果出现了运行不协调的情况,经济就会出现弊病、阻碍;一旦出现了阻滞、僵化、凝结的情况,就会发生相克性危机,使经济整体的运行进入到相乘相侮的状态。例如,生产环节产品过剩,会引发流通性危机,导致市场萎缩;消费环节能力过剩,会引发储藏性危机,导致金融运行失衡。

由于生产机制、金融机制、市场机制、配置机制、消费机制自身都具有系统性,也就是说,五个机制并不具有同一性,它们只是经济统一体内部的不同的环节,相互之间既存在着密切的联系性,又有各自的相对独立性,同时,每一个环节又都处于不断完善的历史进程中,因而出现"过剩"或"不及"的情况是不足为奇的:"过剩"了,会引起相克性危机;"不及"了,会引起相生性危机。这就是经济危机周期性发生的主要原因。

通常最容易引起人们注意的,是相克性危机。例如,产品生产能力过剩,会导致流通性危机;金融储藏能力过剩,会导致配置性危机,等等。但是,人们往往不很注意相生性危机。实际上,生产、储藏、交换、配置和消费能力的任何一环成为短板,对于经济运行来说都是致命的,都必然要导致相生性危机的出现。而这种相生性危机的危害性,是更具长期性的。

(四)如何认识价值规律的内涵。人类社会的经济发展过程,本质上是创造社会经济价值的过程。社会经济价值在产品经济时代,表现为产品价值;在商品经济时代,表现为产品价值与商品价值的统一。

价值规律表现为:生产过程是产品生产过程和商品生产过程的统一,产品生产过程形成产品价值,商品生产过程形成商品价值,商品价值是由生产商品的社会必要劳动时间决定的,商品交换是依据商品价值实行等价交换的,所以,商品价值决定社会需求,商品交换以价值量为依据。这就是价值规律的基本内涵。这一基本内涵表明,价值规律既调节商品生产,又调节商品交换。

而剩余价值规律则表现为:商品生产过程是劳动过程和价值增殖过程的统一,劳动过程创造使用价值,价值增殖过程创造剩余价值。所以,剩余价值规律支配着社会经济的生产、储藏、流通、分配和消费及其运动过程,决定着资本主义经济的产生、发展和灭亡。

价值规律的实现需要一定的形式,其具体的实现形式是货币形式。所以,经济运行的规律性也是在货币表现形式中实际运行的。

这就是我们目前关于价值规律的基本认识。那么,价值规律为什么既能调节生产过程,又能调节交换过程?剩余价值规律又为什么能支配社会经济的生产、储藏、流通、分配和消费及其运动过程呢?原因在于,价值规律和剩余价值规律的这种调节和支配作用,是通过经济五行相生相克的规律性实现的。

按照经济五行相生相克的规律性,在经济系统运行过程中,经济体制的运行过程是由生产、储藏、流通、配置、消费五个体制环节构成的:生产体制运行过程生成生产价值,生产价值具有产品实用性和商品财富性;由生产过程进入储藏过程后,储藏体制运行过程生成承载价值,承载价值具有财富所有性和金融投资性;由储藏过程进入流通过程后,流通体制运行过程生成交换价值,交换价值具有商品价值流动性和商品价格波动性;由流通过程进入配置过程后,配置体制运行过程生成实用价值,实用价值具有商品时空占有性和资源、财富调控性;由配置过程进入消费过程后,消费体制运行过程生成再生产价值,再生产价值具有商品价值消化性和产品财富再生性;由消费过程再进入生产过程,开始新的经济过程运行。

可见,商品价值是由社会必要劳动时间决定的,而社会必要劳动是由生产、储藏、流通、配置、消费五个体制运行过程环节的具体社会必要劳动构成的。商品交换是由商品价值实行等价交换的,而这种等价交换是在生产、储藏、流通、配置、消费五个系统体制环节的相生相克运行过程之中(调节)实现的。

按照经济五行相生相克的规律性,在经济系统运行过程中,经济机制的运行过程是由生产、储藏、流通、配置、消费五个机制运行环节构成的:生产机制运行过程形成商品生产价值,商品生产价值由具体产品价值和生产环节利润构成;由生产机制进入储藏机制后,储藏机制运行过程形成商品承载价值,商品承载价值由商品生产价值、具体储藏价值和储藏环节利润构成;由储藏机制进入流通机制后,流通机制运行过程形成商品交换价值,商品交换价值由商品承载价值、具体流通价值和流通环节利润构成;由流通机制进入配置机制后,配置机制运行过程形成商品实用价值,商品实用价值由商品交换价值、具体配置价值和配置环节利润构成;由配置机制进入消费机制后,消费机制运行过程形成商品消化价值,商品消化价值由商品使用价值、具体消费价值和消费环节利润构成;由消费机制进入生产机制后,开始新的经济系统机制运行。

可见,经济系统机制环节的运行过程是劳动过程和价值增殖过程的统一。劳动过程创造使用价值,价值增殖过程创造剩余价值,而使用价值和剩余价值,都是在生产、储藏、流通、配置、消费五个机制环节的社会必要劳动过程中创造的。所以,劳动过程和价值增殖过程的统一,只能在经济系统的生产、储藏、流通、配置、消费机制环节的相生相克运行过程中来实现。

按照经济五行相生相克的规律性,经济体系是由生产要素、生产单元、经济组织、经济团体、经济整体五个体系环节构成的。生产要素体系环节主要由商品经济价值的生产体系一个环节构成,生产单元体系环节主要由商品经济价值的生产、储藏体系两个环节构成,经济组织体系环节主要由商品经济价值的生产、储藏、流通体系三个环节构成,经济团体体系环节主要由商品经济价值的生产、储藏、流通、配置体系四个环节构成,经济整体体系环节则由商品经济价值的生产、储藏、流通、配置、消费体系五个环节构成。

我们知道,经济体系是经济体制的物质载体,经济系统是经济机制的物质载体,经济体系和体制对经济系统和机制有决定作用,因此,价值规律和剩余价值规律又必然受到经济体系五个体系环节相生相克规律性的制约。就现实的世界整体经济体系而言,生产体系的资本构成体制形式,制约着经济价值的生成有序性;储藏体系的私有体制形式,制约着经济价值的权属承载性;流通体系的自由市场体制形式,制约着经济价值的流动自然性;配置体系的垄断调控体制形式,制约着经济价值的分配(分布)合理性;消费体系的两极分化体制形式,制约着经济价值的消化再生性。

由此可以看出,商品经济的价值规律和剩余价值规律,就存在于经济体系、系统、过程的生产、储藏、流通、配置和消费的五行相生相克规律之中,二者实际上是统一的。

这种统一性告诉我们:在经济系统五行运行的体制环节方面,要承认价值规律并尊重社会必要劳动,具体包括:要尊重并承认生产环节的劳动力、储藏环节的劳动者所有权、流通环节的劳动价值、配置环节的按劳分配和消费环节的劳动力再生产的必要性;在经济系统"五行"运行的机制环节方面,要尊重剩余价值规律并承认市场经济规则,具体包括:要尊重并承认生产环节的商品生产、储藏环节的金融运作、流通环节的价格交换、配置环节的按生产要素分配和消费环节的贫富差距的具体性。

这样,就从整体上看清了价值规律、剩余价值规律与经济的体系、系统、过程运行的本质联系性。

第二节　关于经济现实性问题

社会经济是一个十分复杂的大事物,其中包含着许多亟待认识和解决的现实问题。那么,如何用经济五行相生相克规律认识经济的现实性问题呢? 下面列举三个例子:

(一)如何认识经济一体化的发展趋势。经济的全球一体化是大势所趋,这已经成为世界上绝大多数人的共识。但是,世界经济为什么会朝着一体化的趋势发展,从理论上弄清这一发展趋势的必然性,对于未来世界经济的整体发展具有重大意义。

首先,世界经济体系会朝着一体化趋势发展。按照经济五行相生相克规律性,经济体系的演化是具有整体统一性一体化发展趋势的。这是因为,经济体系演化的经济生产基本要素、经济生产单元、经济组织、经济团体和经济整体五个运行环节之间,存在着"基、元、组、器、体"体系五行的相生相克规律性。这一规律性表明,经济体系的每一个演化周期,总是从经济的生产基本要素构成的生产力结构基础出发的,由生产基本要素结构基础产生出生产单元,由生产单元产生出经济组织,由经济组织产生出经济团体,由经济团体最终必然会产生出经济整体。这种体系演化相生性是由经济的生产要素的质的规定性和结构性决定的。作为生产力结构的物质基本要素的劳动力、劳动工具、劳动对象及其相应的科学技术水平,它们最基本的质的规定性表现为社会物质产品的生产性,最基本的质的结构性表现为社会物质产品生产的创造性。而社会物质产品的生产性,是受科学技术理论与实践相结合的现实性限制的,因而具有制约规定性;社会物质产品生产的创造性,是受科学技术理论与实践相结合的发展水平推动的,因而具有包容趋势性。所以,社会物质产品的生产性和创造性,因受科学技术水平的作用总是开放的、发展的,是朝着经济体系整体性、统一性的方向开放、发展的。随着生产要素结构的不断科学化、技术化,经济生产单元不断创造性地进行生产,经济组织不断创造性地扩大经济生产规模,经济团体不断成为具有相对规模的创造性经济生产实体整体,这些实体整体最后将创造性地演化为世界规模的经济整体。

其次,世界经济系统会朝着一体化趋势发展。按照经济五行运行规律性,经济系统的运化是具有整体统一性一体化发展趋势的。经济运化系统的生产系统、储藏系统、交换系统、配置系统和消费系统五个环节之间,存在着"源、藏、流、布、化"系统运行的相生相克规律性。这一规律性表明:经济系统的每一个运化周期都是从生产系统的商品生产机制运行开始的,由生产系统产生出储藏系统的金融承载机制运行,由储藏系统产生出流通系统的市场交换机制运行,由流通系统产生出配置系统的政府调控机制运行,由配置系统产生出消费系统的国民消费机制运行。这种运化相生性,是由经济生产机制的生产能力的规定性和聚散性决定的。作为经济系统运行的基本推动力,经济生产系统最基本的能力规定性是社会物质生产系统运行动力的生产性,最基本的能力聚散性是社会物质生产系统运行动力的增强性。而社会物质生产系统运行动力的生产性,是受科学技术理论与实践相结合的现实水平限制的,因而具有制约规定性;社会物质生产系统运行动力的增强性,是受科学技术理论与实践相结合的发展水平推动的,因而具有包容趋势性。所以,社会物质生产系统运行动力的生产性和增强性,因受科学技术水平的作用总是开放的、发展的,是朝着经济系统的整体性和统一性的方向开放、发展的。随着生产系统在科学技术的作用下其生产能力的不断增强,金融承载系统的储藏能力会不断增强,市场交换系统的流通能力会不断增强,政府调控系统的配置分布能力会不断增强,最终必将导致国民消费系统的消化能力也能够满足生产、储藏、流通、配置系统的需要。这样,经济系统五行运行的整体统一科学性就会变为现实。到那时,人类的物质、文化消费需求将会得到充分满足,发生经济危机的风险将会变得很小,社会经济将会进入科学、文明、和谐的高级系统运行之中。

再次,经济过程会朝着一体化趋势发展。按照经济五行运行的相生相克规律性,经济过程的进化发展是具有整体统一性相生包容趋势的。经济整体发展过程的生产过程、储藏过程、流通过程、配置过程和消费过程五个环节,存在着"生、幼、少、青、强"过程进化的相生相克规律性。这一规律性表明,经济过程的每一个进化周期都是从新的生产过程的形成开始的,由新的生产过程产生出新的储藏过程,由新的储藏过程产生出新的流通过程,由新的流通过程产生出新的配置过程,由新的配置过程产生出新的消费过程。这种过程进化相生性,是由经济发展过程的时空环境规定性和物质分布拓展性决定的。作为经济过程运行的时空环境物质分布条件,经济生产过程最基本的时空环境性是制约物质生产过程运行的时代规定性,最基本的物质分布性是社会物质生产过程运行的资源配置性。而社会物质生产过程运行的时空环境性,是受科学技术理论与实践相结合的现实水平限制的,因而具有制约规定性;社会物质生产过程运行的物质分布性,是受科学技术理论与实践相结合的发展水平推动的,因而具有包容趋势性。所以,社会物质生产过程的时空环境性和物质分布性,因受科学技术水平的作用总是开放的、发展的,也是朝着经济过程整体统一性的方向开放、发展的。

可见,由于经济的体系五行演化、系统五行运化、过程五行进化都是朝着整体统一性的方面开放、发展的,因而,社会经济最终必然会走向全球一体化。

(二)如何认识经济危机的成因。通常引起我们关注的经济危机,一般都是相克性危机,而引起这种相克性经济危机的主要原因,则是经济系统五行运行的相克性。

我们知道,经济系统五行运行环节之间的相生相克关系具体表现为:再生消费能力促生生产能力,而制约着储藏能力;生产能力促生储藏承载能力,而制约着流通能力;储藏承载能力促生交换流通能力,而制约着分配(配置)能力;交换流通能力促生分配能力,而制约着消费能力;分配能力促生再生消费能力,而制约着生产能力。这其中,相生关系是一种包容发展关系;相克关系是一种制约规定关系。这两种关系表明:消费和生产是包容适应关系,而与储藏是制约适应关系;生产与储藏是包容适应关系,而与流通是制约适应关系;储藏与流通是包容适应关系,而与配置是制约适应关系;流通与配置是包容适应关系,而与消费是制约适应关系;配置与消费是包容适应关系,而与生产是制约适应关系。所以,系统五行环节之间的这种相生相克适应性一旦被突破,经济危机就可能发生。下面列举三种情况来说明这一点:

其一,当消费系统的消化能力没有突破生产系统的生产能力的包容适应性时,消费与生产处于相生的包容适应状态,消费与储藏处于相克的制约适应状态。当消费系统的消化能力突破了生产系统生产能力的包容适应性时,消费对生产的相生包容性减弱了,而消费对储藏的相克制约性增强了。这种相克制约作用一旦超过其规定性的限度,就会爆发储藏性危机,也就是金融危机。2008 年由美国引发的金融危机,其产生的根本原因,主要就是由美国的高消费引起的。这种由高消费引起的金融危机的直接结果,必然会引起美国经济储藏环节危机,并导致金融萎缩、美元贬值、经济衰退、失业率升高。但是,由于美国和美元所处的特殊强势地位,又很容易使其有可能把国内的萎缩性金融危机转嫁到世界,变为世界范围内的扩张性金融危机。这样的扩张性金融危机现在已成为事实,它已经使世界经济的金融储藏机制受到了猛烈冲击。

其二,当生产系统的生产能力没有突破金融系统的储藏能力的包容适应性时,生产与储藏处于相生的包容适应状态,生产与流通处于相克的制约适应状态。当生产系统的生产能力突破了金融系统的储藏能力的包容适应性时,生产对储藏的相生包容适应性减弱了,而生产对流通的相克制约性增强了。这种相克制约作用一旦超过其规定性的限度,就会爆发流通性危机,导致市场大萧条。历史上曾发生过多次的周期性经济危机,主要就是由资本主义经济生产的盲目性造成的生产能力过剩引发的。

其三,当金融系统的储藏能力没有突破市场系统的流通能力的包容适应性时,储藏与流通处于相生的包容适应状态,储藏与配置处于相克的制约适应状态。当金融系统的储藏能力突破了市场系统的流通能力的包容适应性时,储藏对流通的相生包容性减弱了,而储藏对配置的相克制约性增强了。这种相克制约性一旦超过其规定性的限度,就会爆发配置性经济危机。目前影响全球的金融危机,对于发源地美国来说是高消费引起的萎缩性危机,而对全世界来说是由美国转嫁引起的扩张性危机。这种扩张性是世界经济整体储藏系统环节的一种"过"。扩张的结果必然会引起全球性的生产、流通系统环节的萎缩(相邻的环节受压迫:生产环节受相侮性压迫;流通环节受相乘性压迫)和配置、消费系统环节的扩张(相隔的环节受激化:消费环节受相侮性激化;配置环节受相乘性激化)。最终将导致全球资源、产品分布性和利益格局的大调整。

此外,流通机制的交换能力和配置机制的调控能力,也要适应系统运行的需要,一旦过头了,也是会引发相应的经济危机的。

可见,经济系统五行相生相克的规律性可以使我们十分清晰地明确经济内部的一种基本关系,即系统五行运行中,每一个环节都与其他四个环节存在着"生"与"被生""克"与"被克"的四种基本关系。这些关系具体表现为:(1)生产环节促生储藏环节,克制流通环节,被消费环节促生,被配置环节克制;(2)储藏环节促生流通环节,克制配置环节,被生产环节促生,被消费环节克制;(3)流通环节促生配置环节,克制消费环节,被储藏环节促生,被生产环节克制;(4)配置环节促生消费环节,克制生产环节,被流通环节促生,被储藏环节克制;(5)消费环节促生生产环节,克制储藏环节,被配置环节促生,被流通环节克制。

就当今现实的科技水平和社会经济发展水平看,在这些基本关系中,对经济系统中任何一个环节起主要影响作用的环节有两个。其中:影响系统生产能力的主要环节,一是相生性环节消费能力不足,二是相克性环节配置能力过剩;影响系统储藏能力的主要环节,一是相生性环节生产能力不足,二是相克性环节消费能力过剩;影响系统流通能力的主要环节,一是相生性环节储藏能力不足,二是相克性环节生产能力过剩;影响系统配置能力的主要环节,一是相生性环节流通能力不足,二是相克性环节储藏能力过剩;影响系统消费能力的主要环节,一是相生性环节配置能力不足,二是相克性环节流通能力过剩。

这些看似简单的基本经济关系,实际上源于经济系统机制的十分复杂的整体统一性五行运行相生相克规律性。因此,真正弄清这些基本关系,对于我们认识经济危机成因、把握经济运行规律、提高宏观调控能力、增强经济发展的稳定性,是至关重要的。

(三)如何认识资本主义经济与社会主义经济的共处性。经济过程的五行运行规律表明,人类社会经济的整体发展过程,是由原始经济、奴隶经济、封建经济、资本经济和共产主义经济五个发展阶段构成的。原始社会的经济发展阶段,催生了经济系统的生产机制;奴隶社会的经济发展阶段,继承并发展了已有的生产系统机制,又催生了经济系统的储藏机制;封建社会的经济发展阶段,继承并发展了已有的生产、储藏系统机制,又催生了经济系统的流通机制;资本主义社会的经济发展阶段,继承并发展了已有的生产、储藏、流通系统机制,又催生了经济系统的配置机制;社会主义社会的经济发展阶段,继承并发展了已有的生产、储藏、流通、配置系统机制,必将催生经济系统的消费机制(充分满足人类物质文化需求的机制)。因此,原始社会、奴隶社会、封建社会、资本主义社会和共产主义初级阶段的社会主义社会,这五个社会的具体经济形态的五行运行,虽然都还没有最终体现出经济体系、系统、过程的整体统一完整性,但却清晰地表明了经济五行运行的由低级阶段逐步走向高级阶段的渐进性。也就是说,人类社会只有发展到共产主义社会的高级阶段,社会经济的五行运行才会真正表现出科学的相生相克适应性。

同宇宙间所有的有机体的发展过程一样,人类社会的经济运行过程也是在继承中发展的。这种发展是由客观事物的五行运行相生相克规律决定的。原始经济必然会发展到奴隶经济,但奴隶经济并不是产生于原始经济发展过程的终端,而是产生于它的发展过程最高阶段的"贞、吉"期;奴隶经济必然会发展到封建经济,但封建经济并不是产生于奴隶经济发展过程的终端,而是产生于它的发展过程最高阶段的"贞、吉"期;封建经济必然会发展到资本主义经济,但资本主义经济并不是产生于封建经济发展过程的终端,而是产生于它的发展过程最高阶段的"贞、吉"期;资本主义经济必然会发展到共产主义经济,但共产主义经济也不是产生于资本主义经济发展过程的终端,而是产生于它的发展过程最高阶段的"贞、吉"期。

这就是说,作为共产主义经济发展过程的初级阶段,社会主义经济只能是从它的母体——资本主义经济体系中的薄弱环节产生,并且,是在资本主义经济发展过程最高阶段——成熟期的薄弱环节中产生的。因此,社会主义经济作为一个新生经济体,其发展过程与它的母体,必然有一个"母、子"共处期。

马克思说过:"历史中的资产阶级时期负有为新世界创造物质基础的使命:一方面要造成以全人类互相依赖为基础的世界交往以及进行这种交往的工具,另方面要发展人的生产力,把物质生产变成在科学的帮助下对自然力的统治。……只有在伟大的社会革命支配了资产阶级时代的成果,支配了世界市场和现代生产力,并且使这一切都服从于最先进的民族的共同监督的时候,人类的进步才会不再像可怕的异神教那样,只有用人头做酒杯才能喝下甜美的酒浆。"[6]因而马克思认为:"必须从物质生活的矛盾中,从社会生产力和生产关系的现存冲突中去解释。无论哪一个社会形态,在它们所能容纳的全部生产力发挥出来以前,是绝不会灭亡的;而新的更高的生产关系,在它存在的物质条件在旧社会的胎胞里成熟以前,是绝不会出现的。"[7]社会主义经济的新生体,是从资本主义经济母体胎胞里,产生的,而资本主义经济母体在产生出社会主义经济新生体后,当然也不会立即灭亡,它还要把其所能容纳的全部生产力发挥出来。

这种"母、子"共处关系,决定了社会主义经济和资本主义经济必然存在于共同的"物质生活矛盾"之中。这种"物质生活矛盾",实际上主要表现为世界经济整体体系、系统、过程的五行运行相生相克关系。

首先,社会主义经济体系和资本主义经济体系都不是孤立存在的,而是相互制约、相互依存的。原因在于,无论哪一种经济形态,其经济体系的生产要素、生产单元、经济组织和经济团体,都是与世界经济整体体系紧密相连的。具体说,生产要素的劳动力、劳动工具、劳动对象和科学技术等,是在世界范围交流的;生产单元的生产项目和产品,是面向世界开放的;经济组织的各种活动,是与世界联系的;经济团体则以国家和地区的形式,成为世界经济体系的一个部分。因而,从经济体系的角度看,社会主义经济体系和资本主义经济体系都具有世界性,二者都是世界经济整体体系的组成部分。

其次,社会主义经济系统和资本主义经济系统都不是孤立存在的,而是相互制约、相互依存的。原因在于,无论是哪一种经济,其经济系统的生产机制、储藏机制、流通机制、配置机制和消费机制,都是与世界经济整体系统紧密联系的。具体说,两种生产机制都是世界生产机制整体的组成部分,并与世界经济整体的配置、流通、储藏、消费机制紧密联系,生产与配置、流通是相克关系,与储藏、消费是相生关系;两种储藏机制都是世界储藏机制整体的组成部分,并与世界经济整体的消费、配置、生产、生产机制紧密联系,储藏与消费、配置是相克关系,与生产、流通是相生关系;两种流通机制都是世界流通机制整体的组成部分,并与世界经济的生产、消费、储藏、配置机制紧密联系,流通与生产、消费是相克关系,与储藏、配置是相生关系;两种配置机制都是世界配置机制整体的组成部分,并与世界经济的储藏、生产、流通、消费机制紧密联系,配置与储藏、生产是相克关系,与流通、消费是相生关系;两种消费机制都是世界消费机制整体的组成部分,并与世界经济的流通、储藏、生产、配置机制紧密联系,消费与流通、储藏是相克关系,与生产、配置是相生关系。因而,社会主义经济系统和资本主义经济系统都具有世界性,二者都是世界经济整体系统的组成部分。

再次,社会主义经济发展过程和资本主义经济发展过程也都不是孤立的,而是相互制约、相互依存的。原因在于,无论是哪一种经济,其经济发展的生产过程、储藏过程、流通过程、配置过程和消费过程,都是与世界经济整体发展过程紧密联系的。具体说,生产过程离不开世界整体的物质环境;储藏过程离不开世界整体的金融环境;流通过程离不开世界整体的市场环境;配置过程离不开世界整体的宏观调控环境;消费过程离不开世界整体的社会生活环境。因而,社会主义经济发展过程和资本主义经济发展过程都具有世界性,二者都是世界经济整体发展过程的组成部分。

所有这些矛盾关系(运行关系)中,核心关系是世界经济整体的三个实在性之间的关系,即,经济的生产力要素结构性、综合生产能力聚散性和自然社会时空环境物质分布性之间的关系。这一核心关系决定着在社会主义经济和资本主义经济共处阶段中,两种经济形态的五行运行环节之间,既有相生的包容发展趋势性,又有相克的制约时代规定性。正是这种包容发展趋势性和制约时代规定性,促使着资本主义经济母体将从它的成熟期走向其发展的终端,而社会主义经济新生体也必将从它的幼年初级阶段走向其发展的成熟期。这种趋势是不以人的意志为转移的,是由世界经济整体的五行运行新陈代谢自然规律性决定的。

第三节　关于中国经济问题

如何用经济五行相生相克的规律性来认识中国特色社会主义经济呢？首先要弄清楚两点:一是中国特色社会主义经济基础的产生,不是偶然的,这一经济基础是中国共产党人带领人民顺应历史发展潮流,从旧中国半封建半殖民地的经济基础之上建立起来的,是中国共产党人带领人民顺应历史发展潮流,从世界资本主义经济整体的薄弱环节中建立起来的;二是中国特色社会主义经济地位的形成,也不是自然而然的,这一经济地位是中国共产党人带领人民把握历史发展趋势,在世界社会主义经济遭遇重大挫折的情况下,艰辛探索逐步确立的,是中国共产党人带领人民把握历史发展趋势,在复杂严峻的世界大环境中,努力实践逐步确立的。这表明,中国特色社会主义经济的产生,是既具有历史必然性又具有现实具体性的,就是说,是既具有经济五行运行规律的相生包容趋势性又具有经济五行运行规律的相克制约规定性的。

所谓包容趋势性,是指中国特色社会主义经济,是世界资本主义经济运动发展的必然产物,同时,这种新的经济体要继承和包容资本主义经济母体的优势基因,并在这种优势基因的基础上继续发展;所谓制约规定性,是指中国特色社会主义经济,又是一个特定时代的新经济体,它不能超越具体物质条件的制约,同时又有新生事物自身的实在规定性和无限生命力。

今天,中国特色社会主义经济正处于继续发展的重要历史时期。在这一历史时期,能不能做到认识上更加清醒、理论上更加清晰、实践上更加稳健,已经成为中国社会主义经济能否继续发展壮大的关键。

我们知道,整个人类社会的经济运行发展是有规律的:资本主义经济的运行发展有它的规律性;社会主义经济的运行发展有它的规律性;中国特色社会主义经济的运行发展也有它的规律性。真正弄清这些规律性,特别是弄清中国特色社会主义经济运行发展的规律性,对于推进中国特色社会主义经济发展、实现强国富民的目标,具有根本性重大意义。

(一)中国特色社会主义经济基础的产生,符合经济五行运行的相生规律性。中国特色社会主义经济是从旧中国的经济基础之上产生的。旧中国经济基础的基本特征有两个:一个是封建小农经济,再一个是半殖民地资本经济。这种半封建半殖民地的经济特征,是由世界资本主义经济向中国封建经济基础的侵略和扩张造成的。资本主义经济必然要代替封建主义经济,这是由世界经济整体发展过程的五行运行规律决定的;但是,资本主义经济侵略扩张所造成的殖民地经济,却又背离了世界经济体系五行运行规律性,破坏了民族经济在世界经济整体体系中国家团体性的相对独立地位。中国特色社会主义经济基础正是这种形势下,在抗击外敌侵略、争取民族独立的斗争中建立起来的。

中国特色社会主义经济基础,是从资本主义经济的薄弱环节中产生的。资本主义经济的薄弱环节有三个:

一是消费环节。资本主义经济系统是生产、储藏、流通、配置环节相统一的经济,消费是其被动环节。因而,资本主义经济关注商品生产,关注财富储藏,关注市场流通,关注资源配置和财富分配,但它并不关注人民根本利益、特别是不关注世界人民的根本利益。这种与人民根本利益相脱节的经济系统运行方式,违背了经济系统五行运行相生相克的规律性,破坏了世界经济系统运行的整体性,必然导致世界范围两极分化的产生和阶级矛盾的激化。

二是配置环节。资本主义经济体系是生产要素、生产单元、经济组织、经济团体相统一的经济,经济整体是其被动环节。资本主义经济无视贫弱国家的世界经济团体地位,不惜以武力野蛮入侵,大肆掠夺他国资源,疯狂占有他国市场,破坏着世界经济系统整体运行的配置性。这种以牺牲他国团体地位配置权利为谋利手段的经济体系运行方式,不尊重配置环节对消费环节的相生性,违背了经济体系五行运行的相生相克规律性,破坏了世界经济体系演化的整体性,必然导致世界范围反侵略战争的产生和民族矛盾的激化。

三是生产环节。资本主义经济过程是生产过程、储藏过程、流通过程、配置过程相统一的经济,消费过程是其被动环节。资本主义经济不晓得消费过程对于生产过程的相生作用,致使其经济的生产过程周期性地陷入盲目状态。这种与自身经济的消费过程环节相脱节的经济运行方式,违背了经济过程五行运行的相生相克规律性,破坏了世界经济过程进化的整体性,必然导致世界范围经济危机的产生和资本主义经济内部矛盾的激化。

资本主义经济的上述三个薄弱环节,表明了它的历史局限性。这种历史局限性的根源,在于资本私有制的狭隘性。世界社会主义运动正是从资本主义的这种历史局限性中产生的;中国特色社会主义经济基础也正是在资本主义的这种历史局限性中建立的。因此,社会主义经济作为一种承继资本主义经济的新的经济形态的出现,是完全符合世界经济整体运行发展的五行相生规律性的。

(二)中国特色社会主义经济地位的形成,符合经济五行运行的相克规律性。中国特色社会主义经济地位的确立并不是一帆风顺的,它是在世界资本主义经济体系的包围中,在世界社会主义经济遭遇挫折的背景下,经过艰辛探索实践逐步确立的。世界社会主义经济遭遇重大挫折的根本原因,不是社会主义经济基础的产生不合规律性,而是社会主义经济地位的确立还不是很牢固。不牢固的原因,首先是社会主义经济的基础本来就不厚实,它是在资本主义经济链条的薄弱环节中建立起来的;其次是在于世界社会主义经济初级阶段的幼稚性,正是这种幼稚性使社会主义经济的运行发展,脱离了它的经济体系、系统、过程五行运行的制约规定性。具体表现为:单纯的公有僵化体制使其经济体系中的生产单元环节,脱离了现实的生产力水平;单一的计划调控机制使其经济系统的配置环节,脱离了现实的市场经济条件;封闭的国内外格局使其经济过程的流通环节,脱离了现实的整体世界环境。这种情况积累到一定程度,就使得社会主义经济地位脱离了世界经济整体发展的实际水平,最终导致了社会主义经济基础的丢失。

可见,一种有生命力的经济体如果离开现实的生存土壤,离开具体的经济体系、系统和过程五行运行实际,也必然会走向夭折和衰亡。中国共产党人正是在总结这些教训之后,充分认识到了中国社会主义经济发展过程,还处于不发达初级阶段的制约规定性;充分认识到了中国社会主义经济体系体制,还处于不完善阶段的制约规定性;充分认识到了中国社会主义经济系统机制,还处于不健全阶段的制约规定性,经过数十年艰难的探索和实践,才逐步确立了中国特色社会主义经济的地位。

这种经济地位的确立,表明中国特色社会主义经济找到了它的经济体系、系统、过程五行运行的规律性。这种规律性认识具体表现为对中国特色社会主义经济构成要素的整体统一性科学分析:在经济的实在性方面,充分认识到了中国特色社会主义经济的实在统一性的初级阶段特征,包括生产力要素的结构性、综合经济实力的聚散性和自然社会环境物质分布性,都还处于比较落后的初级阶段;在经济的存在性方面,充分认识到了中国特色社会主义经济的社会主义初级阶段性质,包括经济形态体系的演化性、经济运行系统的运化性和经济发展过程的进化性,都已经既具有了社会主义经济的性质,还需要继承和包容资本主义经济的机制优势;在经济的可知性方面,充分认识到了中国特色社会主义经济的中国国情特征,包括对经济真相的中国国情特征、经济规律的中国国情特征和经济实践的中国国情特征,都有了客观又科学的把握。正是对中国特色社会主义经济的这九个物质性要素有了真正科学性的把握,才使我们对中国特色社会主义经济的整体性和统一性有了科学性的认识,进而能够把握其体系、系统、过程的运行发展规律性。

(三)中国特色社会主义经济的发展,符合经济五行运行的相生相克规律性。同历史上任何一种社会经济形态一样,社会主义经济也具有最基本的两种性质:一是它的经济性。社会主义经济的经济性主要表现为社会经济的相生性,这种相生性表明了在生产力的推动下,社会主义经济是持续地向前发展的;二是它的社会性。社会主义经济的社会性表现为社会经济的相克性,这种相克性表明了社会主义经济的发展,是受具体社会的时代性制约的。因此,中国特色社会主义经济既是世界资本主义经济的相生包容性产物,它必然会在继承和包容资本主义经济优势基因的基础上产生发展壮大;同时,中国特色社会主义经济又处于世界资本主义经济大环境和中国社会主义初级阶段经济体制、机制的相克制约性之中,它的发展壮大,需要一步一个脚印地来实现。这是制定建设有中国特色社会主义基本路线的依据。

那么,如何更具体地理解中国特色社会主义经济的相生性和相克性呢?这需要从它的"生产、储藏、流通、配置、消费"的五个运行环节来分析。

按照经济五行运行的规律性,中国特色社会主义经济的运行也是由生产、储藏、流通、配置和消费五个环节构成的。五个环节中:生产环节是产品生产体制和商品生产机制的统一,其中,产品生产体制具有社会性,商品生产机制具有经济性;储藏环节是财富所有体制和货币金融机制的统一,其中,财富所有体制具有社会性,货币金融机制具有经济性;流通环节是价值交换体制和价格交换机制的统一,其中,价值交换体制具有社会性(商品价值的本质是劳动价值,劳动价值是具有社会性的),价格交换机制具有经济性;配置环节是资源配置体制和财富分配机制的统一,其中,资源配置体制具有社会性,财富分配机制具有经济性;消费环节是生产性消费体制和生活性消费机制的统一,其中,生产性消费体制具有社会性,生活性消费机制具有经济性。这五个环节是按照经济五行规律运行的,并具体表现为社会主义经济五行运行的相生相克规律性。

所以,中国特色社会主义经济的社会性,主要表现为它的社会主义性质,即坚持四项原则的性质。具体表现为:体现先进生产力发展要求的产品生产国有主导体制;体现社会主义基本经济性质的社会财富公有制为主体制;体现马克思主义的社会必要劳动经济价值观的价值交换市场体制;体现增强综合国力和实现社会公平的宏观调控和按劳分配体制;体现人民根本利益的再生产和共同富裕体制五个方面。而中国特色社会主义经济的经济性,则主要表现为一般市场经济条件下的商品生产机制、货币金融机制、价格交换机制、财富分配机制和生活性消费机制五个方面。生产、储藏、流通、配置和消费五个环节中,每一个环节的体制和机制相结合,表现为社会主义经济体系和经济系统的规范统一性,其具体运行过程遵循着"源、藏、流、布、化"的五行相生相克规律性。改革开放的目的,就是为了使具有社会主义性质的社会体制性与具有一般市场经济性质的经济机制性有机结合起来,使中国特色社会主义经济走上按规律运行、可持续发展的道路。

社会主义经济五行环节运行的相生相克规律性表明:社会主义经济的生产环节促生公有制为主体的所有制和货币金融机制,而制约价值交换市场体制和价格交换市场机制;社会主义经济的储藏环节促生价值交换市场体制和价格交换市场机制,而制约宏观调控配置体制和财富分配机制;社会主义经济的流通环节促生宏观调控配置体制和财富分配机制,而制约生产性消费体制和生活性消费机制;社会主义经济的配置环节促生生产性消费体制和生活性消费机制,而制约产品生产体制和商品生产机制;社会主义经济的消费环节促生产品生产体制和商品生产机制,而制约公有制为主体的财富所有体制和货币金融机制。这种相生相克的五行运行规律性,是初级阶段中国特色社会主义经济运行的核心内含,它表明了中国特色社会主义经济的运行,是真正符合经济五行运行相生相克规律性的。

(四)依据中国社会主义经济五行运行的相生相克规律性,我们就能够较容易地具体解读一些经济难题,回答几个所谓的经济"热点"问题。

一是关于"蛋糕经济问题"。如何解读"先做大蛋糕、还是先分好蛋糕"的难题呢? 首先需要明确的是,这一问题之所以会成为难题,是因为"先做、还是先分"这一所谓难题,只是关于生产和分配两个经济运行要素之间关系的讨论。而实际上,这种关于两个经济运行要素之间关系的讨论,往往会出现各执一词的局面,因而是很难得出正确结论的。

难以得出结论的原因主要在于,所谓的"蛋糕"经济,它并不像一个家庭做馒头,一家人分着吃:蒸得多多分,蒸得少少分;而是一个地区、一个国家、甚至整个世界范围内的、从生产到消费的经济周期过程,是一个十分复杂的经济运行发展过程。这个运行发展过程之所以很复杂,是因为它总是由"蛋糕"生产、归谁所有、在哪里买卖、如何配置和怎样消化,这五个系统运行环节构成的。否则,就难以形成正常的经济运行发展周期。

在关于"先做、还是先分"的讨论中,有的人认为"先做大再分"有利于经济发展,因为"巧妇难为无米之炊";有的人则认为"分得好才能做得好",这样能调动起大多数人的积极性,更有利于经济发展。这两种认识虽然在某些地区或某些时期可能有一定指导性,但用它来指导中国特色社会主义经济的整体运行是不行的。原因在于,这两种认识都具有片面性,因为无论是"先做再分",还是"先分再做",都没有体现出中国特色社会主义经济的整体统一性。

如何认识中国特色社会主义经济的整体统一性呢? 半个多世纪的经济建设实践表明,中国特色社会主义经济最基本的特征就是它的整体性和统一性。

这种整体性和统一性决定了,一定要尊重中国特色社会主义经济的体系演化规律性,始终保持国家经济的体系整体性。它要求,不管是率先发展的东部地区,还是继后发展的中西部地区;不管是沿海发达地区,还是内地欠发达地区;不管是城市发展模式还是农村发展模式,只要是属于中国经济的组成部分,任何一个地方的经济发展都不能是孤立的,都必须体现国家经济的整体性和统一性。就是说,一个地方的发展,它首先要把本地经济看作是中国特色社会主义经济整体体系的一部分,因而本地经济建设必须始终与国家经济的整体运行发展保持统一性;同时,又要把本地经济看作是一个相对的经济体,充分发挥本地经济的优势。这样,就能从具体性方面始终保持中国特色社会主义经济的体系整体性。

这种整体性和统一性决定了,地方和国家经济都要尊重经济规律,按经济规律来办事,特别是要尊重经济的系统运行规律。它要求,既要坚持生产环节的国有经济为主导体制、储藏环节的公有制为主导体制、流通环节的社会主义市场经济为主导体制、配置环节的国家宏观调控为主导体制和消费环节的人民根本利益为主导体制,这五个环节的体制主导地位,以保证中国特色社会主义经济基础的国家独立地位、初级阶段社会主义的性质、社会必要劳动价值的体现、党对经济建设的领导地位和人民根本利益的实现;又要完善生产环节的商品生产机制、储藏环节的货币金融机制、流通环节的市场交换机制、配置环节的财富分配机制和消费环节的生活性消费机制,这五个环节的机制优势,以保持中国特色社会主义经济的运行活力和健康发展,以便真正使经济整体的体制、机制协调统一,使经济整体的运行发展科学合理。这样,就能从整体性方面始终保持中国特色社会主义经济的系统性。

经济的系统五行运行规律性告诉我们:单单讨论生产与分配的关系,对于认识配置环节对生产环节的制约作用可能是有用的,但用来把握经济系统的整体周期运行是不行的。这是因为,生产环节对配置环节的作用不是直接的,而是通过它对储藏环节的相生性和对流通环节的相克性而间接产生的;而配置环节对生产环节的作用则是直接的相克性。例如,财富分配不公或资源配置不科学,会直接制约经济的生产环节:财富分配不公制约劳动力的再生性、积极性和创造性,资源配置不科学制约生产要素的结构性;而生产过剩则不一定会导致配置环节的分配收入增加,弄不好反倒可能引起市场饱和而导致危机出现。

二是关于"计划与市场"问题。因为"计划经济"中的计划机制只是配置环节中的一种调控机制,而"市场经济"中的市场机制也只是流通环节中的交换机制,所以所谓"计划与市场"问题,实际上是流通环节与配置环节的关系问题。

邓小平曾经说过,社会主义也有市场,资本主义也有计划。[8] 这句话,除了指明经济系统运行中的计划与市场的机制性外,实际上还道出了经济五行环节机制运行的普遍性。就是说,不管是社会主义经济也好、资本主义经济也好,它们的经济系统机制运行都是有普遍性的,与历史上所有的经济形态一样,其经济系统运行的基本机制,都应该是由产品(商品)生产、财富储藏、市场交换、资源和财富配置和社会消费五个环节构成的,只不过越是落后的经济形态,其五行环节机制的运行表现得越简单。原因在于,原始经济是生产型为主的经济,储藏、流通、配置和消费环节是被动的,是雏形环节;奴隶经济是生产、储藏型为主的经济,流通、配置和消费环节是被动的,是雏形环节;封建经济是生产、储藏、流通型为主的经济,配置和消费环节是被动的,是雏形环节;资本主义经济是生产、储藏、流通、配置型为主的经济,消费环节是被动的,是雏形环节;共产主义经济是生产、储藏、流通、配置、消费型为主的经济,它是五个环节齐备的社会经济形态的高级发展形式,而社会主义经济是其初级阶段。

这就表明了社会主义经济和资本主义经济的区别,实际上并不在于市场流通和计划调控这些经济运行环节机制该不该有,而在于经济运行环节中的体制的性质是不同的。这种体制性的不同具体表现在:社会主义经济的生产环节是国有经济为主导体制,资本主义经济的生产环节是私有经济为主导体制;社会主义经济的储藏环节是公有制为主导体制,资本主义经济的储藏环节是私有制为主导体制;社会主义经济的流通环节是价值(社会必要劳动价值)交换为主导体制,资本主义经济的流通环节是价格(利润)交换为主导体制;社会主义经济的配置环节是国家调控和按劳分配为主导体制,资本主义经济的配置环节是垄断调控和按资分配为主导体制;社会主义经济的消费环节是人民根本利益为主导体制,资本主义经济的消费环节是贫富两极分化为主导体制。因此,解读"市场与计划"的问题,必须把它们放到经济五行的环节运行之中,才能真正弄清楚。

那么,市场流通与配置调控的具体关系是什么呢? 这两个环节之间的基本关系是:市场流通环节通过其价值交换主导性对配置调控环节具有相生性,也就是对资源配置起基础性决定作用;而配置调控环节对市场流通环节则没有这种直接作用,它对市场流通环节的作用,是通过其对消费环节的相生性和对生产环节的相克性而产生的。所以,一定要把市场与调控(计划)看作经济五行运行周期过程中的具体环节,那才有实际意义。

因此,所谓的"纯粹的计划经济",它一定是脱离经济运行过程实际的;所谓的"完全的市场经济",它在经济运行过程中也一定是行不通的,原因在于二者都违反了经济五行运行的相生相克规律性。

对于社会主义经济来说,由于有社会制度的优越性,它实际上是最有条件把市场流通和配置调控环节放到经济五行规律之中,真正实现其生产、储藏、流通、配置、消费环节的相生相克正常运行的。因为这种共产主义社会的初级阶段经济形态的历史使命,正在于为人类社会经济发展的高级阶段系统运行,来做物质准备的。

三是关于"两极分化"问题。两极分化问题的根源在于配置环节,因为资源配置体制和财富分配机制的关系,决定着社会财富的分布性。

有一种观点认为,分配不公是导致两极分化的主要原因。但实际上,财富分配本身并不会导致严重的两极分化。这一点,无论是从按劳分配来看,还是从按资分配以及按其他经济要素分配来看,都相类似。原因在于,财富分配只是配置环节中的分配机制,而财富分配机制是受资源配置体制制约的。表面看,两极分化只是一个财富分配不公的问题;但从本质上看,离开了资源配置体制,财富分配机制就失去了财富之源泉。所以,资源的配置调控体制不仅仅支配着资源配置的分布性,而且实际上支配着财富分配的分布性。这也说明,市场流通环节对资源配置环节的基础性决定作用,只应当在劳动价值交换体制的层面尽量发挥,而对市场流通环节中价格交换机制的自由性,必须要给以适当限制;否则,一旦市场价格交换机制的自由性,依靠其对配置环节的相生性而不适当地侵入到资源配置体制后,资源配置就可能脱离宏观调控体制而变得自由起来。这种自由的资源配置体制,是必然会加剧财富分配机制的自由化的,结果会导致严重的两极分化。

四是关于"经济危机"问题。经济危机是资本主义经济运行过程周期性爆发的"病态"表现。其产生的原因,主要在于资本主义经济商品生产机制的盲目性、货币金融机制的私有性和消费再生机制的两极分化性。

社会主义经济能不能避免经济危机的发生呢?这需要具体地加以分析:社会主义经济继承并包容了资本主义经济的运行机制,自然存在着发生经济危机的可能性;但社会主义经济毕竟与资本主义经济有着本质的区别,它能够发挥社会主义经济的国有经济为主导的产品生产体制、公有制为主导的所有体制、价值交换为主导的市场体制、国家宏观调控为主导的配置体制和生产性消费为主导的消费再生产体制的优势,因而有可能减小或避免经济危机的风险。这其中的关键,在于社会主义经济的运行过程,在于这一过程能否遵循经济运行的五行相生相克规律性,能否减少商品生产机制的盲目性、限制货币金融机制的私有性、克服分配机制的两极分化性。

五是关于"通货膨胀"问题。通货膨胀问题主要应是生产环节、储藏环节与流通环节的关系问题,具体表现为流通环节中价值交换体制和价格交换机制的严重脱节。

这一问题的相生性成因在于,储藏环节货币金融机制的货币发行量严重超越财富所有体制承载的财富量;而相克性成因在于,生产环节中商品生产机制的盲目性严重脱离产品生产体制的实际需求性。这种货币超额发行和商品生产盲目性，必然会形成市场交换环节的要么过剩、要么不足的波动性，波动幅度达到了一定的限度，就会导致通货膨胀的出现。

六是关于"改革"问题。不适合经济运行发展的体制和机制应当改革，这按说不应当是一个真正的难题。

在"改革"这一点上为什么有争论呢？焦点在于经济体制和经济机制二者的关系。我们知道，经济体制是主要表现为社会性的，经济机制是主要表现为经济性的。那么，什么样的经济体制和机制，才符合中国特色社会主义经济的要求呢？这就是长期困扰人们的所谓"姓社姓资"问题。按照经济五行运行的相生相克关系：在社会主义经济运行环节的产品生产、财富所有、价值交换、配置调控和生产性消费五个体制方面，要坚持和发展社会主义体制的主导地位；在社会主义经济运行环节的商品生产、货币金融、价格交换、财富分配和生活性消费五个机制方面，要继承、包容并发展资本主义经济的机制优势。因此，发展社会主义经济必须坚持改革开放，其核心在于完善社会主义的经济体制和改善社会主义的经济机制，处理好中国特色社会主义经济的体制和机制二者的关系。这一关系是社会主义和市场经济能否真正结合起来的关键。

七是关于"国富与民富"问题。"国富"与"民富"的关系问题，无疑是十分重要的，它不仅关系到国家如何强盛、民生如何殷实，还直接影响到社会主义经济的健康运行发展。

"国富"，主要表现在经济五行的生产和储藏两个环节。科学的产品生产体系和发达的商品生产系统，是"国富"的物质基础；健全的财富所有体制和健康的货币金融机制，是"国富"的制度承载。

"民富"，主要表现在经济五行的配置和消费两个环节。科学的宏观调控体制和完善的财富分配机制，是"民富"的制度承载；健全的生产性消费体系和健康的生活性消费系统，是"民富"的物质基础。

处理好"国富"与"民富"关系的关键，在于把握经济五行运行的相生相克关系。由于社会主义经济的运行发展，是着眼于人民根本利益的，因而，社会主义经济是最容易实现经济的生产、储藏、流通、配置、消费五个环节协调运行的，是最有条件处理好"国富"与"民富"关系的。

八是关于"所有制和金融机制"问题。这是储藏环节中体制与机制的关系问题。社会经济的运行发展是社会财富的形成积累过程。对于社会财富来说，首先必然有一个归属问题，这就是所有制。所有制是一定社会形态下经济体系的一种财富所有体制形式,它是随着社会形态的发展而不断完善的,呈现为一个"原始公有制——极端私有制——自然私有制——公私混合所有制——高级公有制"的发展过程;其次,社会财富又绝不是死东西,而是十分活跃的,它的现实的活跃机制就是金融机制,具体表现形式就是货币形式。所以,金融机制的本质,是财富所有体制的运作形式,在金融机制的运作过程中,财富量化的载体是货币。

由于所有制是决定社会经济形态的最重要的因素,因而,真正弄清储藏环中的所有体制和金融机制二者的关系,对于以公有制为主体的社会主义经济真正发挥货币金融机制作用,意义十分重大。

九是关于"两只手"问题。一般流行的观点认为,所谓社会主义市场经济中的"两只手",一是指宏观调控体制——"看得见的手";二是指市场交换机制——"看不见的手"。这种观点实际上是不很准确的。

诚然,宏观调控是政府行为,是"看得见的手";交换机制是市场行为,是"看不见的手",这一点是没有错的。但是,在社会主义经济运行过程中,绝不只是宏观调控体制和市场交换机制两个环节在起作用,而真正起作用的应该是五个环节的系统运作。所以准确地说,社会主义经济运行中的"两只手",每一只手都有五个手指头,而宏观调控和交换机制,分别只是"两只手"中的一个指头。

那么,社会主义经济完整的"两只手"是什么样呢?按照经济五行运行的规律性,社会主义经济运行的五个体制环节构成一只手,它们分别是:生产环节的国有经济为主导体制、储藏环节的公有制为主导体制、流通环节的社会必要劳动价值交换为主导体制、配置环节的国家宏观调控为主导体制和消费环节的人民根本利益为主导的生产性消费体制,这即是社会主义经济的"看得见的手";社会主义经济运行的五个机制环节构成另一只手,它们分别是:生产环节的商品生产机制、储藏环节的货币金融机制、流通环节的价格交换机制、配置环节的财富分配机制和消费环节的生活性消费机制,这即是社会主义经济的"看不见的手"。这"两只手"中的每一只,都不是一个指头起作用,而是五个指头的统一;五个指头中的每一个,都不是一种制式起作用,而是体制和机制的统一。因此,社会主义经济的"两只手"运行方式,应是"十个指头弹钢琴"。

这一点其实是很好理解的。可以想见,我国实行的是社会主义市场经济,什么才能体现中国特色社会主义经济的社会主义性质呢?应该说,只有国有经济为主导的生产环节体制、财富公有为主导的所有制储藏环节体制、体现社会必要劳动的价值交换为主导的流通环节体制、国家宏观调控为主导的配置环节体制和体现人民根本利益为主导的生产性消费环节体制,这五个经济运行环节的体制性;

什么才能体现中国特色社会主义经济的市场化性质呢？应该说，只有商品生产环节机制、货币金融储藏环节机制、价格交换流通环节机制、财富分配配置环节机制和生活性消费环节机制，这五个经济运行环节的机制性。正是这些体制性和机制性环节的协调运作，才能体现出社会主义经济的五行运行规律性。这才是社会主义市场经济的核心内容。

　　社会主义经济与资本主义经济的不同之处，在于"看得见的手"的五个体制环节。社会主义经济不仅要使国有经济为主导的生产环节、公有制为主导的储藏环节、社会必要劳动价值交换为主导的流通环节、国家调控为主导的配置环节和人民根本利益为主导的生产性消费环节，始终保持社会主义经济的性质，同时还要继承、包容、发挥"看不见的手"的五个机制环节的作用，充分利用市场经济五行运行的自然规律性，为社会主义经济服务。所以，社会主义经济可以说是一种具有了"自觉性"的经济。

　　资本主义经济其实也有"两只手"。资本主义经济并不是只有"看不见的手"而没有"看得见的手"。但是，由于资本主义社会制度的副作用——主要是私有制忽视人民根本利益的狭隘性，使得资本主义经济的"两只手"的运作，常常不自觉地离开经济五行运行的规律性，呈现出一种自发状态。资本主义经济的这种由私有制生出的自发性，会导致商品生产机制的盲目性、货币金融机制的无序性、价格交换机制的自由性、财富分配机制的不公性和生活消费机制的两极分化性，也就是会导致那只"看不见的手"的五个机制环节，经常失去"看得见的手"的五个体制环节的制约，从而导致经济运行的失衡。这也正是资本主义经济周期性地发生经济危机的主要根源。

　　十是"转变经济发展方式"问题。转变经济运行和发展方式，核心在于使经济五行的相生包容趋势性和相克制约规定性相协调。

　　这种协调性要求我们：一是要科学把握社会主义经济的由九个物质属性构成的结构协调性，充分认识社会主义经济的实在统一性、存在统一性和可知统一性之间的关系。这一关系是：社会经济的实在统一性决定存在统一性，实在统一性与存在统一性相结合决定可知统一性；二是要科学把握社会主义经济的整体存在性的体统协调性，充分认识经济的体系性、系统性和过程性之间的关系。这一关系是：社会经济的体系性决定系统性，体系性与系统性相结合决定过程性；三是要科学把握社会主义经济五行环节的运行协调性，充分认识经济的生产环节、储藏环节、流通环节、配置环节和消费环节之间的相生相克关系，充分认识到相生包容发展的趋势性和相克制约规定性的具体性，尽可能避免相乘相侮的危机状态出现。这三个方面的协调关系,对于我们转变经济运行方式、实现经济可持续发展,意义十分重大。

所以,社会主义经济科学发展观的内涵,不仅仅包括要处理好经济建设与政治建设、文化建设、社会建设、自然环境建设的关系,还包括要处理好经济建设内部的五行环节运行关系。

参考文献

[1]《马克思恩格斯选集》第三卷 第83页(人民出版社1972年)

[2]《马克思恩格斯选集》第三卷 第485页(人民出版社1972年)

[3]《马克思恩格斯选集》第三卷 第490页(人民出版社1972年)

[4]《马克思恩格斯选集》第二卷 第90页(人民出版社1972年)

[5]《马克思恩格斯选集》第二卷 第103页(人民出版社1972年)

[6]《马克思恩格斯选集》第二卷 第75页(人民出版社1972年)

[7]《马克思恩格斯选集》第二卷 第83页(人民出版社1972年)

[8]《邓小平理论》第三卷 第373页

05

| 要确立科学的认识史观 |

　　确立科学的认识史观是很重要的。按照历史唯物主义的基本原理,客观世界的运动发展,或者说,自然界、人类社会及人类自身的运动发展,是表现为一个物质的运动发展过程的,因而人们对客观世界,对自然界、人类社会、人类自身的物质运动发展过程的认识,也必然表现为一个运动发展的过程。原因在于,人类社会的整个发展历史表明的一个最基本的事实,那就是,客观世界原本是一种原始自然的发展状态,只是有了人之后,才有了人类社会,才有了人类的生存劳动过程和认识实践过程,才有了人类对客观世界的认识运动的发展历史及其相应的哲学理论、思想、观点、方法的发展历史。所以,人和人类社会是离不开自然界的,人们的生存劳动和认识实践过程是离不开自然的和社会的物质基础的,人类的认识运动及其思想认识是离不开物质的生产实践过程的。这就表明,人类对客观世界的认识运动,只能随着客观世界的发展进程而发展,具体表现为一个逐步揭示客观世界的物质性和规律性的历史过程。因此,科学地认识人类认识运动发展的这一历史过程,对于我们克服孤立静止封闭僵化的传统思维方式,真正确立科学的唯物主义观点,是十分重要的。

　　什么才是科学的唯物主义观点呢? 它当然不是自发地形成的,也不是神赐予的,而是随着人类的物质生产活动而产生的,是随着哲学和自然科学、社会科学的持续发展而发展的。整个人类认识运动的发展进程表明,唯物主义作为一种哲学形态,是逐步地向着科学的方向发展的,而马克思主义则代表着它的最新认识阶段,因而是迄今为止最具科学性的唯物主义认识成果。马克思主义的这种科学性不仅表现在它对客观世界、特别是对人类社会的认识方面,也表现在它对人类认识运动的认识方面。因此,我们在认识人类认识运动的发展史时,一定要坚持马克思主义的辩证唯物主义和历史唯物主义的观点。坚持辩证唯物主义的观点,就是要站在唯物主义的立场上,来认识人类认识运动的联系性,科学地把握人类认识运动的整体性和具体性的辩证关系,真正把认识运动中的物质与意识、抽象与具体、特殊与一般、主体与客体、感性与理性、认识与实践、可知与不可知等相互依存的对立统一辩证关系,放到整个认识运动发展史中来把握。坚持历史唯物主义的观点,就是要站在唯物主义的立场上,来认识人类认识运动的发展性,科学地把握人类认识运动的过程性和阶段性的辩证关系,真正把认识运动中的感知、认知、实践三者循环往复的逐步深化辩证关系,放到整个认识运动发展史中来把握。同时还要看到,这两种坚持又是始终不能离开哲学和自然、社会科学的持续发展的历史前提的,是始终不能离开哲学和自然、社会科学持续发展的实证科学基础的。这种辩证唯物主义和历史唯物主义的认识史观,即马克思主义的认识史观。

第一章

认识史的演化历程

历史已经表明了马克思主义认识史观的正确性。为了说明这种正确性,我们从人类认识运动史的具体性谈起。

先来看一种具体的认识方法,即反映对立统一矛盾关系的具体分析方法。我们知道,这种关于矛盾关系的具体分析方法,反映了辩证法三大规律之一的对立统一规律,因而它自然也应是人类认识运动史的方法论的组成部分。

在整个人类认识的发展过程中,这种被人们称为"两点论"的、用来揭示对立统一矛盾关系的唯物主义认识方法,就是在人类的整个物质生产活动的实践中不断地发展、不断地完善的。在古代中国,它最初表现为《易经》的"一阴一阳之为道"的朴素辩证唯物主义认识。这种认识一直延续了五千多年,直到今天,它对许多人的思想仍产生着重要影响;在近现代,哲学家们在《易经》朴素辩证唯物主义认识的基础上,对其做出了重大发展,特别是德国的唯心主义哲学家黑格尔,他把这种阴阳思想提炼为对立统一、质量互变、否定之否定三个辩证法规律。(黑格尔在自传中承认,他所创造的正反合辩证逻辑定律,正是得自《易经》的启发。)这种辩证思想对后来的马克思等人产生了重大影响,使其成为辩证唯物主义哲学的基本来源之一。马克思正是在批判地继承黑格尔和费尔巴哈哲学的基础上,才把黑格尔的唯心主义辩证法发展为唯物主义辩证法,并使其成为无产阶级革命和建设的指导思想;而之后俄国的列宁,则更加突出地指出了这种对立统一关系,是辩证法的最基本的特征。他认为,可以把辩证法简要地规定为关于对立面的统一的学说;在现代中国,毛泽东又把马克思列宁主义和中国古代哲学思想相结合,写出了著名的哲学著作《矛盾论》。他认为,事物的矛盾法则,即对立统一的法则,是自然和社会的根本法则。可见,这种体现对立统一矛盾关系的"两点论"辩证思维方式,实际上是自古就有的,并且是在人类的实践过程中不断发展完善的,是在不断发展完善的历史进程中,逐步成为一种具有普遍性的基本认识方法的。

　　数千年的自然科学和社会科学实践表明,这种不断发展的"两点论"辩证方法,确实是人们认识客观事物的一种带有根本性的科学方法。因而,它被黑格尔从《易经》中继承下来,又被马克思从黑格尔哲学中继承下来,并发展为辩证唯物主义,使其成为马克思主义哲学的一种根本认识方法。但是,按照马克思主义的观点,它又只是整个辩证法中的一种具体认识方式,不能把它理解为唯一的科学认识方式。虽然我们到处可以看到,现实中确实大量存在着否定对立统一"两点论"的唯我主义的"一点论"认识方式,如:唯吾独尊、个人主义、拜金主义、霸权主义等;也确实大量存在着用僵化思维方式对待对立统一"两点论"的教条主义的"一点论"认识方式,如:只看到社会主义与资本主义的矛盾,并把这一矛盾绝对化的冷战思维;只看到阶级矛盾,并把这一矛盾绝对化的阶级斗争扩大化思维;只看到计划经济与市场经济的矛盾,并把这一矛盾孤立起来的封闭思维等等。但是很显然,这种唯我主义的"一点论"和僵化教条的"一点论"认识方式,都只能从反面证明对立统一"两点论"的正确性,而不能说明它的唯一性。虽然我们到处可以看到,现实中确实大量存在着把《易经》的整体统一性认识论等同于阴阳对立统一认识;大量存在着把唯物辩证法等同于矛盾对立统一认识的情况。但是很显然,这种只看到具体分析而看不到整体综合的"一点论"认识方式,只能从正面说明对立统一"两点论"的普遍性,而不能说明它的唯一性。这是因为,就黑格尔辩证法的整体性来看,对立统一也只是辩证法三大规律之一,它不能代替质量互变和否定之否定规律;何况在《易经》中,除了阴阳对立统一论外,还有八卦整体统一论和五行运行统一论。所以,对于反映对立统一关系的这种矛盾分析认识方法,我们要把它看作是人类认识运动史中的一种具体认识方法,它是整个辩证法的组成部分,是整个人类认识运动发展史的组成部分;同时要看到它的自身的运动发展,也表现为一个历史过程。

　　再来看一个具体的阶段性认识成果,即马克思主义对"社会"的认识。我们知道,马克思主义的最基本特征就是,它不仅仅在于要科学地认识客观世界,更在于要能动地适应世界和改造世界。所以,马克思主义的基本原理实际上集中地体现在了它对"社会"这一事物的具体认识和实践过程。而正是对"社会"的这种具体认识和实践过程,真正表明了它代表了人类认识运动发展的新阶段,是整个人类认识运动发展过程的最新阶段性成果。这一阶段性认识成果,大体是由"马克思对资本主义的认识""列宁对帝国主义的认识""毛泽东对中国新民主主义的认识"和"邓小平对中国特色社会主义的认识"四个有代表性的具体认识阶段所构成。

先从邓小平对中国特色社会主义的认识谈起。邓小平作为一个马克思主义者,他的理论的科学性实际上主要体现在对中国特色社会主义这一事物的认识和实践过程中。而从哲学的角度看,这一理论思想又明显地具有把马克思主义哲学原理,同中国特色社会主义实践和中国传统哲学思想结合为一体的特征,使其成为中国马克思主义的一个代表作。因而,邓小平的这种具有中国特色的马克思主义理论思想,是马克思主义基本原理与中国特色社会主义实际相联系的统一论,是辩证唯物主义、历史唯物主义关于事物矛盾分析的对立统一"两点论"与关于事物总体把握的整体统一"多点论"的统一论。他在认识中国特色社会主义基本矛盾关系和具体矛盾关系时,用的是对立统一"两点论",而在对中国特色社会主义的总体把握时,则是从多个角度来认识的,表现为整体统一的"多点论"。所以,邓小平是把整个社会主义社会看作一个整体统一的历史过程的,他把社会主义社会的整体发展过程看作共产主义的初级阶段,而把中国特色社会主义又看作是整个社会主义历史过程的初级阶段。他认为,在中国特色社会主义的初级阶段,社会基本矛盾关系是生产力和生产关系、经济基础和上层建筑之间的矛盾关系,具体表现为落后的社会生产力与人民群众不断增长的物质文化需求的矛盾。这一基本对立统一关系是中国特色社会主义的主要矛盾,其他所有的具体矛盾关系都要服从这一主要矛盾。而他在对中国特色社会主义总体的把握时,则强调要"以经济建设为中心",重视生产力发展和物质文明基础建设;强调增强综合国力,重视改革对综合国力提高的推动作用;强调国际国内以及自然环境的改善,重视开放对内外环境建设的推动作用;强调办好"中国"自己的事情,致力于巩固中国特色社会主义的社会形态;强调生产力与生产关系、经济基础与上层建筑的矛盾运动,致力于坚持中国特色社会主义的前进方向;强调"发展是硬道理",致力于中国特色社会主义建设事业的不断进步;强调"社会主义初级阶段",着眼于"中国特色";强调社会主义初级阶段的社会运动发展规律性,着眼于寻找不同阶段的具体运行规律,并适时地建立与之相适应的各种社会规范(法律制度);强调"实践是检验真理的唯一标准",着眼于十三亿人民的伟大社会实践过程。因而,他是主要从中国特色社会主义的物质基础、综合国力、内外环境、社会形态、社会运动、社会发展、中国特色、客观规律和社会实践九个方面来认识的。所以,邓小平作为一个马克思主义者,他实际上是一个"两点论"和"多点论"的统一论者。

再来看毛泽东对中国新民主主义革命的认识、列宁对帝国主义的认识、马克思对资本主义的认识。这些马克思主义理论家,他们实际上也都是用辩证唯物主义、历史唯物主义的具体分析与整体综合相结合的方法,来认识"社会"的。

　　毛泽东是用辩证唯物主义和历史唯物主义的观点看待旧中国的,他把半封建半殖民地的旧中国的发展看,作一个历史过程。毛泽东认为,在帝国主义、封建主义和官僚资本主义统治下的中国,剥削与被剥削、压迫与被压迫的矛盾,是中国革命的主要矛盾,这一矛盾本质上反映了当时中国生产力与生产关系的基本对立统一关系。他描述旧中国的景象是"政治上受压迫,经济上受剥削""被旧文化统治而愚昧落后"[1]指出了"这种革命,已经不是旧的、被资产阶级领导的、以建立资本主义的社会和资产阶级专政的国家为目的的革命,而是新的、被无产阶级领导的、以在第一阶段上建立新民主主义的社会和建立各个革命阶级联合专政的国家为目的的革命。因此,这种革命又恰是为社会主义的发展扫清更广大的道路"[2]的基本规律性。所以,共产党人为政治革命、经济革命、文化革命而奋斗,在于建设一个中华民族的新社会和新国家,并要依靠千百万人民的革命实践,才能得以实现。他在论述旧中国的本质时说,这种社会的政治和经济是殖民地、半殖民地、半封建的政治和经济,而新民主主义的政治和经济是社会主义性质的政治和经济。所以,这种革命不是为建立资产阶级专政国家的革命,而是第一阶段上建立新民主主义社会,第二阶段上建立社会主义社会的革命,本质上是推翻三座大山的阶级斗争,是一场剧烈的社会运动。而这一运动又不可能速胜,其发展过程只能采取打持久战的形式;他多角度地描述了当时中国的革命形势和内外环境:资本主义经济和政治危机导致二次世界大战,苏联领导了反抗帝国主义的战争,各资本主义国家的无产阶级正准备打到资本主义,中国共产党领导人民已经成了独立的伟大力量。因此,中国革命是世界革命的一部分,中国人民在中国共产党的领导下,有能力推翻三座大山;中国革命的前途是光明的,但由于敌人的力量很强大,中国革命又是分阶段、持久的革命,只能采取"农村包围城市"的基本战略。这表明,毛泽东对中国新民主主义革命的认识,从基本矛盾的角度看,体现的是关于对立统一关系的"两点论";而从整体角度看,他是从中国革命的特征、规律、实践、社会形态、运动方向、发展阶段、本质、动力和内外环境等方面来认识的,体现的是整体统一的"多点论"。

　　列宁把资本主义看作人类社会发展的一个历史过程,并认为,帝国主义是这一历史过程的最高发展阶段。他在《帝国主义是资本主义的最高阶段》一文中,依据马克思主义关于资本主义社会基本原理的分析,首先指出了,帝国主义作为资本主义成熟阶段的基本特征是垄断;并认为,十九世纪末、二十世纪初,这种垄断已经成了资本主义全部经济生活的物质基础,它是造成帝国主义国家内部无产阶级和资产阶级之间、殖民地半殖民地和帝国主义之间、帝国主义国家之间三大不可调和的矛盾的产生根源(本质上是生产力与生产关系的矛盾)。而这些矛盾是帝国主义特有的,它一方面必将加速无产阶级革命的到来,同时也迫使帝国主义自身进行必要的内部调整。依据对帝国主义的这种规律性认识,列宁用"帝国主义是无产阶级革命的前夜"来描述其发展性,认为帝国主义是"垂而未死、腐而未朽"的资本主义。其原因主要在于帝国主义的三大矛盾的存在,因为这三大矛盾必然会引起无产阶级和劳动人民的剧烈反抗,爆发无产阶级革命。这种无产阶级革命是一种不可抗拒的伟大力量,正是这种伟大力量,推动了俄国十月革命的伟大实践,使其在资本主义发展的最高阶段——帝国主义阶段这样的时代环境中,建立了世界上第一个社会主义国家。这表明,列宁对帝国主义的认识,也是关于基本矛盾关系的"两点论"与关于整体统一关系的"多点论"的统一论。

马克思创立了辩证唯物主义和历史唯物主义,他运用这种思想,把整个人类社会看作是一个从原始社会开始,经过奴隶社会、封建社会、资本主义社会,最终到共产主义社会的自然历史过程,因而认为,资本主义只是人类社会历史的一个发展阶段。马克思的《资本论》就是研究资本主义这个特定社会阶段的,并从多个方面分析了资本的属性。这些方面主要是:(1)资本的真相存在于普通的商品中。他认为,商品现象中包含着价值实体性和价值量的具体性,劳动产品的商品形式,或者商品的价值形式,本质就是经济的细胞形式;(2)商品现象背后的经济规律性。他认为,商品现象变化的规律,能够由一种形式过渡到另一种形式,由一种联系秩序过渡到另一种联系秩序,所以具有自然发展的阶段性。而其中的核心规律,是商品的价值由生产商品的社会必要劳动时间所决定(价值规律还剩余价值规律);(3)社会劳动的实践性。他认为,创造价值的唯一要素是物质生产部门的劳动,即无差别的脑力体力消耗的抽象劳动。所以,劳动创造了价值和剩余价值;(4)资本生产形态的存在性。他认为,"资本和劳动的关系,是我们现代全部社会体系所依以旋转的轴心"[3],因而,资本主义所有制为基础的生产资料与劳动力相结合的经济体系存在形式,是比以往任何一种经济形态都要复杂的经济体系存在形式;(5)资本运行方式的存在性。他认为,资本主义所有制为基础的生产资料与劳动力相结合的经济运行形式,具体表现为生产、储藏(占有)、交换、配置和消费,这些环节构成的循环往复的整体运行过程,而"过程总是从生产开始";(6)资本发展过程的存在性。他认为,资本主义"社会经济形态的发展是一种自然历史过程";(7)资本存在的物质结构性。他认为,资本的物质结构性,即生产力的要素结构性,这种物质要素结构是社会生产力的核心,而一定的物质生产力决定着一定的生产关系和社会关系。所以,由劳动者、劳动工具、劳动对象及其内含的科学技术等物质要素构成的生产力结构,决定着资本主义的生产关系和社会关系;(8)资本运行的动力性。他认为,资本的动力性,即社会生产力的推动性,它是一种既定的力量。正是这种力量,推动着资本主义国家国力的增强,推动着资本主义社会向前发展,并决定着资本主义社会的基本矛盾,即生产力与生产关系、经济基础与上层建筑的矛盾运动;(9)资本发展的时空环境性。他认为,资本发展的时空环境性,即资本主义发展阶段的时代环境物质分布性(如人口、科学技术等)和自然环境物质分布性(如土地、能源等)。劳动离不开特定的时代环境和自然环境,劳动又会改变时代环境和自然环境。资本主义的发展处在特定历史阶段的物质分布环境中,它是在尚未充分开发的自然物质分布环境中逐步发展起来的。以上九个方面表明,马克思是透过资本主义经济中的商品现象,通过解剖资本的物质生产形态、运行流通方式和发展过程形式,来揭示出由社会劳动实践创造的资本的本质规律的。这个本质规律就是:资本的存在前提是生产力的物质要素构成;资本运行的动力是资本主义的基本矛盾和竞争作用;资本发展的整个过程是人类社会发展的资本主义阶段及其社会自然空间。所以,资本作为一个事物,它尽管是很复杂的,但马克思用数十年的时间,通过分析研究它的各个细节,从总体上弄清了它的真相性、规律性、实践性、形态性、运动性、过程性、生产力结构性、生产力推动性和时空环境物质分布性。就是说,他弄清了资本的整体统一性。而这种整体统一性表明的资本主义社会经济的基本经济关系,是生产力与生产关系的矛盾关系;表明的资本主义社会经济的基本社会关系,则是剥削与被剥削的关系。可见,马克思对资本主义社会的认识,也是关于基本矛盾关系的"两点论"和关于整体统一关系的"多点论"的统一论。

从马克思、列宁、毛泽东、邓小平对"社会"这一事物的具体认识中,我们能够看到些什么呢?应该能看到马克思主义本身的发展阶段性,也能够看到马克思主义所代表的整个人类认识运动发展过程的阶段性;能够看到马克思主义各个发展阶段的具体性,也能够看到马克思主义的整个发展进程的整体性。很显然,他们对具体社会的认识,代表了人类认识运动发展过程的最新认识阶段,是最新认识阶段的具体认识成果。马克思、列宁、毛泽东、邓小平所面对的具体社会尽管是不同的,但他们都把辩证唯物主义和历史唯物主义的基本原理,应用于各自所处时代的具体"社会"实际的认识实践过程中,推动了马克思主义不断发展深化的历史过程。而他们的认识的基本特征,则都表现为对立统一"两点论"和整体统一"多点论"的统一论:在认识客观事物(社会)的基本矛盾关系和具体矛盾关系时,坚持的是辩证法的对立统一"两点论";但在把握事物的总体综合关系时,则坚持的是辩证法的整体统一"多点论"。从世界社会主义运动的整个发展进程来看,这种"两点论"与"多点论"相结合的辩证统一论,其科学性已经为无产阶级的革命和建设实践所证明,已经为俄国、中国等国家的社会主义革命和中国等国家的社会主义建设的伟大实践所证明。因而,这种经过了长期社会实践检验的认识方法,是一种科学的认识方法。其科学性主要表现在:它既具有联系客观实际的具体性,又具有坚持马克思主义根本原理的整体性;它既体现了针对不同时代、不同认识对象来认识的具体阶段性,又体现了应用马克思主义基本原理的与时偕行的整体过程性;它既表明了对人类认识史中既往优秀思想的继承性,又表明了对人类认识史的未来发展的开创性。同时,它作为人类认识运动整体发展过程的最新阶段性成果,还清楚地表明:整个人类认识运动发展史,是由一些大的具体发展阶段组成的,而这些大的发展阶段本身,又是由一些小的更具体的发展阶段所组成。

通过以上两个具体实例,我们就初步可以得出一个结论:人类认识运动的发展历史,是既具有整体性和具体性的统一性,又具有过程性和阶段性的统一性的。对于揭示客观世界对立统一关系的"两点论"认识方法来说,由于它是随着社会前进的步伐不断发展的,故表现为作为一种具体认识方法的自身发展的过程性和阶段性的统一性;而作为一种具体认识方法,它又只能是整个辩证法的组成部分,是整个人类认识史的组成部分,故又表现为整个认识运动史的整体性和具体性的统一性。而对于马克思主义关于"社会"的认识来说,由于马克思、列宁、毛泽东、邓小平对他们各自所处的实际"社会"的认识都是具体的,而这些具体认识既是整个马克思主义的组成部分,又是整个人类认识史的组成部分,故表现为整个人类认识运动史的整体性和具体性的统一性;而马克思、列宁、毛泽东、邓小平关于"社会"实际的认识,又是随着社会形态的发展变化不断发展的,故又表现为马克思主义自身发展的过程性和阶段性的统一性。

马克思主义认识史观的正确性,实际上就在于它弄清了人类认识运动发展历史的整体性与具体性的统一性关系,弄清了人类认识运动发展历史的过程性与阶段性的统一性关系;就在于这两种辩证关系,表明了人类认识运动的发展规律性。我们来看看恩格斯和毛泽东是如何认识这种规律性的。

恩格斯是把人类认识运动的发展,看作一个整体与具体相统一的历史过程,看作一个由多个发展阶段和多种认识形式构成的历史过程的。他在谈到古希腊哲学与形而上学的关系时,就认为,在希腊古典哲学阶段,辩证的思维是以天然的纯朴的形式出现的。这种无所不包的唯物主义哲学,因为还没有进步到能够对自然界进行解剖和分析,它对自然现象的总联系还没有得到细节方面的证明,因而其基本特征是直观性。这是希腊哲学的缺陷;而到了17和18世纪,形而上学哲学思想在解剖、分析方面有了很大发展。这一阶段的形而上学哲学,在细节上要比希腊哲学正确些,但这种在细节上的发展,又障碍阻塞了从了解部分到了解整体、到洞彻普遍联系的道路。这又是形而上学哲学思想的缺陷。所以,他进一步认为,在细节上形而上学比希腊哲学要正确些,但总的说来希腊哲学要比形而上学正确些。希腊哲学只是由于存在着天然的直观性缺陷,才使它在以后必须屈服于另一种观点;但希腊哲学却存在着它胜过它以后一切形而上学敌手的优点,而正是这种优点,使我们在哲学中以及其他许多领域中常常不得不回到它那里去。这种优点主要表现为:在希腊哲学的多种多样的形式中,差不多可以找到以后各种观点的胚胎、萌芽,因而理论自然科学想要追溯自己今天的一般原理发生和发展的历史,也不得不回到希腊人那里去。恩格斯得出的结论是:这种见解愈来愈为自己开拓道路。[4]那么,他所说的开拓道路是什么意思呢?实际上就是指认识客观世界的道路,而这种认识客观世界的道路,它应是一个随着物质生产和科学实验的持续发展,逐步向前发展的认识深化过程;是一个不断地继承优点克服缺点的、代表不同认识阶段的具体哲学之间的、相互借鉴的整体完善过程。

毛泽东也把人类对客观世界的认识运动,看作一个整体与具体相统一的发展过程,看作一个"实践、认识、再实践、再认识"的循环往复的辩证深化过程。他在论述中国的历史、中国的认识史时,就把其看作一个连续不断的发展过程,指出:"今天的中国是历史的中国的一个发展;我们是马克思主义的历史主义者,我们不应当割断历史。从孔夫子到孙中山,我们应当给以总结,承继这一份珍贵的遗产。这对于指导当前的伟大的运动,是有重要的帮助的。"[5]他在《实践论》一文中,曾经用辩证唯物主义和历史唯物主义的观点,深刻地阐述了马克思主义的认识史观,阐述了人类整个认识过程的辩证性和历史性,并把人的认识看作一种依赖于物质生产活动的运动形式,看作一个永无止境的认识深化发展过程。毛泽东说:"人的认识,主要地依赖于物质的生产活动,逐渐地了解自然的现象、自然的性质、自然的规律性、人和自然的关系;而且经过生产活动,也在各种不同程度上逐渐地认识了人和人的一定的相互关系。一切这些知识,离开生产活动是不能得到的。"[6]而"马克思主义者认为人类社会的生产活动,是一步又一步地由低级向高级发展,因此,人们的认识,不论对于自然界方面,对于社会方面,也都是一步又一步地由低级向高级发展,即由浅入深,由片面到更多的方面。"[7]毛泽东还说:"感性和理性二者的性质不同,但又不是互相分离的,它们在实践的基础上统一起来了。"[8]"这种基于实践的由浅入深的辩证唯物论的关于认识发展过程的理论,在马克思主义以前,是没有一个人这样解决过的。马克思主义的唯物论,第一次正确地解决了这个问题,唯物地而且辩证地指出了认识的深化的运动,指出了社会的人在他们的生产和阶级斗争的复杂的、经常反复的实践中,由感性认识到理性认识的推移的运动。"[9]而这种推移的运动,是因为"任何过程,不论是属于自然界的和属于社会的,由于内部的矛盾和斗争,都是向前推移和向前发展的,人们的认识运动也应跟着推移和发展。"[10]所以,"通过实践而发现真理,又通过实践而证实真理和发展真理。从感性认识而能动地发展到理性认识,又从理性认识而能动地指导革命实践,改造主观世界和客观世界。"[11]而"实践、认识、再实践、再认识,这种形式,循环往复以至无穷,而实践和认识之每一循环的内容,都比较地进到了高一级的程度。这就是辩证唯物论的全部认识论,这就是辩证唯物论的知行统一观。"[12]这些论述深刻地揭示了马克思主义认识运动史观的科学性,表明了毛泽东是把人类对客观世界的认识,放到历史中去考察,放到物质生产中去考察,放到人们的实践活动中去考察的;表明了人类认识历史上的任何一种具体认识方法,都不是凭空产生的,而马克思主义的辩证唯物主义和历史唯物主义,也只是人类认识史的产物,它同哲学史上的任何一种具体认识方法一样,既有其产生的历史原因,也还要不断地向前发展。

恩格斯和毛泽东从理论上阐述了人类对客观世界的认识的相对的科学性、历史的局限性和时代的适应性的统一关系。我们看到,他们确实是从这种统一关系出发,来认识人类认识运动发展史的整体性与具体性的统一性,认识人类认识运动发展史的过程性与阶段性的统一性,认识人类认识运动发展史的整体性与具体性和过程性与阶段性的相统一的规律性的。在恩格斯那里,希腊哲学和形而上学哲学,二者都是人类认识史的适应了不同时代特征的产物,都受制于自然科学和社会科学发展的历史条件,因而它们都只具有相对的科学性,因而都是一种具有"合理内核"的哲学思想。而在毛泽东那里,人类的认识运动,表现为从感性认识到理性认识、再从理性认识到指导革命实践的"实践——认识——再实践——再认识"的循环往复的过程。因而人们的感性认识,因自然科学和社会科学发展的历史条件的制约,而表现为具有历史的局限性;人们的理性认识,因哲学和自然、社会科学的持续发展的实证条件的制约,而表现为具有相对的科学性;人们的能动的实践过程,因社会发展的时代条件的制约,而表现为具有时代的适应性。所以,这种规律性表现为:人类认识运动发展过程中的具体哲学思想,都是整个哲学史的产物;人类认识运动发展过程的每一个具体发展阶段,都是整体发展过程的组成部分。它告诉我们:同认识运动发展过程的各个阶段的具体哲学思想一样,代表哲学发展最高阶段的马克思主义哲学,也是要继续发展的;而这种以辩证唯物主义和历史唯物主义为基本原理的哲学思想的发展目标,在于恩格斯所指出的,要在哲学和自然科学的持续发展的基础上,证明"世界的真正的统一性是在于它的物质性"。[13]

应当说,这种关于客观世界的物质统一性的证明,是伴随着整个人类认识运动的发展过程的,而只是到了今天,哲学、自然科学和社会科学的发展,才为证明世界的物质统一性提供了坚实的基础。这是因为,在自然科学领域,相对论、量子论、宇宙大爆炸等理论从客观世界的基本属性方面,证明了它的物质统一性,信息论、系统论、控制论等理论从客观世界的整体属性方面,证明了它的物质整体性;在社会科学领域,整个世界现在呈现出了经济一体发展化的趋势,整个人类进入了全球互联网时代,从而表明了人类社会的物质整体性和统一性;而在哲学领域,马克思主义理论家们在认识具体的社会事物时,实际上就应用的是"两点论"与"多点论"相结合的具体分析与整体综合相结合的认识方法。所有这些表明,能够证明世界的物质统一性的前提已经具备了。

为了更全面深入地认识马克思主义认识史观的正确性,我们再从人类认识史的角度,来看看整个哲学发展史的整体性与具体性、过程性与阶段性的统一关系,进而探讨马克思主义认识史观所阐明的人类认识运动发展的规律性。

列宁在他的哲学《哲学笔记》一文中指出:"要继承黑格尔和马克思的事业,就应当辩证地研究人类思想、科学和技术的历史。"人类对客观世界的认识和实践的思想成果,它会以理论和知识的形式,积淀在哲学、自然科学和社会科学之中。所以,一部人类社会的发展史,它不仅仅只是经济、政治、文化等领域的发展进步史,同时也是人的认识和思想的发展进步史。数千年人类社会的发展历程表明,人类社会的全部哲学思想,都是在人类的社会生存实践基础上产生发展起来的,而这一发展过程的每一步,都是与当时的社会生产力发展水平相同步的,都必然要受到当时科学技术发展水平的制约。因而,整个人类认识发展史中的任何一种哲学思想,都是不能超越历史、超越实践、超越科学技术发展水平的。我们大概地回顾一下哲学的发展历程,就不难明白这一点。

考古学证明,史前,是没有文字的,当然那个时期也就谈不上有现代意义的哲学。但是,后来的全部哲学思想,又都是从这个没有哲学的原始基础上产生的。由于在维持人类生存的劳动过程中,劳动导致了手的完善,推动了人的思维和语言的发展,使人的大脑逐步进化、意识活动逐步增强,因而史前人类在发展到一定程度后,他们就开始用最原始的音乐和诗歌,来赞美自己的劳动过程,并开始逐步关注客观世界了。只不过因为他们当时还处于一种完全的蒙昧无知状态,这种关注更多的,是对自身生存环境的一种敬畏:他们敬畏山、水、土、火;敬畏雷声、闪电、太阳、月亮;敬畏天、地、生、死;敬畏几乎与之接触的一切自然物。所以,史前人类对客观世界中的植物、动物、天体等自然物的关注,主要表现为一种由敬畏而产生的自然崇拜;对与原始氏族社会结构密切相关的生殖、图腾、祖先等的关注,同样也表现为一种由敬畏而产生的自然崇拜。而这种崇拜一般地都经历了参与具体崇拜活动和形成抽象神灵观念的演变过程,因而,它就成为史前人类"拜物"观念得以产生的客观基础。这种在劳动过程中与大自然打交道时形成的"拜物"观念,是史前文学艺术和"多神教"产生的历史前提。由此,文学艺术的种子产生了,宗教文化的基础形成了,而唯物主义和唯心主义的世界观也开始萌发了。就是说,在这一时期,整个人类认识运动发展过程的哲学思想萌芽,有了它的产生的基础。

古代哲学思想的萌芽就是从史前的这种拜物观念基础上产生的。随着生产力的进步,从五千年多年前(或更早),人类就试图突破上百万年的原始"拜物"观念的束缚,开始学习用"格物"的象征方法来认识世界,也就是用客观事物的具体物象,来从整体上象征、隐喻、感悟世界的道理,以决定自己的行为。

最早应用这种方法的人就是中国的伏羲。大约在五至七千年前,中国的伏羲就创立了《易经》阴阳八卦。他用符号来表示"天、地、水、火、山、泽、风、雷"这些物象的阴阳属性,以认识万物的阴阳关系,探究世界的根本道理,同时用卜筮的形式进行决策,来决定人们的行为。所以,中国的《易经》虽然是在史前的拜物观念基础上产生的,甚至它所选用的卜筮形式,也还是最原始的拜物教形式。但是,它确实已经开始"格物"了,也就是开始用物象象征的方法,来穷究事物的道理了;它确实已经开始用"格物"的物象象征方法,来认识事物的阴阳关系,探讨世界的本源规律了。所以,从思想内容看,伏羲《易经》实际上就已经具备了哲学的雏形。因为在它的思想中,确实蕴含了朴素的阴阳辩证"两点论"和八卦整体统一论。

伏羲《易经》延续了数千年。到约公元前两千一百年中国的奴隶制社会诞生后,文字的出现,推动夏、商两朝相继又产生了《连山》《归藏》卦。此时,中国人就开始用文字的形式,具体地解读伏羲符号卦了。

从公元前两千七百年到前五、六世纪,是古印度社会从原始公社瓦解到奴隶制的形成时期。据印度历史文献记载,这一时期的古印度人,有些认为世界是由水、火、风构成的;有些认为世界是由"事物""无""原人"创生的;有些认为世界是由"梨多"(宇宙理法)、"原人""太一"主宰的。这表明,当时的印度哲学也处于由

"拜物"向"格物"的转变阶段。

而在公元前七世纪至前六世纪,古希腊哲学家们也十分重视对宇宙本源的研究了。由于对世界本源的回答不同,哲学家的居住地不同,古希腊哲学形成了多个派别。其中的米都利学派,以"水""气"为世界本源;爱非斯学派认为,世界万物都是符合规律的燃烧熄灭的"火";毕达哥拉斯学派把"数"视为事物的原型,认为"数"构成宇宙的秩序,"凡物皆数";而爱利亚学派则把千变万化的世界归之为虚幻的假象,认为唯一真实的东西是"存在"。此外,还有的哲学家提出了"四元素"(水、火、土、气)、"种子""原子"等概念,以探求世界的本源。这表明,当时的古希腊哲学家也已突破了原始拜物教的束缚,开始思考什么是世界的本源,开始学习用"格物"的方法来认识事物,用物象来象征世界的本源了。

所以,从原始社会向奴隶社会的转型时期,是人类哲学思想的诞生期。这种刚刚诞生的哲学思想,代表了哲学发展的初生阶段,其基本特征表现为由"拜物"型向"格物"型的转变,其哲学形态也只能称为古代哲学的雏形形态。

奴隶制是人类社会走向文明的第一步。脑力劳动和体力劳动的分工,促进了象形文字的产生,为包括哲学在内的文化科学的产生发展奠定了基础;阶级对立的出现,国家制度的产生,社会等级的形成,则为伦理学的产生发展奠定了基础。这就为哲学的发展由古代雏形阶段向古代阶段过渡,提供了认识的基础和前提。

古代哲学是一种基本具备了"格物"特征的哲学。什么是"格物"呢?"格",是来、至、推究的意思,所以"格物",就是面对事物而推究其内在的道理。这是古代时期人们认识事物时的一种最基本的方法。由于古代哲学产生的历史时期,大体都处于奴隶社会向封建社会的转变期,当时的社会生产力虽有一定程度的进步,但总体上看,科学技术还比较落后。因而这种情况下,人们在面对客观事物时,其认识过程是难以深入到事物的内部,去具体地考察事物的物质属性之间的联系性的,而只能从事物的整体角度,从事物的外部来"格"、来喻、来推究。就是说,在认识事物的时候,只能通过客观事物物象的象征性,来感悟事物存在的道理,把握世界运动发展的规律,认识物质的整体性和统一性。

显然,这种认识方法并不具备实证性,因而它对客观事物规律性的认识是不精确的。因为这种认识方法的基本特征,是只具有认识的整体性而不能深入到事物的内部去具体地分析把握事物的规律性,所以从认识论的发展史来看,它应是一种还处于"表知"阶段的认识方法。而由于当时的奴隶制社会已经体现出了显著的社会整体性,因而,这种"格物"认识方法的整体性促进了当时社会伦理学的诞生;由于原始社会已产生的文学艺术萌芽,其创作过程的思维特征具有象征性,因而,这种"格物"认识方法的象征性、隐喻性,促进了当时文学艺术的发展。

这种具有"格物"特征的整体性认识方法,代表了人类认识运动发展过程的第二个认识阶段,它自然会为下一个认识阶段,即具体分析认识阶段打下认识基础。我们来具体地看看这一阶段的古中国、古印度、古希腊哲学的基本情况。

首先来看古中国哲学。古代中国哲学的产生应始于周代,其代表性思想有《周易》《老子》和儒家思想等。

"文王拘而演周易"。所以,《周易》产生始于约公元前1000年,它是由文王、周公、孔子等相继完成的(至五代末宋初的陈抟才绘出了太极八卦图)。《周易》提出了"太极"这一关于世界本源的概念,认为"易有太极,是生两仪,两仪生四相,四相生八卦"。所以,它把阴阳二个物性构成的"太极",看作是世界万物的本源,并认为,由"天"和"地"象征的乾与坤属性,是客观世界最根本的两个总体阴阳物性(两仪);由两仪能生出乾、离、坤、坎四个基本的主体阴阳物性(四相);由四相又能生出乾、震、离、兑、坤、艮、坎、巽八个具体阴阳物性(八卦),具体由"天、雷、火、泽、地、山、水、风"这些自然物象来象征;而这一阴阳八卦形式,是能够用来认识万事万物的。所以,《周易》关于世界本源的思想,是阴阳统一论("两点论"),它对具体事物的综合性认识,是从八个物性进行的,是八卦统一论("多点论")。而它对具体事物的分析性认识,是由64个"爻卦"表示的,也就是由八卦象征的八个阴阳物性两两相交而构成的64种关系("两点论")表示的,并认为,由此64个"爻卦"能够表示万事万物的所有变化,这种变化具体表现为由"六划卦"表示的"初、元、亨、利、贞"五行变化关系("多点论")。所以,《周易》的认识方法尽管只具有"格物"特征,是一种形象思维,但这种形象思维认识形式,已具有了"通神明之德""类万物之情"的理性思维的特征。

老子生活于公元前571—471年,他的主要著作是《道德经》。老子继承并发展了《易经》思想。他在《易经》的阴阳合一思想的基础上,进一步提出了"道"这一世界本源观点,并认为,"道"是世界的根本规律和根本行为准则。老子《道德经》中"道生一,一生二,二生三,三生万物。万物负阴而抱阳,冲气以为和"的根本观点表明,他对《易经》的太极八卦内含,有了更具体现实的感知;而对《易经》的阴阳属性,则有了实证性的认识。他不是完全沿用古老的象征性认识方法,而是认为,客观事物都是由"道生之,德蓄之,物形之,势成之";认为,"道之为物,唯恍唯忽。忽兮恍兮,其中有象;恍兮忽兮,其中有精。其精甚真,其中有信。"它"独立而不改,周行而不殆","故物或行或随,或嘘或吹,或强或羸,或载或隳。"它"生之蓄之,长之育之,成之熟之,养之覆之。"因而可以说,老子实际上已经开始用"规律""规范""物体""势""现象""本质""信息""运行""发展""成长""周期"等类似于今天的科学概念，从多个方面来认识事物了（"多点论"）。他还列举了大量的具体矛盾关系，如：道与德、道于名、有与无、大与小、多与少、曲与全、枉与直、弊与新、重与轻、静与燥、荣与辱、明与暗、雄与雌、母与子、强与弱、贫与富、利与害、损与益、得与失、行与止、奇与正、动与静、进与退、始与终、生与存、生与死、虚与实、刚与柔、治与乱、善与恶、祸与福、存与亡、为与无为、争与不争、肖与不肖等等（"两点论"），来表明事物的阴阳对立统一观；而同时又认为，这种阴阳对立统一观是始终从属于世界的整体统一观的。所以，在老子的认识方法中，既有传统的"格物"式形象思维，更有大量的阴阳辩证分析性思维，他的思想实际已具有了初步的对事物进行具体分析的"析物"特征。

　　孔子生活于公元前551—479年，他成就了《易经》，并根据《易经》的阴阳尊卑思想，完善了周公开启的儒家思想。因而儒家思想的源头，也是《易经》的阴阳观（"两点论"），具体表现为天尊地卑的"天人合一"观。以孔子为代表的儒家，特别强调天与人的关系的紧密相联不可分离，认为天命决定人的生死德行，决定社会的兴衰治乱，因而，人事必须要顺从天命。据此，形成了以"仁"为核心的"仁、义、礼、智、信"儒家伦理学思想，这一以"仁"为核心的伦理学思想，被称为"五常"。五常中的"仁"，实际上是讲如何"做人"的，是从人与天地之间的关系的角度，讲做人的道理的。所以孟子说："仁者，人也。合而言之，道也。"（《孟子，尽心篇》）意思是说，"仁"就是之所以为人的道理，人只有真正懂得了"仁"这种天地之本性、人类之至德，并本着这种道理去做，就达到了"仁"的道德境界。而五常中的"义"，是指实现"仁"的方法、路径。孟子也明确地指出了这一点，他说："义，人路也"（《孟子，告子上》），意思就是，"义"，是人们达到"仁"道德境界的路途；"礼"，应是指人们达到"仁"道德境界的行为规范。孔子指明了这一点，他说，"立于礼"（《论语，泰伯》），还说，"不知礼，无以立也。"（《论语，尧曰》）意思是说，达到"仁"的道德境界，必须要立规矩，没有规矩是不成方圆的；"智"，应是指对达到"仁"道德境界的道理、方法和规范的认识和理解。也就是对"仁""义""礼"的内涵，必须有深刻的理解，真正弄通弄懂，并付诸行动，而不能像孔子所说的那样，"智及之，仁不能守之，虽得之，必失之。"（《论语，卫灵公》）；"信"，则是指对达到"仁"道德境界的信念、信仰、信守、诚信，应是对做人的最高境界的一种矢志不渝的追求。可见，儒家倡导的"仁、义、礼、智、信"五常伦理思想，表现为一个探讨做人道理的、以"仁"为核心的认识系统。所以，程颢在他的《识仁篇》中曾经说过："学者须先识仁。仁者浑然与物同体，义、礼、智、信皆仁也。"（《程氏遗书》卷二上），他不仅指明了"仁"在这一认识系统中的核心地位,同时也指出了五常伦理学的整体性。数千年来,这种儒家五常伦理思想成为中华民族的思想认识基础,并在此思想认识基础上,进而确立了惩恶扬善的人性论和社会本位的道德理想以及治理社会的纲常关系,并具体化为,孝、悌、忠、恕、义、礼、智、勇、恭、宽、信、敏、慧等观念,其中"孝""悌",被确立为"仁"的基础,成为仁学思想的基本支柱。以孔子为代表的儒家思想,对中华文化和社会的发展,产生了十分重大的影响,对世界的影响也是很大的。

可见,古中国哲学中,《周易》是从"阴、阳"的角度来认识世界的,《老子》是从"道德"的角度来认识世界的,儒家是从"做人"的角度来认识世界的。此外,还有从"兼爱"(人与人的关系)的角度认识社会的墨家,从"法"(规范)的角度认识社会的法家,从"理"(人们对规律的认识)的角度认识世界的理学,从"顿悟"(人们对真相背后的规律的突然理解)的角度认识世界的禅宗等。这诸多的哲学流派,其认识客观世界的角度自然是各不相同,但究其源头,都是源于《易经》的。原因在于,在《易经》的太极八卦中,也就是它的整体统一性认识结构中,不仅含有《周易》关于客观事物的"坤阴"属性(质量结构性)和"乾阳"属性(时空环境物质分布性)及其由二者构成的阴阳对立统一关系,有《老子》关于客观世界的"道"的规律性,有法家关于社会的规范性,有儒家关于"做人"的认识实践性,有作为理学认识依据的规律性,有禅宗顿悟依据的真相背后规律性,有象数哲学的数理关系;还有世界哲学流派中,诸如亚里士多德的"形式"认识依据——"离"属性(形态演化性),黑格尔辩证法的雏形——阴阳对立统一关系,实证主义的认识对象——"巽"属性(实证性),经验主义的认识依据——"巽"性(实验性),实践唯物主义的认识对象——"巽"属性(实践性),感知论的认识依据——"兑"属性(信息),信息唯物主义的认识对象——"兑"属性(信息真相性),唯理论的认识依据——"道"属性(规律性),不可知论的认识依据——知行统一关系,等等。所以,《易经》才被称为群经之首。

其次来看古印度哲学。公元前六世纪到五世纪以后,印度奴隶制国家形成并发展起来。期间,古印度哲学从宗教中分离出来。古印度时期的哲学文献浩繁,学派林立,大师众多。与古希腊和古中国哲学相比,古印度哲学中的信息、系统、复杂性理论更具有全面性、神秘性和深邃性。这一哲学寓于神学的想象,构建了宏大的范畴体系,并注重于众多的范畴之间的逻辑关系的阐释。由于古印度哲学家普遍认为,世界万事万物都是具有神性的精神力量所创生的,而"大梵"正是具有这种神性力量的超级"自我",是世界万物的统一者、创造者,因而古印度哲学就成为一种具有宗教特征的哲学形态。

以神秘的"大梵"作为世界的本源,这是古印度哲学的一个最基本的假定。古印度哲学认为,世界统一于"大梵",这种"大梵"在本体上是具有潜在的存在状态的,因而,它无形、无相、无名,是不可见、不可说、不能直接把握的;而除了这种潜在的存在状态之外,它还有另一种存在状态,即由"大梵"本体所显现出来的宇宙间的有象状态,也就是我们可以直接面对的有形、有相、有名、可见、可说的具体事物,这当然也包括人体与人类本身。所以,"大梵"的这两种状态的存在方式是不对等的:作为本体的一种无相状态,它是真实的存在,而作为由它所显化出来的有相世界,则只是显现"大梵"存在的幻想世界,所以是非真实的存在。这样,按照这一理论的思维逻辑,人们所面对的有相世界,仅是无相"大梵"世界的虚幻化身;而只有无相的"大梵"世界,才是潜在的真实的世界。这就意味着,我们所面对的有相世界,仅仅是无相"大梵"世界的一种表现形式而已。但是,真实的有相世界,是客观的、物质的,是复杂的、多变的,是随着特定的环境和条件有生有灭的,是有其内在的本源规律性的。由于这种客观性、物质性、复杂性、多变性、生灭性和内在的本源规律性,是只能由哲学和自然科学的发展来证明而不能用想象中的"大梵"来代替的,因而,这种把想象中的"大梵"看作是一个潜在的世界的认识,颠倒了存在与意识的关系。虽然它确实已具有了初步的"格物"特征,是把"大梵"想象为一个"物"世界的,但由于这种想象脱离了客观世界的物质实在性,因而实际上并没有摆脱原始的"拜物"观,本质上是唯心的。

此外,古印度哲学还有一些非主流的理论,如:《梨俱吠陀》中《无有歌》《金胎歌》《水胎歌》和《原人歌》提出的以"太一""金卵""水""原人"为本体而生成世界的思想;《奥义书》中提出的世界统一于"极微"(相当于原子)的思想;世界统一于"空""风和气""六大"(火、地、风、空、日、天)、"三界"(地界、天界及两界之间)的思想;等。这说明,古印度哲学对世界本源性的认识具有多样性。

在这些对世界本源认识的基础上,古印度哲学为了阐释其对客观事物存在方式,大都建立了对世界进行描述的范畴体系。如:"数论派"的"二十五谛"论、"胜论派"的"十句义"论、"正理哲学"的"十六谛义"论、"顺世派"的"四大元素"论、"耆那教"的"七谛说""生活派"的"十二元素"论等等。

这些范畴体系理论大多具有不同程度的多元实在论的特征。例如:"胜论派"的"十句义"论认为,世界上的事物和现象,都可以分为十种句义范畴,即实(实体)、德(性质)、业(运动)、同(普遍)、异(特殊)、和合(内属)、有能(可能)、无能(非可能)俱分(亦同亦异)、无说(非存在);"耆那教"的"七谛说"是指,命(灵魂)、非命(非灵魂)、漏人、系缚、制御、寂静和解脱。这种"七谛说"实际上蕴含了一种多元实在论的系统整体观,它将宇宙事物分为命(灵魂)与非命(非灵魂)两大领域,然后将命(灵魂)分为能动与不动两类,将非命(非灵魂)分为定型与不定型两类物质。所以,它是从精神和物质两个哲学范畴来认识世界的,同时把世界的构成要素归结为六个方面:极微、时间、空间、运动、静止、灵魂。在这六个方面中,极微、空间、运动、静止、灵魂被看作是构成宇宙的五个实体性要素,时间则被看作现实事物存在、变化得到持续过程;"佛教"是从因缘和合关系的角度来认识世界的。它认为,构成因缘和合关系的基本要素有两大类:精神和物质,"六界说"和"五蕴说"就是对这两大基本要素的具体区分。"六界"是指"地、水、风、火、空、识"六种要素,其中,"地、水、风、火、空"(可总称为"色")为物质性要素,而"识"(可称为"名")为精神性要素。"五蕴"是指"色、受、想、行、识",其中,"色"概括物质现象,"受、想、行、识"为精神现象;而"生活派"是从"十二元素"来认识世界的。它认为,"灵魂(命)、地、水、火、虚空、得、失、苦、乐、生、死",是构成世界的基本元素。其中,"地、水、风、火"四大元素是纯粹的物质,"苦、乐、生、死"是各自独立的精神元素,而灵魂不仅存在于动植物有机体中,也存在于"地、水、风、火"中。所以,这些范畴体系理论都具有"多点论"的特征。

　　总起来看,古印度哲学是具有神秘的宗教色彩的。原因在于,这种神秘的本体论认识,本质上还只是一种"拜物"观念,它只是感觉到了以"大梵""太一""金卵"为认识对象的这种想象中的世界本源的客观性,而没有认识到其物质属性依据的实在性。因而,在认识上它不如《易经》的阴阳物质属性统一论全面、完整,更不如希腊哲学的本体论物质属性"四因说"具体、真实。虽然它在认识的形式上形成了学派林立、大师众多、范畴体系复杂的局面,但在认识的内容上脱离了世界本源的物质统一性,因而还没有摆脱"拜物"观的束缚。这也是印度宗教相当发达的基本原因。

　　再次来看古希腊哲学。希腊古代唯物主义哲学也把世界的本源归结为一种或几种具体的实物,如:泰勒斯认为是"水";阿那克西米尼认为是"气";赫拉克利特主张是"火"。公元前五世纪,希腊奴隶制社会经济已经比较发达,古希腊哲学的重点开始由研究自然转到研究人。这时的哲学家不相信有真正的存在和客观真理,如:普罗泰戈拉认为一切都同样真,是非善恶是相对于人的感觉而言的;高尔吉亚又认为一切都同样假;而自称为"爱智者"的苏格拉底,则认为客观真理是存在的,认识真理也是可能的,认为真正的知识是从具体的道德行为中寻求各种道德的普遍定义,而寻求定义的方法就是论辩诘难。

　　到了公元前四世纪,古希腊哲学进入了系统化阶段,也就是进入了对客观世界进行系统认识的阶段。这一阶段杰出的哲学家,有柏拉图、亚里士多德等。

　　柏拉图提出了理念论。他认为,现实的、可感知的世界不是真实的,在它之外,存在着一个永恒不变的、真实的理念世界。他认为,这种理念是个别事物的"范型",个别事物只是完善的理念的"影子",所以,以个别事物为对象的感觉,不可能是真正知识的源泉,而真知是不朽灵魂对理念的"回忆"。他认为,这种"范型"是原初的,它是世界的本源,而传统实在的各种现实物,则是这种原初"范型"的直接派生物。因而,柏拉图哲学中的"范型"(形式),并非人脑对关于个别事物进行概括后的抽象概念;相反,它应是一种具有实在性特性、而这种实在性又高于具体世界的存在的,由它构成了世界,并超越了世界,它在时光中显现自己,同时又是永恒的。就是说,它成了各种事物隐藏的本质。按照柏拉图的观念,实在的基础,即本体,存在于由各种理想实体构成的一个完全超验的、非物质的领域中。

　　而亚里士多德则不同意他的老师柏拉图的理念论。亚里士多德把理念称之为"形式",认为"形式"不能脱离个别的事物而存在,形式是事物的本质,存在于事物之内。他认为,实在的世界是由一些个别的本体构成的;这些个别的本体是明确的、彼此分开的,不存在本体论意义的共相。因而他提出了著名的"四因说",即:"质料因""形式因""动力因"和"目的因"。"质料因"构成了事物的材料、基体;"形式因"构成了事物的本质;"动力因"构成了事物运动、变化的始源;"目的因"构成了事物运动、变化的目的。亚里士多德指出,作为一个哲学家,他应当用所有这些原因——质料、形式、动力、目的——来回答"为什么"这个问题。他认为,形式因是事物的本质,是完全内在于个体事物之中的,不能脱离其物质化身而独立存在,它既是事物发展的原因,也是事物发展的目的,因而事物的本质,就在于事物已发展为形式。

　　很显然,柏拉图和亚里士多德,他们实际上是从本体与形式这两个不同的角度来认识世界的本源的:柏拉图的"范型"具有完美性、理想性、普遍性,重点在于本体,特别是在于本体的物先性(形式的本体先于事物而存在)。这类似于中国哲学的太极和印度哲学的"大梵",是一种对世界本源的认识;而亚里士多德的形式则具有经验性、个体性、特定性,重点在于本体的物中性(本体的形式不能脱离事物而存在),他是在柏拉图的本体思想的基础上,进一步探讨了这种本体的实现形式。就是说,他的这种"四因"说,类似于《易经》的八卦阴阳属性,但比八卦少了四个因素;而它对物质属性的认识则又比八卦明确,可以说,已经突破了当时的"格物"的局限性。

但是到了中世纪,由于天主教在世俗生活和精神生活的各个方面又都占据了统治地位,哲学成了神学的婢女,其作用只是为信仰作理性的解释。因而这一时期,希腊哲学又具有了"拜物"的特征,直到15世纪中才向近代哲学转向。

可见,古希腊哲学的前期,也是用物象的象征性来认识世界的,从柏拉图起,才初步进入了系统化阶段,开始了对客观世界的本体性、理念性、结构性、系统性、逻辑性、形式性等物质属性的内在联系性的认识(表现为"多点论")。这种关于物质属性内在联系性的系统化认识,为近代的分析哲学奠定的认识基础;但在对世界本源性的认识上,不管是柏拉图的"理念",还是亚里士多德的"形式",他们实际上都还把意念看作是世界的本源,因而本质上是唯心主义的。

从以上三个文明古国的哲学思想来看,无论是古中国哲学中的"太极"、古印度哲学中的"大梵"、古希腊哲学中的"范型",还是古中国哲学的"道"、古印度哲学中的"太一"、古希腊哲学中的"形式",每一种哲学思想都表明了一种对客观世界的本源性认识。也就是说,每一种哲学思想都认为,世界万物是有一个共同的根本性源头的;只是在这个根本问题上,从认识论发展的开端,就存在着唯物主义和唯心主义两种不同观点的对立:认为物质是本源的,表现为唯物主义;认为意识为本源的,表现为唯心主义。而从方法论上看:古中国哲学的《易经》是阴阳辩证"两点论"和八卦整体统一论,《老子》则把《易经》的阴阳八卦朴素辩证统一思想具体地应用到了对社会、自然事物的物质属性的分析中;古印度哲学表现出了认识的全面性、神秘性、深邃性,它建立起来宏大的范畴体系,但更多的是注重了众多范畴之间的关系的阐释,表现为明显的整体性"多点论"特征,但缺乏"两点论"的辩证分析;而古希腊哲学则主要是从系统的角度看世界的,因而也是一种整体性哲学,它的基本特征是注重系统逻辑分析。(古希腊哲学的分析与老子哲学的分析有所不同:老子哲学是在整体认识的前提下,主要对事物的物质属性之间的阴阳关系进行分析,而古希腊哲学则是在整体认识的前提下,主要在于对哲学范畴的逻辑关系进行分析。)所以,从认识论的整个发展史看,正是古希腊哲学的这种整体范畴逻辑分析特征,为近代分析哲学的产生奠定了认识基础。

当然很显然,无论是古中国哲学、古印度哲学,还是古希腊哲学,这些还处于古代认识阶段的哲学形态,它们当时对客观世界的认识大多还只具有象征性或想象性,而缺少科学实验的实证性。这一点,从中国哲学的"太极"、老子的"道",印度哲学的"大梵""太一""金卵",以及希腊哲学的"理念""形式",都能看得很清楚。这表明,古代阶段的哲学形态,是以"悟"和"喻"为主的;这种以"悟"和"喻"为主的思维形式,是以"格物"为其基本特征的。而这种"格物"特征表明,古代哲学还处于人类整个认识发展过程的幼年阶段,它要为即将到来的"分析"型哲学阶段打下认识基础。

这种"格物"型认识方法,在中国,它一直延续至 19 世纪。期间,尽管始终有一些学者在从哲学的角度不停地研究诸子百家的思想,但从整个社会发展的主流方面看,《易经》的阴阳论、老子的《道德经》、孔子的伦理学等,要么成为不同朝代封建王朝的精神统治工具,要么成为类同于佛教的宗教教义;在印度,它大约在发展到公元 750 年,此后印度社会进入了中世纪,也就是进入了封建制度开始发展并取得巩固的时期。此时的印度哲学,宗教占据了统治地位,统治阶级的哲学囊括在印度教神学体系之内。到 12—13 世纪,伊斯兰教成为占据统治地位的思想体系;而在西方,它大约发展到公元 470 年,此后西方社会进入了中世纪。中世纪的西方处于封建社会的发展期,宗教占据着统治地位。此时欧洲各国多以基督教为国教,大力发展经院哲学,建立宗教审判所,《圣经》成了当时人们共同的意识形态。一直到文艺复兴时期,由于社会生产力的大发展,才推动了一场思想文化运动,使人们的思想得到大解放,开始倡导人文主义精神,反对愚昧迷信的神学思想。这才为此后自然科学的发展扫清了道路,并促使近代分析哲学,登上人类认识史的舞台。

近代哲学主要是指西方近代哲学。文艺复兴,特别是 16 世纪哥白尼的太阳中心说问世后,西方逐步进入了一个自我觉醒的时代。人们的思想从空幻的彼岸回到了现实的此岸,追求科学知识,要求个性解放,反对宗教桎梏。这时,科学的标准已不再是柏拉图、亚里士多德的学说和基督教教义,而是自然本身;科学的方法也不再掺杂神秘的巫术,而是以观察和实验为基础的归纳法和数学演绎法。因而,自然和人成了当时思想界所研究的中心课题。这样就促使西方自然科学加快了发展,促进了社会生产力的进步,哲学认识论的发展大大加快了。此时的哲学,开始进入了一个新的认识阶段,它已经具备了深入到事物内部去认识具体规律性的客观条件,能够具体地解析事物的物质属性及其关系了。所以,哲学发展过程中的一个新的认识形态诞生了,这一新的认识形态,就是以分析为主要特征的"析物"形态。它表明了哲学发展史的第三个阶段——"析物"阶段到来了。

西方近代"析物"型认识论中的主要派别,是经验论和唯理论。二者争议的焦点,是在于认识方法方面,是以经验为主还是以理性思维为主来具体地解析世界。经验论认为,哲学的研究方法只是以实验观察为基础的归纳法,知识只限于感官经验中的东西。所以,经验论者是从客观世界的实际层面认识事物的,但轻视或否认超经验的玄学问题;而唯理论则依据数学演绎法,认为事物是独立于感官经验的,思维可以把握超经验的东西。所以,唯理论者是从客观世界的规律层面来认识事物,只注重玄学问题的研究,但轻视或否认实践经验。显然,这两个派别是从相对的角度来求得思维与存在的统一关系的:一个重视感觉中个别的东西,重视多样性;一个重视思想中普遍的概念,重视统一性。

这当然也是有其产生的客观原因的。因为当时自然科学的发展,已经把经验和理性两个认识范畴提供给了哲学家,使他们有可能从这两个角度去具体地分析客观世界,认识物质的统一性。但是,这两种认识方法的片面性又是显而易见的,这种片面性直接导致了"人究竟是否可以真正认识世界"这个根本性问题上的分歧。当然,由于当时自然科学的发展还只是为人们科学地认识世界刚刚打开了大门,因而处于"析物"阶段的人类的认识能力,还不可能从根本上解决这一问题。我们来具体看看它们的发展情况。

西方近代的唯物主义经验论实际上是一种形而上学的哲学形态。这一哲学形态适应了资本主义的发展需要,它是伴随着近代自然科学的产生而出现的。17世纪,以培根、忽布斯、洛克为代表的一批唯物主义哲学家,他们适应英国资产阶级革命的需要,代表新型资产阶级利益,反对经院哲学。培根在总结当时自然科学成就的基础上,概括了观察、实验和归纳等认识自然界的实验方法。而忽布斯继承了培根的思想,第一个系统地阐述了机械唯物主义的思想。他认为,哲学的认识对象是客观存在的物质实体,物体是不依赖于人们思想的东西,它是世界上一切变化的基础。培根、忽布斯所生活的时代,尚处在资本主义生产的手工工场阶段。由于这一阶段自然科学处于形成和发展的初期,机械力学占据中心地位,而其他自然科学部门还很不成熟,这就决定了他们当时只能靠机械力学原理来论证世界的物质统一性,使这一时期的唯物主义思想具有了机械性的特征。到18世纪,法国的唯物主义思想就把这种形而上学唯物主义发展到了高峰。其主要特征是既有明显的机械性,又有一些辩证思想;主要代表人物有狄德罗、忽而巴赫等。到了19世纪40年代,当德国资产阶级革命的发展形势日益成熟后,在哲学上,德国的古典唯心主义开始走向解体,费尔巴哈的人本学唯物主义产生了。费尔巴哈在批判宗教神学和唯心主义哲学的过程中,明确地阐述了物质第一性、意识第二性的唯物主义基本原理。他批判了康德的不可知论和黑格尔的唯心主义,肯定了自然是离开人的意识而独立存在的,时间和空间是物质的存在形式,人是能够认识客观世界的;但因为他抛弃了黑格尔的辩证法,其唯物主义仍是形而上学的,社会历史观还是唯心主义的。不过,费尔巴哈的唯物主义思想终究推翻了唯心主义在德国的长期统治,使唯物主义的权威得到恢复,并大大地促进了人们思想的解放,马克思和恩格斯也深受其影响。

西方近代的唯理论哲学家主要有:(1)笛卡尔和斯宾诺莎。笛卡尔提出了"普遍怀疑"的理性思想方法。这种思想对后来几个世纪的科学与科学发展有过深刻影响,并用演绎方法创立了解析几何。斯宾诺莎提出了三类知识:感性知识、理性知识、直观知识,并认为第一种知识不仅不是正确思想的来源,而且是错误的来源。所以,斯宾诺莎和笛卡尔实际上都认为感性知识不可靠,只有理性知识是可靠的。(2)巴克莱。他的著名论点是"存在就是被感知和感知",事物都是"观念的集合体"。所以他排斥一切与感知相独立的物质对象,被称为唯心经验论哲学家。(3)休谟。他提出了著名的怀疑学说。其要点:一是认为认识的对象只能是感性知觉,怀疑在感知之外还有实体的存在;二是认为演绎法和归纳法都不能完全地认识真理,因为演绎法必须有演绎的前提,但演绎的前提要靠归纳法,而归纳法只能归纳部分事实。他的怀疑学说对后来几个世纪的科学和哲学都有重要影响。(4)康德。他将认识分为感性、知识与理性,认为人的知识只能局限于感性与知性,不可能达到理性,不可能知道物自体(也称"自在之物")。因而,其学说被称为"不可知论"。(5)黑格尔。他力图克服思维与存在的对立,提出了著名的辩证法三大规律;但又认为在对立的两者之中,思维是在先的,认为自己提出的"绝对精神""绝对理性",就达到了思维与存在的最高统一。(6)孔德、穆勒、斯宾塞。他们是代表实证主义的哲学家,都认为知识只能局限于经验范围之内,反对寻求事物的基础和本质。(7)马赫。他认为,事物只是感觉的综合,或是被人感知的要素的综合。

总之,从文艺复兴到黑格尔这一阶段的近代西方哲学,是具有人文和科学的进步意义的。人文精神突出地表现为理性主义精神,它使哲学进入了应用分析、归纳、比较、观察和实验的理性方法的时代;科学精神则把哲学从经院哲学的束缚下解放出来,并促进多个领域自然科学的大发展,呈现出众多科学大师从多个领域解析世界的局面。这表明,近代西方哲学已经使人们对客观世界的认识,从事物的外部进入了内部,从整体的感知变成了具体的分析,也就是从认识过程的"格物"阶段过渡到了"析物"阶段。它大大促进了自然科学的发展,并为辩证唯物主义哲学思想的产生,打下了坚实的实证基础和认识前提,同时也表明了哲学的发展从幼年阶段进入了成长阶段。

现代的西方哲学实际上仍是近代西方哲学的延续,其哲学流派形形色色,但大致分属科学主义(实证主义)与人本主义(非理性主义)两种思潮。现代科学主义思潮主张以自然科学为整个哲学的基础,并确认它能解决世界上的一切问题。

这种思潮自觉或不自觉地把自然科学的方法论和研究成果,简单地推论到社会生活中来,甚至要求哲学家效仿科学家。而现代人本主义又被称为人本学唯物主义。这种思潮实际上是一种把人生物化的形而上学唯物主义学说。因而它所了解的人,实际上只是生物意义的自然人,只是抽象的、一般的人,而不是社会人;它不是联系具体历史、具体社会实践来考察人,因而看不到人的社会性。所以,这两种思潮只能作为近代西方哲学的延续来看待。

马克思主义的辩证唯物主义哲学是西方近代哲学的直接产物,它的产生代表了一个新的认识阶段的开始。从社会科学发展的角度看,19世纪40年代,资本主义生产方式在西欧各主要国家已发展到成熟阶段,无产阶级作为一种独立的政治力量已经登上了历史舞台。这就需要有一种正确地揭示社会发展规律的哲学思想来指导,从而为马克思主义哲学的创立,特别是为历史唯物主义的创立提供了必要的社会条件;从自然科学发展的角度看,自19世纪开始的自然科学上的重大突破,特别是细胞学说的创立、能量守恒定律的发现和达尔文进化论的问世,都具有划时代的意义。这些自然科学领域的成就,为唯物辩证法关于普遍联系和运动发展的观点提供了科学依据;从哲学发展的角度看,哲学史上全部的唯物主义和辩证法的优良传统和认识成果,都为马克思主义哲学的产生作了思想理论准备,特别是经过对德国古典哲学的黑格尔和费尔巴哈哲学思想的革命性改造后,批判地继承了他们思想中的辩证法和唯物主义合理成分,并把其发展为辩证唯物主义哲学。这是马克思主义哲学产生的理论依据。

马克思主义的辩证唯物主义是一种崭新的哲学思想。这种思想认为,世界上的事物都是客观的物质存在,人们的认识只是客观物质世界在人的主观意识中的反映;同时认为,世界是可知的,经过自然科学、社会科学和哲学的持续的发展,人类可以认识并把握事物运行发展的规律性,并按客观世界的规律性能动地适应和改造世界。因而,它是一种科学的彻底的唯物主义思想,其科学性和彻底性主要表现在:第一,世界观是科学的。它关于物质第一性、意识第二性、意识能够反映物质世界的观点,是经过大量实践证明了的;第二,产生过程是科学的。它不仅来源于实践的检验,还吸收了古代的、近代的哲学思想的精华,是哲学发展的最新阶段性成果;第三,方法论是科学的。它克服了形而上学唯物主义的机械性,实现了唯物主义和辩证法的有机统一,克服了形而上学唯物主义的不彻底性,实现了辩证唯物主义和历史唯物主义的有机统一。因而,它在认识客观事物时,总是把辩证法的"两点论"具体分析方法和"多点论"整体综合方法有机统一起来,能够得到对事物运动发展的规律性认识,并用来指导实践;第四,关于哲学持续发展的观点是具有彻底性的。它认为,马克思主义并不是哲学思想发展的终点,作为哲学发展过程的一个具体阶段,马克思主义也要为哲学的持续发展继续开辟道路,并最终证明,"世界的真正的统一性是在于它的物质性"。

正是由于马克思主义哲学具有这种科学性和彻底性,才使马克思在认识资本主义时、列宁在认识帝国主义时、毛泽东在认识中国新民主主义时、邓小平在认识中国特色社会主义时,能够得出基本矛盾关系的"两点论"和整体统一关系的"多点论"相统一的科学结论。从而表明,马克思主义哲学是整个哲学发展过程的第四个阶段——"辩物"阶段的哲学形态,它代表了人类认识运动发展过程的成熟阶段的到来,而在它开辟的继续认识的道路上,还必将迎来哲学和自然、社会科学的新的更大的发展。

现代中国哲学继承发展了马克思主义,它推动着哲学发展过程的"辩物"阶段的发展进程。现代中国哲学的主流是马克思主义哲学,这一哲学主流坚持马克思主义哲学基本原理,并紧密联系中国特色社会主义实际和整个世界实际。它突破了对马克思主义哲学基本原理的僵化死板的主观唯心主义束缚,重视对古今中外哲学思想精华的吸收,特别是重视对中华国学思想精华的吸收,逐步形成了有中国特色的马克思主义哲学思想。因而,中国特色社会主义哲学思想就是现代中国马克思主义哲学的灵魂,是与中国传统哲学基础和社会主义革命建设实践相结合的产物。

这一思想在新民主主义革命时期的代表作,主要是毛泽东的"矛盾论""实践论""新民主主义论"等。其中,"矛盾论"用辩证唯物主义的观点,为中国革命找到了具体分析各种社会矛盾关系("两点论"的对立统一关系)、特别是主要矛盾关系的正确方法;"实践论"用历史唯物主义的观点,从中国革命所面对的旧中国社会的物质生产活动、社会生产力、社会环境、社会性质、人和人的各种关系(主要是由生产力与生产关系决定的阶级斗争)、历史发展性、社会现象(感性)、社会运行规律(理性)和社会实践过程等方面("多点论"),整体综合地为中国革命指出了正确的前进方向和发展道路;"新民主主义论"前面已经谈过,它主要是对旧中国这一事物的具体矛盾分析和整体综合认识。

这一思想在社会主义建设时期的代表性作,主要是邓小平的中国特色社会主义理论。这一理论用辩证唯物主义和历史唯物主义的观点,既指明了中国特色社会主义的基本矛盾,仍然是人民日益增长的物质文化需求同落后的社会生产力之间的矛盾(本质上是生产力与生产关系、经济基础与上层建筑的矛盾)这一主要矛盾关系("两点论"),同时又从中国特色社会主义的生产力要素结构、综合国力、内外环境、初级阶段社会主义社会形态、社会主义市场经济运行方式、三步走的发展进程、初级阶段的中国特色、社会运行发展规律性和社会实践等方面（"多点论"），整体综合地为中国特色社会主义建设事业指明了前进方向和发展道路。

历史已经表明，正是以毛泽东思想和邓小平理论为代表的中国特色社会主义思想理论，引领中国克服了一个个艰难险阻，实现了国家独立，走向了富强民主，逐步成为一个真正自立于世界民族之林的伟大国家。

第二章

认识史的运行轨迹

从整个哲学史的发展进程来看,人类的认识运动,是确实具有整体性与具体性的统一性的,是确实具有过程性与阶段性的统一性的,具体表现为一个持续不断的进步发展过程。我们能够看到,以伏羲、周公、文王为代表的远古哲学家;以老子、孔子、苏格拉底、柏拉图、亚里士多德为代表的古代哲学家;以康德、笛卡尔、黑格尔、费尔巴哈为代表的近代哲学家;以马克思、列宁、毛泽东、邓小平为代表的现代哲学家,这些"为天地立心,为生民立命,为往圣贤继绝学,为万世开太平"(张载)的哲学伟人,他们所代表的人类认识运动发展历史,是具有整体性与具体性的统一性,和过程性与阶段性的统一性的。我们能够发现,哲学和自然、社会科学所要探究的天地形成之道理,所要把握的人间社会存在之依据,所要继承的古圣先贤之未竟之学识,所要寻求的大同世界得以实现之道路,这些标明人的认识能力不断提高的、科学技术不断发展的、人类社会不断进步的文明成果,它们所代表的人类认识运动发展历史,是具有整体性与具体性的统一性,和过程性与阶段性的统一性的。而这种统一性,表现为一个持续不断的进步发展过程,并明显地呈现出人类认识运动发展过程的五个变化轨迹:

一是认识对象的物质表现形式的变化轨迹。人类要认识客观世界,要认识客观事物,离开了一定的认识方式是不行的。而人类的整个认识运动发展过程表明,人类究竟用什么样的方式来认识世界,并不是随心所欲的,而是受当时的历史条件制约的。这是因为,不同的历史条件能够为人们提供的事物的可知性物质属性表现形式,也就是认识对象的物质属性表现形式,是不同的,是变化的。例如,只用肉眼观察天象,为人们提供的是日出日落的表现形式,得出的是"地心说"结论;用望远镜观察天象,为人们提供的是月亮绕地球旋转、行星绕太阳旋转的表现形式,得出的是"日心说"结论;用天文望远镜观察天象,为人们提供的是太阳系仅是银河系的一个小星系、银河系是宇宙的一个大星系的表现形式,得出的是"星系说"的结论。这就表明了，人们的认识方式不是一成不变的，而是随着认识对象的物质属性表现形式的变化而变化的。从整个人类认识运动的发展进程来看，这种认识对象的物质属性表现形式的变化，即事物的可知性物质属性表现形式的变化，已经为人们的认识方式，提供了从心中"无物"形式到"拜物"形式、从"拜物"形式到"格物"形式、从"格物"形式到"析物"形式、从"析物"形式到"辩物"形式四种变化，并将继续从"辩物"形式发展到"统物"形式。

二是认识的"程度"的变化轨迹。人类能不能真正认识客观世界，这就是所谓的"世界的可知性"问题。人类的认识运动发展过程表明，人类究竟能不能认知世界，能不能一下子完全认知世界，这是关于"世界的可知性"问题的截然不同的两种看法。而这两种看法又是在特定的历史条件下形成的。由于不同的历史条件能够为人们提供的物质世界的可知性（对认识对象的信息真相、规律规范和实际实践的感知、认知、实践实证水平）是不同的，因而，这种表明认识"程度"的认识水平，其实也不是一成不变的，而是随着历史条件的变化而变化的。从整个人类认识运动的发展进程来看，人类对客观世界的认知，实际上经历着从"无知"到"悟知、喻知"、从"悟知、喻知"到"可知与不可知"、从"可知与不可知"到"可知"、从"可知"再到"真知"的发展变化过程。前四个阶段已经为哲学的发展史所证明，而最终到来的将是"真知"阶段，即真正能够认识和把握客观世界整体统一性规律性的阶段。

三是认识的"世界观"的变化轨迹。世界观解决的是"世界是什么"的问题，它是哲学的根本问题，表明的是人及人的思想与客观世界的关系问题。人类与客观事物的关系是什么呢？这是关于世界的存在性问题；人类的思想认识与客观事物（包括人类本身）的关系又是什么呢？这是关于世界的本源性问题。由于不同的历史条件能够为人们提供的认识基础（认识对象的科技发展基础）是不同的，因而如何认识世界的存在性问题和本源性问题，实际上也是受到历史条件的制约的。从整个人类认识运动的发展进程来看，"世界观"这个问题也不是一成不变的，而是随着历史条件的变化而变化的。关于第一个问题，即人类从哪里来，人类是不是客观世界的一个具体事物（组成部分）的问题，这应是区分有神论和无神论的一个基本标志。有神论者认为，除了物质世界外，还有一个鬼神世界，所以人的物质躯壳死了，但灵魂不死，可以成仙变鬼，进入另一个世界；而无神论则认为，人是由宇宙中的物质构成的，它也是世界上的一个具体事物，而人的生命只是人体的特定的运动方式，人的思维只是大脑的特定的运动方式。因而，人和世界上的万物一样，它有生有灭，有兴有衰，处于不断的进化过程之中。关于第二个问题，即人的思想是从哪里来的,或者说世界究竟是物质第一性的还是意识是第一性的问题,这应是区分唯物主义和唯心主义的基本标志。从人类认识运动的发展进程看,人类关于世界本源的认识,实际上经历了唯心主义和唯物主义的两种变化过程:唯心主义的变化主要表现为:从原始时期的拜物主义到宗教崇拜的客观唯心主义、到唯理论的客观唯心主义、到形而上学的主观唯心主义、到僵化死板的主观唯心主义的变化;唯物主义的变化主要表现为:从原始时期的拜物主义到就物推理的具有"格物"特征的唯物主义、到具体分析的具有"析物"特征的唯物主义、到辩证法与历史观相结合的具有"辩物"特征的唯物主义(辩证唯物主义)、到辩证分析与整体综合相结合的具有"统物"特征的唯物主义(整体统一性的辩证唯物主义)的变化。

四是认识的"方法论"的变化轨迹。方法论是人们认识世界、改造世界的一般方法,解决的是"怎么办"的问题,它是人们用什么样的方式来观察事物、处理事务的起指导作用的范畴、原则、理论、方式、手段的总和,因而是与世界观相统一的。哲学范畴的方法论也不是一成不变的,而是随着社会历史的发展而朝着科学的方向变化的。哲学的发展史告诉我们,随着世界观的发展,哲学意义的方法论的发展变化,经历了古代宗教拜物法、古代唯物主义朴素辩证法、古希腊唯心主义归纳演绎法、近代唯物主义形而上学法、近代黑格尔唯心主义辩证法、现代唯物主义辩证法几个主要发展阶段。这种发展变化还在继续,它将进入恩格斯指出的辩证唯物主义的整体统一性方法论阶段。

五是认识得以产生的客观"条件"的变化轨迹。认识得以产生的客观条件,主要是社会文明进步条件、科学技术发展条件和文化发展条件等。历史表明,原始社会处于石器文明发展阶段,社会生产力极其低下。这种原始石器文明基础,促进了人们"拜物"观念和"心证"参悟思维的产生,它催生了宗教文化;奴隶社会处于铜器文明发展阶段,社会生产力有了一定提高。这种铜器文明基础,促进了人们"格物"观念和"悟证""喻证"探究思维的产生,它催生了社会伦理学和文学艺术,宗教文化得以形成发展;封建社会处于铁器文明发展阶段,社会生产力有了较大发展。这种铁器文明基础,促进了人们"格物"观念和"悟证""喻证"探究思维的形成和发展,它推动了社会伦理学和文学艺术的形成和完善,宗教文化得以普及;资本主义社会处于机器、电器文明发展阶段,社会生产力有了很大提高。这种机器、电器文明基础,促进了人们"析物"观念和"验证"分析思维的形成和发展,它催生了近代自然科学和以自由、平等、民主、法制为标志的社会科学,文学艺术得以普及,而宗教文化开始收敛;社会主义社会产生于资本主义发展的高级阶段。

资本主义高级阶段的科学技术大发展造就的现代文明基础,促进了人们"辩物"观念和"实证"综合思维的形成和发展,并催生了历史唯物主义的社会科学,推动了社会主义社会的诞生。社会主义社会是共产主义社会的初级形态。在人类社会发展的社会主义阶段,自然科学、社会科学、文学艺术等将得到全面发展,而人类社会的这种高级文明基础,必将促进人的"统物"观念和"整体统一"综合思维的形成,它将促使人类最终进入美好的"大同"世界。

人类认识运动发展进程的五个变化轨迹是客观存在的,这一点其实并不难看清楚。这五个变化轨迹向我们表明了什么呢?它表明了马克思主义认识史观的正确性。我们试从三个方面来说明这种正确性。

第一,五个变化轨迹表明了人类认识运动的发展史,是与人类社会的发展历史相适应的,因而必然要受到社会生产力的发展水平的制约,并与科学技术的发展水平相同步。这体现了马克思主义的存在决定意识的认识史观。

我们知道,史前的人类社会,生产力发展水平极低,没有语言,没有文字,也谈不上科学技术。所以,这一时期,人类对客观世界的认识处于一种"无知"状态。但人类要生存,就要靠双手去劳动,就要和大自然打交道,而由于大自然的神秘和无情,人类当时又只能在这种神秘无情的环境中活动。这种情况下,那种原始的"无知"状态,就必然会导致人们"拜物"观的形成,并逐渐催生出原始宗教文化。这样,原始的"拜物"唯物主义和宗教唯心主义产生了。这是人类认识运动发展过程的第一个里程碑。

到了古代时期,社会生产力有了初步发展,人类对客观世界的认识进入了"表知"状态。在这种"表知"状态下,人们只能就物推理地从物象角度,来整体地探究世界万物的变化规律性,逐步形成了"格物"观念。但由于这种"表知"性认识对世界变化规律性的把握,是缺乏实证性的,因而对客观世界的认识不可能很深刻。这种情况下,作为哲学形态的古代"格物"型唯物主义和唯理性唯心主义产生了。因为"格物"型认识的最基本的特征,是具有整体性和象征性,所以它促进了当时社会伦理学的诞生,并推动了古代文学艺术的繁荣。这是人类认识运动发展过程的第二个里程碑。

近代社会生产力有了很大发展,人类对客观世界的认识开始进入到了事物的内部,就是说,进入了一种"里知"认识状态。这种"里知"性认识的最主要的特征,是依靠科学实验的结果,用具体分析的方法,来探究事物的内在规律性,所以它应是一种具有"析物"特征的认识方法。这种建立在科学实验基础上的"析物"型认识方式,极大地促进了自然科学的发展。但由于当时的历史条件的限制,又决定了它与生俱来的"只见树木不见森林"的特征,存在着"横看成岭侧成峰,远近高低各不同"的认识缺陷,因而会表现为形而上学的主观唯心主义观点,并形成"可知、不可知"的争论。在这种情况下,近代哲学的"析物"型唯物主义和形而上学唯心主义产生了。由于这种"析物"型认识方式的主要特征,是依靠科学实验来进行具体分析,因而它推动了自然科学的发展,成为人类认识运动发展过程的第三个里程碑。

到了 19 世纪初期,当自然科学的发展促使细胞学说、能量守恒、进化论三大科学发现问世后,就为彻底克服形而上学的主观唯心主义、揭示自然界的唯物辩证规律,提供了自然科学的前提和条件;当社会生产力的发展,使资本主义生产方式在西方主要国家中占据了统治地位,使社会历史发展的唯物辩证规律得到了充分展示时,就为揭示社会发展规律提供了社会科学的前提和条件。这种情况下,马克思主义哲学就以辩证唯物主义和历史唯物主义的形态诞生了。这一哲学形态融合了近代"可知、不可知"状态和古代"表知"状态的合理"内核"部分,它把人类对客观世界的认识,进一步推进到"可知"状态;这一哲学形态批判地继承了"析物"阶段的黑格尔辩证法和费尔巴哈唯物主义,它把人类对客观世界的认识,进一步推进到辩证唯物主义和历史唯物主义相统一的"辩物"新阶段。所以,这种辩证的、历史的唯物主义观点,深刻揭示了人类社会的普遍规律性,它认为:人类社会历史所有事件发生的根本原因,是物资的丰富程度,物质生活的生产方式决定社会生活、政治生活、精神生活的一般过程;社会存在决定社会意识,社会意识又反作用于社会存在,生产力与生产关系之间的矛盾、经济基础与上层建筑之间的矛盾,是推动一切社会发展的基本矛盾,而这种基本矛盾在阶级社会表现为阶级斗争;社会发展的历史是人民群众的实践活动的历史,人民群众是历史的创造者,但这种创造历史的活动和作用,总是要受到一定历史条件的制约。这样,马克思主义哲学就发现了人类社会发展的总规律,即:从原始社会发展到奴隶社会,从奴隶社会发展到封建社会,从封建社会发展到资本主义社会,从资本主义社会发展到社会主义共产主义社会,这是一个自然的历史发展过程;而社会生产力是推动这一自然历史发展过程的根本动力。所以,马克思主义使人类认识运动的发展进入到了一个新阶段,它的辩证唯物主义和历史唯物主义哲学思想,使以往分离的社会科学和自然科学统一起来了。同时它又认为,这种辩证唯物主义和历史唯物主义的哲学思想,只是进一步开辟了人类认识的道路,未来人类对客观世界的认识,一定还会从今天的"可知"状态,进入到"真知"状态,而这种"真知"状态要求,要对恩格斯所提出的"世界的真正的统一性是在于它的物质性"的命题,做出科学的证明。从而表明了人类对客观世界的认识,将会从今天的辩证唯物主义和历史唯物主义的"辩物"阶段,发展到辩证唯物主义的整体统一性的"统物"新阶段;表明了马克思主义的辩证唯物主义和历史唯物主义,代表了人类认识运动发展过程的第四个里程碑。

今天的自然科学和社会科学的大发展,实际上已经为证明世界的物质统一性提供了认识的基础和前提。我们能够看到:在自然科学方面,相对论已经把物质世界的质量、能量和时空统一起来;量子力学的波粒二相性已经把客观实在的绝对确定性变成几率确定性;生命科学已经把人类和自然界的鸿沟用基因理论填平了,证明了生命是整个自然界的结果;纳米技术甚至可以在基因体内搬运原子,它有可能从认识方面,打通长期困扰人们的物质与信息、生物与非生物、意识与物质三个哲学界限;网络科学的发展,几乎把整个世界变为一个地球村;信息论、系统论、控制论等学科的发展,则从总体上揭示了自然界、社会和人类思维这三个领域中许多现象的整体统一一致性。在社会科学方面,马克思恩格斯创立的马克思主义深刻揭示了人类社会的基本矛盾关系("两点论")和整体综合关系("多点论")相统一的整体统一性本质,认为"社会经济的发展是一个自然历史过程",整个人类社会的发展也是一个自然发展过程,因而,社会主义社会是这一自然发展过程的一个必然要到来的社会发展阶段;列宁把马克思主义的这种整体统一性思想与俄国实际相联系,使世界上第一个社会主义国家变为现实;毛泽东把马克思主义的这种整体统一性思想与中国实际相联系,把一个一穷二白的旧中国变为社会主义新中国;邓小平把马克思主义的这种整体统一性思想与中国社会主义实际相联系,他在总结中国和世界社会主义正反两个方面的经验的基础上,从基本矛盾关系的两个方面和整体矛盾关系的多个方面,深刻揭示了中国特色社会主义的整体统一性本质,使中国特色社会主义在新的历史条件下得到了巩固和发展。而从整个世界的总体情况来看,今天的世界经济实际上已经形成了一种不可逆转的全球一体化趋势,呈现出了世界经济整体体系、系统和过程的统一性,表明了整个世界经济发展的整体统一性本质。因此可以说,无论是从自然科学还是从社会科学的新发展看,当今实证科学的发展,已经为认识客观世界的整体统一性提供了实证基础和认识前提。就是说,能够证明世界的物质整体统一性的历史条件已经具备了。

第二,五个变化轨迹表明了人类对客观世界认识的水平,是随着人类社会实践的发展阶段而不断提高的,表现为一个认识方式不断改进完善的、认识内容不断丰富深化的、人们的世界观和方法论逐步趋向科学统一的历史过程。这体现了马克思主义的认识依赖于实践的认识史观。

按照这一观点,同人类认识运动发展过程的各个阶段的具体认识方式一样,处于"辩物"阶段的马克思主义哲学,也是随着社会实践的发展而发展的,它要为人类的认识运动开辟继续发展的道路,并走向更高一级的新的运动发展阶段,也就是真正能够证明世界的物质统一性的"统物"新阶段。这种证明的认识前提——哲学和自然、社会科学持续发展的基础——今天已经基本具备了。所以,这个新的"统物"阶段的认识方法,将是一种能够表明客观世界物质整体统一性的辩证唯物主义新方法,是一种综合了传统哲学和当代哲学、西方哲学和东方哲学中的科学性的新方法,是一种基于自然科学和社会科学实证基础的、基于马克思主义哲学基本原理指导的新方法。

人类认识运动的整个发展过程,已经表明了这种新的认识方法产生的必然性。整个哲学的发展史告诉我们,客观世界中的事物的运动发展是具体的、渐进的,所以人们对客观事物的认识也会呈现出具体性和阶段性的特征;而由于这种具有具体性和发展阶段性的事物又是属于同一个物质世界的,因而人们在认识事物时,必然会把它的具体性放到整体中来认识,把它的阶段性放到过程中来认识,使其表现为一个整体性与具体性和过程性与阶段性相统一发展过程。

从哲学的发展史中我们能够看到,正是由于社会生产力和科学技术的发展是具有历史的制约性的,这才使人类的认识能力受到了限制,因而哲学的发展才形成了从"拜物"到"统物"的五个发展阶段,才产生出了唯心主义与唯物主义、形而上学与辩证法、可知论与不可知论这些认识论的"双胞胎",这五个发展阶段及其认识论的"双胞胎",又因其产生的历史的必然性,会对哲学的发展产生一定的历史作用,从而使其成为整个哲学史的组成部分。而从世界观和方法论的角度看,作为各个发展阶段的认识论的"双胞胎",它们实际上都有其自身的时代的适应性、历史的局限性和相对的科学性。对于这种时代的适应性、历史的局限性和相对的科学性,从本质上看:认识运动发展史的过程性与阶段性的统一关系,应是一种"扬弃",即,后边的认识阶段会继承前边的认识过程的科学性而突破其局限性并发展其适应性;而认识运动发展史的整体性与具体性的统一关系,应是一种"包容",即,认识运动的整体发展,是以具体认识不断在整体中容纳科学性、发展适应性、突破局限性为前提的。所以,认识论中的唯物主义、辩证法和可知论,总会随着哲学和自然、社会科学的持续发展而代表着整个哲学的发展趋势,从而表明:处于"辩物"阶段的辩证唯物主义和历史唯物主义哲学,一定会在吸收既往哲学的科学性、克服既往哲学的局限性、拓展既往哲学的适应性的基础上,在哲学和自然、社会科学持续发展的基础上,真正完成恩格斯留下的证明世界的统一性的任务,并最终把自身发展为辩证唯物主义的整体统一性认识论。

为了说明人类认识水平的变化性,我们简要地看一下唯心主义和唯物主义的发展过程。从全部哲学的思想内容看,唯心主义在哲学基本问题上是主张精神、意识第一性而物质第二性的,即认为物质依赖意识而存在,物质是意识的产物。这种离开了人的社会实践性而认为精神、意识是世界本源的哲学思想,包括把"客观"精神看作是物质世界的体现或产物的客观唯心主义和把客观世界看作是主观意识的体现或产物的主观唯心主义,它实际也是伴随着人类社会的进步而逐步变化发展的。

最初的客观唯心主义哲学是宗教哲学,其源头产生于原始人类的崇拜观念。它是由于当时人们面对神秘的客观世界时因无知而产生的"拜物"观念的产物,后来逐渐成为一种信仰,即相信物质世界之外还有一个神灵世界。虽然宗教哲学后来发展起来多个流派,甚至在不少地方长期占据过精神统治地位,并且在对社会、自然和人的认识方面也不乏深刻的见解;但是,随着自然科学层出不穷的新发现的面世,这种唯心主义的有神论世界观,现在已被越来越多的人放弃了。所以,神灵世界的地盘也是变化的,随着人类认识运动的发展,它会变得越来越小。

客观唯心主义哲学认为,某种客观的精神或原则,如柏拉图的"理念"、黑格尔的"绝对精神"等,是先于物质世界并独立于物质世界而存在的本体,而物质世界则是这种客观精神或原则的外化或表现,所以,精神是本源的、第一性的,物质是派生的、第二性的。这种客观唯心主义哲学思想在人类认识过程中尽管也发挥了积极作用——如柏拉图的概念辩证法、亚里士多德的辩证逻辑、黑格尔的辩证法等发挥的积极作用,但是其世界观被证明是与自然科学和社会科学的发展背道而驰的。这是因为,它把认识客观事物的途径与客观事物本身混淆了。所以,哲学应当继承发展客观唯心主义的辩证法而否定其唯心主义世界观。

主观唯心主义是把个人的某种主观精神,如感觉、经验、心灵、意识、观念、意志等,看作是世界上一切事物产生的根源和基础,而世界上的一切事物则是由这些主观精神所派生的。因而,这种哲学思想认为人的主观精神是本源的、第一性的,而客观世界的事物是派生的、第二性的。所以它又被认为是一种"唯我论"。这种主观唯心主义哲学在人类认识过程中尽管也发挥过积极作用,特别是对数学、自然科学有过巨大推动作用,但是它把认识过程的某一特征、方面、部分,片面夸大地认为是脱离了物质的、自然的、神话了的绝对,因而也是把认识客观事物的途径与客观事物本身混为一谈了。所以,哲学应当继承发展主观唯心主义的自然科学方法而否定其唯心主义世界观。

唯物主义在哲学基本问题上坚持物质第一性、意识第二性。唯物主义的认识过程当然也表现为发展阶段的渐进性，但它始终跟随着不同历史阶段社会生产力和科学技术的发展步伐，始终代表着哲学发展的前进方向，是逐步向着世界观和方法论相统一的目标迈进的。

古代朴素唯物主义产生于人类认识过程的"格物"阶段。这种哲学思想肯定世界的物质性，把世界的根源归结为一种或几种具体的实物。如西方唯物主义哲学认为，世界本源是水、火、气；印度唯物主义哲学认为，世界本源是水、空、风、气、火、地、日、天、极微（原子）等；中国古代唯物主义哲学则认为，阴阳五行是世界的本源。这种古代朴素唯物主义认为，世界是一个有机的整体，各种事物存在着有机的联系，一切皆变，有生有灭。它肯定世界的物质性，原则上是正确的，并有可贵的辩证法思想，但它把物质的本源归结为某几种具体的实物，则是肤浅直观的认识，缺乏科学的实证根据；而对世界普遍联系的认识也是笼统、模糊和粗糙的。当然，没有这种古代朴素唯物主义，就没有近代形而上学唯物主义；没有这种古代朴素辩证法，就没有黑格尔辩证法，这恰恰显示了古代朴素唯物主义思想的科学性所在。问题是，今天如何能把这种科学性进一步挖掘出来，特别是把关于世界的物质性、世界的有机整体性、万事万物的普遍联系性等问题中的科学性挖掘出来，这才是哲学对古代朴素唯物主义的真正的继承。例如：《易经》作为哲学史的源头，实际上是古代的一种朴素的辩证唯物主义整体统一性认识方式。这种传承了五千多年的具有科学性的整体统一性认识，就需要很好地来继承和挖掘。《易经》的太极八卦结构形式所表明的，其实就是一种关于事物阴阳矛盾关系和整体综合关系的"两点论"与"八点论"相统一的整体统一性思想，它实际是从物质阴阳属性的角度，来认识世界的物质整体统一性的。所以，哲学应当继承并发展这种整体统一性哲学思想；而"五行"作为《易经》哲学思想的重要组成部分，实际上是一种揭示事物整体体系、系统、过程运行规律性（主要是系统运行规律性）的整体统一性思想，它表明的是事物的整体运行的相生相克逻辑关系。所以，哲学也应当继承并发展这种"五行"运行思想。

近代机械唯物主义又称形而上学唯物主义，它是唯物主义发展的第二种形态。这种哲学思想承认世界是物质的，并且包含某些辩证法因素，它在反对宗教和唯心主义的斗争中发挥过积极作用。例如，英国的忽布斯就认为，哲学的认识对象是客观存在的物质实体，物体是不依赖于人们思想的东西，它是世界上一切变化的基础。但这种哲学思想又具有很大的局限性：它把一切运动归结为机械运动,企图用力学的观点解释一切现象,甚至把人和动物都看成受力学支配的机器,因而具有机械性;它把一切事物都看作是彼此孤立的、在本质上是不发展的,因而具有形而上学性;它看待世界、认识世界缺乏实践的观点,因而具有直观性。而造成这种局限性的原因主要在于:它只在自然观上坚持唯物主义,而在历史观上则是唯心主义,把精神看作社会发展的力量,因而具有不彻底性;它只承认事物的变化的量的增减和场所的变更,而否认客观世界是一个有机联系的整体,否认事物内因引起的变化,看不到自然界和社会的变化的本质(质变和飞跃);同时它也离开了人的社会性,不了解认识对实践的依赖关系,把认识当作直观的、消极的、被动的反映,把抽象的理性、天性、情感当成社会发展的决定力量。这种哲学思想是伴随着近代自然科学产生而出现的,它适应了资本主义发展的需要,是上升时期的资产阶级的世界观和方法论。所以,哲学应当继承并发展机械唯物主义的唯物主义世界观的科学性,始终把自然科学、社会科学的发展成果作为认识的实证依据。

辩证唯物主义即现代唯物主义。这种哲学思想是由马克思、恩格斯批判地吸取了黑格尔哲学的"合理内核"和费尔巴哈机械唯物论的"基本内核",在总结自然科学、社会科学和思维科学的基础上创立的科学思维形式,是唯物主义的更高一级的形式。它认为,世界在本质上是物质的,物质是第一性的,意识是第二性的,意识是高度发展的物质——人脑的机能,是客观物质世界在人脑中的反映。这种现代唯物主义认为,世界是按照它本身固有的规律运动、变化和发展的;事物既是一分为二的,又是整体统一的,因而事物运动、发展的根本原因,在于事物内部的矛盾统一性和整体统一性;事物的矛盾双方又统一又斗争,促使着事物的整体统一性不断地由低级向高级发展,因而事物的对立统一规律和整体统一规律,是物质世界运动、变化和发展的最根本的规律。这表明,辩证唯物主义既唯物又辩证地解决了人的认识的内容、来源和发展过程的问题,解决了物质与精神的关系的问题,解决了主观和客观的辩证统一的实现都必须通过实践的问题。而实践的观点成为辩证唯物主义认识论的第一的、基本的观点,认识来源于实践又转过来为实践服务,实践、认识、再实践、再认识,循环往复,以至无穷,这就是人们认识世界和能动地改造世界的无限发展的过程。所以,哲学必将在马克思主义开辟的这条认识客观世界的道路上,最终真正揭示世界的整体统一性本质内含。

第三,五个变化轨迹表明了整个哲学的发展史,是一个整体性与具体性、过程性与阶段性相统一的历史过程。这体现了马克思主义的唯物主义辩证认识史观。

我们知道,哲学是关于世界观和方法论的学说,其认识对象是万事万物所共有的根本规律性。人类认识运动的发展过程表明,能否整体统一地认识人类认识运动的发展过程,认识人类认识运动发展过程中积淀下的哲学思想,对于认识和把握世界观和方法论的统一性,是具有重要意义的。所以,一定要辩证地、历史地看待整个人类认识运动的发展史,真正把人类认识运动中的具体性哲学思想,放到哲学发展史的整体中来认识;真正把认识运动中的阶段性哲学思想,放到哲学发展的整个过程中来认识。那种片面地认识人类认识运动的整体性,认为只有西方有哲学而东方没有哲学的看法;那种片面地认识人类认识运动的过程性,认为人类的哲学思想是只起源于古希腊而不是起源于古中国的看法,都是不符合实际的。

之所以这样认为,是因为哲学作为一门学问,它应当同所有的事物和学问一样,都是整体性与具体性的统一,都是过程性与阶段性的统一,都是整体性寓于具体性、过程性寓于阶段性的。打一个常识性的比方:如果我们把哲学比作"人"。那么,代表"人"的发展过程性的曾祖、祖父、父亲、儿子、孙子……就是具体的代际关系哲学;代表"人"的组成成分的中国人、外国人、东方人、西方人……(从大处看),或者张三、李四、王五、赵六……(从小处看),就是具体的部门关系和流派关系哲学;代表"人"的阴阳矛盾性的男人女人、大人小孩、达人愚人、好人坏人……就是具体的对立关系哲学;等等。所以,就像"人"的整体性是寓于各种人的具体性、"人"的过程性是寓于各个代际的阶段性一样,哲学的这种整体性和过程性,也是以代际关系、部门关系、流派关系、对立关系等具体性和阶段性而存在的;如果否定了这种具体性和阶段性,就等于否定了它的整体性和过程性,那哲学就不存在了,或不完整了。

其实,自然科学和人文社会科学中的各个门类的学问,也都是整体性与具体性的统一,是过程性与阶段性的统一,也都是整体性寓于具体性、过程性寓于阶段性的。

比如,物理学是人们对无生命自然界中物质的转变的知识做出的规律性的总结,它的整体性,就是寓于力学、磁学、热学、光学、相对论、量子论以及核、固体、分子、凝聚态、天体、地球、生物物理学等具体学科的;它的发展过程性,则是寓于以阿基米德和托勒密为代表的力学、光学等理论的古代发展阶段,以哥白尼和伽利略为代表的日心说和惯性说等理论的近代初期发展阶段,以牛顿和麦克斯韦为代表的力学、电学、磁学、光学等理论的近代成熟发展阶段,以爱因斯坦、普朗克、德布罗意和薛定谔为代表的相对论、量子论等理论的革命性发展阶段和以现代物理学的包括量子场论、原子核物理学、粒子物理学、现代宇宙学等理论为代表的飞速发展阶段,这些具体发展阶段性的。而这种具体性和阶段性,又都不是突然而来的,它们有其产生的科技基础和发展前提。所以,离开了力学、热学、光学、相对论等学科的具体性和阿基米德、哥白尼、牛顿、爱因斯坦等科学家的科学理论所代表的各个发展阶段的阶段性,离开了这些阶段性科学理论得以产生的基础和前提,来谈自然科学的整体性和过程性,那是没有任何意义的。

再如,作为社会科学的学科重要组成部分的文学也是一样的。这种以语言文字为工具形象化地反映客观现实的艺术,与宗教、哲学、法律、政治一样同属社会的上层建筑,并作为一种十分重要的社会意识形态而为社会经济服务。它的主要表现载体有戏剧、诗歌、小说、散文等,因而,其整体性是寓于这些载有表现人类的内心情感和再现一定时期和一定地域的社会生活的具体载体的;而它又是随着社会的发展而发展的,因而其过程性是寓于随着社会的发展而发展的一个个具体发展阶段的。例如:中国文学的发展过程就经历了大体七个发展阶段,即,先秦的诗经——楚辞——诸子散文阶段;两汉的大赋、小赋——五言诗萌芽——汉乐府诗阶段;魏晋南北朝的四、五、七言诗——宫体诗——志怪志人小说阶段;隋唐时期的唐诗——传奇阶段;宋元的宋词——元曲——话本小说阶段;明清时期的白话小说——文言小说阶段;近代的诗、文、小说、戏曲革命阶段。所以,我们在认识中国文学的整体性时,如果离开了戏剧、诗歌、小说、散文等具体表现载体,离开了屈原、司马相如、曹操、李白、曹雪芹、鲁迅等不同发展阶段的代表人物的具体文学作品,来谈中国文学的整体性和过程性,那是没有任何意义的。而对世界文学的整体性的认识也是一样的。因为,如果离开了诸子百家、希腊罗马、文艺复兴、启蒙主义、现代派这种世界文学发展的阶段性,离开了《荷马史诗》、李白、杜甫、莎士比亚、普希金、梭罗、鲁迅等各个阶段的作家和作品的具体性,那也是没有任何意义的。

这表明,要正确地认识人类认识运动的发展历史,就一定要用历史的观点、辩证的观点来认识哲学的整体性和统一性。既要真正看到哲学的整体性,不能割断历史、以点代面,又要真正看到哲学的具体性,不能否定历史、顾此失彼;既要真正看到各个具体哲学存在形态的不可或缺性,认识到它们都是对具体社会发展过程的认识的产物;又要真正看到各个具体哲学存在形态的科学性和局限性,认识到它们适应并推动了不同阶段社会历史的发展,同时也因受到当时历史条件的制约而存在着不足或错误。

所以,从整个人类认识史的角度看:首先,哲学不能否定宗教。因为宗教哲学是人类认识史的第一个阶段——"拜物"阶段的必然产物,离开了它,整个哲学就不可能产生和发展。虽然宗教哲学的唯心主义世界观是反科学的,并始终表现为一种历史的局限性,但它对人类社会的作用很大、适应性很强。可以说,只要科学的发展还没有进步到能够使绝大多数人放弃"拜物"这种原始观念,那么,宗教就会有人信奉,人类社会中就有它的存在基础。第二,哲学不能否定《易经》的阴阳八卦和五行思想。因为《易经》的阴阳思想是唯物论和辩证法的源头,太极八卦是整体统一性认识论的源头,五行相生相克是系统论的源头。从整体角度看,这种阴阳思想、八卦观念和五行认识,它们其实都是有科学性的;否则,就很难解释它们为什么会流行数千年,传播全世界。而从具体角度看,这种阴阳思想、八卦观念和五行认识又是有局限性的。其局限性主要在于它的"格物"型认识形式的象征性,在于这种象征性是只具有隐喻性的,是难以清晰地反映其科学性的,因而它的适应性受到了很大限制。第三,哲学不能否定古希腊的形式本体论。因为从柏拉图的"型"本体论看,它揭示的是客观世界万事万物背后隐藏的永恒的"型"本质,而这种"型"本质类似于老子哲学"道生一,一生二,二生三,三生万物"中的"一"(阴阳层次)。亚里士多德则把他的老师的"型"本体论发展为"形式"本体论,而这种"形式"本体论是在承认"型"本体的同时,又从质料因、形式因、动力因、目的因四个方面,揭示了"型"本体的本质构成,并探讨了这种本质构成的内在的形式逻辑关系,使其具有了"形式"的特征。因而,亚里士多德的"形式"本体论类似于老子哲学中的"道生一,一生二,二生三,三生万物"中的"一"和"二"(四相层次)。这表明,古希腊哲学的本体论思想与古中国《易经》的阴阳论思想是相类似的。从整体上看,它们都是有科学性的;但从具体上看,古希腊哲学尽管为西方近代哲学的发展奠定了本体论和逻辑关系认识基础,但其局限性是明显的。与古中国哲学一样,它的这种局限性也在于缺乏实证科学的认识前提。第四,哲学不能否定近代"析物"哲学的经验论和唯理论。因为这种经验论和唯理论哲学思想,是建立在自然科学发展的实证基础之上的,因而,它适应了近代自然科学发展和资本主义社会发展的需要,使哲学的发展具有了人文和科学的进步意义,并进入了应用分析、归纳、比较、观察和实验的理性方法,从多个领域解析世界的阶段。但是,由于历史的原因,这种经验论和唯理论的局限性是明显的。其局限性的基本特征是"只见树木不见森林",因而它是一种注重具体性、缺乏整体性的哲学思想。第五,哲学不能否定黑格尔辩证法和费尔巴哈唯物论。因为黑格尔哲学的认识方法是科学的辩证法,但他的世界观是所谓的"绝对精神"的唯心主义;而费尔巴哈的自然观是唯物主义的,但他丢掉了黑格尔的辩证法,其历史观也是唯心主义的。第六,哲学更不能否定马克思的辩证唯物主义和历史唯物主义。因为辩证唯物主义表明了认识论的世界观和方法论的统一性,历史唯物主义表明了认识论的运动发展观和实践观的统一性。而同时,马克思主义的这种辩证唯物主义和历史唯物主义哲学,也承认自身发展的具体性和阶段性,并明确地指出了这种发展的目标,在于要证明世界的物质统一性。

正是由于哲学是关于世界观和方法论的学说,它研究的是客观世界的普遍联系性、万事万物共有的根本规律性,而它对这种普遍联系性和根本规律性的认识,是需要哲学和自然科学、社会科学的持续的发展,表现为一个持续发展的长过程的,因而,代表不同历史阶段的具体哲学思想,都应是整个哲学史的不可或缺的具体组成部分,既不能否定它们的相对科学性,又不能否定它们的历史局限性和时代适应性。这是因为,如果否定了这些具体哲学思想的相对科学性,就等于否定了哲学的整体发展性;否定了这些具体哲学思想的历史局限性,就等于否定了哲学的整体存在性;否定了这些具体哲学思想的时代适应性,就等于否定了哲学的整体过程性和发展阶段性。所以,我们应当深刻理解恩格斯和毛泽东关于人类认识史的论述,真正弄清楚恩格斯所阐述的——在希腊哲学中,差不多可以找到以后各种观点的胚胎、萌芽,而理论自然科学要追溯自己今天的一般原理发生发展的历史,也不得不回到希腊人那里去的观点;真正弄清楚毛泽东所阐述的——从孔夫子到孙中山,我们应当给以总结,要承继这一份珍贵的遗产的观点;真正弄清楚毛泽东所阐述的——实践、认识循环往复,实践和认识之每一循环的内容,都比较地进到了高一级的程度的观点。而实际上,我们真正能够看到的恰恰在于,整个人类认识运动的发展史所表明的,人类对客观世界的认识,就是要体现这些具体哲学思想的相对科学性、历史局限性和时代适应性,就是要把整个人类认识运动发展过程中积淀下来的科学精华思想继承下来,并在此基础上向前发展。

第三章

认识史的发展趋势

　　由于人类的认识运动史是与人类社会的发展历史相适应的，是依赖于人的社会实践过程的，因而，人类的认识水平只能随着人类社会的发展水平和人的社会实践水平而逐步提高，整个人类认识运动发展史，也必然表现为一个整体性与具体性、过程性与阶段性相统一的历史过程。所以，人类认识运动的再发展，必须立足于实证科学，真正把自然科学、社会科学持续发展的实践成果作为认识基础；必需继承传统，真正把古今中外哲学思想中的科学性"内核"作为认识前提；必须坚持马克思主义基本原理，真正把代表人类认识发展过程最高认识阶段的辩证唯物主义和历史唯物主义作为认识依据。这样，才有可能探讨出一种能够证明"世界的真正的统一性是在于它的物质性"的新方法。

　　这种新的认识方法的探讨，表明了人类认识运动发展过程的第五个发展阶段——"统物"阶段的到来。这是因为，这种探讨是立足于人类认识运动的整体发展过程的，它认为，人类的认识运动发展过程起源于以原始崇拜为认识基础的"拜物"阶段，经历了以物象喻证为认识基础的"格物"阶段、以科学实证为认识基础的"析物"阶段、以科学实证和社会实践为认识基础的"辩物"阶段，并将要进入以整个自然、社会科学和哲学的持续发展为认识基础的"统物"阶段；它认为，这些不同认识阶段所产生的各种哲学思想，尽管其认识的观点有不同、方法有差异、水平有高低，但认识的对象是共同的，那就是客观世界万事万物的共同的整体统一规律性。因而，这种新的认识阶段的认识方法，可以与《易经》《老子》、亚里士多德的本体论、近代唯物主义、马克思主义的辩证唯物主义和历史唯物主义等代表哲学发展过程不同阶段的具体哲学思想方法相衔接，也可以由自然科学和社会科学的实证科学理论来证明，还可以在哲学和自然、社会科学持续发展的新的基础上来探讨。而它的具体表达形式，应当是一个基于"辩物"阶段的马克思主义基本原理的、"析物"阶段的实证科学基础的、"格物"阶段的《易经》太极八卦认识结构的，能够反映世界万物的物质统一性的认识结构形式。

这个认识结构形式当然不能是凭空想象的,而是一个源于客观世界的,由万事万物的质量结构性、能量聚散性、时空环境物质分布性、形态演化性、运动行止性、发展通达性、信息真相性、规律规范性和实际实践实证性,共九个物质属性构成的物质统一性结构形式。之所以说这种由九个物质属性构成的整体统一性认识结构不是凭空想象的,那是因为,《易经》的太极八卦象征过它;老子在《道德经》中探讨过它;亚里士多德用"四因说"论证过它;自然科学的具体科学理论分析过它;马克思主义的社会科学理论也证明过它。

由于在这个物质统一性认识结构形式中,质量结构性、能量聚散性和时空环境物质分布性三者,构成了客观世界的物质实在统一性;形态演化性、运动行止性和发展通达性三者,构成了客观世界的物质存在统一性;信息真相性、规律规范性和实际实践实证性三者,构成了客观世界的物质可知统一性(知在统一性),而由物质的实在统一性、存在统一性和可知统一性构成的物质统一性结构形式,是能够用来证明"世界的真正的统一性是在于它的物质性"的,因而,这个结构形式就成为认识万事万物的体系性、系统性和过程性的整体体统性的物质统一性基础,这个能够表明客观世界的物质属性统一性和物质体统整体性的结构形式,就被称为整体统一性的认识结构形式。

从结构形式上看,这种整体统一性认识结构由九个物质属性构成,它比太极八卦多出了一个规律规范属性。这样,在继承《易经》阴阳相合思想的基础上,它就把《易经》的以阴阳属性为世界本源的、反映阴阳物质属性的对立统一规律的"两点论"关系,变为以质、能、时空三个物质实在属性构成的物质实在统一性关系为世界本源的,反映实在性、存在性、可知性物质统一性关系和体系性、系统性、过程性物质体统性关系的"三点论"关系。二者的这个不同点,是前者由八个阴阳属性构成("八点论")而后者由九个物质属性构成的("九点论")的根本原因;二者所反映的客观世界的变化性是相通的,这种相通性主要表现为二者的物质属性关系是对应的,这种对应关系为:坤—质量结构性,乾—时空环境物质分布性,坎—能量聚散性,离—形态演化性,艮—运动行止性,兑—信息真相性,巽—实际实践实证性,震—发展通达性,道—规律规范性。

所以,这种整体统一性的认识结构从根本上表明了客观世界的物质统一性关系。这是因为,整个人类认识运动的发展历程已经表明,人类对客观事物的认识和把握,只能通过对事物的信息真相性的感知、对规律规范性的认知、对实际实践实证性的践知来进行,而人们对客观世界的这种感知、认知和践知的特性,表现为认识论中人的认识主体性的一种"知"性,事物本身的信息真相性(相)、规律规范性(律)和实际实践实证性(实),则表现为客观世界的认识客体的"可知"性(知在性)。就是说,人的认识主体的感知、认知、践知性,是通过客体的信息真相、规律规范和实际实践的可知性,来认识和把握事物的存在性和实在性及其整体统一性关系的。这应是整体统一性认识方法用来区别唯物主义和唯心主义的一个基本标志。

这一标志清楚地表明:唯物主义世界观的正确性在于,它认为万事万物的物质实在性、存在性和可知性(知在性)的统一性是第一性的,其中,实在性是客观世界的本体物质基础,存在性是客观世界的客体存在前提,可知性是客观世界的表现形式依据。因而,由物质的质量、能量、时空、形态、运动、发展、真相、规律、实践九个属性构成的整体统一性,才是客观世界的唯一本源,才是老子所说的"万物之母";而唯心主义世界观的错误性,则在于看不到这种客观的整体统一性,它是把人的感知性、认知性、践知性这些认识主体的主观性,看作是第一性的,因而认为上帝、神灵、"大梵"、感觉、理念、形式、观念、经验,乃至一个或几个物质属性这些自以为是的主观性的东西,是世界的本源。

而从自然科学、社会科学的持续发展来看,这种实证基础,现在已经表明了客观世界确实是一个有机联系的物质统一性整体,已经表明了唯物主义世界观的正确性和唯心主义的错误性,已经表明了马克思主义的辩证唯物主义和历史唯物主义,实际上代表了迄今为止最科学的世界观和方法论。因而,按照马克思主义的观点,世界是具有普遍联系性的,所以,世界万物的具体体系性,就把世界联系为一个统一的体系集合整体;世界万物的具体系统性,就把世界联系为一个统一的系统集合整体;世界万物的具体过程性,就把世界联系为一个统一的过程集合整体。就是说,世界的整体性是表现为万事万物的体系性、系统性和过程性的体统整体性的。按照马克思主义的观点,世界上的一切事物和现象,包括意识现象,归根到底都是物质的表现形式、存在形式或属性形式;世界上的一切发展变化过程都是物质运动的具体表现形式,因而"除了运动的物质以外,世界上什么也没有"(列宁语)。就是说,世界的本源属性只有一个,那就是它的物质统一性。这表明,恩格斯关于"世界的真正的统一性是在于它的物质性"的论断是完全正确的。当然,因为世界的具体物质形态又是具有差异性和多样性的,所以,世界的物质统一性会表现为多样性的统一而不是单一的无差别的统一;但这种差异性和多样性不管多么复杂,都不能脱离它们共同的物质实在统一性基础。

由此可知,马克思主义的辩证唯物主义和历史唯物主义的观点,就是关于客观世界的物质整体统一性的观点,它对世界的物质整体性的认识,是以世界的普遍联系性为前提的;它对世界的物质统一性的认识,是以意识与物质的关系为前提的。但是,我们也必需看到,马克思主义的辩证唯物主义和历史唯物主义,它只是人类认识运动发展过程的"辩物"阶段的一种具体的哲学思想,因而,它本身还需要继续发展,还需要对客观世界的物质整体统一性内含,做出科学的回答。比如要回答:世界为什么会是普遍联系的;物质究竟是什么,它为什么是第一性的;世界又是如何统一于物质的;什么是客观实在,存在为什么是个悬而未决的问题;信息论、系统性、控制论的哲学依据是什么;等等一系列基本问题。对这些基本问题的认识,实际上就是恩格斯提出的证明"世界的真正的统一性是在于它的物质性"的具体化,而这种证明,自然会具有认识运动发展过程的第五个里程碑意义的。这种里程碑意义是十分深远的,我们具体可以从人类认识运动发展的过程、条件、内容和方法四个方面来认识。

首先,从认识运动发展的过程的角度看,人类对世界的物质统一性的证明,代表了一个新的认识阶段的到来。

事实上,已经过去的每一个具体的认识阶段,都产生过具有里程碑意义的具体哲学思想。如:远古"拜物"认识阶段的原始宗教哲学思想;古代"格物"认识阶段的阴阳五行和"形式"本体论思想;近代"析物"阶段的机械唯物主义和形而上学思想;现代"辩物"认识阶段的辩证唯物主义和历史唯物主义思想。这些既往的哲学思想之所以具有里程碑的意义,是因为它们都代表了各自所处的认识阶段的人类对客观世界本源性认识的最高水平。如:古代哲学中,古中国哲学认为"太极"和"道"是世界的本源,古印度哲学认为"大梵""太一"是世界的本源,古希腊哲学认为"形式"本体是世界的本源;近代哲学认为"经验""理性""物质实体"和"绝对精神"是世界的本源;而现代哲学的马克思主义哲学则认为世界的真正的统一性在于它的物质性,它是用辩证唯物主义和历史唯物主义来认识世界的本源的。这些既往的哲学思想,从它们的认识的出发点来看,确实都代表了当时人们认识的最高水平,因而理所当然地就成为相应认识阶段的思想标志。

当然也要看到,由于历史的原因,这些具体的哲学思想总会受制于具体的自然科学和社会科学发展的实证科学基础,也正是这种实证科学基础的制约性,才决定了人类整个认识运动发展过程的阶段性,使得每一个认识运动的发展阶段,都会产生出相应的标志性哲学思想;正是这种实证科学基础的制约性,决定着这些具体哲学思想在世界观和方法论上存在着差异,使其得出的认识结论有所不同,甚至完全相反。

还要看到,由于历史的原因,客观世界本身的运动发展,也会受制于它的实证科学基础,表现为自然科学和社会科学本身的从低级阶段到高级阶段运动发展的阶段性。所以,人类社会的运动发展,才经历了原始社会—奴隶社会—封建社会—资本主义社会—社会主义社会的社会发展历程;科学技术的运动发展,才经历了石器时期—铜器时期—铁器时期—机器电器时期—以原子能、信息、生物、航天等为标志的高科技时期的发展过程;而人类对客观世界的认识运动的发展,也会相应地经历由"拜物"型—"格物"型—"析物"型—"辩物"—"统物"型这五个认识阶段构成的认识运动发展过程。这一认识运动发展过程具体表现为:"拜物"型认识阶段产生了原始宗教哲学思想;"格物"型认识阶段产生了阴阳五行、"大梵"本体和"形式"本体论哲学思想;"析物"型认识阶段产生了形而上学哲学思想;"辩物"型认识阶段产生了辩证唯物主义和历史唯物主义哲学思想;而关于"世界的真正的统一性是在于它的物质性"的思想,则必将成为新的"统物"型认识阶段的一种基本思想认识。这是因为,这种辩证唯物主义的整体统一性哲学思想的胚胎和萌芽,实际上已经存在于马、列、毛、邓对"社会"的具体认识中,存在于自然科学的具体规律中,存在于中医的基本理论中,存在于现代哲学的辩证唯物主义和历史唯物主义中,也存在于古代哲学的《易经》太极八卦和"形式"本体论中;只是到了人类认识运动发展过程的"辩物"阶段,当哲学和自然科学的持续发展,有可能为认识世界的物质统一性提供坚实的实证科学基础和辩证唯物主义历史唯物主义的世界观方法论之后,才由恩格斯把它提出来。这表明,人类认识运动发展过程的新的认识阶段,一定是真正能够认识和证明世界的物质统一性的阶段。

其次,从人类认识运动的认识前提和条件的角度来看,实证科学的发展已经为证明世界的物质统一性提供了坚实的基础。

整个人类认识运动的发展过程表明,既往的人类认识运动发展过程的各个认识阶段,自然科学和社会科学的发展,并没有为证明世界的物质统一性提供足够的前提和条件。具体表现为:在"拜物"认识阶段,科学技术的发展处于萌芽状态,社会经济的发展还处于原始共产主义阶段,哲学还没有从原始宗教中分离出来;在"格物"阶段,科学技术的发展处于手工业阶段,社会经济的发展处于自给自足的小农经济阶段,哲学处于它发展的幼年期;在"析物"阶段,科学技术的发展进入了机器和电器工业阶段,社会经济的发展处于资本主义经济的形成期,哲学处于它发展的成长期;在"辩物"阶段,能量守恒和转化定律、细胞学说和达尔文进化论三大发现,促使科学技术的发展进入了知识工业和信息工业阶段,社会经济的发展进入了资本主义经济的垄断期,而作为共产主义经济的初级阶段——社会主义经济,即将登上历史的大舞台,此时,马克思主义诞生了,表明哲学进入了它发展的成熟期。很显然,在以上四个阶段,尽管科学技术和社会经济是自始至终地逐步发展的,但这种发展都不足以为认识客观世界的物质统一性,提供坚实的实证基础和足够的前提条件。然而今天就不同了,今天的自然科学和社会科学,又有了新的突飞猛进的大发展。我们能够看到:以相对论、量子理论和宇宙大爆炸理论为代表的自然科学基础理论,以信息论、系统论和控制论为代表的整体性理论,以辩证唯物主义、历史唯物主义和世界经济一体化为代表的社会科学基础理论,已经为认识客观世界的物质整体统一性,提供了坚实的基础。这种基础已经能够表明,我们所面对的客观世界,是一个具有整体统一性的物质世界,它的真正的统一性是在于它的物质性;已经能够表明,人类正是通过认识客观事物的物质属性,来认识世界的物质统一性的;已经能够表明,客观世界的整体统一性的物质属性主要是:质量结构性、能量聚散性、时空环境物质分布性、形态演化性、运动行止性、发展通达性、信息真相性、规律规范性和实际实践实证性,而正是这九个物质属性构成了万事万物的共同的物质统一性结构形式。所以,这种物质统一性结构形式,才是客观世界的真正本源,才是人类认识运动发展过程的新的"统物"阶段的基本认识结构形式。

第三,从人类认识运动的具体内容的角度来看,全部的认识成果都证明了,客观世界本质上是一个具有物质整体统一性的世界。

人类认识运动的发展过程表明,人类对客观世界的认识过程,就是一个把握世界的物质统一性的客观性、真实性和联系性的过程。所谓客观性是指,我们所面对的世界的物质存在,是一个充满联系的客观整体,因而,它是不以人的主观意志为转移的;所谓真实性是指,这个充满联系的客观整体是具有统一性的,而这种统一性不是空洞的、虚无缥缈的,而是表现为实实在在的物质性;所谓联系性是指,客观世界的整体存在性和物质统一性是具有规律性的,因而它不是僵化的、凝固死板的。人类认识运动的发展过程还表明,能够表明这种客观性、真实性和联系性的,只能是由客观物质世界所具有的九个物质属性——质量结构性、能量聚散性、时空环境物质分布性、形态演化性、运动行止性、发展通达性、信息真相性、规律规范性和实际实践实证性——构成的认识结构形式,这一点,已经由自然、社会科学和哲学的持续发展给以充分证明。

我们能够看到,在自然科学领域,牛顿定律、质量作用定律、量子理论、爱因斯坦相对论、宇宙大爆炸理论等基础理论,都是从质量、能量、时空、形态、运动、速度、信息、实验等方面,来探讨客观事物的特定规律的。达尔文的进化论,也是从这些方面来认识生物的进化规律的;在社会科学领域,马克思主义的社会科学理论,是从社会的生产力(主要表现为一定的生产力要素构成、综合国力和时代环境和空间环境三个方面的统一性)、生产关系(主要表现为一定的社会经济形态、社会经济运动和社会经济发展三个方面的统一性)和上层建筑(主要表现为对国情真相的了解、对社会经济运行规律的认识和对各种规范的制定及按照实际情况、遵循客观规律而不断实践并实证的过程三个方面的统一性)三个层次的九个物质属性方面,即生产力要素、综合国力、时代环境、社会形态、社会运动、社会发展过程、信息特征、规律规范和实际实践实证九个方面,来认识社会的整体统一性规律的。这已经由马克思、列宁、毛泽东、邓小平对资本主义、帝国主义、中国新民主主义、中国特色社会主义的具体认识所证明。而在哲学领域,古代哲学就以人们的朴素的感知性,悟到了客观世界的物质整体统一性,如:中国的《易经》,就是用坤(地)、坎(水)、乾(天)、离(火)、艮(山)、震(雷)、兑(泽)、巽(风)这些阴阳物质属性以及大道(本源规律性),来象征质量结构性、能量聚散性、时空环境物质分布性、形态演化性、运动行止性、发展通达性、信息真相性、实际实践实证性及规律规范性的;古希腊的亚里士多德"形式"本体论"四因说",是直接表明了质量、形态、能量、目的(运动或发展的结果)四个物质因素的;中国的老子是以道、德、名、物、势、象、精、动、行、质、朴、为,也就是规律、规范、体统、物体、趋势、现象、本质、运动、反复、具体、实践等,来认识客观事物的(还有从仁、爱、法、理、数、类等方面认识的);近代的西方哲学,是从实体、质量、力、速度、实验、经验、信息、感觉、感性、理性、精神、观念等物质和精神要素方面,来认识客观事物的。

所以,从人类对客观世界认识的内容看,这种关于物质统一性的认识,都是从不同的角度表明万事万物的九个物质属性的整体统一性关系的,它们在对客观世界本源规律性的认识方面,在当时实际上都具有突破性的意义。

第四,从人类认识运动的方法论的角度来看,新的整体统一性的认识方法将具有更高的科学性、更小的局限性、更强的适应性。

这种整体统一性的认识方法认为,在由九个物质属性构成的整体统一性认识结构形式中,质量结构性、能量聚散性和时空环境物质分布性三者,构成了事物的物质实在统一性;形态演化性、运动行止性和发展通达性三者,构成了事物的物质存在统一性;信息真相性、规律规范性和实际实践实证性三者,构成了事物的物质可知统一性(知在统一性);质量结构性、形态演化性和信息真相性三者,构成了事物的物质体系整体性基础;能量聚散性、运动行止性和规律规范性三者,构成了事物的物质系统整体性基础;时空环境物质分布性、发展通达性和实际实践实证性三者,构成了事物的物质过程整体性基础。因而,三个物质统一性和三个体统整体性之间,存在着一种能够表明客观事物根本规律性的基本矛盾关系,这种基本矛盾关系是:物质的实在统一性决定它的存在统一性,实在统一性与存在统一性相结合,决定它的可知统一性;物质的体系整体性决定它的系统整体性,体系整体性与系统整体性相结合,决定它的过程整体性。

这两种基本矛盾关系表明了客观事物的存在运行发展的根本规律性。它告诉我们:在认识客观事物的整体统一性关系时,必须把握三个物质属性之间和九个物质属性之间的关系;在认识客观事物的基本矛盾性关系时,必须把握物质的实在性、存在性、可知性三者之间的关系和体系性、系统性、过程性三者之间的关系。因而,这种新的认识方法是具有整体性的,它是通过把握事物的物质体系性、系统性和过程性的体统整体性的内在关系,来认识客观世界的,所以,其认识的局限性相对较小;这种新的认识方法是具有统一性的,它是通过把握事物的物质实在性、存在性和可知性三者的物质统一性的内在关系,来认识客观世界的,所以,其认识的科学性相对更高;这种新的认识方法是整体寓于具体的,它认为,物质属性的整体统一性是寓于每个具体事物的,世界万物都是源于物质属性的整体统一性的,所以,其认识的适应性相对更强。这表明,辩证唯物主义的整体统一性认识论,它的世界观和方法论是统一的,而这种世界观和方法论的统一,具体地表现为辩证唯物主义的具体分析"两点论"与整体综合"多点论"的结合。

因而,这种新的整体统一性认识方法能够做到,对上承接古代的"格物"型思想,对中承接近代的"析物"型思想,对下承接现代的"辩物"型思想,进而开启"统物"认识阶段的新进程,它是把人类认识运动发展的整个过程,看作一个自始至终都在探讨客观世界的物质整体统一性的过程的。所以它认为:

在哲学中,古代哲学思想的《易经》,应是古中国人用来认识客观世界的一种整体统一性认识方法。这种古代整体统一性认识方法的科学性,主要表现为朴素的阴阳关系"两点论"与整体关系"八点论"的辩证统一性。其中,"两点论"表明的是客观世界的根本的阴阳对立统一关系,"八点论"表明的是客观事物的阴阳物质属性的整体统一性关系。这种整体统一性认识方法的基本特征是"格物",它是用物象象征的隐喻的方法,从事物的阴阳属性出发,来探究客观世界的本源规律性的。当然,这种认识方法的认识局限性也是很明显的,主要表现在,它对事物的物质统一性本质的认识缺乏实证科学的证明,所以具有很大的神秘性。这样,就极大地限制了它的科学性和适应性;

"五行"思想是《易经》的重要组成部分。这种思想应产生于古代农业经济的生产实践中,"金、水、木、火、土"实际上代表的是古代农业经济中的金属工具、水利、作物、火烧和太阳、土地和收成五个生产要素。这五个生产要素之间,自然存在着"金生水、水生木、木生火、火生土、土生金,金克木、木克土、土克水、水克火、火克金"的相生相克的关系。而这种相生相克关系,在农业经济的整体运行过程中,表明的是营养价值的"源头性、储藏性(承载)、流通性(交换)、分布性、再生性(转化)"的系统循环关系,它又可以延伸到人体及万物,进一步表明万事万物系统运行关系;

《道德经》是老子对《易经》的继承和发展。老子继承发展了《易经》的阴阳八卦整体统一性思想,他实际上是主要针对《易经》在认识事物的规律性方面的神秘性,试图用"道"来阐释客观世界的整体统一规律性的物质属性本质,并从多个方面来表明这种物质属性的整体统一性本质的,如:"道生之,德蓄之,物形之,势成之","生之蓄之","长之育之,亭之毒之,养之覆之",其中"有精""有物""有象""有信",以及"行""反""为",等等。老子的这些认识,实际上已经具有了近现代哲学和自然科学的规律、规范、形态、分布、发展、运动、真相、信息、周期、实践等物质性特征,他认为,这些物质属性是统一于"道"的。老子列举了大量的实例和对立统一关系,来论证"道"的物质整体统一性关系,而正是这种物质整体统一性关系,表明了万事万物的本源规律性,表明了他的世界观和方法论的一致性。这应是老子哲学思想被世界上很多人认可的主要原因;

古希腊哲学的代表性思想是亚里士多德的"形式"本体论。这种"形式"本体论的"四因说",是从质料、形式、动力和目的四个物质属性要素来认识客观世界的,它实际上既有关于世界的本体论认识,又有对这种本体论的结构形式的逻辑解读。亚里士多德"四因说"对四个物质属性因素的认识是直白的,他对四个因素之间的逻辑关系解读是深刻的。这一点超越了柏拉图的"型"本体论,也超越了《易经》的"太极"阴阳本源思想,更超越了印度哲学的"大梵"本源思想,因而,它对近代哲学的发展影响巨大。但是很显然,这种"四因说"比《易经》太极八卦少了四个物质属性要素,因而,它在对世界的整体统一性认识方面,不如《易经》深邃。

近代哲学突破了古代哲学的整体神秘性,它依据自然科学的实证材料,开始进入到事物的内部,具体探讨世界的物质属性了。但这种初步的探讨不可能很深刻,不可避免地会陷入片面的、孤立的、静止的形而上学思维方式之中。

马克思主义又突破了这种片面、孤立、静止的形而上学思维方式,它以辩证唯物主义和历史唯物主义的形态,成为现代哲学的代表性思想。

　　在数学中,十进制植根于客观事物的整体统一性,它是起源于《易经》的产生发展过程的。这是因为,十进制的现实关系的客观依据,应是整体统一性的九个物质属性关系(太极八卦关系)和五行运行关系,它的物质原型,应是客观世界的整体统一性结构形式。因而,十进制具有深刻的哲学内含,使其能够成为数学和自然科学的基石。

　　在医学中,中医理论来源于《易经》的阴阳八卦和"五行"思想。它的现实的客观依据,在于人体的整体统一性的阴阳物质属性关系和系统五行运行关系,而这种阴阳物质属性关系和五行运行关系表明的,是人体整体的系统运行规律性;西医理论则来源于以解剖学为代表的人体科学,其客观依据则在于人体的整体统一性的体系结构关系。这种体系结构关系表明的,是人体整体的体系变化规律性。所以,中医与西医是分别从人体的整体系统性和体系性看问题的,从整体统一性的角度看,二者实际上并不矛盾。现在二者之所以没有融合在一起的原因,主要在于人体科学的发展,还没有达到能够使中医、西医互补统一的水平。

　　在自然科学中,物理学、化学等学科的基本理论,都在于表明物质的实在性和存在性关系,都在于揭示物质的质量、能量、时空、存在形态、运动和速度的内在联系性;生物学理论则表明了整个生物系统发展的整体统一性五行进化关系。因而,自然科学所证明的具体规律,实际上都源于客观世界的物质整体统一性。

　　在社会科学中,马克思主义的社会科学理论表明,人类社会和世界万物是一样的,它也是由九个物质属性构成的。具体表现为:由社会的生产力要素的结构性、综合国力的聚散性和时代空间环境的物质分布性三个属性构成的物质实在性;由社会的形态演化性、运动行止性和发展过程通达性三个属性构成的物质存在性;由社会的信息真相性、规律规范性和实际实践实证性三个属性构成的物质可知性(知在性)。正是这种物质属性的整体统一性关系,决定着历史上人类社会的各个形态体系的存在,决定着这些形态体系的系统运行,决定着整个人类社会由原始社会、奴隶社会、封建社会、资本主义社会和社会主义社会(共产主义社会的初级阶段)五个发展阶段构成的历史进程,使其体现为社会发展过程的由"产生期、幼年期、成长期、发展期、成熟期"五个发展阶段表明的五行规律性;

　　人类社会经济的发展,也是决定于它的由九个物质属性构成的整体统一性结构关系的。这种关系具体表现为:经济的生产力物质要素性、生产能量动力性和生产物质环境分布性(实在统一性),决定着经济的形态演化性、运动行止性和发展通达性(存在统一性),而经济的实在统一性和存在统一性相结合,又决定着它的信息真相性、规律规范性和实际实践实证性(可知统一性);经济的体系整体性决定它的系统整体性,而体系整体性与系统整体性相结合,又决定它的过程整体性。这种体系、系统和过程整体性的运行,都是遵循五行相生相克规律的,具体为:由经济体系的生产要素、生产单元、经济组织、经济团体、经济整体五个体系要素构成的五行体系演化规律;由经济系统的生产源头、储藏承载、流通交换、配置分布、消费再生五个系统要素构成的五行系统运化规律;由经济过程的生产过程、储藏过程、流通过程、配置过程、再生过程五个过程要素构成的过程进化五行规律。正是这些规律,决定着经济整体的健康运行和发展。

而20世纪中叶以后发展起来的整体性科学理论中,信息论、控制论和系统论,它们实际都是研究客观世界物质属性统一性关系的理论。信息论是从信息真相性角度,来认识事物系统运行中信息获取、处理、控制规律的整体性理论;系统论是从物质属性的整体体统性角度,来认识事物的系统运行规律的整体性理论;控制论是研究如何通过信息反馈(正反馈类似于相生,负反馈类似于相克),来对事物系统的整体运行进行控制的整体性理论。

我们能够看到:信息论认为,就本体论而言,信息是客观事物的现象及其属性标识的集合,是事物的质量、能量、信息等的物质属性的标示,是标志事物存在及其关系的物质属性标示。所以,信息科学以信息为主要认识对象,以信息的运动规律和应用方法为主要研究内容,以计算机技术为主要研究工具,并与控制论、系统论等相互结合,来扩展人类的信息功能;系统论认为,系统是由若干要素以一定的结构形式构成的具有某种功能的有机整体。它包括了系统、要素、结构、功能四个观念,表明了要素与要素,要素与系统,系统与环境三个方面的关系,并认为,大至宇宙,小至粒子,自然界和人类社会中的所有事物都是具有系统性的,它们分属于不同的子系统。就是说,整个客观世界实际上是一个由具有组织性和复杂性的不同子系统构成的巨系统。所以,系统论的核心思想在于它的整体观念,而整体性、开放性、组织性、复杂性、关联性、结构性、时序性、动态性等是所有系统共同的基本特征;控制论则表明了事物的系统整体的调节和控制的规律性,它研究的是,动态系统在运动发展的变化条件下如何通过对信息的控制,来保持系统整体的平衡或稳定状态。所以,信息论是从信息真相性的角度来认识世界的整体可知性的,系统论是从整体体统性的角度来认识世界的整体变化性的,而控制论则是从实际实践实证性的角度,来把握如何通过信息对系统的运动发展变化过程进行控制的。三者相互结合,就从整体统一性的角度反映了现代科学发展的全球化趋势、现代社会经济发展的一体化趋势和现代社会生活的复杂化趋势,同时也为现代科学的发展提供了理论和方法,为解决现代社会中的各种问题,特别是为确立整体统一性的认识方法提供了方法论的基础。

例如,认识世界经济一体化趋势的形成原因,就应当看到它本身的物质属性的整体统一性,看到我们生存的世界,是一个由社会经济的物质生产要素、生产能力、生产环境、经济形态、经济运行、经济发展、社会经济信息、社会经济规律和社会经济实践构成的体系、系统、过程统一体。由于社会经济的体系性具有经济的生产要素基础(生产力三要素)、生产单元(企业)、经济组织、经济团体(国家或地区)、经济整体(世界或国家)的体系结构形态的演化性,这种演化性呈现出由简单到复杂、由分散到集约、由传统的小农经济到现代的知识经济的发展趋势。因而,整个世界经济的体系结构演化会走向一体化;由于社会经济的系统性具有经济的产品生产和商品生产源头性(源)、所有制和金融制的储藏承载性(藏)、市场交换的流通性(流)、资源调控和财富分配的分布性(布)和商品消费和产品再生的转化性(化)五个运行环节的运化性,这种运化性呈现出资源信息、科学技术、市场机制、财富消费等的共享趋势。因而,整个世界经济的系统运化会走向一体化;由于社会经济的发展过程性表现为原始共产主义经济、奴隶主义经济、封建主义经济、资本主义经济和社会主义经济(共产主义经济的初级形态)五个发展阶段,而这种发展呈现为经济形态之间的母子关系,即马克思所说的"脱胎"关系,因而,社会主义经济形态是从资本主义经济体系中脱胎而来的,并且是从资本主义的最高阶段脱胎而来的。这样,资本主义经济在它所能容纳的全部生产力发挥出来之前,就必然会有一个由高到低的发展期;而社会主义经济初期虽然弱小,但因其代表了新的更高的生产关系和先进生产力的发展要求,它由旧社会的胎胞出生后,也必然会有一个由小到大、由弱到强的成长期。就是说,二者必然有一个共处期。因而,从发展过程的角度看,整个世界经济的发展进化会走向一体化。

这就可以得出一个结论:古今中外的哲学家、思想家和理论家,他们其实都是在追求着同一个真理性的认识目标,也就是人类在"拜物"阶段就已经面对的、"格物"阶段开始探究的、"析物"阶段可以验证的、"辩物"阶段能够实证的,对客观世界本源性进行认识的目标,而这个目标,只能是被实证科学证明了的、由九个物质属性构成的整体统一性认识目标。

显然,这种对客观世界的整体统一性认识,其科学性相对会更高一些、局限性相对会更小一些、适应性相对会更强一些。这一点其实是不难理解的。可以想见,我们难道能够离开人类数千年的科学实验和生产实践的实证基础,而否定世界是由物质构成的吗?难道可以离开这种实证科学基础和"实践、认识、再实践、再认识"的人类认识过程,而否定物质的质量结构性、能量聚散性、时空环境物质分布性、形态演化性、运动行止性、发展过程性、信息真相性、规律规范性和实际实践实证性的客观性吗？显然是不能的。这也表明，对于客观世界物质整体统一性的认识，长期以来，人们通过感觉的方法去笼统地感悟、隐喻它，是相对比较容易的；而通过科学的方法来精确地证明它，却是十分困难的。这应是既往的各个认识历史阶段的哲学思想，呈现出相对的科学性、历史的局限性、时代的适应性的根本原因。

所以，唯心主义之错误，在于它不承认或不清楚世界的物质属性的整体统一性。我们能够看到：客观唯心主义就是离开了物质属性的整体统一性的，它把想象中的一个独立的神的或理性的世界，看作世界的本源。但这种思想只是适应了古代宗教哲学和唯理论哲学的需要，如：古印度哲学对世界本源的认识就只停留在了"大梵"的整体感知水平上，而"大梵"究竟是个什么东西，它根本不清楚。所以，这种哲学形态只能适应人们对客观世界的崇拜需求，只能以宗教的形式而存在；古中国哲学对世界本源的认识，就不仅有"太极"和"道"这种整体感知，还有对阴阳对立、五行运行和八卦统一这些整体统一性关系的朴素辩证认识。所以，这种哲学形态尽管只具有象征性，但它适应了人们对客观世界的整体认识需求，成为中国国学的"天人合一"科学思想的认识基础。但由于阴阳五行和太极八卦这种象征性认识方式，它只具有感悟性和隐喻性而缺乏科学的实证性，没有明确地指出世界的物质属性的科学内含，因而，这种以"太极"和"道"为认识出发点的认识方式，必然会被披上宗教的外衣，以适应人们的崇拜需求；古希腊哲学对世界本源的认识，主要是柏拉图和亚里士多德的本体论及其"四因说"。亚里士多德的"四因说"是对本体论的一种本质解构，直白地指明了客观世界的质料、形态、动力和目的（运动发展的结果）四个物质属性因素及其逻辑关系。这就为此后的近代"析物"认识阶段提供了认识基础。但这种"型"和"形式"本体论仍只是一个理念的原型和形式，而"四因说"也仅仅指出了物质世界的四个因素及其逻辑关系，它在认识世界的整体统一性时不如《易经》思想完整，不如《老子》思想深刻，因而为之后的近代"析物"认识阶段的唯理论和形而上学思想的产生，埋下了伏笔。主观唯心主义则是弄不清物质属性的整体统一性。它要么是把感知性、认知性、践知性这些人的主体功能，把个人的某种主观精神，如感觉、经验、心灵、意识、意志等，看作是世界上一切事物产生和存在的本源，认为世界上的一切事物都是人的主观精神派生的；要么是把客观世界九个物质属性中的某些物质属性看作世界的本源，"只见树木不见森林"，孤立、静止、片面、表面地看世界，把局部、个别或表象当作整体；要么则根本不懂得物质属性的整体统一性关系，看不到事物的实在性、存在性和可知性的物质统一性关系,看不到事物的体系性、系统性和过程性的整体体统性关系,把世界看成是一种僵化和教条。

而唯物主义之正确,在于它承认世界的物质整体统一性,并不停地向着弄清世界的物质整体统一性的目标迈进。我们能够看到,以《易经》为代表的古代唯物主义思想的科学性表现为,它是在古代的历史条件下用整体象征的方法认识世界的物质统一性的,其局限性在于缺乏科学实验性;以科学实验为前提的近代唯物主义思想的科学性表现为,它是在近代历史条件下用具体分析的方法认识世界的物质统一性的,其局限性在于缺乏对实践的辩证性和发展的过程性的认识;而马克思主义的辩证唯物主义吸收了古代、近代哲学的科学合理成分,它是在自然科学、社会科学发展的新的实践基础上,一方面用辩证的、历史的方法认识世界的物质统一性,同时也为哲学的发展继续开辟道路,并明确地提出了证明世界的真正的统一性的历史任务。

这种证明将最终表明,客观世界具有由九个物质属性构成的整体统一性,而我们对客观世界的认识,就应当采用整体统一性的方法。

因此,在对待反映世界物质整体统一性规律的哲学本身时,我们也应秉持整体统一性的观点。不能认为这个具有整体统一性的哲学,只是近现代才有而古代没有;也不能认为这个具有整体统一性的哲学,只是西方才有而东方没有。一定要看到古代与近现代、西方与东方哲学思想的相对的科学性:西方有本体论,东方有本源论;西方有"四因说",东方有八卦说;西方有逻辑关系,东方有五行相生相克关系;西方有对立统一思想,东方有阴阳矛盾思想;西方有"人与自然相一致"的观点,东方有"天人合一"的观点;西方有建立在人体整体体系解剖基础上的西医理论,东方有建立在人体整体系统运行认识和实践基础上的中医理论;西方有马克思列宁主义,东方有毛泽东邓小平思想理论。一定要看到古代与近现代、西方与东方哲学思想的历史的局限性和时代的适应性,真正弄清这些哲学思想的具体性和阶段性特征。要看到,正是这种相对的科学性,才表明了古代与近现代、西方与东方哲学思想的共性;正是这种具体性的历史局限性和阶段性的时代适应性,才使这些具有共性特征的哲学思想,又具有了古代、近现代、西方、东方的个性特征。所以,哲学本身的运动发展,也是一个对客观世界认识的思想内容和思维形式的不断发展完善的过程,它也是具有辩证唯物主义的整体统一性的。我们经常说"西学东渐"和"东学西渐"。对于这种东西方哲学思想之间的交流现象,如果从本质上看,它实际上并不仅仅在于两种哲学思想之间的相互学习、借鉴和融合——似乎它们相互之间原本是各自孤立、互不相干的,而到了后来才相互学习、借鉴、融合——不是这样的;它的本质主要在于两种哲学思想所具有的整个哲学思想的共性——整体统一性的科学性,在于"东学"和"西学",二者实际上都是哲学整体的具体组成部分,是哲学发展过程的阶段性成果,它们的认识的对象都是同一个客观世界,追寻着同样的关于"世界是什么"和"如何认识世界"的科学性和统一性。因而,没有古代哲学就没有近代哲学;没有近代哲学就没有现代哲学;没有东方哲学就没有西方哲学的发展,没有西方哲学也没有东方哲学的进步;没有唯心主义就没有唯物主义,没有唯物主义就没有唯心主义;没有《易经》的朴素阴阳辩证法就没有近代的黑格尔唯心主义辩证法,没有黑格尔辩证法就没有马克思唯物主义辩证法;没有马克思列宁主义就没有中国的马克思主义,没有中国及各国的马克思主义就没有整个马克思主义的持续发展。这表明,哲学也确实是具有整体性和具体性、过程性和阶段性的辩证统一性的。正是这种整体性与具体性、过程性与阶段性的辩证统一关系,使我们能够看清楚哲学中的唯物主义和唯心主义、辩证法和形而上学等哲学形态的科学性、局限性和适应性,从而更深刻地理解它们在人类认识运动发展史中的内含。

参考文献

[1]《毛泽东选集》第二卷 第 663 页(1991 年)

[2]《毛泽东选集》第二卷 第 668 页(1991 年)

[3]《马克思恩格斯选集》第二卷第 269 页(人民出版社 1972 年)

[4]《马克思恩格斯选集》第三卷 第 468 页(人民出版社 1972 年)

[5]《毛泽东选集》第二卷 第 534 页(1991 年)

[6]《毛泽东选集》第一卷 第 282、283 页(1991 年)

[7]《毛泽东选集》第一卷 第 283 页(1991 年)

[8]《毛泽东选集》第一卷 第 286 页(1991 年)

[9]《毛泽东选集》第一卷 第 286 页(1991 年)

[10]《毛泽东选集》第一卷 第 294 页(1991 年)

[11]《毛泽东选集》第一卷 第 296 页(1991 年)

[12]《毛泽东选集》第一卷 第 296 页(1991 年)

[13]《马克思恩格斯选集》第三卷 第 83 页(人民出版社 1972 年)